伟大事业的总体布局

WEIDA SHIYE DE ZONGTI BUJU

——中国特色社会主义研究文选（2012–2017）

《中国特色社会主义研究》杂志编辑部　编

首都师范大学出版社
CAPITAL NORMAL UNIVERSITY PRESS

图书在版编目(CIP)数据

伟大事业的总体布局：中国特色社会主义研究文选．2012—2017/《中国特色社会主义研究》杂志编辑部编．—北京：首都师范大学出版社，2020.8

ISBN 978-7-5656-5541-8

Ⅰ.①伟… Ⅱ.①中… Ⅲ.①中国特色社会主义－研究－2012－2017－文集 Ⅳ.①D616-53

中国版本图书馆 CIP 数据核字(2020)第 007609 号

伟大事业的总体布局

——中国特色社会主义研究文选(2012—2017)

《中国特色社会主义研究》杂志编辑部 编

责任编辑 来晓宇

首都师范大学出版社出版发行

地 址 北京西三环北路 105 号

邮 编 100048

电 话 68418523(总编室) 68982468(发行部)

网 址 http://cnupn.cnu.edu.cn

印 刷 北京捷迅佳彩印刷有限公司

经 销 全国新华书店

版 次 2020 年 8 月第 1 版

印 次 2020 年 8 月第 1 次印刷

开 本 710mm×1 000mm 1/16

印 张 22.25 插 页 2

字 数 338 千

定 价 48.00 元

前　言

《中国特色社会主义研究》杂志自创刊以来，始终坚持以科学性、理论性、思想性、学术性、创新性为追求，坚定中国自信，立足中国实际，针对中国问题，突出中国特色，探索中国道路，总结中国经验，完善中国制度，坚持、发展和宣传马克思主义、中国特色社会主义理论体系，致力于打造中国特色社会主义理论研究与传播的思想高地。文萃已久，岁月如歌。多年来杂志以清晰的定位、鲜明的特色、稳定的风格、平实的文风和深邃的内容蜚声学界，声誉良好。目前杂志入选了“全国中文核心期刊”“中国人文社会科学核心期刊”“中文社会科学引文索引来源期刊”，是国家社科基金资助期刊。《中国特色社会主义研究》被评定为“2018 年度中国人文社会科学期刊 AMI 综合评价”A 刊权威期刊(“马克思主义理论”类)。

党的十八大以来，以习近平同志为核心的党中央毫不动摇坚持和发展中国特色社会主义，坚定道路自信、理论自信、制度自信和文化自信，坚持马克思主义的发展观点，坚持实践是检验真理的唯一标准，发挥历史的主动性和创造性，清醒认识世情、国情、党情的变和不变，从确立“两个一百年”奋斗目标到提出“中国梦”，从统筹“五位一体”总体布局到协调推进“四个全面”战略布局，从把握中国经济发展新常态到牢固树立“五大发展理念”，蕴涵鲜明时代内涵的治国理政新理念新思想新战略与时俱进、不断发展，为实现马克思主义同中国实际相结合的又一次历史性飞跃奠定了坚实基础，推动中国特色社会主义迈向新的境界。杂志在统筹“五位一体”总体布局与协调推进“四个全面”战略布局研究方面精心策划选题，特邀请一批知名专家学者撰文，在 2012～2017 年发表了百余篇文章，学术影响和社会反响较强。本书从中选编 30 篇优秀论文，以飨读者。

《伟大事业的总体布局——中国特色社会主义研究文选（2012—2017）》一书主要论述“五位一体”总体布局，在编排体例上，分为五个部分，分别是“经济建设”“政治建设”“文化建设”“社会建设”“生态文明建设”，围绕这五大建设编选论文。所选论文多被《新华文摘》《中国社会科学文摘》《人大报刊复印资料》和光明网、中国社会科学网等全文转载、摘编。总体来说，本书关于统筹“五位一体”总体布局的研究比较深入，在内容上侧重思想的原创性和问题导向，坚持学术研究为本，基础理论创新与现实重大问题研究并重，既有国家改革、社会发展的主导方向，同时也有基础理论研究的突破点，在一定程度上折射出现实社会变革中的焦点问题和深层问题，实现了政治性、学术性、创新性、思想性和可读性的高度统一。

感谢诸位作者与广大读者的支持与厚爱，期待更多的作者与读者能够与我们同行。由于视野和能力所限，本书也可能会有一些疏漏和不足，敬请读者、作者批评指正。

《中国特色社会主义研究》杂志编辑部

2019 年 7 月

目　录

一、经济建设

二、政治建设

三、文化建设

四、社会建设

五、生态文明建设

一、经济建设

经济新常态与经济发展新策略

刘　伟*

一、新常态下中国经济发生的新变化

经过改革开放 37 年来的持续高速增长，中国经济发展到了一个新阶段。从经济规模上看，到 2014 年底，GDP 总量超过 63 万亿元人民币，按不变价格计算比改革开放初期提升了 26 倍左右，年均增长率高达 9.5%以上，在 20 世纪 90 年代和 21 世纪前 10 年平均增速达到 10%以上，创造了当代世界经济持续高速增长的历史新纪录；按汇率法折算为美元计量，GDP 总量超过 9 万亿美元，占全球 GDP 的比重从改革开放初期的 1.8%上升至 12.2%，由世界第十位上升至世界第二位。从人均 GDP 水平上看，到 2014 年底已达到近 5 万元人民币，按不变价格计算，比改革开放初期提升了 19 倍左右，年均增长率达到 8%以上，同样创造了当代世界经济发展的新纪录；按汇率法折算为美元，人均水平超过了 7000 美元，属于当代世界上中等收入水平。中国在改革开放初期属典型的低收入穷国，温饱尚未解决，按世界银行划分标准，中国人均国民收入水平在 1998 年首次达到下中等收入水平，进入温饱阶段，2010 年首次达到上中等收入水平，经过改革开放 30 多年的发展，我国经济进入当代上中等收入阶段。从经济结构上看，改革开放初期我国三大产业比重分别为 28.2%、47.9%、23.9%，不仅具有鲜明的落后农业经济比重过高的色彩(第一产业就业比重更是达到 70%以上)，而且产业结构严重扭曲，工业化进程与农业和服务业发展严重脱节，甚至以牺牲其他产业发展来

* 刘伟，北京大学经济学院教授。

换取工业发展，致使产业结构存在明显的“虚高度”；到了 2014 年，农业产值比重已降至 10%以下，第三产业比重达到 48.2%[①]，净上升 24.3 个百分点，并且自 2013 年起第三产业比重超过第二产业；进入 21 世纪以来的前 10 年里，第三产业与第二产业的年均增长率已十分接近，但在 GDP（以价格水平表现的产值比重）中所占比重的上升程度中，第三产业上升 4.2 个百分点，第二产业仅上升 0.8 个百分点（2008 年为应对金融危机冲击，对经济进行强力刺激，重要的便是增大投资，而投资首要的是刺激第二产业，导致第二产业增速重新提速并高出第三产业，从 2012 年到 2014 年以来，伴随“择机退出”，第三产业增速又重新超过第二产业），这种产业结构变化表明我国经济已进入工业化后期并已开始形成某些“后工业化”时代的特征。相应地，我国城市化进入加速期，从改革开放初期的 20%以下，上升至目前的 55%左右，超过了当代世界平均水平（52%）。上述 GDP 总量、人均 GDP、经济结构的变化表明我国无论是在经济数量水平上，还是在经济质态结构上，都已进入上中等收入阶段，进入工业化后期加速完成阶段。

（一）新机遇

新机遇指的是中国经济社会发展进入新阶段，正如习近平所指出的，现代化的目标距离我们从来没有像今天这样近。按照“两个一百年”奋斗目标，第一个一百年奋斗目标是在中国共产党建党 100 周年前后，即 2020 年全面建成小康社会。就其经济内容而言，经济总量上，按不变价格比 2010 年翻一番，达到百万亿元人民币水平，按 2010 年的汇率折算成美元，大体相当于美国现在的 GDP 规模（17 万亿多美元）[②]；人均 GDP 水平上，按不变价格比 2010 年翻一番，接近 7 万元人民币，按 2010 年汇

① 考虑到统计上的偏差，我国第三产业产值往往被低估，从 2004 年、2008 年、2013 年三次经济普查的数据修正上看，调整后的 GDP 数量的增量当中，第三产业占比最高，分别达到 93%、81%、71%以上，表明在历年统计中第三产业产值被漏算的最多，实际上第三产业比重比统计反映的水平更高。

② 国际货币基金组织等机构按货币购买力平价法折算，中国 GDP 总量在 2014 年已超过美国成为“世界第一大经济体”，但购买力平价法可能会由于所选取的商品、服务的结构不同，而导致测算购买同样数量的商品在各国不同市场上的货币购买力的对比相差甚远。一般由于落后国家总体收入水平低，其物价绝对水平相应也低，因而，运用货币购买力平价法时可能高估其购买力水平，从经济史的比较看，通常会将其发展水平高估 10 年左右。

率折算成美元，达到12500多美元，超过世界银行划定的当代高收入国家的起点线[①]。在已进入高收入阶段的70个国家的历史上，从进入上中等收入到进入高收入阶段，平均用了12年以上的时间，其中20个人口大国，平均用了11年以上的时间。如果到2020年我国实现全面小康目标时，人均GDP比2010年(按不变价格)翻一番，意味着我们用10年左右的时间，实现了由上中等收入向高收入阶段的迈进。同时，在经济结构演进上，实现新型工业化目标。

第二个一百年奋斗目标是在中华人民共和国建国100周年前后，即2050年前后实现中国特色社会主义现代化。就经济总量而言，按趋势演进会超过美国成为世界第一大经济体(即使按汇率法折算，在2030年前后我国经济总量也极有可能超越美国)，尽管经济规模的大小能够说明的问题有限，一国经济发展的现代化水平和质态，重要的不在于规模扩张，而在于结构升级，但规模毕竟是基础。从我国的历史发展进程来看，19世纪初叶我国GDP总量在比重上是占据世界首位的，达到36%以上，比美国在当代占比最高的年份占比还要高(美国2001年GDP占比最高，达到32%以上)，但在结构上是传统农产业，在组织上是封建小农经济，与西方工业文明及资本主义经济相比，根本不具有竞争力，因而迅速沦落。以1840年第一次鸦片战争爆发为标志，中国进入积贫积弱的半殖民地半封建社会，英国成为世界第一大经济体；19世纪末伴随“英国病”的发生[②]，德国超越英国成为世界第一大经济体；进入20世纪，第一次世界大战前美国超越德国成为第一大经济体，一直延续至今已有100多年历史；我国若能在21世纪30年代之前重回世界第一大经济体位置，尽管意义有限，但从我国自身成长来说，经过200多年的起落跌宕的重归，具有重要意义。从人均GDP水平看，到21世纪中叶，人均GDP水平要赶上发达国家的平均水平，即中等发达国家的水平，这也就是实现邓小平

---

① 世界银行最新标准，人均GDP水平超过12476美元为高收入国，目前约70个国家；在此之下但在4056美元以上为上中等收入国，目前约54个国家；在此之下但在1026美元以上为下中等收入国，目前约54个国家；在1025美元以下为低收入的穷国。

② “英国病”即指英国发展出现的动力不足、竞争力不够而出现的长期衰落，这种衰落趋势进入20世纪后逐渐显示出来，因此被称为“20世纪英国病”，但其病因在19世纪即已开始形成，在19世纪后期已开始有所体现。参见罗志如、厉以宁：《20世纪的英国经济：英国病研究》，北京：北京大学出版社，1981年。

所说的"三步走"发展战略。从经济结构看，到21世纪中叶，无论是产业结构，还是城乡结构、就业结构、区域结构，均应达到发达国家的平均高度和均衡状态，只有规模和人均水平的数量增长，而无经济结构高度的实质性的提升，不是真正成长意义上的现代化实现，可以说只是经济增长而并无经济发展。当然，结构高度的提升在构成经济发展的实质的同时，也构成经济发展的真正困难。

总之，在新起点上的中国经济发展面临的新机遇就是到2020年可能实现全面小康社会，实现从上中等收入向高收入阶段的迈进；到2030年前后可能在总量上实现重回世界第一；再到2050年前后可能实现现代化，跻身发达国家行列。我们的确比历史上任何时期都更接近中华民族伟大复兴的宏伟目标。①

(二)新约束

进入上中等收入发展阶段，约束社会经济发展的一系列经济条件均发生着深刻的变化，从而使这一新阶段上的经济成长具有一系列新特征，对经济发展方式、经济发展战略、经济发展路径等，均提出了根本性的变革要求。这种经济约束条件的变化概括起来表现在两方面：

一方面是供给的变化，即国民经济生产方面的变化，突出的变化在于相对于低收入和下中等收入发展阶段，进入上中等收入阶段后国民经济的生产总成本进入加速提升期。

首先，劳动力成本不断提高。伴随着工资和社会保障水平的不断上升，二元经济下农村剩余劳动力转移进程逐渐趋近均衡(刘易斯拐点)，以及劳动力总量扩张速度逐渐放缓和人口红利的逐渐消失，劳动力成本上升压力日趋加剧。

其次，土地、淡水、能源、原材料等自然资源价格上升趋势明显。经济规模扩张形成的巨大需求和自然资源本身的有限性及稀缺性，会推动其价格上升，从而形成对整个国民经济总成本的推动力。环境资源价格上升，环境保护标准和要求不断提高，经济与环境间的冲突越来越成为必须努力缓解的矛盾。环境承载能力面临极大的挑战，使用环境资源必须面临更高的代价，破坏环境必须付出足够的成本。

---

① 习近平：《习近平谈治国理政》，北京：外文出版社，2014年，第35-36页。

再次，技术进步的成本上升，在低收入甚至下中等收入阶段，由于技术总体上与发达国家差距大，学习和技术进步的主要方式可以是简单模仿，并且模仿学习的“空间”广阔，而模仿学习是各种技术进步方式中投入最少、成本最低、风险最小的方式。进入上中等收入阶段，总体上技术水平与先进水平差距有所缩小，一般可再模仿的“空间”变得越来越狭窄，技术进步越来越要依靠自主创新和自主研发，而这种自主创新和自主研发在各类技术进步方式中最具根本性，但也是投入最大、成本最高、风险最强、周期最长的。

总之，在这一阶段各种要素成本显著上升，从而在短期内形成不断提高的成本推动的通货膨胀压力，使经济增长严重失衡，长期内使经济核心竞争力减弱。依靠要素成本低作为核心竞争力的时代已经过去，这就要求必须改变发展方式，从主要依靠要素投入量的扩大拉动经济增长，转变为主要依靠效率的提高拉动经济增长；否则，经济增长难以均衡，经济发展难以持续。

另一方面是需求的变化，进入上中等收入阶段，总需求存在疲软的可能。在低收入和下中等收入阶段，需求增长总体上是强劲的，包括投资需求和消费需求，由于供给的绝对或相对不足，国民经济总量失衡的突出特征表现为短缺，因此，企业家更加关注的是如何获得更多的投入以扩大生产，而不是甚至不必关注如何销售；政府宏观调控关注的是如何抑制需求以防止严重的通胀，而不是甚至不必关注产能过剩。进入上中等收入阶段后，这种失衡状况有可能发生方向性的逆转。就投资需求而言，尽管国民收入水平提高，居民存款增加，银行储蓄规模扩大，但未必能够转化成有效的投资，形成市场投资需求，关键在于国民经济发展过程中自主研发和创新的能力是否有效提升。如果自主创新和研发能力不足，那么，由于进入上中等收入阶段要素成本上升相对成本优势减弱，发达国家不再或放缓进行新项目、新产品、新技术的再投入，而自身自主研发和创新力又不足，难以创造出新的、有效的投资机会。银行系统尽管有大量储蓄，但在市场上按照效率准则，找不到有效的机会，如果是在原有技术不变、结构不变的基础上强行扩大投资，结果只能是低水平的重复，必然加剧低技术状态、低竞争力水平下的重复投资，形成严重产能过剩，遇到市场经济周期性波动，便会成为经济泡沫被淘汰，因而，投资需求疲软，有钱投不出去。而自主研发和创新能力的提升，基础又在于人力资本的投入和积累，包括教育和健康方面的人力资本投入，若无超前系数，长期滞后于经济增长，那么，当物质资本积累到一定水平之后，便会遇到人力资本积累不足的短板限制，使经济发展受阻。

就消费需求而言，尽管居民可支配收入水平伴随国民经济的发展总体在上升，但消费需求增长与国民经济发展要求之间能否适应，重要的在于国民收入分配是否合理。如果国民收入分配差距扩大，甚至两极分化，越是高收入者其消费占收入的比重越偏低，尽管其绝对量较其他人更大，但社会其他广大成员收入增长低，甚至或绝对或相对地积累着贫困，即使需要增大消费也没有能力，越没有能力越对未来缺少信心，进而不得不减少和放弃现期必要的消费而加大储蓄(未来的消费)。整个社会就会形成所谓富人不花钱，穷人没有钱，更不敢花钱的局面，社会消费倾向严重降低，尽管国民收入高速增长，但消费需求增长相对滞后。投资和消费需求增速同时放缓，共同作用抽紧经济增长速度，使经济增长乏力，市场萧条，导致高失业，在上中等收入阶段经济增长速度明显较此前下滑，由高速转向中高速甚至更低的速度，这是新常态下经济成长的客观规律。

(三)新挑战

能否适应新阶段的新变化便构成极富挑战性的命题，如果不适应新阶段上的新挑战，经济发展难以持续，将会陷入“中等收入陷阱”。所谓“中等收入陷阱”是世界银行在2006年一份研究报告中提出的概念，指的是第二次世界大战后一些发展中国家摆脱了贫困，跨越了温饱，进入上中等收入阶段后，不适应新阶段上的新变化，出现经济社会发展长期陷于停滞、危机不断加深等现象。例如，20世纪60至70年代拉美的一些国家，经济发展达到了上中等收入阶段，把当时的非洲和亚洲等地的发展中国家甩在了后边，但由于不适应新阶段的新变化，长期跨越不过去，直到现在仍未进入高收入阶段，被称为“拉美旋涡”。又如，20世纪80至90年代东亚的马来西亚、菲律宾、印度尼西亚、泰国等，经济发展当时也达到了上中等收入阶段，但应对不了新变化，在1997年亚洲金融危机的冲击下，经济受到严重挫折，低水平规模扩张形成的经济增长，在金融危机打击下成为缺乏竞争力的过剩产能被淘汰掉，直到现在也未实现向高收入阶段的迈进，被称为“东亚泡沫”。再如，当前西亚、北非地区陷入动荡的国家，埃及、突尼斯、也门、利比亚、叙利亚等，在20世纪90年代至21世纪初也达到了上中等收入阶段，同样不适应新阶段的新变化，在2008年全球金融危机打击下，陷入了经济、政治、社会、文化、军事等危机。我国社会经济的发展进入到上中等收入阶段，面临巨大机遇的同时，也面临深刻的挑战。构成中等收入陷阱的主要因素，在我国社会都存在，如何跨越“中等收入陷阱”，是我们面临的重要问题。

二、新常态下中国经济增长的新失衡

进入新常态，中国经济增长进入新阶段，宏观经济失衡具有新特征，主要表现如下。

(一)新失衡

改革开放以来，我国宏观经济失衡大体上经历了三个阶段。

第一个阶段自1978年至1998年(上半年)，在这一阶段除个别年份由于特殊情况外(如1989年后的几年)，宏观经济失衡的主要特征是需求膨胀，供给不足，整个经济呈现为短缺状态，突出的矛盾是通货膨胀压力巨大。改革开放以来发生的三次大的抢购风潮，都是在1998年之前，尽管每次具体原因各有不同，但根本原因都在于需求严重大于供给。第一次较大的通胀是在1984年底至1985年，1984年秋召开的十二届三中全会做出关于全面开展经济体制改革的决定，城市居民担心由此引发物价上涨，形成抢购，用手持现金与政府拼商业库存，结果1985年CPI达到9%以上。第二次是1988年夏秋之际，中央北戴河工作会议做出价格改革(价格闯关)决定，人们担心物价上涨，形成抢购，结果1988年CPI上涨18%以上。第三次是1994年，在邓小平南方谈话及十四大召开等一系列利好消息的刺激下，形成巨大的投资需求，经1993年后形成对物价的冲击，结果CPI上涨24%以上。因而，与这一阶段失衡特点相吻合，宏观经济政策长期紧缩，从“六五”直到“九五”计划期间，无论是财政还是货币政策均长期从紧，目的就是管住需求增长，扼制通货膨胀。

第二阶段是1998年(下半年)至2010年底(2010年10月)，在这一阶段除个别年份(如2003～2007年)，主要失衡表现为需求疲软，特别是内需不足，同时又先后受到亚洲金融危机冲击(1998年后)和世界金融危机冲击(2008年后)，使得我国经济增长动力不足，增速下滑，经济下行矛盾突出。1998年下半年后亚洲金融危机的影响开始显现，在本来已经存在内需不足，特别是工业消费品生产产能过剩矛盾日益突出的情况下，又面临亚洲金融危机冲击，并且我国政府为稳定世界经济秩序，在其他陷入金融危机国家，包括韩国、新加坡、印度尼西亚甚至日本都大幅贬值本币的情况下，做出人民币不贬值的承诺，在赢得世界广泛赞誉和尊重的同时，出口受到很大影响。因而自1999～2001年连续3年，我国出现了“通缩”现象，CPI上涨为负值，相应地大量乡镇企业倒闭，大量国有企业职工“下岗”，大批进城民工提前返乡，迫使我国政府自1998年下半年起放弃持续近20年的长期紧缩政策，采取以扩大内需为主的刺激政策，首次提出“积极的财政政策、稳健的货币政策”，以区别于此前长期奉行的紧缩政策。2008年为应对世界金融危机的冲击，虽然在年初基于2007年14%以上超高速增长的过热状况，采取了“双防”(一防经济过热，二防通货膨胀)的紧缩政策，中国经济出现了自2008年第一季度开始直至2009年第一季度连续5个季度(15个月)的经济增长速度的持续下降，但从年末起为应对金融危机，采取更加积极的财政政策、适度宽松的货币政策，以财政和货币双扩张的“组合拳”方式全面刺激经济，直到2010年10月宣布率先退出。

第三阶段是自2010年10月宣布从全面扩张的政策轨道退出以来，中国经济失衡的特点集中体现为，既有通货膨胀巨大的潜在压力，又有经济下行的严峻危险的“双重风险”。与前两个阶段不同的是，宏观经济失衡的两种典型矛盾，或者因需求大幅超出供给而导致严重的通货膨胀，或反之形成严重的失业，在以往是分阶段分别出现的，总量失衡的方向是清晰的，宏观经济政策方向选择也是明确的，或者紧缩，或者扩张；而进入现阶段两种失衡同时发生，并且两种失衡的缓解所要求的宏观政策方向恰又相反，使得宏观政策的方向选择产生困难(类似20世纪60年代西方国家出现的“滞胀”)。

(二)新失衡产生的原因

形成这种新失衡的原因是复杂的，从长期来看，主要在于我国经济发展进入新常态，约束经济增长和发展的条件发生着根本性的变化，发展方式的转变与新常态下客观经济条件的变化之间往往会产生矛盾和种种不适应，从而导致宏观经济失衡形成新特征。就短期而言，我国经济应对金融危机冲击后，正面临所谓“三期叠加”的复杂格局，即经济增长从高速向中高速的换挡期、应对金融危机政策形成的成本的消化期和经济结构调整的阵痛期。此外，我国经济还面对极其复杂和不确定的世界经济的复苏期，都会加剧我国宏观经济失衡的复杂性。

具体地说，就通货膨胀的潜在压力看，虽然表现出来的价格水平并不高，近年来PPI已经呈现长期负增长，CPI也一直在3%以下，有些时期已跌至2%以下，但背后的成因具有新特点。

一是空前强烈的需求拉上的滞后性。主要是由于在应对金融危机冲击过程中，强力扩张的宏观经济政策使得流通当中的需求受到刺激，M2存量规模巨大，与GDP的比例远超出通常所说的正常范围，尽管这种货币存量传导到物价形成现实的通胀会有一定的时滞期，并且越是经济萧条、复苏迟缓，这种时滞期越可能拉长，但只要是已进入流通中的货币，迟早会冲击CPI，并且经济越是接近复苏，此前为应对危机投放的货币越可能冲击价格。从某种意义上来说，由于2008年底我们采取了前所未有的强刺激措施，在经济增长上也取得了显著的效果(2008年至2010年，我国GDP增长率分别为9%、8.7%、10.2%，与世界经济低速甚至负增长形成鲜明对照)，但由此形成的滞后的通胀压力也是前所未有的，现在是在为前期反危机政策成本支付代价。

二是新常态下国民经济成本全面上升形成巨大的成本推动压力。进入上中等收入阶段，要素成本显著上升，只要效率提升速度有所迟缓，成本推动的通胀压力便会转化为现实的通胀，我国现阶段经济增长的突出问题恰是效率提升相对慢于经济规模扩张。据测算，我国工业化的进程已相当于当代工业化国家的2/3以上(按政策目标要求，2020年将实现工业化)，工业化已进入最后几年的冲刺期，但我国农业劳动生产率水平大体相当于工业化国家水平的14%左右，工业制造业劳动生产率水平相当于工业化国家水平的46%左右。[①] 我国目前既面临滞后的需求拉上压力，又面临成本推动压力，潜在的通胀压力巨大。就体制而言，我国对

---

① 刘伟、张辉：《我国经济增长中的产业结构问题》，载《中国高校社会科学》，2013年第1期。

治理需求拉上的通胀具有较强的体制能力，可以通过政府要求银行系统全面收紧银根，而以国有商业银行为主体的金融市场体系，具有较大的配合政府宏观政策要求的可能；但对于治理成本推进的通货膨胀，我们不具体制优势，治理成本推动的通胀关键在于企业创新并提高效率、完善管理，进而降低成本，提高对成本的消化能力，同时要求政府完善服务，转变职能，提高效率，减轻企业税赋负担，以降低企业的成本，要求完善市场，特别是完善金融等要素市场，降低企业的融资成本，而要实现这些，需要全面深化改革，并非短期内就能见效。如果仅靠紧缩银根来治理通胀，对需求拉上的通胀或许有作用，但对成本推进的通胀不仅没有效果，反而会有负作用，因为收紧银根意味着市场上资金供给减少，利率升高，企业融资所付利息上升，从而增大企业的财务费用，推动企业成本上升，加剧成本推进的通胀压力。

三是国际收支失衡以及再平衡的困难加剧通胀压力。我国国际收支失衡长期内的特点是收大于支，因此一直存在顺差。伴随我国成为世界第一大贸易国(2013 年中国进出口总额超过美国)，国际收支失衡形成的顺差绝对规模巨大，而我国央行与商业银行间结汇过程中，央行并不是以自身的资产与商业银行结汇，而是以印钞的方式结汇，结汇成为我国央行发行基础货币的重要渠道，通过结汇增大货币供给量，在我国目前流通的 M2 存量中，首要渠道便是结汇发出的货币，即所谓“外汇占款”，这已成为货币投入量最大的渠道。控制通货膨胀压力上升，需要对国际收支的失衡加以治理，努力推动国际收支的再平衡，但十分艰难。一方面，在全球贸易保护主义又抬头的背景下，在内需疲软的国内市场格局下，我们还必须大力支持出口商；另一方面，在西方国家对中国的高科技封锁(“巴黎协定”并未解除)和限制下，有效并大规模提高进口也有阻力，特别是在贸易结构上，我们想买的他国未必卖，如高新科技产品和能源、原材料等战略性要素，而他国想卖的我们未必需要，特别是一般的工业消费品。这就增大了国际收支结构性再平衡的困难，也就增大了降低由此而形成的通胀压力的困难。

就经济“下行”威胁而言，内需疲软的趋势仍未有效扭转，特别是近年来还有加剧势头。

一是投资需求增长乏力。投资增长拉动是我国经济增长的重要动力，改革开放以来我国年均投资需求增长在20%以上(波动性也最强)，在应对2008年世界金融危机冲击中，扩大投资是最为重要的举措。但自2013年以来，我国固定资产投资需求增速降至20%以下，并且逐年递减，形成这一趋势的主要原因在于市场主体(企业)投资需求不足。大企业特别是国有大型和特大型企业，在融资渠道上是通畅的，无论是直接融资还是间接融资，总体上是有保障的，问题在于企业自主研发和创新力普遍不足，产业结构升级动力不足，空间狭窄，难以寻找到切实有效的投资机会，在产能过剩、去产能压力极大的条件下，在原有产业结构、产品结构、技术结构不变的基础上，扩大投资需求便是低水平的重复，只能形成经济泡沫，不能形成有效增长，在市场硬约束力度不断加强的体制改革进程中，国有企业的投资行为越来越理性，不会长期大规模加大无效投资。小企业特别是民营企业，虽然具有投资冲动，但由于种种原因，包括体制的和民营企业自身的资产及管理方面的原因，正规的金融体系并不信任民营企业，其难以通过正规金融市场实现投融资，往往不得不依靠非正规的民间借贷，而民间借贷不仅利率高(实际上就是高利贷)，而且风险大。这样大企业和小企业均难以形成旺盛的投资需求，要拉动投资增长，在相当大的程度上还是需要依靠政府拉动，尽管政府在投资上具有较强的能动作用，是我国体制上应对经济危机的重要优势，但长期里不能主要依靠政府投资拉动增长。一方面，政府拉动增长能否保证市场竞争性效率，值得怀疑，因而短期拉动的增长可能成为今后长期里要消化的"泡沫"；另一方面，政府为主拉动投资长期难以持续，地方政府虽然可以通过组建各类融资平台向银行贷款形成投资，但融资平台本身多为投资基础设施和地方公共品或"准公共品"生产，其盈利和还款能力本身有限，且投入量大、周期长、风险大，银行需要地方政府的担保，而地方政府的担保能力主要来自预算外的土地专项收入，一旦土地市场出现风险和波动，包括市场性和政策性的风险和波动，风险更为突显。虽然目前我国政府，包括中央和地方政府债务总体占GDP比重仍在合理范围(40%以下)，但对地方政府来说，这种债务风险压力的逐渐加大不能不对地方政府投融资能力产生限制。中央政府虽然可以通过财政赤字及举国债等方式增大投资能力，但财政赤字的规模是受严格限制的，特别是受通货膨胀控制目标的限制，并不具有持续扩张的能力。问题在于政府由于能力有限而不得不“率先退出”，但市场主体(企业)并未相应跟进，这样在政府退出的同时，投资需求增长严重乏力，使经济增长速度放缓趋势加剧，我国政府从2010年10月宣布从反危机政策轨道上“率先退出”之后，自2011年第一季度起直至2012年第三季度，连续7个季度(21个月)经济增长速度持续下滑(比2008年金融危机冲击下发生的连续5个季度增速下滑持续时间还长)，便是这一问题的反映。目前，政府能力受限，企业动力不足的矛盾依然严重，因而“下行”压力严重。

二是消费需求增长乏力。社会消费品零售总额的增速近年来连续下降，主要原因在于国民收入分配结构上的失衡。一方面，在国民收入宏观分配格局上，在初次分配领域，国民收入在政府、企业、劳动者三者之间进行，分解为税收、资本利润、工资报酬，总体上看，政府税收增速最快，年均达到18%以上(按现行价格)，工资报酬增速相对最慢，进而使得居民收入增速长期低于GDP增速(以至于“十二五”规划特别要求两者须同步)。真正构成直接个人消费的主要是居民收入，这部分长期里增速相对低，其在GDP中所占比重必然是下降趋势，导致消费增长对经济增长的贡献相对不足，消费率相对偏低。另一方面，在国民收入分配的微观层次上，社会成员之间收入分配的差距偏大，降低了全社会的消费倾向。据国家统计局公布的测算结果，自2002年以来，我国居民收入的基尼系数始终在通常所说的警戒线水平之上，即20%的高收入者占有40%以上的国民收入，最高的是在2007年，达到49%以上，近几年虽有所下降，但直到2014年仍在46%以上。居民收入差距显著，其原因是多方面的，有体制和政策方面的因素，也有发展水平上的因素，其中城乡差距起了重要的作用，城市居民实际可支配收入与农村居民实际可支配收入相差3倍多，是构成我国现阶段居民收入差距的最主要的发展性因素。城乡差距之所以较大，除再分配中体制性和政策性因素外，最重要的是在初次分配中农业生产效率低下，我国现阶段第一产业的产值占GDP比重已降到9%左右，而劳动力就业比重仍在30%以上，这意味着就初次分配而言，30%以上的农业就业者分配9%左右的附加值，从一开始就形成了农业与非农产业分配的巨大差距。再分配过程事实上又进一步扩大了农业与非农产业间分配差距，而靠提高农业劳动者报酬缩小与非农产业劳动者报酬差距，潜力已很小，在农业产值中，政府税收已近于零(2006 年起取消了农业税)，资本盈余所占比重很低，90%以上的产值已作为劳动者报酬分配给了农民，在农业内部通过改变分配格局实现农民收入水平提升已无空间，因而提高农业劳动者报酬需要的是工业化、城市化带动的农业劳动力的转移。可见，改善国民收入分配结构需要艰苦和长期的努力。

三是净出口增速下降。虽然在国际收支领域长期是收大于支，但出于国内经济均衡目标要求的需要，更受国际金融危机的冲击及贸易保护主义抬头的影响，国际收支再平衡尽管十分困难，但已开始逐渐转变，相应地净出口的增速已逐渐下降，其对经济增长的贡献显著减弱，自 2012 年以来，净出口对经济增长的贡献大都为负值，经济增长不仅越来越主要依靠内需，而且往往还需要以内需的增长抵销净出口增长的负效用，在世界经济复苏疲软且又充满不确定性的条件下，更不容乐观。总之，总需求的“三驾马车”均增长乏力，经济增长“下行”的威胁自然严峻。

三、新常态下中国经济增长的新策略：新政策、新方式、新制度

适应新阶段下经济失衡的新特点，宏观经济策略需要做出新的调整。

(一)新政策

从应对金融危机的全面扩张政策轨道退出后，我国采取积极的财政政策(而不再是“更加积极”)和稳健的货币政策(而不再是“宽松”)。所谓“积极的财政政策和稳健的货币政策”组合，早在 1998 年下半年就已提出来，一直持续到金融危机之前的 2007 年，2010 年 10 月退出反危机刺激政策之后又重新回到这一政策组合，但在不同时期，同一政策表述却包含不同的政策含义。1998 年下半年提出这一政策组合，是针对亚洲金融危机冲击下我国经济增长乏力而采取的反危机措施，相对于此前长期紧缩的宏观政策而言，转向“积极的财政政策和稳健的货币政策”，总体上是一种方向性的转变，从长期紧缩转为扩张，尤其是针对内需的刺激政策。从 2003 年到 2007 年，虽然经济已进入新一轮高速增长(增长率平均达到 11%以上)，但之所以仍采取这种政策组合，是由于在此期间宏观经济失衡的突出特点是投资领域需求膨胀，消费领域却需求疲软，不同领域出现了方向不同的失衡，使得宏观政策既难以全面扩张，也难以全面

紧缩，全面扩张或许有利于刺激消费需求，但会恶化投资领域中的失衡；全面紧缩或许有利于扼制投资过热，但会加剧消费领域的失衡，因此以这种松紧搭配的政策组合，兼顾不同领域失衡的不同方向。而现阶段的积极的财政政策和稳健的货币政策，则是从此前应对金融危机时期的全面扩张政策退出，因而相对而言，总体上是从紧的宏观政策。同时，由于现阶段宏观经济失衡特征表现为双重风险并存，宏观政策既不能全面扩张，货币和财政政策也不能“双松”，否则可能有利于扼制经济“下行”，但会因此加剧通胀；也不能全面紧缩，不能“双紧”，否则可能有利于控制通胀，但会因此恶化“下行”矛盾，所以，采取松紧搭配的组合方式主要是要防止只顾单一方面的失衡而加剧另一方面的失衡，从而加剧宏观经济的波动和风险。当然，松紧搭配的政策组合最突出的局限在于政策效应间可能相互抵触，积极的财政政策的目标和实施可能与稳健的货币政策的目标及实施之间产生冲突，所以，重要的是协调松紧搭配的力度，根据双重风险的矛盾运动变化状态调整松紧力度，包括财政政策与货币政策之间的松紧力度，也包括财政政策相互间如财政支出与财政收入政策之间的松紧力度，货币政策相互间如货币政策的数量工具和价格工具之间的松紧力度等，合理地确定宏观调控松紧力度的上、下限。从目前状态看，如果把通货膨胀率控制在 3％左右，其上限不超过 3.5％，那么其他条件不变，经济增长率不超过 8％就可实现；如果把城镇登记失业率控制在 4.5％以下的水平，使实际失业率不继续攀升，经济增长率目标不低于 6.5％便可实现①；如果到 2020 年如期实现较 2010 年 GDP 总量翻一番的目标，同时实现人均 GDP 翻一番的目标，在今后的几年里年均增长 6.8％即可实现。也就是说，在现阶段围绕 6.8％这一实现 2020 年全面建成小康社会目标所要求的年均增长率，我国宏观经济增长的政策目标增长率可以在 6.5％～8％之间调整，并根据这一调整区间的变化，适时适度调整宏观经济政策的松紧搭配力度。当然，如果经济失衡出现特别严重的变化，双重风险并存的格局发生根本性转变，或者通胀，或者“下行”，成为显著的突出矛盾，松紧搭配的政策格局需要相应变化，或者

---

① 刘伟、苏剑：《从就业角度看中国经济目标增长率的确定》，载《中国银行业》，2014 年第 9 期。

"双松(全面扩张)",或者"双紧(全面紧缩)",如何变化需视失衡演变的状态而定。

(二)新方式

事实上,松紧搭配的宏观政策只能缓解总量失衡,并不能从根本上缓解失衡,总量失衡的原因在于结构性失衡。之所以经济"下行"风险严重,增长动力不足,是因为产业结构升级受阻,创新力不足,低水平的产能过剩矛盾突出,因而即使有资金也难以形成有效的投资增长,所以投资需求增长乏力;消费需求增长乏力的原因则主要在于国民收入结构扭曲,导致全社会消费倾向下降和消费率降低,所以消费需求增长不足。之所以通货膨胀潜在压力巨大,是因为国民经济成本结构扭曲,导致成本推动压力不断上升;同时国际收支结构长期严重失衡,导致货币供应量超速扩张,等等。克服失衡的根本在于缓解结构上的失衡,而要缓解结构性失衡,在宏观调控方式上必须在关注需求管理的同时,关注供给管理,因为只有供给管理才能真正直接影响企业行为进而影响结构变化,结构失衡的再平衡本身属于供给方面(生产)的变化,需求管理调节的是市场购买者的行为,供给管理则影响生产者的行为,需求管理直接调整的是总量,供给管理直接影响的是结构,产业结构升级提升企业创新力、降低企业成本、提高企业效率、去相对过剩的低水平产能等,都属于供给管理范畴。这就要求在短期内运用宏观经济政策时,既要注重其需求效应,也要注重其供给效应,运用扩张性的财政支出政策刺激需求;同时也需运用扩张性的财政收入政策降低企业成本,运用紧缩性的货币政策抑制通胀,同时也需注意因此而形成的对企业融资成本上升的压力,等等。在长期内追求总量均衡目标时,需关注包括产业结构、区域结构、技术结构、分配结构等一系列结构政策目标。在处理供给管理与需求管理的关系时,应当以需求扩张作为调整供给结构的前提,努力刺激需求,为供给有效实现创造市场条件,在需求不断被扩张的背景下,为优质产能实现创造空间,以需求拉动供给总量扩张和结构演变;在调整供给结构和效率时应当以创造和引领需求为引导,在我国现阶段,供给创造需求仍有很大空间,改善产品结构、完善供给质量、提升供给安全水平、创造新的高质量产品和服务、降低产品成本等,本身就能创造出有效需求。

(三)新制度

要有效地实现宏观政策目标和宏观调控方式的转变,根本在于创新。

首先是技术创新，没有技术创新能力的提升，便不可能有产业结构的升级，不可能有经济增长方式从数量扩张为主向效率拉动为主的转变，不可能有企业竞争力的提高和经济长期可持续发展的能力。但制度重于技术，制度创新尤为重要，特别是全面深化改革和全面依法治国，即完善社会主义市场经济体制和民主法治秩序。如果不能全面深化经济体制改革，社会主义市场经济体制不健全，秩序不完善，市场机制难以对资源配置起决定性作用，市场严重失灵，资源配置决策权集中在政府部门官员手中。而同时法治化滞后，民主与法制建设严重落后于社会发展要求，对政府官员权力在制度上缺乏真正的民主基础和严格的法制约束，权力可能被滥用，企业若想获得某项资源和机会，不能通过公平的市场竞争获得(市场失灵)，只能通过与政府谈判并劝说官员批准获得(政府集权)，而劝说政府的通常手段便是“权钱交易”，即通常所说的“寻租”，导致在社会政治上严重腐败；同时经济上严重损害效率，“权钱交易”的权力腐败不仅破坏公平，而且瓦解效率，因为在这种条件下，资源配置不可能按照效率原则进行，不可能根据市场有效竞争并根据竞争效率来配置资源，而是根据“寻租”原则，根据所谓“腐败指数”来分配资源。之所以存在“拉美旋涡”“东亚泡沫”“西亚北非危机”，原因是极其复杂的，但就经济发展而言，重要的是因为陷入“中等收入陷阱”而难以跨越，而难以跨越的根本原因在于这种“腐败”，既破坏公正又破坏效率，其之所以存在，根本原因便在于经济上的市场机制不完备，市场机制在资源配置上难以公平有效地发挥作用，同时在政治上民主化、法治化水平滞后，对政府集中的权力难以予以民主和法治的制度约束。① 因此，强调我国现阶段“四个全面”，是实现我国制度创新的根本，是推动我国转变发展方式、跨越“中等收入陷阱”、实现现代化宏伟目标的关键。

本文发表于2015年第2期

① 刘伟：《突破“中等收入陷阱”的关键在于转变发展方式》，载《上海行政学院学报》，2011年第1期。

论发展混合所有制经济中的两个理论问题

刘凤义*

党的十八届三中全会提出要"积极发展混合所有制经济"，引起了社会的广泛关注。发展混合所有制经济主要是国有资本与民营资本之间的混合，这在理论和实践上都有一定的复杂性，从而引起了人们的一些争论。在各种争论中，关于"混合所有制经济是否是市场经济选择的结果""混合所有制企业中不同性质的资本如何实现共赢"这两个问题，尤其成为人们关注的焦点。对于前一个问题的认识直接关乎混合所有制经济的发展依据和方向，对后一个问题的认识直接关乎混合所有制是否具有可行性，因此是非常基本的两个理论问题。从目前理论界的研究现状来看，虽然对这两个问题从不同角度都有涉猎，但集中深入研究的文章还不多见，本文试围绕这两个问题提出自己的思考，抛砖引玉，以期把对这些问题的研究引向深入。

一、混合所有制经济是生产社会化规律和资本社会化规律的必然要求

关于当前发展混合所有制经济，有一种流行观点认为，发展混合所有制经济是市场经济选择的结果。因此，中国社会主义市场经济中所有制结构究竟谁为主体，应该由市场说了算。因为无论国有企业还是私营企业，在市场上都是平等竞争关系，哪种经济成分占优势，应该是市场竞争的结果。现在关于"公有制为主体、国有经济为主导"的制度内容，属于人为确立国有经济的垄断地位。这种"市场决定论"的观点往往会引

* 刘凤义，中国特色社会主义经济建设协同创新中心研究员、南开大学经济学院教授。

申到私有化的结论。

这种认识貌似有一定的道理，因为发展混合所有制经济问题的确与社会主义市场经济体制建立和完善的进程密切相关。但这种现象反映的是所有制与市场经济之间的外部联系，并非问题的本质。所以认为所有制结构是市场经济选择的结果，在理论上混淆了基本经济制度即所有制与市场经济体制之间的关系，没有搞清楚所有制结构的决定规律与市场经济功能的区别。

所有制即生产资料所有制，是生产过程中人与人之间围绕生产资料而形成的经济关系，它决定着人们在物质生产活动中的地位及物质利益的具体内容，所有制结构决定基本经济制度的性质。所有制可以从宏观和微观两个层面来考察，从宏观层面看，所有制是社会基本经济结构和经济关系的总和；从微观层面看，所有制是企业的产权结构与组合形式。现实经济活动中生产资料的归属问题，直接决定社会生产关系的性质。在现代经济中，一个国家往往是多种所有制并存，这些所有制之间相互联系、相互作用，共同构成这个社会的经济制度整体。在一个多种所有制并存的国家里，占主体地位的所有制决定这个国家社会生产关系的性质。而一个国家一定时期，哪种所有制居于主体地位，是由这个国家生产力发展水平、社会制度体系和制度结构、社会发展目标等多种因素共同决定的。因此，一个国家所有制结构，从生产力层面看，是生产社会化程度决定的；从生产关系层面看，是这个国家占统治地位的利益关系决定的，现代市场经济中表现为资本社会化的结果；从上层建筑看，是这个国家统治阶级顶层设计起了重要反作用。市场经济只是推动生产力发展和实现各种物质利益关系的方法和手段，它不能决定一个国家的所有制结构。把一个国家所有制结构说成是市场经济选择的结果，在理论上是不正确的。

为什么人们很容易产生市场经济决定所有制结构的错误认识呢？这主要是因为市场经济是与资本主义私有制相伴而生的，资本主义制度中的劳动力成为商品，使资本主义经济关系完成了从自然经济向市场经济的转变。因此，人们认识现代市场经济的逻辑起点和历史起点都是资本主义私有制。这样，很容易形成一种思维惯性，认为市场经济与私有制是天然的孪生兄弟。再者，现代西方主流经济学是以私有制为制度前提的，以此建立起来的一套精巧的理论模型，在以“研究资源配置和利用”为研究对象的华丽外衣下，论证了资本主义私有制的合理性、永恒性，这就进一步强化了人们把市场经济与私有制等同的认识。邓小平曾明确指出：“计划经济不等于社会主义，资本主义也有计划；市场经济不等于资本主义，社会主义也有市场。计划和市场都是经济手段。”①邓小平的这种认识打破了长期以来把市场经济等同于资本主义、等同于私有制的传统教条。胡钧先生在关于社会主义与市场经济的关系上曾有过生动的比喻：“我用‘如虎添翼’来比喻在社会主义制度下发展市场经济这一改革措施。……翼的作用是很大的，但也应看到，翼不是从外部安装上去的，而是从躯体上生长出来的，它是为躯体本身的存在和发展服务的。……同样的道理，市场作用的力度和方向是由它所附着的基本制度决定的。……我们国家之所以在利用了市场经济以后，比老牌的市场经济国家更加发挥了市场的有利于经济发展的作用，是因为我们使它服从于我们基本制度的要求，基本制度也赋予了它新的能力，削弱或消除了它的消极方面。这正是我们虽然与资本主义都同样在利用市场经济，但我们从整体上取得了比资本主义国家更大的效率的原因。”②可见，市场经济不过是实现一定社会经济利益关系的手段。

把所有制结构看作市场经济选择结果的认识，不仅在理论上是错误的，也是与实际不符的。从实践上来看，人类社会所有制结构的演变，显然也不是市场选择的结果。原始社会所有制是原始公有制，进入奴隶社会以后出现了私有制，从奴隶社会到封建社会，再到资本主义社会，私有制的结构、所承载的经济关系都不断发生演变，这个变化过程是生产力和生产关系相互作用的结果，绝不是市场机制选择的结果。那么是否可以说自从资本主义市场经济诞生以后，所有制结构的变化就是市场选择的结果了呢？资本主义发展的历史也不支持这种说法。资本主义所有制结构的发展历史表明，随着市场经济的发展，资本主义私有制并非线性变化，而是混合程度越来越高。资本主义社会的所有制结构从最初的以个人业主制为主发展单一所有制结构，逐渐演变为今天以股份公司

---

① 《邓小平文选》，第2卷，北京：人民出版社，1993年，第373页。

② 胡钧：《不断深化和完善对社会主义市场经济体制的认识》，载《政治经济学评论》，2010年第1期。

为主体，国有经济、合作经济并存的混合所有制阶段。尽管在所有制性质上仍然是私有制为主体，但已经不同于资本主义初期的私有制。再从横向上看，当代发达资本主义国家所有制结构存在多种模式，比如美国的私人垄断资本最发达，法国的国有企业较为发达，瑞典和德国的社会公共资本较发达，而西班牙则是合作社较发达，等等。总之，发达资本主义国家所有制演变表明，决定所有制结构的内在规律不是市场机制，而是资本主义制度中的生产社会化程度和资本社会化程度，是生产力和生产关系相互作用的结果。市场机制在其中所起的作用，只能从资源配置手段和方法方面去理解。

接下来，有人还会说，即使承认所有制不是市场选择的产物，那么为什么中国一定要坚持公有制为主体、国有经济为主导发展混合所有制经济呢？上文曾指出，一个国家的所有制结构，是为这个国家居于统治地位的阶级利益服务的，因此国家的顶层设计起重要作用。当然这种顶层设计不是随意的，而是遵循生产力和生产关系相互作用的发展规律。顶层设计符合经济发展规律，就能促进生产力发展，反之就会阻碍生产力发展。一旦所有制结构阻碍了生产能力的发展，就要通过调整社会生产关系(即改革)或者建立新的社会生产关系(即革命)来解放和发展生产力。尽管资产阶级经济学家不承认唯物史观方法论，但资本主义制度的建立和发展过程却是在不自觉地遵循这些规律。为了适应生产社会化的要求，资本主义从私有产权制度到政治体制和纲领再到意识形态，无一不是资产阶级顶层设计的结果，对那些不符合资产阶级利益的内容，他们不惜用战争和流血来消除他们。英国资产阶级通过剥夺农民土地的“羊吃人运动”进行血腥的资本原始积累；美国资产阶级一方面通过南北战争消灭阻碍资本主义制度发展的南方奴隶制，另一方面又通过从非洲贩卖黑人奴隶这种“人吃人”的运动，来满足资产阶级的赚钱欲望。这才是资本主义制度确立和发展的真实历史。资产阶级掩盖这些不光彩历史最常用的辩护词就是：资本主义社会追求“博爱、平等、民主”，并认为这是人类社会的普世价值；他们也喜欢把资本主义制度描绘成符合自然法则的、没有人为设计痕迹的永恒制度。我们国内也有一些人追捧这些东西，并用资产阶级的辩护词来反对我们的公有制和社会主义制度，这显然有悖史实。

公有制为主体、多种所有制经济共同发展的社会主义基本经济制度，是在中国经济、社会发展的基础上，不断进行顶层设计和调整的结果。坚持公有制为主体、国有经济为主导，是因为这种所有制结构代表未来生产力的发展方向，代表人民群众根本利益和共同富裕的根本目标，否定公有制的主体地位和国有经济的主导作用，必然会加剧劳动与资本的对立、财富分配的两极分化，破坏社会的稳定，导致社会的混乱，动摇中国特色社会主义事业的根基，最终将严重阻碍生产力的健康发展。非公有制经济是社会主义市场经济的重要组成部分和推动国民经济发展的重要力量，这符合我们的生产力水平的多层次、不平衡的特点以及利益多元化的现实，因此，统一的公有制还难以协调不同层次的利益关系，应通过多种经济关系来调动社会各种生产要素的积极性，让社会财富充分涌流，最终推动生产力的迅速发展，走向共同富裕。如果我们在顶层设计和实践操作中，放弃了对基本经济制度的坚持，盲目相信市场的自发选择，混合所有制经济完全可能走向私有化。但从理论上说，我国发展混合所有制经济不是市场经济自发选择的结果，与私有化没有必然逻辑关系。

我国发展混合所有制经济不是市场选择的结果，并不意味着要否定市场在资源配置中的决定性作用。我们今天发展混合所有制经济，仍然要发挥现代市场经济体制的功能和作用，来实现我们的发展目标。那么，我们该如何运用市场机制来实现各类资本在混合所有制企业中的共赢呢？这是本文要分析的第二层次的问题。

二、混合所有制企业中不同性质的资本能够实现共赢

我国发展混合所有制企业，必须以不同性质的资本能够实现共赢作为利益基础。对此，人们的认识也不一致，有人认为发展混合所有制经济是为了发展壮大国有经济；有人认为发展混合所有制经济是为了壮大民营经济。党的十八届三中全会明确指出："国有资本、集体资本、非公有资本等交叉持股、相互融合的混合所有制经济，是基本经济制度的重要实现形式，有利于国有资本放大功能、保值增值、提高竞争力，有利于各种所有制资本取长补短、相互促进、共同发展。"这段话谈到发展混

合所有制经济的目的时，用了两个“有利于”，上面的两种认识之所以都带有片面性，是因为它们各自仅抓住了其中的一个“有利于”。因此，本文认为，我国发展混合所有制是要实现公有制经济和非公有制经济的共同发展、互利共赢，最终壮大民族经济，提高国际竞争力。

但接下来的问题是，混合所有制企业中不同性质的资本为什么能够实现共赢？这个问题在理论上并没有说清楚。当前流行的观点认为：国有资本和民营资本在企业层面各有优势，国有企业有规模优势、技术优势，但机制不灵活，应对市场能力弱；民营企业机制灵活、决策效率高，但规模和技术方面没有优势。混合所有制企业则可以使两类企业之间相互取长补短，实现优势互补。

应该说这种说法有一定的道理，但仔细推敲，这仍然是一种现象描述。民营企业机制灵活、决策效率高，是因为它们规模小、治理结构简单，有“船小好掉头”的优势。但假如民营经济与国有经济混合，企业规模变大，治理结构变复杂，这种优势还存在吗？国有经济和民营经济混合能否形成新优势，不是各自原有优势的简单组合，因为组合以后，既可能形成新的优势，也可能形成新的劣势。所以，混合所有制实现共赢的关键，不是简单的规模或技术相加，而是建立现代产权制度和现代公司治理结构。当然，这样说虽然有道理，但仍然没有解决深层的理论问题，即为什么建立现代企业制度就有利于实现共赢？

我国理论界早在20世纪80年代末和90年代初期，就对此问题展开过讨论，并取得了共识，认为现代企业制度最主要的组织形式就是公司制；股份制是一种企业组织形式，是社会化大生产的产物，资本主义可以用，社会主义也可以用。应该说这种认识破除了国有企业建立现代企业制度会走向私有化的理论障碍，但这种认识显然是从生产力角度来解释现代企业制度的。如果说理论界以前也触及股份制企业的生产关系方面的问题，也只是论证了股份制企业的性质看股权控制在谁的手中，公有股份占主体的，企业带有明显的公有性质。我们今天搞混合所有制，是私有制经济和公有制经济的混合，寻找它们利益共赢的基础，显然不能仅仅停留在生产力层面，也不能仅仅停留在对企业所有制性质的判断上，而必须深入研究不同性质的资本，在生产关系层面具有何种共同的属性，导致它们之间可以有利益共赢的基础，这是本文要深入探讨的问题。

要解释这个问题，必须回到马克思，回到政治经济学对资本双重属性的认识上来。马克思主义政治经济学认为资本不是物，而是一种生产关系。在资本主义私有制中，资本家占有生产资料，在经济关系上表现为资本的所有者。生产资料的资本主义私人占有关系使生产资料物的形式取得了资本的社会存在形式，并赋予资本内在的私人属性。因此，资本首先是作为私人资本而存在的，在经济意义上，它表现为对劳动的控制权力和对剩余价值的占有权力；在法律意义上它表现为一种私人产权关系。[①]

在资本主义私有制中，资本所体现的社会关系不仅具有私人属性，同时还具有社会属性，这一点，人们往往不容易认识清楚。比如在个人业主制企业中，资本首先是私人资本，但同时资本也具有一种社会属性，资本的组织形式、管理形式、资本有机构成等，都是对社会生产力发展水平的反映，也是资本对社会统治权力的反映，体现了资本的社会属性。不过，在个人业主制的企业中，资本的社会属性隐藏在私人属性之中。

随着社会生产力的发展，生产社会化程度日益提高，资本的占有方式和存在形式也日趋社会化。于是作为一种社会化生产力的特殊的社会存在形式，资本取得了独立的社会形式，也就是股份公司这种现代企业组织的出现。马克思对股份公司中私人资本的社会性特点，曾有过经典表述："那种本身建立在社会的生产方式的基础上并以生产资料和劳动力的社会集中为前提的资本，在这里直接取得了社会资本(即那些直接联合起来的个人的资本)的形式，而与私人资本相对立，并且它的企业也表现为社会企业，而与私人企业相对立。这是作为私人财产的资本在资本主

---

① 资本在经济意义上和法律意义上代表的关系不完全相同。在经济意义上，资本代表一种客观经济权力(Power)关系，如对工人劳动的监督、控制权力，对剩余的占有权力；在法律意义上，资本代表一组基于经济权力在法律上赋予的权利(Rights)关系，即产权关系，如所有权、占有权、收益权、支配权等。在现实中，资本代表的这两种关系往往具有同一性，但基于理论分析的需要，有时候会把这两层关系抽象出来分析。与马克思主义经济学不同，新制度经济学的产权理论不做这种区分，它把法律意义上的产权关系等同于经济意义上的权力关系，所以，在他们眼中，企业内部各类产权关系都是自由、平等的契约关系，工人与资本家之间的契约关系也是平等、自由的关系，不存在控制与剥削的问题，这显然是不正确的。

义生产方式本身范围内的扬弃。”①从经济意义上看，股份资本的社会化，导致资本权力的社会化，资本的监督、控制劳动的行为从原来的资本家自己完成，转化为职业经理人来完成，这种活动本身变成了一种社会职能，而资本家退居为货币所有者或者食利者。资本职能作为一种社会职能，它在性质上排斥私人所有者，委托代理关系成为资本所有权与资本职能结合的形式，资本代理人必须服从资本本性产生的客观要求，完成资本保值增值的职能。在这里，资本职能的实现也体现为一个社会化过程。随着社会生产力的发展和市场经济体制的演变，生产过程日趋社会化，这在客观上决定了资本经营管理方式的社会化。

从产权角度看，股份公司之所以是资本社会属性独立化的表现，是因为股份公司有了独立的法人财产权，而法人财产权是私人资本社会化的集中体现。在股份公司中，单个私人资本通过内部联合，实现了资本私人的联合。每一位股东的私人资本，都构成企业法人财产权的一部分，但每部分私人资本，都不能单独拥有企业财产权，私人产权只是法人财产权这个具有社会性产权的元素形式，只有通过法定程序才能行使自己的权利。私人资本之间的产权边界在法律框架内得以确认。②

以上原理也同样适合对国有资本的分析。国有资本具有国有性和社会性的二重属性，在认识方法上，国有资本的国有属性类似于私人资本的私人属性，只不过在产权的性质上完全相反，国有企业的产权归国家所有即全民所有，这就导致国有经济关系的复杂性。首先，从国有资本产权关系上看，它有诸多的委托代理环节。任何一个委托代理环节出问题，都可能导致国有资产流失，从而造成国有资本私有化。国有资本的委托代理链条包括：全民把全民资产委托给国家，国家委托给各级政府，政府把国有资产委托给各级国有资产管理委员会，各级国有资产管理委员会再把国有资产委托给各级国有企业或者国有资产投资公司。一旦国有资产进入企业或者国有投资公司，就从“资产”的身份转化为“资本”身份，来代表国有经济关系从事生产、流通，实现保值增值。值得注意的是，在这一系列层层委托代理关系中，经济意义上的所有权(Power)，也

---

① 马克思：《资本论》，第 3 卷，北京：人民出版社，2004 年，第 494-495 页。

② 对此“私人资本二重社会”问题的深刻阐述，可参见张彤玉：《社会资本论》，济南：山东人民出版社，1999 年，第 177-184 页。

就是生产资料所有制的性质并没有发生任何变化，而法律意义上的产权(Rights)关系则发生了微妙的变化。在国有资产管理委员会把国有资产委托给企业后，企业就拥有了国有资产的经营权，在这个层面上，法律意义上的产权关系发生了分离。这个委托代理环节，对国有资产能否保值增值起到关键性作用，因为它涉及所有权与经营权权利边界如何科学界定的问题。国资委的所有权包括哪些具体权项，国有企业或者国有投资公司的经营权又具体包括哪些权项，是国有资产管理中一直探索的问题。如果国资委权项过多，会对国有企业或者国有投资公司管得过死，不适应市场机制的内在要求；国资委权项过少，有可能导致国有资产监督管理缺位，造成资产流失。所以国资委对国有企业的顶层设计很重要，哪些领域必须国有控股，哪些领域国有资本可以参与也可以控股，哪些领域必须是国有独资企业等，这些类别划分十分关键，有了这个顶层设计，国有企业的主导地位和控制力，不会因为与民营资本的混合而削弱。至于具体操作层面的问题，不在本文研究之列，这里不再赘述。

接下来要进一步分析国有资本的社会属性。在计划经济体制下，国有资本的社会属性表现为国有企业作为生产单位，按国家计划为全社会提供相关产品，满足社会需要。因此，国有资本的国有属性与社会属性是同一的、重合的，都表现为国有属性。在认识方法上，这类似于私人资本在个人业主制企业中，表现为私人资本的私人属性和社会属性的同一性，都表现为私人属性。只不过私人资本的这种表现形式正好与计划经济中国有企业的表现形式完全相反。但在社会主义市场经济体制中国有企业不再是单纯的生产单位，而是独立的市场主体，要按照现代企业制度的内在要求，改造为现代公司制。这样，国有企业也有了独立的法人财产权，由此，国有资本的社会属性与所有权的全民属性分离开来，其资本的社会属性体现在法人财产权上，这一点与私有制股份有限公司中私人资本的社会属性相类似。从经济意义上看，国有企业成为独立的市场主体后，所有权和经营权的职能分离，意味着企业内部经济关系中的经营管理活动，也成为独立的社会职能，可以由职业经理人承担，而国家作为所有者，类似于私有制股份公司中的股东，也可以成为单纯的所有者，不直接参与企业的经营管理活动。国家作为所有者，保证自己利益的关键在于设计好委托代理的权利边界。

通过以上分析可以看出，私有资本的股份公司由于有了法人财产权，其资本的社会性从隐性变为显性。同样，国有企业通过建立现代股份公司，在财产组织形式上，也形成了法人财产权，其资本的社会性也表现在法人财产权上。在对企业内部经营管理上，都是依据现代企业治理结构并由职业经理人来完成。于是，法人财产权构成了国有资本和民营资本共同的利益基础。这一利益基础意味着：第一，无论是国有资本还是私有资本，一旦在混合所有制企业中形成了法人财产权，法人财产就构成了不同性质资本的共同财产，不同性质的资本有了共同的利益载体。第二，公有资本和私有资本以法人财产权为基础，在企业内部，形成了资本之间的平等关系，按照市场经济中利润最大化原则进行经营管理活动。第三，与之相适应，不同性质的资本权利边界与所有制的性质无关，而是按照现代企业制度的组织形式和管理原则，建立现代产权制度和公司治理结构，形成规范的市场主体，在市场上实现共赢。

有了这种认识以后，我们就可以进一步理解，混合所有制企业对国有企业来说能够提高效率，就在于通过混合，打破治理结构中的形式主义，形成更加完善、更加科学的治理结构和现代企业制度。对于民营企业来说，可以按照资本与资本的关系，平等参与企业治理和管理，使民营资本获得与国有资本平起平坐的地位，在资本与资本的关系中，打破了身份歧视，有利于突破私营资本运动中遇到的“玻璃门”“旋转门”等现象。当然，需要指出的是，认识到不同性质资本混合的共同利益基础，并不意味着“一混就灵”，是否真正能实现利益共赢，除了需要国家科学的顶层设计、健全的相关法律法规和政策之外，还涉及更为具体的操作层面的问题，这已经超出了本文理论探讨的范围，在此不再赘述。

结束语

综上，本文从两个层面对当前混合所有制经济中的理论问题进行了分析，从所有制与市场经济的关系层面看，混合所有制经济的产生、演变不是市场经济选择的结果，而是生产社会化规律和资本社会化规律所决定的；市场经济与资本主义私有制在逻辑起点和历史起点上是一致的，但这不意味着市场经济本身决定所有制的性质，因此，那种认为市场经济等于私有制的认识是错误的。我国发展混合所有制经济，并不必然导致私有化。

从混合所有制企业内部关系的层面看，国有资本和私人资本的混合属于资本之间的关系问题，与所有制性质没有必然联系。它们按照市场经济的原则，共同建立现代法人财产权制度和现代公司治理结构，形成共赢的利益基础。发展混合所有制经济既不是单纯为了壮大国有经济，也不是单纯为了发展民营经济，而是要把各种所有制经济都做大做强，提高民族经济的国际竞争力。因此，不能简单用“国进民退”还是“民进国退”的形而上学思维来认识这一问题。

本文发表于2015年第1期

论中国农村土地制度的改革

刘永佶*

中国现行农村土地制度是对历史上土地国家所有制的继承和否定。农村土地集体所有制，是中国革命在进行土地改革后，由中央政府利用国家动员的力量，将农民对土地的占有收归农民集体所有而形成的。20世纪70年代后期，掀起农村改革的联产承包责任制并未改变农村土地集体所有制的性质。集体所有制是农民土地权利实现的理论和法律基石。必须探索农村土地集体所有制的有效实现形式，改革完善农村土地制度，落实农民的土地权利流转，推动农村经济健康发展。

一、两千余年来中国的土地国家所有制的权利体系

20世纪中国对土地制度的理论规定，是以苏联教科书及其所概括的欧洲土地制度为依据的，没有对中国历史的土地制度进行实证的理论分析。改革完善中国农村土地制度，首先要在理论上明确中国两千余年来土地制度的性质和特点，① 进而探讨社会主义制度下土地制度的性质及其权利体系。

由秦至清，两千余年的时间内，中国处于集权官僚制社会，其土地制度并不是仿照苏联教科书得出的“土地私有制”，而是以集权专制为依据的国家所有制，其土地所有权以皇帝名义归国家，所有权派生的占有权由国家（皇帝及其掌握的政府）分给官吏及皇室成员，并“均配”给农民。在长期的历史演变中，国家始终拥有并保持土地所有权，但对占有权的

---

* 刘永佶，中央民族大学经济学院教授。

① 具体论证，参见刘永佶：《农民权利论》，北京：中国经济出版社，2007年。刘永佶：《官文化批判》，北京：中国经济出版社，2011年。

控制程度，却因其统治的盛衰有所不同。土地占有权从所有权分化出来并成为相对独立的权利后，逐渐被商品化，即可以买卖，从而形成依靠权势和财富的土地占有权的兼并。

集权官僚制创立者的本意，是以军事、政治权力将“天下”土地所有权大一统于皇帝名义的国家，进而以国家的政治统治为依据，将土地的占有权除一部分赏给皇家子孙和臣属外，都均配给全体农民，使之因对土地的相对独立和稳定的占有而主动、积极耕作，由此保证民生、稳定社会，并可增加财政收入，以维系大一统的专制统治。在商鞅、韩非、李斯等人的理念里，小农手工劳动生产方式下，最为理想的土地制度就是如此。正是以这样的理念，他们成功影响了秦国国君，特别是秦始皇，率先在秦国推行此制度，秦国由此而强大，吞并了六国，统一了天下，真正做到了“普天之下，莫非王土；率土之滨，莫非王臣”。在皇帝的观念中，天下全部“江山”——土地都是他作为“天子”的财产，或者说，皇帝就是“天”的代表，是来管理这些财产的；天下全部的生物，都归他统治，其中人是万物灵长，“天子”的权威首先要体现于人，他是人类的首领，也是所有人的主宰，所有人都是他的子民。皇帝要为人类的社会生活与关系制定规则，规定他们的身份、地位，使之安身立命，同时要为相应身份的人配置生产、生活的资源。

“六合之内，皇帝之土。西涉流沙，南尽北户，东有东海，北过大夏。人迹所至，无不臣者。”①这是秦王朝成立不久，始皇帝嬴政的制度性宣言。这段文字清楚地表明皇帝的至尊地位以及他的权势所在。而近年来出土的睡虎地秦简、青川秦牍等文献中，都反映出以皇帝的名义对土地的所有权派生占有权的事实。这种派生是以“授田”的形式进行的。汉、晋及隋唐各朝，都延续了秦的“授田”，并以“占田”“均田”等名义表现。张家山出土的汉简《二年律令》的《忽律》中，记载了各种方式的“授田”“授宅”的规定，所“授”的对象包括有爵位者、无爵位者、庶民，还规定了“授田”“授宅”后如何立户、登记田宅，并将所造“民宅园户籍”“年细籍”“田比地籍”“田命籍”“田租籍”封存于官府。②

---

① 选自琅琊台刻石。

② 张家山二四七号汉墓竹简整理小组：《张家山汉墓竹简》，北京：文物出版社，2001年。

之所以有“授田”，就在于土地所有权拥有者将其占有权能分化、派生为相对独立的权利。既然“六合之内，皇帝之土”，那么以皇帝名义的“授田”，不仅是合乎礼制的，也是合乎从属于礼的权利体系的。“授田”并不是将所有权出让，而且“受田”者也不仅得到了占有权，还承担了因此而应承担的义务。这包括各层官吏对朝廷的忠诚和作为皇帝的代理人管治民众，以及农民要纳税和服役。而授给有爵位者的土地，不过是对其曾经做出的贡献的奖赏，或者是给皇亲国戚的生活资源。授给官吏和有爵位者的土地占有权，是有等级的，而授给农民的土地占有权，则往往是“均”的，因此称为“均配土田”。《魏书》中比较详细地记载了对农民授田的办法。

“(太和)九年，下诏均给天下民田。诸男夫十五以上，受露田四十亩。妇人二十亩。奴婢依良。丁牛一头，受田三十亩，限四牛，所授之田，率倍之。三易之田，再倍之。以供耕作，及还受之盈缩。诸民年及课，则受田。老免及身没，则还田。奴婢牛随有无以还受，诸桑田不在还授之限，则通入倍田分。于分虽盈，没则还田，不得已充露田之数。不足者，以露田充倍。……有盈者无受无还，不足者受种如法，盈者得卖其盈，不足得买所不足。不得卖其分，亦不得买过所足。……诸地狭之处，有进丁受田，而不乐迁者，则以其家桑田为正田分；又不足，不给倍田；又不足，家内人别减分。无桑之乡，准此为法。”(《魏书·食货志》)

“授”与“受”的关系，恰是所有权与占有权关系的集中体现。体现这种关系的还有“还田”，以及“均给天下民田”等。“民田”从形式上说相当于封建领主制的“私田”，但由于“均给”者已不是只有土地占有权的卿、大夫，而是拥有土地所有权的以皇帝为名义的国家，这样“均给”出来的“民田”，不仅是土地的使用权，而是包含使用权在内的土地占有权。“民田”虽可以买卖，但必须在“分”的限度补足或卖盈，国家对此加以严格限制。这些都是土地所有权归国家的表现。

唐朝以后，历代王朝很少再大规模均配土田，但这不等于说国家放弃了对其土地的所有权，也不等于地主及自耕农因此拥有了土地所有权。国家依然以皇帝的名义保持着对土地的所有权，但认可了前代授田和占有权买卖的结果，更为重要的是坚持了因土地所有权派生占有权而形成的义务——税。唐以后的税制变化是相当明显和频繁的，宋甚至有“民田不上税籍者没官”(《宋史·食货志·农田》)的规定。再者，朝廷保有将民田收归国有的权力。绍兴十三年(1143 年)闰四月十五日，南宋朝廷下诏：“人户应管田产，虽有契书，而今来不上砧基籍者，并拘没入官。”(《建炎以来系年要录》卷一四八)宋、元、明各朝，均曾将“民田”没收官有，而清初的“圈地”更说明了土地的所有权在国而不在民。土地买卖的契书，由官府统一印制并加盖官印。南宋于绍兴五年(1135 年)，“初令诸州通判印卖田宅契纸，自今民间争田，执白契者勿用”(《宋史·食货志·赋税》)。《宋会要辑稿·食货》中记录：“田宅契书，县以厚纸印造，遇人户有典卖，纳纸墨本钱，买契书填。”由此可见，那种以土地买卖作为“土地私有制”，并认为土地所有权归私人的观点是站不住脚的。土地买卖在集权官僚制下是针对土地占有权的，并非针对所有权的。土地占有权的私有并不等于土地所有权的私有。

以皇帝名义的国家对土地的所有权派生出占有权以后，并没有消失，而是以政治专制加以维护，这在对土地占有权的恩赏和均配，以及强制性的税收、对占有权买卖的限制和控制、根据不同情况将占有权收归国有等各个环节都体现着。但由于名义上全部土地的所有权都归皇帝一人，而且国家在保证土地所有权的同时，也保护其派生的占有权，其时限又很长，特别是唐以后各朝几乎没有在土地权利关系上进行过根本性变革，导致现代以西方土地私有制的逻辑演绎中国古代土地制度的人，得出中国古代是土地私人所有制、土地所有权归地主和自耕农的误解。

集权官僚制的土地权利关系，主要矛盾是以皇帝名义的国家所有权与占有权之间的矛盾，这个矛盾构成土地权利关系的基本层次。在此基础上，还有土地占有权与使用权之间的矛盾，这是土地所有权与占有权矛盾的展开，也是集权官僚制的身份与权利关系的表现。从权利关系上说，所有权包含的占有权能和使用权能并不是并列的，使用权能是包含于占有权能中的。当土地及其他生产资料的占有权能从所有权中分化并相对独立为占有权后，使用权能的实现就体现为占有权的行使，或由占有者行使，或可再派生出相对独立的使用权。皇亲、勋臣及其后代，官吏和地主的土地占有权，主要是将其使用权能分化出来，租给没有或缺少土地占有权的佃农，也有少量庄园，直接雇佣无地农民耕作。

佃农是因土地占有权能分化其使用权而形成的农民阶层，其与农奴有相似处，即只有对土地的使用权，但又与农奴有明显的差异，其一是佃农不像农奴人身依附于领主那样依附于拥有土地占有权的地主，他们与地主的关系是一种经济关系，而且有租与不租该土地使用权的自由（虽然这种自由会受到各种限制）；二是以产品或货币形式的地租作为取得土地使用权的回报，而非以劳役直接给地主耕作。从这种意义上说，佃农也是农民，他们与自耕农的差别，是没有对土地的占有权，他们要从劳动产品中拿出相当一部分（三分之一至三分之二）交租，而地主（勋田、禄田等除外）又要从地租中拿出一部分向作为土地所有权主体的国家缴税。至于租用官田的佃农，其所交地租中虽不必缴税，但也是按包含税的比率由地方政府收缴的。

二、新中国的土地改革——全面彻底均配土地占有权

中国共产党领导的以农民为主体的革命斗争，夺取政权后在经济上做的第一件事，就是重新分配土地占有权。从红军时期的革命根据地，到解放战争时期的解放区，都在局部地区进行土地制度改革。新中国成立后，则实行了全面、彻底的土地改革。

土地改革奠定了新中国的重要经济基础，也为进一步推动社会主义改造和建设创造了前提。土地改革的性质，是中国社会主义运动针对中国特殊矛盾所进行的经济变革。它实现了两千余年来农民的基本要求——“耕者有其田”。从形式上看，新中国的土地改革与唐朝以前的“均配土田”相似，不过主持“均配”的已不是君王朝廷，而是人民政府，而且，废除勋田、禄田、职田等，将农村全部土地占有权都分给农民。从这个意义上也可以说，土地改革是新政权统治下由农民的政治代表所主持的一次彻底的、全面的“均配土田”。

土地问题是中国革命所遇到的必须解决的首要经济问题。对此，孙中山提出“耕者有其田”和“平均地权”的主张，是有深意的，但他关于实行“平均地权”的办法，即由地主给其土地定价，政府照地价收税和收买，不仅是空想，而且仅限于城市和郊区，足见其革命对官僚地主阶级的妥协及对农民利益的忽略。中国共产党从成立起，就把土地改革和吸纳农

民参加革命统一起来。陈独秀、李大钊、毛泽东等人，都对农民的土地问题进行过研究、论述。党的领导机构也把土地问题作为革命的重要问题。1927 年 5 月，《中国共产党第五次全国代表大会关于土地问题决议案》更为明确地提出，中国共产党第五次大会以为必须要在平均享用地权的原则之下，彻底将土地再行分配，方能使土地问题解决，欲实现此步骤必须土地国有。共产党将领导农民从事于平均地权的斗争向着土地国有、取消土地私有制度的方向而努力进行。土地国有确系共产党对于农民问题的党纲上的基本原则。①

中国革命的成功，关键一条，就在这里。而“土地国有”的思路，也是比较清晰的。在毛泽东等人开创的革命根据地，都不同程度地进行了土地改革。1927 年 11 月 28 日，中共中央发布的《中国共产党土地问题党纲草案》中提出了十五条解决中国农民和土地问题的办法，其中：

> (1)一切地主的土地无代价的没收，一切私有土地完全归组织成苏维埃国家的劳动平民所共有。
>
> (2)一切没收的土地之实际使用权归之于农民。租田制度与押田制度完全废除，耕者有其田。②

这是“土地国有”思路的具体化，即土地归“组织成苏维埃国家的劳动平民所共有”，而土地的“使用权归之于农民”。虽然表述不很准确，但明显是按社会主义公有制的原则思考的。更值得注意的是，这里将“土地国有”展开为“组织成苏维埃国家的劳动平民所共有”，“国”不是指政府，而是指“劳动平民”。这里，没有提出“土地所有权”，但提出了“土地使用权”，也就对二者的区别有所认识。我们不妨认为其第一条规定的是土地所有权，第二条规定的是包括土地使用权能的占有权。这个《草案》的可贵之处，是认为土地所有权归“劳动平民所共有”，而非只有农民所有。农民所拥有的是“土地之实际使用权”。但由于没有对土地占有权的认识，因此在土地所有权的归属上还是不明确的。至今，关于中国土地所有制的性质，在学术界仍存在一些争议。

---

① 《中国共产党第五次全国代表大会关于土地问题决议案》，见《第一、二次国内革命战争时期土地史料选编》，北京：人民出版社，1981 年，第 97 页。

② 《中国共产党土地问题党纲草案》，见《第一、二次国内革命战争时期土地史料选编》，北京：人民出版社，1981 年，第 197 页。

1947 年 9 月 13 日，中国共产党全国土地会议通过并颁布了《中国土地法大纲》，这一文献成为当时各解放区土地改革的纲领。《大纲》规定了废除土地改革前贫苦农民欠地主富农的债务，规定乡村农民委员会、贫农团代表大会，以及区、县、省级农民代表大会为土地改革的执行机关，进而明确：

> 第六条　除本法第九条乙项所规定者外（即大森林、大水利工程、大矿山、大牧场、大荒地及湖沼等归政府管理），乡村中一切地主的土地及公地，由乡村农会接收，连同乡村中其他一切土地，按乡村全部人口，不分男女老幼，统一平均分配，在土地数量上抽多补欠，质量上抽肥补瘦，使全乡村人民均获得同等的土地，并归个人所有。
>
> 第七条　土地分配，以乡或等于乡的行政为单位，但区或县农会得在各乡或等于乡的各行政村之间，做某些必要的调剂。在地广人稀的地区，为便于耕种起见，得以乡以下的较小单位分配土地。①

《中国土地法大纲》大体实行到 1950 年初，1950 年 6 月 28 日，由中央人民政府委员会第八次会议通过了《中华人民共和国土地改革法》，对《中国土地法大纲》进行了修正。《土地改革法》是一部较为详细、系统的法律，它共六章四十条，与《中国土地法大纲》比较，有了几点重要变化：(1)将乡村中一切土地"按乡村全部人口，不分男女老幼，统一平均分配"，变为"所有没收和征收得来的土地和其他生产资料"，"统一地、公平合理分配给无地少地缺乏其他生产资料的贫苦农民所有"，也就是不将中农土地纳入分配，富农土地也只征收出租部分，其自耕和雇人耕种土地不得征收和分配；(2)将没收地主全部财产改为只没收地主的土地、农具、牲畜、多余粮食和房屋，其他金银、衣物等不予没收；(3)将小块土地出租者保留土地的标准由 150%增加到 200%；(4)规定了对县以上政府在没收和征收土地中划出一部分直接归国有，作为农事试验场或国营农场，在未举办实验场或农场时，可租给农民耕种；(5)保护工商业，地主兼营工商业及其直接用于经营工商业的土地和财产，不得没收。

---

① 《中国土地法大纲》，见《河北土地改革档案史料选编》，石家庄：河北人民出版社，1990 年，第 6-8 页。

中国共产党领导的土地改革，是20世纪中国社会大变革中重大历史事件，具有承前启后的历史作用。承前，就是继承了集权官僚制的土地制度中的土地国家所有、对农民“均配土田”即土地占有权的制度，但废除了专制皇帝，废除了勋田、禄田、职田及地主对土地的占有权，由代表包括农民在内的全体劳动者的人民政府进行全面、彻底的均配土地占有权。由于受苏联理论界的影响，加之中国思想界长期对法律及权利关系的忽视，此时的土地改革文件并未明确区分土地的占有权和所有权，这在当时影响不大，但概念上的不准确不仅体现在“农民土地所有权”的提法容易产生歧义，更导致后来合作社、集体化、家庭联产承包责任制中理论上的模糊认识。

新中国以土地改革所建立的土地制度，实际上是1927年《中国共产党第五次全国代表大会关于土地问题决议案》所提出的“土地国有制”，土地的所有权仍然掌握在国家而非农民手中。《土地改革法》总纲中宣布的“废除地主阶级封建剥削的土地所有制”废除的实则是地主对土地的占有制，所没收和征收的只是地主对土地的占有权，而非所有权。新中国成立前近40年时间中国的土地所有权掌握于去掉了皇帝的集权官僚制的国家，中国共产党领导的革命夺取了政权，也就从旧政府那里夺得了土地所有权。这是土地改革得以进行的根据，也是新的土地制度的根本。

土地改革中的土地所有权归国家掌控，其派生的土地占有权由国家分配给农民。从这种意义上说，土地改革也就是在国家政权更替的过程中，新的政权在掌控土地所有权的基础上，没收以前由地主占有的土地，征收祠堂、庙宇、寺院、教堂、学校和团体在农村占有的土地和其他公地，以及富农占有的多出其自耕(包括雇人耕种)部分的土地，将这部分土地的占有权在一定范围(以乡为单位)内均分给没有或少有土地占有权的农民，并按农民的标准，也分给地主一份土地占有权，而对中农(自耕农)和富农自耕土地的占有权，则基本不动，但由政府以法律形式重新承认。这是“耕者有其田”的全面实现，也可以说是在短期内使全体农民(包括以前的地主)都成为自耕农。

由于当时理论和法律上的不确定，没有区分土地所有权和占有权，因此将土地改革后的土地制度说成“农民土地所有制”，即农民是土地所有权人。[①] 这一点，在土地改革中似乎不影响其操作，但在以后的土地权利关系变动中，就充分显示出其不确切性。因此，有必要对土地改革中的土地所有权和占有权进行重新规定。笔者认为，土地改革时的土地所有权属于国家，农民拥有的是土地占有权，主要依据是：

其一，土地改革所针对的旧土地制度，其所有权本来就归国家掌控，从秦至清两千余年的情况，我们已进行了考察，这里重点分析中华民国的土地制度。1911年辛亥革命推翻了清王朝，其最大的变化，就是取消了皇帝，但没有取消集权官僚制，不论北洋军阀，还是蒋介石政权，他们的统治，都是以军事专制操控、延续集权官僚制，虽然形成了官僚资本和部分私人资本，并出现了一定的现代工商业，但都始终未进行土地制度的变革，依然延续着清朝的旧土地关系。这里最为重要的是国家(包括中央政府和割据的地方政府)强化了对土地的所有权，肆意增加土地税和各种体现土地所有权的税、捐，甚至预收几十年。而地主和自耕农的土地占有权也依然保持，地主以土地占有权派生的使用权租给佃农的关系未变，而且地租更重。中国共产党领导的新政权之所以能在建立之初进行土地改革，主要原因就在于土地所有权本来就由旧政权掌控，夺取政权也就夺取了土地所有权。土地所有权是土地作为生产资料的根本权利，掌控了土地所有权，也就可以合理、合法地重新均配其派生的土地占有权。在这一点上，与唐朝以前各代"均配土田"的过程是相似的，不过新中国的"均配土田"占有权更为充分、彻底。

其二，中国革命是中国共产党领导的以社会主义为本质和原则的社会变革，土地改革虽然处于"新民主主义革命"阶段，刚成立的中华人民共和国虽然是"人民民主专政的国家"，但其指导原则和发展方向是社会主义，在经济上的目标是公有制，而且同时就以没收官僚资本和财政投资等方式兴建公有制的国有企业并提出了农业合作化的方向。由于农业生产力水平的限制，还不能立即全面实行公有制的合作社和国营农场，但保持国家对土地的所有权，对以后的土地制度和农民经济关系向公有制的转化，无疑是必要的大前提。新中国领导人充分认识到这一点，也

---

① 当时的理论和法律对"所有"和"占有"也是不分的，或者说并没有注意到二者的区别，如1953年4月3日《中央选举委员会关于选民资格若干问题的解答》中，曾有这样的表述："地主阶级分子，就是占有土地，自己不劳动，或只是附带的劳动，而靠剥削为生的人。"

正因此，不论《中国土地法大纲》还是《中华人民共和国土地改革法》，在宣布废除旧的土地制度时，均未对农民的土地所有权的权能、权力，以及如何保证这个根本性经济权利做出规定，实际上延续了国家对土地的所有权。至于国家对土地所有权与社会主义公有制原则的差异，当时尚未被认知。

其三，国家对土地的没收、征收和分配，充分体现了国家对土地的所有权。这在《中华人民共和国土地改革法》中是相当明确的。该法共六章四十条，第一章和第六章分别为“总则”和“附则”，中间四章是“土地的没收和征收”“土地的分配”“特殊土地问题的处理”“土地改革的执行机关和执行方法”。仅从章题可以看出土地改革是已经掌握土地所有权的中央政府对其派生的占有权的重新处置。其中，第二章“土地的没收和征收”，充分体现了新的土地所有权的掌控者对旧的占有权的调整。土地改革是由掌控土地所有权的政府领导进行的。与汉、魏、唐时的收田授地相比，是基本相同的，彼时收田授地的负责人主要是县令和里正。新中国土地改革的执行机关也只能是政府及其领导下的农民大会或农民协会（土改时农村的基层政权组织），这些机关作为国家土地所有权的执行机构，负责土地占有权的收与授。

其四，只有掌控土地所有权的国家机构才能行使其占有、处置、收益的权能，并在将占有权能派生为相对独立权利进行分配以后，行使对占有权的控制，并以税收等形式实现收益权，而且在国家认为必要的情况下，对土地占有权进行处置。农业文明条件下，奴隶制和封建领主制社会中土地的实际所有权并不掌握在中央政府，而是掌握在奴隶主（氏族首领）和领主（部落首领）手里，因此中央政府不可能实行均配土田占有权的制度，而是由奴隶主分派奴隶劳作，或由大领主将其所有的土地分化出占有权，分给小领主，小领主再将土地使用权定期分给农奴耕作。只有在集权官僚制下，才实现了以皇帝名义的中央政府对全国土地的所有权，而各级政府的主要经济职能，就是围绕土地所有权的占有、处置、收益等各项权能展开的。土地占有权的分配是集权制政权的首要职责，也是基础性工作。政府可以收回土地占有权重新分配，但对于个人其他财产，除犯罪者外，是不可能任意没收的，因为这些财产的所有权并不归国家。新中国之所以能顺利进行土地改革，在于新政权得到大多数农民的拥护，但这种拥护包含着强烈的利益要求，即重新分配土地占有权。革命夺取了政权，也就夺取了全国的土地所有权，国家作为土地所有权的掌控者，既可以收回其派生的一部分占有权，也可以暂时不收回，但要重新确认一部分土地占有权。

其五，正是由于国家掌控土地所有权，才可以在土地改革后不久即推行农业合作化，而农业合作化仅过了两三年，又实现集体化，并改变了农村土地权利关系。人们在反思合作化和集体化时，往往将注意力放在决策上，但忽略了政策只是权利的调整和作用这个基本点。中国的农业合作化，是在土地改革所均配的土地占有权基础上进行的，它保持着农民个人对土地的占有权，是土地占有权派生的使用权和劳动力占有权的结合。但集体化(高级社以至人民公社)则取消了农民的土地占有权，建立了土地集体所有制。集体(公社、生产大队、生产队)所拥有的实则是过去农民的土地占有权的集合。而农民之所以顺利地转为集体成员，并不过问自己曾有过的土地占有权，原因就在于他们并未取得土地所有权。国家以政策方式很快地将农民的土地占有权收归集体，其根本原因就在于掌控着土地所有权。如果土地所有权是属于农民个人的，就像其他财产所有权属于个人那样，是不可能如此简便，且不经过任何法律手续就改变其所有权的。后来的联产承包责任制仍保持着土地集体所有，即由村集体掌控土地占有权，农民则只分到小块土地的使用权。联产承包责任制的推行，其根据也在土地所有权由国家掌控。

三、土地集体所有制的形成

土地改革之后不过几年时间，中国共产党和中央政府就以土地国家所有权为依据，将农民刚得到的土地占有权集合于人民公社及其生产大队、生产小队，形成了集体所有制的土地权利关系。虽然以前短暂的初级合作社还承认农民的土地占有权及其权益，但这只是一种过渡，只有土地占有权的农民根本无力与掌控土地所有权的政府讨价还价。

集体所有制表现为土地实际上是归国家所有，或者说，只有土地归国家所有，才能在那样短的时间内，按居住地将全体农民(不是人民公社社员的农民只有极其边远山区的零星居住者)刚分到的土地占有权都集体化。土地的占有权也在政府或党中央的一纸文件中就顺利地变动，这都说明土地所有权是掌握于国家的。人民公社的土地集体所有存在理论误区，导致在土地权利关系上的认识不明确，甚或混乱。

人民公社的土地集体所有制，实为土地集体占有制，是掌控土地所有权的国家将其占有权能分配给人民公社这个集体，并交由其使用，但国家仍保留对土地的处置权能和一部分收益权能。人民公社对土地的占有权在不同时期也有所变化。在1958年8月29日《中共中央关于在农村建立人民公社问题的决议》这份最早关于建立人民公社的中央文件中，甚至没有提土地权利关系的变化，只是规定人民公社的性质是集体所有制。而对作为人民公社前提的"合小社并大社"的《中共中央关于把小型的农业合作社适当地合并为大社的意见》(1958年3月20日通过，同年4月8日政治局会议批准)中，也只字未提土地权利关系。也就是说，这场涉及5亿农民的生产关系大变革，在法律上并没有对作为农业主要生产资料的土地的权利关系改变做任何规定，就从原来的合作制中土地的农民个人所有变成集体所有。这充分说明土地所有权由国家掌控，而土地改革所分给农民的不过是由土地所有权派生的占有权，在合作制期间，起码在形式上还注意到这个权利，并由国家最高权力机关全国人民代表大会或其常务委员会颁布《示范章程草案》和《示范章程》，强调农民的入社自由。但到人民公社时期，从其准备阶段的"合小社并大社"，就不再考虑农民对土地的权利，由土地所有权的掌控机构直接处置，并将土地占有权重新划入集体所有。

从中共中央有关人民公社土地权利关系的规定的各个文件中，我们可以得出这样的结论：(1)土地所有权实际上掌控于国家，并由中共中央及中央政府行使；(2)人民公社及其生产大队、生产队所拥有的，不过是土地所有权派生的占有权，因此"一律不准出租和买卖"，但经过县级以上政府批准，可以重新调整其占有权；(3)土地占有权先是归公社及其管理区(或初期的生产大队)，进而归生产(大)队，最后归生产(小)队；(4)在土地占有权归生产(大)队时，其使用权归生产(小)队；(5)在土地占有权归生产(小)队时，土地使用权也归生产(小)队；(6)土地占有权归生产(小)队时，生产大队和公社还拥有一部分山林的所(占)有权，但将使用权交生产队；(7)社员对自留地、自留山、宅基地等拥有使用权。

土地集体所有制不仅将农民的土地占有权收归由政府掌控的“集体”所有，而且土地使用权也由“集体”行使。20世纪80年代初，在掌控土地所有权的中央政府主持下，推行了家庭联产承包责任制，但并未改变农村土地的集体所有制的规定，而是在集体所有的名义下，将土地的使用权有期限地分给农民家庭享有，所谓“集体所有，家庭经营”。

联产承包责任制的“集体所有，家庭经营”，作为对人民公社的否定，是充分意识到人民公社的集权之弊端而不得不进行的改变。由于没有对人民公社体制矛盾的明确认识，更没有对农民权利，特别是劳动力和生产资料所有权的主体、各权能的关系及其分化派生进行规定，只能按“退回去”的思路想问题。但因社会主义公有制在理论和政治上的限制，不能彻底消灭集体所有制这种公有制的形式，为此，必须以保住集体所有为“底线”。其土地权利的划分是“两权分离”，即所有权和使用权分开，前者依旧属于集体，即“农民集体”，后者分包给以家庭为单位的农民。

与在人民公社时期相同，联产承包责任制依然将土地集体所有作为表示现在中国农村还是集体经济或公有制经济的标志。从实行承包到制定《中华人民共和国土地承包法》，一直在强调这一点。这里，还要重申中国现行法律和政策上对土地权利关系的模糊观点，即不承认或认为不必要规定国家对土地的所有权。从联产承包责任制的推行，到取消人民公社，再到这一体制的坚持，恰恰都说明农村土地的所有权并不在“集体”或“农民集体”，而在于国家。这一过程的各种变化，都不是名义上拥有土地所有权的“集体”或“农民集体”的行为引起的，而是由似乎与农村土地没有直接权利关系的政府造成的。土地所有权中的各种权能完全操纵于国家，由国家确定其分化和分配。其中，土地的占有权能由分派给“集体”的人民公社的生产队，转归代表村民集体的村委会、村民组；土地使用权能则由国家制定政策和比例，指令村委会或村民组分配给农民家庭承包；土地的处置权能和管理权能依旧掌控在国家手中；至于土地的收益权，即农业剩余劳动的收益归属，主要是依土地所有权所征收的税和由管理权提取的费，土地使用权承包的代价，也在税和费上，税由国家征收，费由乡政府、村委会收取，2006年以后，中央政府取消农业税，但并不等于放弃土地收益权。

实行土地家庭承包制以来，逐渐暴露出个体小农经济的局限，但理论界和决策者并不突破这些局限提出必要途径与措施，而在现实中，农民则以自己的方式进行了一些改变，如一些地方的农民互助和合作生产经营，承包土地的出租或转包，以土地使用权入股，小块土地使用权的互换，等等。农民承包的土地使用权的流转，进一步表明土地集体所有制的矛盾。

第一，中国的土地所有权两千多年来一直掌控于国家，革命夺取政权后的土地改革也只是将土地占有权全面彻底地均配给农民，当时所说的“土地农民所有”是将所有与占有混同的表现，并非将土地所有权均配给农民。如果农民真的拥有土地的所有权，后来的集体所有制及家庭联产承包是很难推行的。正是由于国家掌握着土地的所有权，这些在占有权和使用权层面的改变才得以顺利推行。土地集体所有制是将农民家庭在土地改革时分到的土地占有权，收归集体组织（人民公社及其生产大队、生产队以及村、组），但其所有权及其对使用权的分派，仍由政府掌控。“集体所有”的并非土地所有权，而是占有权，在人民公社时期，公社、大队、生产队都是经济组织，因而可以行使这种占有权，废除人民公社以后的村、组，不是经济组织，当经其将土地使用权分配给农民承包以后，对土地的占有权也就很难行使了。

第二，土地并不是人力所为，是自然资源，社会主义公有制要求将土地等自然资源归全体劳动者所有，进而由代表他们利益的公共机构行使所有权派生的共同占有权。从这个意义上说，集体所有制在形式上是符合公有制的，也正是为了保持公有制形式，才实行“集体所有，家庭经营”的承包。但是，为什么某村某组的土地只归该村该组的农民“集体所有”呢？全国土地作为总体自然资源，理应由全体国民所有，某村某组的农民只是因其生产方式和历史原因，拥有由国家机构行使的总体占有权所分派的占有权。中国古代以皇帝名义归国家的土地所有权派生的土地占有权，分别属于官僚和农民，中国共产党领导的革命夺取了全国的土地所有权，正是依据对全国的土地所有权，才由中央政府推行了全国的土地改革，将土地占有权均配给农民。但社会主义制度要求不是由政府拥有这种所有权，政府作为公共权力行使机构，也不能拥有土地所有权。包括归国家所有和农民集体所有的土地，其所有权都应属于全体国民，政府只是受国民的委托代理行使土地的总体公共占有权，再把农村土地占有权分配给农民。农民作为全体国民的一部分，拥有和市民一样的对国家占有的资产和包括土地在内的资源的所有权。从总体的公共占有权分派出来的特定村、组小块土地的占有权，应当属于农民个体。在没有了集体经济组织的情况下，就不应有对土地的“集体所有”。

第三，分给农民承包的土地使用权，远远不能满足农村劳动力的需要。地少人多是中国的基本国情，存在劳动力严重过剩，绝大多数农民自家承包的几亩、十几亩土地都不够其生产经营。在保持土地集体所有制的同时，又不能继续进行集体的生产和经营，而是释放农民个人的劳动力所有权，并将土地使用权承包给农民，使之重复进行延续两千多年的个体小生产。但这种小生产又不具备稳定的土地占有权，虽然从最初的土地使用权承包期 15 年，又延长 30 年，但农民的个体劳动很难在这小块土地上增加多少效益，又不能为其地力、水利等的改善做更多投入。农村的劳动力从集体经济中释放出来了，但家庭承包的土地使用权却不能为其劳动力提供必要的生产资料，形成大量的剩余劳动力，严重影响了农民生活水平和素质技能的提高。为了生活，农民不得不自行外出出卖其劳动力使用权，在为私有企业提供廉价劳动力的同时，也损害了农民的人身权和劳动力所有权，大量农民外出务工，又在农业劳动力严重过剩的中国造成农业劳动力的缺失，阻滞了农业发展，与此同时又引发诸多社会问题。

第四，根据各级政府的需要，农村土地合法或不合法地征用，而支付的征地费与地方政府转给开发商收取的土地出让金相比，差距很大。地方政府成了地产交易的中间商，而且是垄断性征收的最大受益者。政府从农民集体那里征来“土地占有权”，而卖给开发商的却只是有期限的土地使用权，到期以后，政府还可以继续出卖这个使用权。这种完全不符合商品等价交换原则的地产交易，表明国家才是农村土地所有权的真正拥有者。政府对农民土地的征用，是所有权和占有权之间关系的体现，即掌控土地所有权的国家根据自己的需要，收回其派生出去的占有权。因此付给占有权行使者“农民集体”的补偿是由政府定的，并没有市场价格，不是与“农民集体”讨价还价定的。至于收回土地占有权后对该土地使用权的出售，则是按市场行情成交的。如果农村土地的所有权真的属于“农民集体”，那么，它的处置权就只能在“农民集体”，国家依行政权可以规划某些土地转为非农所用，并制定土地使用权交易的规则，但不是作为交易的一方。开发商所购买的只是土地按期限的使用权，其价格由其与作为土地所有者的“农民集体”协商，到期后“农民集体”再收回此土地使用权。只承包了一定年限的小块土地使用权的农民，完全没有权能和权力来维护自己的利益。

第五，家庭承包的小农经济与科学技术发展和农业现代化的矛盾。个体小农经济并不是彻底地排斥植根于工业发展所形成的农业科学技术，如杂交粮种、化肥、农药，以及中、小型农业机械等，家庭经营也会采用，也能提高产量。事实上，20 世纪 80 年代以来中国农业的增产，一方面来自联产承包责任制，另一方面得益于农作物品种的改进和化肥、农药的使用，以及人民公社时期水利设施的建设。但在分割为几亩几分的土地上，基本上不适宜现代农业技术的应用，加之青壮年农民实际上已脱离了农业生产，留在农村的老人在花钱雇用农机耕种、收割后，除施打农药、化肥和除草剂，并不进行田间管理，损害了土壤，严重制约了农产品的产量和质量。

四、深化农村土地制度改革，落实农民的土地占有权

现行中国农村土地集体所有制，虽是兼顾国家、集体、农民各方利益的制度安排，但在中国的很多农村地区实际处于虚置状态。改革农村土地制度已成当务之急，现在出现的关于农村土地改革的言论，大体有两类，一是私有化，将土地所有权分给农民；二是在维持集体所有制和联产承包责任制的基础上，强化农民承包土地使用权的流转。前者与中国社会主义制度相悖，后者只是对使用权的延伸，没有触及所有权问题。笔者认为，改革和完善中国农村土地制度，关键是在明确土地所有权归全体国民、其总体占有权由政府行使的前提下，落实农民的土地占有权。

作为实行社会主义制度的中国，其全部土地所有权既不能属于作为公共权力行使机构的国家，也不能只属于农民个人或其集体，而是属于全体公民。土地并非人为产物，因此，不属于某些人或团体。之所以土地的所有权归某些私人或国家，不在土地的自然属性，而在其社会属性。社会主义制度与以前各阶级社会的本质区别，就在于将土地和主要生产

资料的所有权从资本家和集权专制国家那里夺过来，交还全体公民。在社会主义制度下，全体公民都平等地拥有他所生存的国土上的全部土地所有权的一部分，就像对国有企业生产资料的所有权一样。这种所有权是针对全部土地的，也是不可分割的，它只能通过拥有从所有权派生的占有权，并控制行使占有权的机构来体现。中国现行法律将土地分为“国家所有”和“集体所有”两部分，前者为城市土地和滩涂、荒地、森林等，后者为农村和城市郊区的土地。并规定国家所有即“全民所有”，为什么只有城市的土地和非农用地的滩涂等才是“全民所有”(即农民也有其所有权)，而农村土地只能由特定村的村民“集体所有”？为什么只许农民拥有城市土地的所有权，而不许市民拥有农村土地的所有权？进一步说，为什么此村只能拥有此村土地的所有权，而不能拥有彼村土地的所有权？这些都是不可能从社会主义制度加以说明的。

中国农村土地制度的改革必须依照社会主义原则，形成由四层权利构成的土地制度。

其一，中国的土地所有权归全体公民个人平等拥有。实际上，新中国成立以后并未改变土地所有权归国家的历史传统，只是改变了国家政权的性质和掌握者。而对土地的国家所有权，也在新的国家政权上得到了更加充分的体现。改革土地制度，首要的就是明确土地所有权的主体不能是国家机构，而是全体公民个人。土地所有权，包括占有、使用、处置、收益等各权能，其中，占有(含使用)的权能可以由所有权派生为相对独立的权利，而为了控制和收回占有权及其派生的使用权，所有权主体必须牢牢掌控处置的权能，并坚持和要求收益的权能。在农村，坚持社会主义制度的标志，是土地所有权的全体公民所有及由代表其利益的国家机构行使总体公共占有权。

全体公民和劳动者对土地的所有权，并不是采取将全国土地按人口平均分配的方式体现，而是作为每个公民的一份权利，通过选举和掌控行使由个人土地所有权派生并集合的总体公共占有权的机构，并以立法权、监督权等制约土地公共占有权的分配及其管理、收益得以实现。至于土地的处置权能，必须由所有权主体以民主法制予以控制，而土地收益权，则可依照所有权主体的意志，根据经济发展的程度，采取用于公共福利或分红等方式实现。

其二，全体公民个人的土地所有权中的占有权能派生并集合为总体公共占有权，并由民主选举的公共权力机构行使。马克思所说的“重建个人所有制”，其要点就是确立和保证劳动者个人的所有权。但由于社会化大生产和城乡差别，土地不能分割给每个公民单独占有，因此，在保持个人所有权的同时，将其中占有的权能派生并集合起来，形成相对独立的总体公共占有权。这个总体公共占有权要由全体公民（包括农民和市民）选举成立的立法机构依法设立国有资产和资源占有委员会来行使。国有资产和资源占有委员会的负责人，也要由全体公民或人民代表大会选举产生。

土地的总体公共占有权，是社会主义公有制的土地权利关系中的核心，明确并规定土地的总体公共占有权，是解决中国农民问题的关键环节。需要说明的是，行使总体土地公共占有权的国有资产和资源占有委员会与行使行政权的政府是有区别的，并且没有隶属关系。对于土地，政府应负责行政方面的管理职责，如行政性的土地使用规划、税收等，但不行使土地的总体公共占有权。

其三，国有资产和资源占有委员会将土地的总体公共占有权直接分配给从事农业生产的农民个人。农民个人之所以可以被分配到土地占有权，是由于历史原因及其生产特点，分给农民进行农业生产的基本生产资料的占有权，可以保证农民对土地长期、稳定地使用。

国有资产和资源占有委员会分配给农民个体土地占有权，是土地占有权的再分配，是第二层占有权，因此要由第一层总体公共占有权统属。分配的原则，是在一个时点，按村（特殊情况也可以按乡）的范围，根据土地面积与质量，平均分配给该村（特殊情况的乡）全体村民。以后再按期对因人口变动（生、婚、死、迁）造成的变化进行个别调整。农民的个体土地占有权对于农民来说，是终身制，其死亡后应交回国有资产和资源占有委员会。而当某个农民转业并定居于城市，其个体土地占有权也要交回国有资产和资源占有委员会。

其四，农民分得的个体土地占有权包含使用权，农民可根据自己的意愿与需要、能力，进行个体生产经营，也可以将土地使用权从占有权中派生集合，并与劳动力所有权派生的占有权相结合，组成合作制经济实体，从事农业或工商业（不脱离本地）生产经营。农民参加合作制经济实体，并不是将其土地占有权并入“集体”，而是保持农民个人的土地占有权，只是将其包含的使用权能派生集合，当其本人不愿或不能(如因职业变化转为市民)参与该合作制经济实体后，就可以收回使用权，或自己经营，或参加其他合作经济实体，或随占有权交回国有资产和资源占有委员会，将土地使用权有偿让渡他人。

企业需要租用农民土地，需先向国有资产和资源占有委员会申请，由该委员会按规划协调拥有个体土地占有权的农民，再由企业与农民协商租用土地使用权的位置、面积、时间、租金和其他条件，签订合同，报国有资产和资源占有委员会批准，并在政府行政管理部门登记。对于所租土地面积较大，非一个农民所占有土地能满足的，应与多人分别签订合同和办理相关手续。

当前已有相当一部分农民在城市务工、经商，他们中的一些人要求转为市民，以后还会有农民转为市民。应加大户籍制度改革力度，为这种转化提供必要条件，特别是提供市民的社会保障的同时，处理好转为市民后的农民在农村的各项权利。

其一，作为农民从国家掌控的总体公共占有权分配的个体土地占有权，在其转化为市民时，应交回国有资产和资源占有委员会，由该委员会重新分配。在转化为市民的农民交回土地个体占有权时，国有资产和资源占有委员会应将其在占有土地上的基本建设投入折价退给本人。

其二，农民在农村的房屋和宅基地的处置。房屋是个人生活资料，可由其本人出卖；宅基地的占有权则应退回国有资产和资源占有委员会，宅基地上房屋可设定一定年限，由房主出租。

其三，参加农业合作制经济实体的农民转为市民时，其土地个体占有权也应交给国有资产和资源占有委员会，由该委员会统一分配，或在一定时期将使用权租给合作制经济实体。而转为市民的农民在合作制经济实体中投入的生产资料，由该实体退回本人，或在结算清楚后以借款方式定期归还。

其四，对于在本乡、村开办工业和服务业企业，或在本乡、村企业长期就业，以及长期从事个体工商业的农民，其主要生活来源已不是农业收入，但家庭仍在本村居住，他们在农村的权利应区别对待：(1)个体土地占有权，如本人及家庭无力从事耕种，或其收入水平已数倍于本村农民，就不应分配或分配后再由国有资产和资源占有委员会收回，但其又转业从事农业时，则应重新分配；(2)村民民主自治的权利应保留；(3)房屋所有权和宅基地的占有权也要保留，以保证其在农村的生活。

其五，从其他渠道转为市民者，如上大学后在城市就业、参军后转业于城市等，其本人的个体土地占有权亦应由国有资产和资源占有委员会收回。

农民转化为市民，是一个重大的社会结构转变，其间会有各种权利和利益重新配置的问题，总的原则应是结束其作为农民的各项权利，确立其作为市民的各项权利。在处理的过程中，要具体分析，考虑到每人每家的实际情况，妥善处理。

本文发表于2014年第1期

社会主义政治经济学的历史演变

——兼论中国特色社会主义政治经济学的历史贡献

张　宇*

一、社会主义政治经济学创立

社会主义政治经济学是关于社会主义生产方式及其发展规律的科学，是马克思主义政治经济学的重要组成部分。众所周知，马克思主义是关于无产阶级解放运动的性质、条件和目的的学说，这一学说的目的，就在于科学阐明人类社会从资本主义向共产主义过渡的历史必然性及其内在的规律。实现这一目的，仅有资本主义的政治经济学是不够的，还必须有社会主义的政治经济学，这两个部分相互联系、相互依赖、不可分割。社会主义是资本主义发展的归宿，又是向共产主义过渡的中介，因而是社会形态演变历史进程中必经的重要阶段。显然，以揭示这一社会形态的经济规律为目的的社会主义政治经济学，自然成为了马克思主义政治经济学不可或缺的重要组成部分。

马克思恩格斯是科学社会主义的创始人，也是社会主义政治经济学的奠基者。他们通过对资本主义生产方式矛盾运动规律和发展趋势的深刻分析，揭示了未来共产主义和社会主义经济关系的基本特征，其主要内容包括：实现人的自由全面发展，建立自由人的联合体；消灭私有制，生产资料社会占有；共产主义高级阶段实行按需分配，低级阶段实行按劳分配；消灭商品生产，对社会生产实行有计划的调节；消除城乡和工农差别，实现城乡融合；阶级和国家的消亡，对人的统治将由对物的管

* 张宇，中国特色社会主义经济建设协同创新中心研究员、中国人民大学经济学院教授。

理和对生产过程的领导所代替；各国人民之间的民族分隔和对立日益消失；向社会主义的过渡需要一个较长的时期，在过渡时期可以采取合作制、商品生产等多种中介形式。马克思和恩格斯创立的社会主义经济理论的经典形态，是社会主义政治经济学的本源、基础和发端，是社会主义革命和社会主义建设的重要指南。但是这些理论只是社会主义政治经济学的起点，而不是它的完成形态，更不是它的终结，因而需要在实践中加以不断地检验、丰富和发展。

十月革命前后的一段时期里，关于社会主义条件下政治经济学"消亡"的理论，在马克思主义理论中颇为流行。希法亭、卢森堡等当时一些重要的马克思主义经济学家，都曾持这一观点。布哈林的观点很具代表性，在1920年出版的《过渡经济学》一书中，他开宗明义地讲道："理论政治经济学是关于以商品生产为基础的社会经济的科学，也就是关于无组织的社会经济的科学"①，因此，"资本主义商品生产的末日就是政治经济学的告终"。因为，在未来的共产主义社会，"人们同他们的劳动和劳动产品的社会关系，无论在生产上还是在分配上，都是简单明了的"，商品世界的全部神秘性，资产阶级政治经济学的各种范畴的社会效力，都立刻消失了。然而，资本主义政治经济学的消亡绝不等于政治经济学的消亡。列宁十分正确地指出，布哈林的关于政治经济学的定义相比恩格斯的定义"倒退了一步"，在《反杜林论》中恩格斯指出，政治经济学是"一门研究人类各种社会进行生产和交换并相应地进行产品分配的条件和形式的科学"②。列宁问道："即使在纯粹的共产主义社会里不也有Ⅰv＋m＝Ⅱc的关系吗？还有积累呢？"随着社会经济建设实践的不断发展，创建社会主义政治经济学的任务摆在了人们面前。沃兹涅辛斯基20世纪30年代明确提出了创建"社会主义政治经济学"的任务。他认为，在经济思想史上，英国资产阶级在资本主义发展初期，就着手创立了自己的政治经济学；苏联已经是一个进入社会主义阶段，并建成社会主义经济基础的国家，更应该着手创立和这种社会经济关系相适应的"社会主义政治经济学"。1936年联共(布)中央做出《关于改革政治经济学讲授》的决议，正式

① ［俄］布哈林著，余大章、郑异凡译：《过渡时期经济学》，北京：生活·读书·新知三联书店，1981年，第1页。

② 《马克思恩格斯选集》，第3卷，北京：人民出版社，2014年，第528页。

提出开设独立的社会主义政治经济学课程，1937 年苏共中央组织了一批著名的经济学家编写包括社会主义部分在内的政治经济学教科书，到 1940 年底，完成了教科书的未定稿。[①] 斯大林高度重视这一工作，指出"一本好的马克思主义政治经济学教科书的出版，不仅具有国内的政治意义，而且具有巨大的国际意义"[②]。1941 年初，斯大林在阅读了教科书的未定稿后，邀请了一批经济学家和党的领导干部进行讨论，提出了一些原则性意见。这些意见后来反映在 1943 年他在《在马克思主义旗帜下》杂志发表的一篇题为《政治经济学讲授中的若干问题》的编辑部文章中。在斯大林的领导下，政治经济学教科书在 1951 年基本完成。随后苏共中央举行了经济问题讨论会，对这本教材进行了专门的讨论，斯大林针对大会讨论的重要理论问题发表了书面意见，1952 年，这些意见正式以《苏联社会主义经济问题》为题出版发行。1954 年 8 月，政治经济学教科书正式出版，标志着社会主义政治经济学作为一门独立科学的诞生。[③]

二、传统社会主义政治经济学

马克思和恩格斯关于未来社会的理论揭示了社会发展的一般趋势和社会主义革命的基本目标，成为了从事社会主义运动的无产阶级政党的指导思想。这种经典理论与当时具体的历史条件相结合，就形成了社会主义经济的最初模式即高度集中的计划经济体制，传统社会主义政治经济学则是这一最初模式理论形态，其核心思想是公有制基础上实行计划经济。传统社会主义政治经济学的基本思想在苏联 1954 年版《政治经济学教科书》中得到了系统的表达，其主要观点是：生产资料公有制是社会主义生产关系的基础，公有制有两种形式——国家所有制和合作社集体所有制；社会主义的基本经济规律是，用在高度技术基础上使生产不断增长和不断完善的办法，来保证最大限度地满足整个社会经常增长的物

① 顾海良、张雷声：《20 世纪国外马克思主义经济思想史》，北京：经济科学出版社，2006 年，第 298-304 页。

② 《斯大林选集》，下卷，北京：人民出版社，1979 年，第 573 页。

③ 顾海良、张雷声：《20 世纪国外马克思主义经济思想史》，北京：经济科学出版社，2006 年，第 298-304 页。

质和文化需要；国民经济有计划按比例发展的规律是社会主义经济中调节社会主义经济的主要规律；按劳分配是社会主义经济最基本的分配形式和重要的经济规律，这一规律要求按劳动的数量、质量分配物质资料；在社会主义制度下，商品生产和商品流通主要限于个人消费品，价值规律不是生产的调节者，但在一定范围内对个人消费品的流通起调节作用；社会主义阵营各国的经济关系则是建立在完全平等、互利、尊重一切大小民族的国家主权、兄弟互助、一切经济联系的计划性和组织性之上的。

传统社会主义经济理论与马克思恩格斯的关于未来社会的经典理论的关系是怎样的呢？在这一问题的认识上存在着两种不同的观点：一种观点认为，传统社会主义经济理论是马克思和恩格斯经典理论在现实中的运用，其中主要观点如公有制、计划经济、按劳分配等来源于经典作家的论述，传统的社会主义经济理论与经典的社会主义理论是一回事。另一种观点则认为，传统社会主义经济理论是对马克思恩格斯经典理论的歪曲，它在根本上背离了经典作家的思想。例如，经典作家认为，未来的共产主义社会是自由人的联合体，消灭了阶级和国家，以人的自由全面发展为目的。而在传统的社会主义经济理论中，国家不仅没有消亡，反而成为了无所不能的空前强大的暴力机器，个人的自由受到了严重的压制。

上述两种观点都有片面之处。实际上，传统社会主义经济理论与经典的社会主义经济理论既有联系又有区别，传统社会主义经济理论是教条式地运用、实践马克思恩格斯关于未来社会理论的结果，这包括两层意思。

一是传统社会主义经济理论直接来源于马克思恩格斯关于未来社会的经典理论，这一理论的基本观点，如生产资料的公有制、计划经济、按劳分配等都是对经典作家关于未来社会主义基本特征理论的继承和发展，使社会主义从一种理论上的设想转变成为了现实的存在，对社会主义经济制度的实现形式和运行机制做了具体的探索，对社会主义经济理论的具体内容和内在规律做了深入的阐发，这些都极大地丰富发展了马克思恩格斯经典的社会主义经济理论。从实践上看，虽然经历了严重曲折和巨大挫折，但传统社会主义经济体制的历史功绩不能抹杀。依靠这一体制，苏联和中国等社会主义国家在较短的时间里，迅速实现了国家的工业化，建立了独立完整的国民经济体系，消灭了人剥削人的制度，人民成为了国家的主体，物质生活和文化生活的水平得到大大提高，对人类的进步做出了不可磨灭的贡献。因此，不能割裂二者的联系，从而把传统社会主义经济理论排斥在社会主义经济理论的历史谱系之外，否则就会割断历史，陷入历史虚无主义的泥潭。

二是传统的社会主义经济理论是对经典理论的教条化的运用，它虽然源自经典社会主义理论，但又依据这些经典理论并结合当时的客观实际和人们的主观理解，进行了深入的探索，其中有不少探索是对马克思恩格斯有关思想的丰富和发展，但也有不少片面甚至错误的东西，主要是把马克思恩格斯对于社会主义经济关系的最一般、最抽象的规定，与社会主义经济关系的具体形式或具体模式相混同。忽视了一般的规定和丰富的具体之间的差别，忽视了经济关系内部各种具体复杂的联系，忽视了各种特殊的经济规律，从而犯了教条主义的错误。马克思和恩格斯反复强调，“我们对未来非资本主义社会区别于现代社会的特征的看法，是从历史事实和发展过程中得出的确切结论；不结合这些事实和过程加以阐明，就没有任何理论价值和实际价值”①，他们还指出，“所谓‘社会主义社会’不是一种一成不变的东西，而应当和任何其他社会制度一样，把它看成是经常变化和改革的社会”②。

社会主义政治经济学的发展就是伴随着改革的实践而不断发展的，而发现或引入市场、探索在公有制基础上建立市场经济则是过去一个世纪里社会主义理论与实践发展中的核心问题。

三、社会主义政治经济学面向市场的转型

社会主义与市场经济的结合实际上包括了两个方面的内容：一是计划与市场的关系；二是公有制与市场经济的兼容或结合。计划与市场的关系主要涉及的是资源配置方式或经济运行的问题，公有制与市场经济

---

① 恩格斯：《恩格斯致爱德华·皮斯(1886 年 1 月 27 日)》，见《马克思恩格斯选集》，第 4 卷，北京：人民出版社，2012 年，第 582 页。

② 恩格斯：《恩格斯致奥托·冯·伯尼克(1890 年 8 月 21 日)》，见《马克思恩格斯选集》，第 4 卷，北京：人民出版社，2012 年，第 601 页。

的结合则涉及公有制生产关系的本质及其改革问题。这两个问题是相互联系的，但又不完全相同。

逻辑与历史是一致的。人们对社会主义条件下市场问题的认识最初主要是围绕着计划与市场的关系展开的。按照罗默(John E. Roemer)等人的概括，市场社会主义理论的发展已经经历了五个大的发展阶段：第一个阶段，认识到了社会主义经济不能使用实物单位进行经济计算，而必须求助于价值符号；第二个阶段，意识到应当通过求解复杂方程的方式来获得正确的均衡价格；第三个阶段，主张引入市场用竞争的办法解决经济的平衡问题；第四个阶段，社会主义国家出现各种市场化的理论与实践；第五个阶段，市场社会主义理论在苏联东欧社会主义改革失败后产生，它的基本观点是：公有制(主要是指国家所有制)不是社会主义制度的本质，市场社会主义的核心问题是寻求把公平与效率统一起来的企业制度。①

市场社会主义理论发展的这五个阶段，前四个阶段都主要是围绕着计划与市场的关系展开的，只是到了第四个阶段的后期，公有制与市场经济的结合问题才逐步成为了主要的议题。20世纪60年代至80年代东欧经济学派提出的许多改革理论，如兰格的试错模式、布鲁斯的分权模式、奥塔·锡克宏观收入计划协调下的自由市场模式、科尔内的宏观间接控制下的自由市场模式，都试图探讨既保持经济运行的计划性，又发挥市场机制作用的可行的社会主义经济体制。从实践看，这一时期匈牙利、南斯拉夫等国家的经济改革在解决计划与市场的关系问题上也取得了一定进展，企业开始成为独立的商品生产者，市场调节开始发挥重要的调节作用。但是，对于构建完整的市场经济来说，这显然是远远不够的。关键的问题是，公有制企业能不能以及如何适应市场机制。科尔内等人发现，之前提出的关于竞争市场的一些设想如奥斯卡·兰格著名的计划模拟市场的理论模型，假定社会主义企业家们在竞争市场上的实际行为与私人企业完全相同，但对这一假定的根据并未做充分说明，因而缺乏微观基础，以完全竞争的市场为基础的改革方案，如果不能认真考

① John E. Roemer: *A Future for Socialism*, Massachusetts: Harvard University Press, 1994.

虑传统国有制形式能否容纳这些改革措施的问题，那就只能是一种天真的幻想。[①] 针对这一问题，布鲁斯提出了生产资料社会化理论，奥塔·锡克提出了资本中立化理论，南斯拉夫的理论家们提出了社会所有制理论。但是，这些理论都没有解决好公有制与市场经济的结合问题。例如，布鲁斯的生产资料社会所有制的概念是针对国家所有制的弊端而提出的，它有两条基本标准：一是生产资料必须用于满足社会利益；二是社会必须对其占有的生产资料具有有效的支配权。其中，第二条标准具有决定性意义，而第二条标准的实质是政治的民主化问题。[②] 布鲁斯把公有制的本质与管理的民主联系起来无疑是很有见地的。但是，政治的民主化并不能代替经济的市场化，解决公有制与市场经济的结合问题。奥塔·锡克的资本中立化理论和南斯拉夫的社会所有制理论的基本思想非常相似[③]，在他们所设想的公有制中，劳动者是集体资本的所有者，以民主自治的方式管理企业，共同参与对利润的分享，克服了劳动与资本的对立，实现经济的民主化与人道化。这种所有制实质上是一种集体所有制，它试图使公有制企业成为自治主体，摆脱国家的宏观计划，把企业所有混同于社会所有，只能是一种空想。

传统社会主义经济转型的实质，是要建立一种与市场经济相结合的新型的社会主义经济形态或经济模式，使社会主义经济更具有活力和效率。在此问题上，西方和苏联东欧国家的市场社会主义虽然取得了很大进展，提出了不少有价值的观点，但由于缺乏实践经验的支持，很难形成科学系统的理论。社会主义政治经济学转型的历史使命，是由中国特色社会主义政治经济学完成的。

四、中国特色社会主义政治经济学的形成发展

中国共产党以马克思主义为立党立国的指导思想，历来重视对马克

---

① ［匈］亚诺什·科尔内著，荣敬本译：《理想与现实——匈牙利的改革过程》，北京：中国经济出版社，1987 年，第 61-71 页。

② ［波］布鲁斯著，郑秉文等译：《社会主义所有制与政治体制》，北京：华夏出版社，1989 年，第 58 页。

③ ［捷］奥塔·锡克：《一种未来的经济体制》，北京：中国社会科学出版社，1989 年，第 128 页。

思主义政治经济学的学习研究和运用。中国特色社会主义政治经济学，是马克思主义政治经济学基本理论与中国具体实际相结合的最新理论成果，是当代中国马克思主义政治经济学的集中体现，是指导中国特色社会主义经济建设的理论基础。

新中国成立后，以毛泽东为代表的中国共产党人领导全国人民，创造性地实现了由新民主主义到社会主义的转变，确立了社会主义基本制度，努力探索适合国情的社会主义经济建设道路，提出了发展社会主义经济的一系列独创性理论观点，如以农业为基础，工业为主导，农业、轻工业、重工业协调发展；统筹兼顾、适当安排，注意综合平衡；实行中央与地方并举，充分发挥两个积极性；处理好国家、集体和个人的关系，使各方各得其所；建设独立的比较完整的工业体系和国民经济体系，全面实现农业、工业、国防和科学技术的现代化；自力更生为主，争取外援为辅；等等。这些理论观点，是对马克思主义政治经济学的创造性发展。毛泽东高度重视社会主义政治经济学的发展，多次号召全党干部学习研究政治经济学，并对苏联的社会主义政治经济学教科书进行了深入的研究，肯定了其正确的方面，指出其存在的缺点错误，提出了许多真知灼见，为中国特色社会主义政治经济学的创立进行了探索，开辟了道路。①

党的十一届三中全会以来，我们党把马克思主义政治经济学基本原理同改革开放新的实践结合起来，不断丰富和发展马克思主义政治经济学，创立了中国特色社会主义政治经济学。1984 年 10 月《中共中央关于经济体制改革的决定》通过之后，邓小平评价这个决定“是写出了一个政治经济学的初稿，是马克思主义基本原理和中国社会主义实践相结合的政治经济学”②。改革开放 30 多年以来，中国特色社会主义政治经济学随着实践的发展而不断发展，形成了许多重要理论成果，包括关于社会主义本质理论，关于科学发展理论，关于全面建设小康社会理论，关于经济体制改革理论，关于实行“三步走”战略理论，关于社会主义初级阶段基本经济制度理论，关于社会主义基本分配制度理论，关于社会主义

---

① 《毛泽东文集》，第 8 卷，北京：人民出版社，1999 年，第 103-140 页。

② 《邓小平文选》，第 3 卷，北京：人民出版社，1993 年，第 83 页。

市场经济理论，关于对外开放理论，关于走中国特色新型工业化道路、中国特色自主创新道路、中国特色新型城镇化道路和中国特色农业现代化道路理论，关于建设社会主义新农村的理论，等等。这些理论成果，是适应当代中国国情和时代特点的政治经济学，不仅有力指导了我国经济发展实践，而且开拓了马克思主义政治经济学新境界。

党的十八大以来，以习近平同志为核心的党中央根据时代和实践的要求，围绕发展中国特色社会主义经济提出了一系列新的重大战略思想和重要理论观点，包括：必须牢固树立创新、协调、绿色、开放、共享的发展理念；坚持以人民为中心的发展思想；使市场在资源配置中起决定性作用和更好地发挥政府作用；公有制为主体、多种所有制经济共同发展的基本经济制度是中国特色社会主义制度的重要支柱，也是社会主义市场经济体制的根基；国有企业是推进现代化、保障人民共同利益的重要力量，把国有企业做大做强做优；健全城乡发展一体化体制机制，推进城乡要素平等交换、合理配置和基本公共服务均等化；加快构建开放型经济新体制，推进更高水平的对外开放，构建广泛的利益共同体；认识新常态、适应新常态、引领新常态，是我国经济发展的大逻辑；加强供给侧结构性改革，提高供给体系质量和效率等。这些战略思想和理论观点，丰富完善了中国特色社会主义政治经济学，书写了当代中国马克思主义政治经济学的新篇章。

概言之，中国特色社会主义政治经济学的内容是非常全面和丰富的，涵盖了中国特色社会主义经济的生产、分配和交换等主要环节，以及基本制度、经济体制、经济发展和对外开放等主要方面，初步形成了一个比较完整的理论体系。

五、中国特色社会主义政治经济学的历史贡献

(一)丰富发展了对社会主义经济制度的认识

恩格斯曾经指出，“所谓‘社会主义社会’不是一种一成不变的东西，而应当和任何其他社会制度一样，把它看成是经常变化和改革的社会”。传统的社会主义经济制度是以单一的公有制和高度集中的计划经济为基本特征的。中国特色社会主义经济理论和实践的发展，实现了社会主义

基本制度与市场经济的历史性结合，创造了社会主义经济制度的新形态或新模式。具体来说，在所有制结构上，实行以公有制为主体、多种所有制经济共同发展；在分配制度上，实行以按劳分配为主、多种分配方式并存；在经济运行上，把市场的决定性作用与强有力的政府调控相结合；在对外开放上，把积极参与经济全球化同独立自主相结合；在经济发展上，形成了以五大发展理念为核心的系统的发展思想；在制度实现形式上，建立了适应市场经济的新型公有制和按劳分配的体制机制。这些深刻的变革，体现了时代和实践的要求，赋予社会主义经济制度以新的内涵，使社会主义焕发了新的活力和勃勃生机，充分彰显了社会主义制度的优越性。

（二）丰富发展了对市场经济的认识

市场经济是人类社会发展的必经阶段。但是，在一个很长的历史时期中，无论是在社会主义国家，还是在资本主义国家，人们对市场经济的认识都存在很大的狭隘性、片面性，认为市场经济仅仅适合资本主义，只有资本主义才能搞市场经济，社会主义不能搞市场经济。在社会主义条件下发展市场经济，是中国共产党人的伟大创造，是中国特色社会主义政治经济学对人类文明发展的重大贡献。传统的市场经济是与资本主义制度相结合的，必然会产生盲目性、自发性和滞后性以及经济危机、贫富分化等深刻的缺陷和弊病。社会主义市场经济则是同社会主义基本制度结合在一起的，具有不同于传统市场经济的新特点和优势，一方面发挥了市场机制信息灵敏、效率较高、激励有效、调节灵活等优点，增强了经济发展的活力；另一方面发挥了社会主义制度中生产资料公有制、按劳分配、计划调节、统筹兼顾、独立自主、共同富裕等优势，特别是发挥了中国共产党总揽全局、协调各方的核心作用。因此，社会主义市场经济既体现了市场经济的一般原则，又体现了社会主义制度的内在要求，有利于实现效率和公平、计划和市场、自主和开放、活力和协调的统一，创造了市场经济新的形态，为市场经济的发展开辟了新的更加广阔的前景。

（三）丰富发展了对改革方法的认识

中国经济改革的成功不仅在于它向世人昭示，社会主义与市场经济是可以结合的，还在于它探索出了一条有中国特色的经济改革或转型道路，其主要特点是：坚持尊重人民首创精神，坚持在党的领导下推进，把摸着石头过河与加强顶层设计相结合；正确处理改革发展稳定的关系，把改革的力度、发展的速度和社会可承受的程度相统一；双轨过渡，增量先行，整体协调，重点突破，把社会主义制度的自我完善与深化经济体制改革相结合；注重提高改革决策的科学性，增强改革措施的协调性，使改革兼顾到各方面、照顾到各方面关切，真正得到广大人民群众拥护和支持。中国渐进式改革的经验向人们提供了一个重要的方法论原则，即以完善基本制度而不是推倒重来为目标的改革或转型，其方法必然是渐进式的，在这里新旧体制不是泾渭分明、截然对立的，而是具有明显的连续性和继承性，它们之间的转换要经历许多具体阶段，经过许多中间环节，采取许多中间形式。中国的经济改革由于遵循了这一方法论原则，因而避免了苏联东欧国家实行激进式改革所导致的制度断裂、秩序混乱和经济破坏，保持了经济的稳定，推动了经济的发展，取得了改革的成功。

（四）丰富发展了对经济发展的认识

发展是当代中国的主题，是中国共产党执政兴国的第一要务。中国经济发展的成功实践，积累和蕴含了极其丰富的发展思想：一是经济发展战略，如关于“三步走”战略、科技兴国战略、创新驱动发展战略、人才强国战略、可持续发展战略、区域发展总体战略等。二是经济发展道路，如坚持走中国特色新型工业化道路，中国特色农业现代化道路，中国特色自主创新道路，中国特色城镇化道路，坚持生产发展、生活富裕、生态良好的文明发展道路等。三是经济发展方式，包括经济速度的调整、经济结构的优化、经济动力的转换、经济质量效益的提高等。四是经济发展理念，特别是关于“创新、协调、绿色、开放、共享”的发展理念，集中体现了中国特色社会主义政治经济学关于发展的理论成果，在新的历史条件下，对什么是发展、为什么发展、怎样发展，发展为了谁、发展依靠谁、发展成果由谁享有等重大问题，进行了富有创造性的探索，不仅是对中国经济发展实践经验的理论总结，也是对社会经济发展规律认识的深化。

（五）丰富发展了对政府和市场关系的认识

政府和市场关系是现代市场经济体制的核心问题，在不同的社会制度下，具有不同的特点。社会主义市场经济中的政府作用与资本主义市场经济中的政府作用存在着本质的区别，主要表现在：一是政府作用的主体不仅局限于市场规则的制定者和宏观经济的调节者，而且是全民所有的生产资料所有权和社会公共利益的总代表，能够集中更大资源调控经济运行。二是政府作用的目标不局限于维护市场秩序，还包括保持宏观经济稳定，加强和优化公共服务，保障公平竞争，加强市场监管，维护市场秩序，推动可持续发展，促进共同富裕，弥补市场失灵。三是政府作用的方式不局限于短期的需求调节，而是包括了总量调节和定向施策并举、短期和中长期结合、供给管理与需求管理、国内和国际统筹、改革和发展协调，并创造了采取相机调控、精准调控措施、适时预调微调等多种宏观调控方式。四是政府作用的内容不局限于财政政策、货币政策，还包括计划规划、统筹协调、市场监管、国有资产管理、产业政策等。这些都大大超越了西方市场经济的理论框架和实践经验，深化和创新了对政府和市场关系的认识。

（六）丰富发展了对经济全球化的认识

经济全球化，是社会生产力发展的客观要求和必然结果。但是，在相当长的时期里，经济全球化是资本主义在全球扩张的产物，导致了资本主义基本矛盾在全球的不断发展。因此，如何把经济全球化与全世界人民的共同利益结合起来，推动各国的共同发展，是摆在人们面前的重大课题。对此，中国特色社会主义政治经济学做了深入的探索，形成了系统的认识：一是坚持“引进来”和“走出去”相结合，统筹国际国内两个大局，充分利用国际国内两个市场，优化资源配置。二是强调经济全球化作为一个客观进程，可以有两种发展趋势，一方面促进世界资源的合理配置，造福各国人民；另一方面加剧世界经济发展的不平衡，加剧资本主义基本矛盾。我们应选择并推进前一种趋势，警惕并控制后一种趋势。三是实施合作共赢的开放战略，促进国际经济秩序朝着平等公正、合作共赢的方向发展，打造人类命运共同体。四是在坚持对外开放的同时，把立足点放在依靠自身力量的基础上，把坚持独立自主同积极参与经济全球化结合起来。

总之，中国特色社会主义政治经济学既体现了马克思主义政治经济学的基本理论和科学社会主义的基本原则，又体现了当代中国国情和时代特点，同时体现了社会经济发展的一般规律。因而，既有特殊性，也有普遍意义；既是民族的，也是世界的，为马克思主义政治经济学的创新发展，为丰富人类经济思想的宝库贡献了中国智慧。在新的历史条件下，我们必须继续在理论和实践上坚持中国特色社会主义政治经济学的重大原则，不断推进中国特色社会主义政治经济学的发展，夺取中国特色社会主义经济建设的新胜利。

本文发表于2016年第1期

中国经济二次转型的理论分析*

袁富华　张　平**

引　言

在向发达经济收敛的增长过程中，后发国家一般要跨越低收入陷阱和中等收入陷阱这两个关键环节。对传统二元经济而言，通过大规模工业化实现跨越低收入陷阱，可以看作经济现代化的第一次大转型；之后，随着城市化发展和内生动力的培育，跨越中等收入陷阱的过程可视为二次转型。国际增长经验对比表明，虽然工业化在大多数后发国家发生并在很多情况下取得了成功，但是二次转型成功的案例并不多，因为二次转型涉及原有经济模式的重塑，增长方式与以前有质的不同。

改革开放以来，依托于劳动力资源禀赋和国内外有利的市场条件，中国实现了资本快速积累，以规模效率促进经济持续高速增长是其主要特征。但是，这种建立在外生性、外向性和外部性基础上的结构性加速，在面对人口结构转型、资源环境刚性和外部市场饱和的压力下，近年来日益演化为结构性减速趋势，中国经济新常态理论的提出，即是对这种系统性变化的回应。

作为新常态经济的内在趋势和调整阶段，二次转型要求在增长模式上实现新的突破，即内生性替代外生性、内部化替代外向性、外溢性取代外部性。在这种要求下，创新不再是简单意义的新技术、新产品创新，

---

* 本研究受国家社科基金重大招标课题“加快经济结构调整与促进经济自主协调发展研究”（批准文号：12&ZD084）、国家社科基金重点课题“我国经济增长的结构性减速、转型风险与国家生产系统效率提升路径研究”（批准文号：14AJL006）资助。

** 袁富华，中国社会科学院经济研究所研究员；张平，中国社会科学院经济研究所研究员。

而是体现在增长联系当中的效率模式的重新塑造：包括资本积累路径调整、消费模式调整，服务业发展方式调整。因此，从长期来看，增长方式也从由工业主导转换到由服务业和消费主导，城市化时期消费社会的到来——以广义人力资本提高为核心的社会开发替代资本驱动的不可持续路径，是实现二次转型成功的重要保障。

一、资本驱动工业化模式的终结及其冲击

从长期增长的阶段性变化角度来看，中国改革开放以来的快速工业化过程，可以看作经济现代化的第一次大转型。正如传统发展理论所言，依赖物质资本积累这个关键性条件的突破，中国经济实现了农业社会向工业社会的成功转型和持续 30 多年的高增长。中国工业化过程具有外生性、外向性和外部性三个基本特点，经济增长整体上也表现出经由规模扩张促进效率提高的趋势。特定时期的增长绩效总是建立在经济系统的特定结构之上，当相应高增长因素消失，结构性减速也必然发生，面对这种趋势变化，如果没有更加有效的替代因素重塑新的效率模式，减速冲击将制约增长可持续性。

（一）支持资本驱动增长模式的三个基本经济条件正在消失

1. 外生性问题：剩余劳动力资本化过程接近尾声

外部技术资源和国内廉价劳动力的生产组合，推动了中国资本积累进程。数量众多、素质低下的庞大剩余劳动力，构成了资本化的有利条件，这种人口结构特征既是资本驱动模式的基础，也是数量型、高速度经济规模扩张的根本动因。具体而言，改革开放以后劳动力流动限制的逐步解除，使得人口红利得以释放，至 2012 年劳动年龄人口出现下降、人口红利窗口关闭，中国人口结构转型过程正好与工业化高增长阶段重叠。但是，近年来出现的人口红利趋于消失，意味着剩余劳动力资本化的规模效率模式的终结。一方面，劳动力供给拐点的发生将拉低资本积累速度，进而拉低经济增长速度；另一方面，随着低技能的劳动力被新一代高技能劳动力的逐步替代，更高的工资期望也不可能让粗放型生产资本得以再生产。

2. 外向性问题：规模扩张的市场化过程面临约束

外生性技术加上人口红利机会，只是构成了资本积累循环中的生产性环节，循环的另一半即资本利润的实现还需要庞大市场的支撑。实际上，生产的外向性或国际市场的外部依赖性，贯穿了中国30多年的高增长过程。外部动力的获得来源于低成本竞争优势，并且被两次有远见的经济政策进一步放大：第一次是20世纪90年代中期的人民币汇率贬值，以此确立了轻工品生产的国际市场地位；第二次是加入世界贸易组织(WTO)，使得中国极大地拓展了能源、原材料和重化工业品的大进大出空间，进而把资本积累阶段从初级品生产出口推向复杂品生产出口，为工业化向深加工度化和创新阶段过渡奠定了坚实基础。但是，随着国内劳动力成本上升和新兴工业化国家低端市场的参与，这种外向性的规模效率也趋于消失。

3. 外部性问题：资源环境资本化过程面临约束

中国快速的资本积累过程同时也是资源环境的资本化过程，持续高增长最终造成了对环境的负向冲击。据估计，1978～2008年GDP平均9.5%的潜在增长速度中，有1.3个百分点是环境的代价。[①] 可以比较的案例是20世纪60年代的日本，鉴于当时快速工业化所导致的环境污染问题的集中爆发，政府不得不加强立法管制，以此促使经济理念从强调高增长向多重目标转变(Nakamura，1981)，在这样的背景下，高增长之后消费者优先的政策思路开始出现，社会开发被提上规划日程。[②]

(二)结构性减速趋势下的“新二元经济”问题

1. 从结构性加速到结构性减速

上述三个基本条件的变化可以具体化为增长核算的四要素动态，即物质资本积累速度变化、劳动力供给速度变化、“干中学”(规模经济)效应变化，以及与经济发展阶段相联系的资本贡献和劳动贡献的变化。从某种意义上来说，城市化进程的推进，是外生性、外部性和外向性增长条件失灵的原因。根据工业化追赶国家的普遍经验，大规模工业化结束之后，随着“消费社会”在城市化过程中兴起，工业化主导的经济结构性

① 袁富华：《低碳经济约束下的中国潜在经济增长》，载《经济研究》，2010年第8期。

② [日]宫崎勇：《日本经济政策亲历者实录》，北京：中信出版社，2009年，第126-127页。

加速，也将转向服务业和消费主导的结构性减速。在这个转型过程中，如果新的效率模式建构滞后，原有的城乡“旧二元经济”有可能演化为城市化“新二元经济”。

2. 劳动力的部门平移

上述趋势意味着，随着城市化和服务业的发展，原有高积累高增长的动力将消失，但是接下来将发生的问题很可能是：随着由投资主导的规模效率模式的终结，新的效率模式短时期难以建立起来。根据笔者的估算，2003年以来，农业每年的就业增量出现了持续大幅度的负值，就业吸收能力较强的服务业已经接替农业成为新的劳动力“贮水池”。之所以说劳动力的这种部门再配置是“平移”，原因是正在发生的庞大劳动力的流动，依然没有摆脱低人力资本的困扰。[①] 如果这种状况持续下去，城市即使替代农村吸收过剩劳动力，但是这种低技能和低就业能力的劳动力资源再配置，很可能再次变为城市部门的过剩劳动力。

3. 效率非平衡

快速工业化结束之后的“新二元经济”问题，更加突出地表现在工业与服务业的效率非平衡上。关于这一点，拉美学派的庞杂理论中存在不少线索，如有人认为拉美第三产业的“早熟”，是导致非正规部门大量存在的原因，言下之意似乎是：比起可贸易部门，“早熟”的服务业部门劳动生产率较低。[②] 不仅是拉美国家，当前东（南）亚新兴工业化国家均有类似问题。[③] 以中国为例，根据UNdata 2005年美元不变价数据，20世纪80年代中国服务业相对于工业的劳动生产率平均为1.1，两部门效率基本持平；但是90年代以来，服务业相对劳动生产率却呈现出快速下降趋势，第二产业和服务业之间的效率差异逐步拉大。

---

① 袁富华：《中国经济“结构双重性”问题分析》，载《经济与管理评论》，2014年第3期。

② C. Kay: *Latin American Theories of Development and Underdevelopment*, London and New York: Routledge, 1989, 117-118.

③ 中国经济增长前沿课题组：《中国经济长期增长路径、效率与潜在增长水平》，载《经济研究》，2012年第11期。

二、二次经济转型的经验事实及其障碍

对于上述可观察的趋势和事实，进一步的追问是："新二元经济"发生的深层原因是什么？换句话说，如果把部门效率不平衡或异质性归因于高增长惯性，那么是什么结构性因素使得这种惯性得以持续，以及这种持续的后果是什么？

(一)二次转型作为大规模工业化阶段结束后的一种典型事实

第二次世界大战后日本大规模工业化历经了剩余劳动力资本化、资源环境资本化，至20世纪70年代重化工业化让位于较少依赖能源原材料、较多依赖于技术进步的"机械工业和服务业"，到80年代基本完成经济的二次转型。[①] 总的来说，日本二次转型成功有以下经验：工业部门与服务业部门劳动生产率异质性低、趋于均衡；二次转型期间人力资本积累较快、作用突出；消费结构和服务业结构升级显著。相比较起来，拉美国家的二次转型过程挫折较多，鉴于其饱受诟病的劳动力素质提高缓慢[②]，城市化过程出现了类似于上文所说的"平移效应"，低素质劳动力大量涌进城市不但不能为经济转型贡献效率，而且演变为"新二元经济"下城市过剩劳动力，最终导致拉美"走走停停"的工业化后经济徘徊现象。

1. 二次转型发生的关键机制：内部化过程重要性的诠释

发生在不同情境之下的典型化事实的对比表明，大规模工业化结束至二次转型发生，必有一种成长迅速的经济机制——既作为继往开来的衔接，又作为内生性动力的根基。为直观起见，不妨称之为"内部化"机制。这种机制充当了转化工业化时期外生性、外部性、外向性的管道，内生性动力通过它而建立起来，显然，消费模式升级——消费结构中与(科教文卫等)广义人力资本形成有关的消费比重的上升——是最直接的内部化机制。理由是：一方面，消费模式升级要求资本积累方式随经济阶段不同而发生变化，即从工业化阶段的物质资本驱动，转向城市化时

① Nakamura Takafusa：*The Postwar Japanese Economy：Its Development and Structure*，Tokyo：University of Tokyo Press，1981，100-102，258，102.

② A. Hofman：*The Economic Development of Latin America in the Twentieth Century*，Cheltenham：Edward Elgar，2000，62-63.

期人力资本驱动，以实现增长速度与内生动力的再平衡，以低速度换取高效率和可持续；另一方面，消费模式升级将促进服务业结构突破传统模式，减少以吸收低素质劳动力为主的成本型传统服务业比重，注重以人力资本为支撑的效率型服务业发展。

2. 二次转型的关键性临界条件的表征

像其他工业化追赶国家一样，中国突破传统农业社会和“旧二元经济”靠资本积累，持续高增长得益于这个关键临界条件的跨越，但是随着经济增长阶段的变化，基于内部化过程的内生性动力，成为城市化时期有待突破的关键一环。按照这种假设，二次转型的关键临界条件的突破具有以下特征：内生性替代外生性；消费升级替代资本驱动，或者内部化替代外向性；服务业升级以发挥其对工业部门的带动，即外溢性取代外部性。创新不再是新技术、新产品意义上的简单理解，而是体现在增长联系当中的效率模式的重新塑造，因此城市化新阶段的持续增长需要克服一系列瓶颈，包括资本积累路径调整、消费模式调整、服务业发展方式调整。从长期来看，增长方式也由工业主导转换到由服务业和消费主导，消费社会的到来——尽管其利弊存在广泛争论，但是它替代生产社会是经济追赶绕不过的阶段。

(二)中国二次转型的瓶颈：人力资本与消费模式

1. 狭义人力资本：中国低层次人力资本“壅塞”问题

在相关研究中，我们把新兴工业化国家经济追赶和经济转型，看作人力资本积累能力的追赶和人力资本结构的梯度升级过程。人力资本追赶模式大致可以归纳为三类①：第一类是较为顺利实现二次转型的国家，其人力资本结构升级，显著表现出工业化结构性加速时期初等和中等人力资本主导转向城市化时期高等人力资本主导的动态；第二类是拉美模式，在大规模工业化结束后，由初中等人力资本主导向高等人力资本主导增长的内生路径始终没有建立起来，经济表现出前文所述的迷惘和徘徊；第三类是中国模式，初中等文化程度劳动力占据了绝大比重，低层次人力资本“壅塞”问题突出，根据 Barro-Lee(2014)数据，20 世纪 80 年

① 袁富华、张平、陆明涛：《长期增长过程中的人力资本结构》，载《经济学动态》，2015 年第 5 期。

代，中国35～54岁主要储蓄者中，初级及以下文化程度的人数比重约80%。[①] 普遍认为，中国奇迹的一个十分值得赞叹的地方，恰恰在于仅仅依赖庞大的低价、半熟练劳动力支撑起来庞大的工业化过程。然而，若把这种人力资本模式放在二次转型的视角下观察，低层次人力资本“壅塞”问题也在于很难为创新提供必要的环境，毕竟这种人力资本模式是与粗放的规模效率模式相匹配的。

2. 广义人力资本：中国消费模式升级滞后问题

中国低素质劳动力的累积，源于资本驱动的工业化模式，这种狭义人力资本格局的固化，与消费升级滞后有关。发达国家的经验显示，伴随着长期增长过程中生产结构的变化，消费结构发生相应升级，尤其是后工业化时期，城市化的发展促使消费结构中科教文卫等项目的支出比重增加，物质消费支出比重下降但绝对数额增加(一些最基本的项目如衣食绝对支出趋于饱和)。以发达国家为参照，经济追赶国家消费模式变化中，包括两个基本的趋势：第一，在消费结构中，物质品消费由以衣食为主到以耐用品为主，再到以知识消费为主；第二，在消费数额中，无论是物质品消费还是知识消费，均表现出增加趋势，全部物质品消费和服务品消费数额虽然表现出新古典理论所谓的“不餍足”，但是当人均收入达到较高水平时，衣食住行等物质品支出数额也会出现饱和。日韩等成功追赶经验显示，二次转型发生且得以持续的重要条件——消费模式发生倾向于科教文卫等项目的变化，而这些项目支出均与包括教育、健康、心智发展等广义人力资本提升密切相关。[②] 不同的是，包括中国在内的大多数经济追赶国家，在二次转型的关键时期却发生了困难：第一，工业结构的深加工度化难以实现，要么出现拉美国家那样的以技术进步衰退为特征的“去工业化”，要么发生像中国这样的被资源密集所统治的“后工业化”；第二，消费结构升级遇到了难以突破的边界，典型的是中国依靠初级劳动要素所导致的“低收入—低消费—低技能”循环。

3. 中国二次转型的关键临界条件：内部化和内生性的困难

以中国二次转型面临的困难为例，整体来看，受生产供给主导增长

---

① Barro-Lee：BL2013 _ MF _ v1. 3. xls，Barro-Lee educational attainment dataset _ 2014.

② 中国经济增长前沿课题组：《突破经济增长减速的新要素供给理论、体制与政策选择》，载《经济研究》，2015年第11期。

的惯性和理论认识滞后的影响，即使我们看到了现实中城市化的发展，但是进入城市的大部分“人”却没有从工业化时期的劳动力转化为城市化时期的广义人力资本。此时，主导产业形态虽然也发生了向服务业的转变，但是服务业仍以传统的成本型业态为主，囿于人力资本的缺乏无法实现向知识型、技能型的业态转变。这种意义上的服务业仍然是工业部门的延伸，服务业部门就业的“平移”问题、相对劳动生产率低下的问题等，为内部化和内生性带来新的阻碍。进一步的研究表明，在中国现有体制框架下，如果任由物质资本积累主导增长，将会导致租金抽取模式的发生以及结构性减速螺旋的形成。①

三、二次转型路径：基于广义人力资本和消费视角

（一）二次转型的主线：大国效应倒逼机制

1. 大国效应的弊端

与日本、韩国等经济追赶成功的经验比较起来，受人口规模、经济规模和资本驱动模式惯性的影响，中国经济二次转型的压力更大，表现在：第一，受庞大的农村人口规模的制约，劳动力拐点出现较晚，规模效应阻碍了劳动力素质的快速提高。在这点上中国与日本和韩国的经验不同。② 第二，“清理房间”滞后，外部机会少。受益于国内技术开发能力和外部经济环境，1968 年以后，日本转移国内低端产业链的“清理房间”过程启动。相比较起来，中国资本驱动模式行将结束的现阶段，“清理房间”过程还没有真正开启，且受制于国内外技术、市场因素，这种前景也不容乐观。第三，体制转型滞后，缺乏应对新经济阶段要求的反应灵活性。

2. 二次转型的主线

减速时期中国经济所面临的增长无效率问题，以及大国效应的自身弊端，迫使经济二次转型进行再平衡，尤其应当注重规模经济阶段被严

---

① 袁富华、张平、陆明涛：《规模效率模式向租金抽取模式的退化》，载《天津社会科学》，2015 年第 4 期。

② Shinohara Miyohei: *Structural Changes in Japan's Economic Development*, Tokyo: Kinokuniya Bookstore Co., Ltd., 1970, 22-23, 345-346.

重忽视的内部经济潜力的挖掘，以避免可能的减速循环。二次转型的主线可以概括为相互关联的三个方面：以资本配置方式的改变扭转增长的外向性、以消费模式升级强化增长的内部化效应和以服务业升级带动经济增长的外溢性。换言之，需要进行资本积累路径调整、消费模式调整、服务业发展方式调整。

3. 二次转型的核心环节：重塑效率路径

从二次转型的要求及理想愿景出发，总结原有资本驱动的工业化的经验，可以得出：二次转型的核心环节是重塑效率路径。第一，原有规模效率模式的典型特点是：技术、规模和效率容易获得，鉴于国内充分的剩余劳动力禀赋，只要抓住了外部技术和市场，从规模扩张中获得劳动生产率的快速增长不是难事，因此中国工业化高增长时期只需要关注如何最大限度利用剩余劳动力就足够了。正是出于这种考虑，中国经济增长前沿课题组把这个时期的产业特点归结为标准化、规模化的通用技术部门的发展，而资本驱动的粗放型大生产，正是适应于这种经济结构建立起来的。① 第二，当基于这种历史条件的结构性加速过程结束，面对系统性、结构性经济条件的变化，效率路径重新建立自然成为新时期的核心问题，此时，效率模式的塑造不可能只是个别产品和个别生产环节的创新，而是与经济结构和系统转换相关的整体绩效模式的再造。这个核心环节统摄了二次转型中投资激励模式调整、消费模式调整和服务业发展方式调整，调整的成功与否关系到二次转型的成败和绩效评价。

(二)服务业发展方式调整：知识部门作为效率模式重塑的支撑点

1. 路径对比

为了突破结构性减速之后规模效率模式退化的障碍，有效途径是尽力打破“新二元经济”困境，为此，需要重新定位服务业的作用。就老牌发达国家的经验看，在经历了商业发展和工业发展的漫长演化之后，部门间利润率趋同规律已经根植于现代发达市场经济之中，并直观表现为工业部门和服务业部门的效率平衡。而且，正如 Buera 和 Kaboski 对发达国家服务业所观察到的那样，伴随着服务业份额的提高，服务业也越来

---

① 中国经济增长前沿课题组：《突破经济增长减速的新要素供给理论、体制与政策选择》，载《经济研究》，2015 年第 11 期。

越趋向于技能密集。[①] 我们把这一理想图景放在二次转型的大背景下进行认识，就可得出：后发国家大规模工业化结束之后，需要发展以服务业为主导的效率模式，以便实现经济转型的顺利过渡。但是，受后发国家初始发展条件和经济演化路径的局限，“新二元经济”问题的发生可以说是不得已的“偏差”。因此，对于像中国这样的转型经济而言，“新二元经济”态势的扭转，成为二次转型的重要任务。换句话说，当工业化主导的规模效率模式结束，城市化过程中如果服务业要担当起新的效率模式的创建任务，就需要至少不低于原有增长路径的效率改进方式；否则，城市化过程只能是以整体效率下降为代价，并迫使经济进入减速螺旋。

2. 发展服务业：替代还是溢出

在前期研究中，我们曾就中国服务业在整体经济中的地位问题进行过分析，提出服务业作用的“结果说”和“条件说”。[②] “结果说”认为，现阶段“新二元经济”问题，源于资本驱动模式下服务业对工业的从属地位——即作为传统工业发展的分工结果存在，此时服务业的发展以传统业态的规模扩张为主，对初级劳动力的吸收削弱了其效率改进和业态升级潜力。服务业作为经济整体增长“条件”，其重要性在于该部门的存在，有利于促进工业部门的持续发展。显然，处于分工结果之下的服务业，很大程度上受到工业部门外部性的影响，这种影响短期内虽然有助于服务业部门扩张，但长期中却有可能削弱其可持续增长潜力；处于“条件”链条中的服务业，其作用不仅体现在自身发展上，而且体现在对其他部门的外溢性上，并成为城市化时期的效率源泉。

3. 知识过程与服务业调整

通过发达国家服务业与发展中国家服务业发展的对比，我们可以对一些实质性差异做出具体说明。实际上，能让服务业成为整体经济发展“条件”的依据，在于城市化阶段知识过程的突出作用。知识过程赖以发挥作用的基础，一方面是服务业结构中知识部门比重上升，另一方面是知识部门对通用技术部门的溢出效应增强，也正是从这种表现上来说，

---

① F. J. Buera and J. P. Kaboski：The Rate of the Service Economy，*The American Economic Review*，2012，Vol. 102. No. 6：2540-2569.

② 袁富华：《中国经济“结构双重性”问题分析》，载《经济与管理评论》，2014 年第 3 期。

服务业足可以摆脱大规模工业化时期的从属地位，进而以其整合能力接替工业部门成为新效率模式的支撑。知识部门作用的突显，与城市化阶段工业化部门比重下降、服务业部门比重上升的趋势有关，不论从增加值角度还是从就业吸收角度看，服务业主导发达国家或经济发达阶段的态势显而易见，这种趋势与城市化时期资本积累路径的特殊性和广义人力资本发展有关。

(三)资本积累路径调整：消费模式与广义人力资本

1. 投资与消费的再平衡

重新回到消费结构升级路径的观察上来，研究不同增长阶段投资与消费的关系及其再平衡问题。由于其本身外生性和外向性特征，为了保持高增长和对冲非生产部门规模扩张的成本，中国资本驱动模式日益陷入“低效率—高投资—更低的效率—更高的投资”的增长循环，尤其是垄断部门——不论是生产性部门还是非生产性部门，坐地生财、亏损国家补偿所导致的抽租问题越来越显著，原有增长理念和战略已经到了不得不扭转的地步。“重生产、轻消费”“重外向、轻内需”是规模效率的合理逻辑，但是随着经济增长条件的变化和市场、资源环境等约束的日益增强，投资与消费再平衡理应受到重视。作为二次转型的重要机制，消费问题的重要性在于：消费的效率补偿是投资消费再平衡得以实现的基础。结构性减速时期，要想避免“去投资依赖”的二次转型所隐含的增长退化风险，就需要建立“有效率”的消费模式，这是二次转型以质量换速度的核心标志。短期来看，投资消费之间是此消彼长的替换关系，二者不存在替换；长期则不然，原因在于，国民收入分配向劳动力和消费的倾斜有助于消费结构中新的效率源泉的培育，这种新的源泉寓于与广义人力资本有关的消费者创新当中。发达国家的经验表明，越是现代化的经济，越需要消费者的开放性、主动性和品位多样性，这一切离开教育、健康、娱乐等高端消费几乎不会成为现实。简言之，在外向性、外生性、外部性经济受到刚性制约时，要想突破资本效率递减和避免减速螺旋，必须进行投资消费的跨期再平衡以培育新的效率源泉。

2. 时间配置模式的再平衡

投资与消费的再平衡，蕴含了效率模式改进机制的变化，即原有资本驱动的外生的规模效率模式，向与消费结构升级有关的广义人力资本驱动的效率模式的转化。这就意味着转型过程中资本分布状态需要再评价——资本积累向人力资本的倾斜和权衡。这种认识同时意味着，以往经常被作为规范性和制度性框架的时间配置模式需要进行修正。因为消费结构中居于高端的一些项目，具有像生产过程那样资本化时间资源的作用，典型如娱乐——分布在时间阶段上的消费直接生成新的效率和业态。事实上，类似的时间配置再平衡机制，也是城市化的本来旨趣。

(四)消费模式调整：消费与生产一体化

二次转型过程中新的效率模式的重塑，具体体现在生产过程与消费过程一体化上[①]，包括以下方面：第一，传统工业化社会中，生产与消费虽然经由市场媒介，但是对于个体消费来说，由于服务品消费比重相对较低且大多局限于传统服务项目，生产与消费的同时性不是经济活动的主要特征。只有当消费模式出现知识技术消费占主导的情况时，消费与生产一体化中体现的高效率才能充分显现。一是随着个体把工作时间之外的休闲时间向文化娱乐的消费配置，很自然地延伸了“生产性”和效率，表现为上文所说的新业态的繁荣；二是随着消费经验的积累和消费学习，消费者对于制造品内含的技术知识要求提高，物品特性而非物质品本身越来越受到关注，物质品使用的“服务性”特征受到关注，消费与“售后”一体化要求增强，倒逼生产者注重质量和创新。第二，消费结构向知识技术密集消费品的升级，客观上促进了金融、健康、教育等现代服务业发展和技术创新，发挥互联网在整合消费和供给中的优势，发达国家在这方面起到很好的示范作用。第三，消费模式升级充当了产业升级的过滤器，消费的内部化效应使得高效率模式不可逆，消除了增长退化的隐患。供给创造需求的传统增长观点，只是在特定需求模式之下才能成立，就如中国现阶段产能过剩所呈现的那样。但在现有消费模式已经达到饱和的困境下，需要借助不同的路径——即通过需求侧的疏导和培育——来发掘新的增长机会。从二次转型的成功经验看，通过消费能力培育提高广义人力资本，是实现产业结构升级的根本途径。

① 中国经济增长前沿课题组：《突破经济增长减速的新要素供给理论、体制与政策选择》，载《经济研究》，2015 年第 11 期。

结　论

对于中国或长或短的经济转型而言，关键是实现增长观念的转变，包括转变工业化时期的生产供给主导思维，把增长目标转到“人”的发展上来。当我们意识到，为了应对城市化时期经济减速的各种系统性问题，除了物质资本动力之外，更需要重新积累和培育广义人力资本潜力，那么，针对现有增长约束的制度、组织环境进行变革，就是顺理成章的事情了。中国二次转型的初期，虽然有大国效应的不利制约，但是转型过程中如果采取适当的疏通政策，大国效应的弊端也可以转化为优势。潜在的优势体现在：第一，城市经济结构调整将成为内生性增长的新突破。随着城市化进程的推进，尤其是大城市和以大城市为纽带的城市群的崛起，成为二次转型新增长动力的动力源，这种模式不同于原有以农村劳动力供给为基础的资本化模式。基于此，中国大城市在消费结构升级和人力资本积累方面具有较大潜力，城市经济在产业结构和要素积累调整方面，也具有较好的基础和较大的创新外溢潜力。第二，人力资本积累增长潜力大。进入21世纪以来，中国年轻人口组（典型如20～24岁、25～29岁）大学教育比重提高的态势较为显著。尽管短期内不可能达到日本、韩国70％～80％的普及性，但是在对年轻人口普及高层次技能教育方面，中国凭借自己的经济能力却可以办到；而且在二次转型的预计较长的整个过渡时期里，以高层次技能人力资本为依托、以高等教育为龙头的人力资本结构，可能更加符合中国实际。第三，政府作用应该调整到支持广义人力资本积累上来。面对二次转型新的要求，政府的作用也将转移到“社会开发”上来，尤其应加大教育体系的建设和规划。

本文发表于2016年第2期

新型全球化下国际经贸规则新趋势与中国对策*

王跃生　李宇轩**

引　言

习近平在瑞士达沃斯世界经济论坛2017年年会上明确提出，要坚持经济全球化的大方向并旗帜鲜明反对保护主义，要“让经济全球化进程更有活力、更加包容、更可持续”①。李克强在2017年《政府工作报告》中也指出，“经济全球化符合世界各国的根本利益。中国将坚定不移推动全球经济合作，维护多边贸易体制主渠道地位，积极参与多边贸易谈判”②。这既清楚表明了中国作为全球第二大经济体支持经济全球化发展与改善全球化进程的态度，也向学术界提出了一个崭新的命题：应如何认识新型全球化的特征？又如何推动新型全球化的发展？

作为第二次世界大战以来世界经济发展的大趋势，经济全球化已经被证明是世界经济增长的主要推动力，代表了世界经济发展的大方向。但是，全球化进程也并非一帆风顺，其对世界经济和各国经济的影响也千差万别，利弊参半。实际上，自从20世纪末以来，特别是进入21世纪

* 本文系国家社科基金项目“企业异质性与中国出口市场多元化研究”（项目编号：12CGJ026）和北京市社科基金项目“对外直接投资对北京产业结构升级的影响效应与发展对策研究”（项目编号：15JGB129）的研究成果。

** 王跃生，北京大学经济学院教授；李宇轩，北京大学经济学院博士研究生。

① 习近平：《共担时代责任共促全球发展——在世界经济论坛2017年年会开幕式上的主旨演讲》，载《人民日报》，2017年1月18日。

② 李克强：《政府工作报告——2017年3月5日在第十二届全国人民代表大会第五次会议上》，载《人民日报》，2017年3月17日。

以来，反全球化的潮流便不绝于耳，每当举行全球经济峰会或重大国际经济活动的时候，便是反全球化潮流高涨和各种抗议活动不绝于耳之时。重要的是，以往反全球化运动似乎主要来自边缘国家，或者来自社会底层民众。但是，近年来，在一些经济最发达的西方国家、在代表社会主流的中产阶层，反全球化和反对自由贸易、市场开放，主张保护主义等都成为重要潮流。2016 年英国脱欧公投和美国特朗普胜选以及嗣后推出的一系列保护主义和孤立主义政策，就是最好的证明。然而，无论从整个经济学原理还是从近代以来世界经济发展的历史经验看，全球化和开放市场、自由贸易都是改善资源配置、提高经济效率、实现经济增长的必由之路。全球范围内日益高涨的反全球化潮流与经济学原理和现实经验的割裂，让我们对全球化过程进行反思。笔者认为，问题不是出在全球化过程本身，而是既往全球化的形式、途径、方法和结果存在明显不足。经济全球化本身是人类社会经济发展的必然趋势，但全球化的理念、指导思想、原则和过程则需要完善和创新。

经济全球化是通过一系列国际经济制度与国际经贸规则实现的，有什么样的国际经贸制度与规则，就会有什么样的全球化。而引领新的全球化进程，就需要对国际经贸制度与规则做出完善和改革。本文主要从国际经贸规则角度，分析传统经济全球化下的国际经贸规则和秩序的失当之处，探讨新型经济全球化下的国际经贸规则发展趋势，在此基础上提出中国推动新型全球化的基本路径与策略。

一、重振世界经济需要构建新型全球化

传统经济全球化下的世界经济“中心—外围”结构固有矛盾导致全球经济失衡与危机，进而引发世界经济长期萧条和“逆全球化”思潮。然而，“逆全球化”根本违背了全球化时代的经济运行大趋势，不可能支撑世界经济增长。因此，重振世界经济增长需要构建新型全球化。

(一)传统经济全球化的国际经贸规则安排

众所周知，当今世界经济的“中心—外围”结构是第二次世界大战后逐步形成的。第二次世界大战后初期，在当时美国经济一家独大的背景下，形成了由美国主导的国际经济体系，并逐渐演变成为以美国和西欧、

日本等发达经济体为中心，新兴经济体为中间层，欠发达国家为外围的“中心—外围”结构，建立起一整套与这一结构相适应的、更多体现发达国家利益和需要的经济全球化国际经贸规则。

这些规则的制度基础既包括以国际协定和国际组织形式存在的正式制度，也包括非正式制度如一些约定俗成的做法、惯例以及观念、文化、意识形态等等。前者如世界贸易组织(WTO)、国际货币基金组织(IMF)、世界银行等世界三大经济组织，以及以美元为中心的国际货币金融体系(布雷顿森林体系)、西方七国集团协商机制等。这些制度化的安排，均以美国和西欧发达国家为主导，基本上排斥广大发展中国家参与，或者发展中国家只是被动的接受者。美国等发达国家通过这些制度安排和实施机制，力推经济全球化和市场开放、自由贸易以及经济自由主义，形成了一整套国际经济与贸易投资规则。在这些规则下，美元作为世界货币的中心地位得以正式确立，即使在其法律地位瓦解后仍维持着世界货币的习惯地位；通过 WTO 下的多轮贸易谈判，关税减让、取消非关税壁垒实现贸易自由化基本得以实现；按照 WTO 规则，各国开放市场、放松管制、取消对资本等生产要素自由流动限制取得很大进展；在经济自由主义意识形态和发达国家的强力推行下，各国的经济体制和管制趋同，国际经贸规则强制一律，保护知识产权和无形资产的专利制度和技术转移限制制度得到大大强化，国际经济争端的国际机构仲裁等强制执行机制得以确立。除了这些正式制度确立的国际经贸规则之外，经济全球化下形成的理念、习惯、文化和意识形态，以及经济制度中的路径依赖、约定俗成、先入为主等因素，也在维护既有全球化秩序。诸如新古典经济学的整个自由经济思想体系(特别是发展经济学的两缺口模式理论等)、发达国家经济发展道路的普适性、经济学的效率优先原则与去价值化、美国生活方式的巨大影响等等，均属此类。在所有这些全球化制度与规则的主导下，形成了第二次世界大战后以市场开放、贸易投资自由化、从发达国家向新兴和发展中国家梯次产业转移为标志的全球化结构，以及相伴而生的战后世界经济发展的特点。

(二)世界经济“中心—外围”结构的固有矛盾

传统全球化下世界经济“中心—外围”结构及其配套国际经贸规则安排，在很大程度上为第二次世界大战以来的世界经济稳定发展创造了有利的制度基础，也为世界经济增长提供了基本动力。[①] 然而，这一全球分工与增长结构存在着固有矛盾：一方面，中心的发达国家容易出现产业空心化和金融危机风险。根据国际经济学原理，对外直接投资与国际产业转移对母国产业发展具有双重效应：在促进母国产业结构升级的同时，也可能带来母国产业空心化。[②] 将加工制造业等中低端或边际产业转移出去的中心发达国家，如果不能形成大量的新兴高端制造业或者服务业来填补，就会出现产业空心化现象。而产业空心化又往往会造成贸易与国际收支逆差，长期国际收支逆差的国家则迟早会发生由债务危机引起的金融与经济危机。另一方面，外围的新兴与发展中国家则容易落入"中等收入陷阱"风险。从事加工制造的发展中经济体，随着工业化和经济发展造成的收入与成本上升，越来越难以维持低成本生产者的地位，如果不能适时实现产业升级和成熟产业的再转移，也会使自身陷于发展瓶颈，落入"中等收入陷阱"困境并可能引发金融与经济危机。

不难发现，以上两方面的矛盾，就是20世纪90年代以来美国经济失衡、贸易与国际收支双赤字，并最终爆发美国次贷危机的基本原因，也是西欧南欧一些国家产业空心化、高政府债务最终酿成欧债危机的根源所在；又是东南亚及拉美大多数新兴经济体在取得初步工业化后经济发展停滞、落入"中等收入陷阱"的深层原因。美欧国家的债务危机后，发达国家对外投资能力和进口能力大幅度下降，完全打断了"中心—外围"体系的增长链条，全球国际投资、国际贸易及经济增长便大幅度下滑。2008年全球金融危机以来，美欧等中心发达国家大力实施"再工业化"，试图以产业回流弥补其产业空心化，又进一步殃及东南亚和拉美新兴经济体本已困难重重的外围国家，使不少外围国家资本外流、经济停滞、结构调整困难。以"中心—外围"分工支撑的全球化结构失去动力，世界经济进入长期萧条状态就难以避免了。

(三)"逆全球化"不可能促进世界经济增长

从2007年美国次贷危机发生导致全球经济进入萧条期至今已近10

---

① 王跃生、吕磊：《"一带一路"建设、全球结构重建与世界经济增长新引擎》，载《中国特色社会主义研究》，2016年第4期。

② 马相东：《对外直接投资的双重效应与中国双向投资均衡发展》，载《中共中央党校学报》，2014年第6期。

年。于是，保守主义、孤立主义等"逆全球化"思潮在一些发达国家开始死灰复燃；一些政治家开始考虑通过保护主义和孤立主义政策挽救本国经济，试图以"自扫门前雪"的方式实现自救。以美国特朗普政府的保护主义政策为例。特朗普执政以来，推出了一系列旨在保护美国市场的孤立主义和反全球化政策，诸如退出跨太平洋伙伴关系协定(TPP)，修改北美自由贸易协定(NAFTA)，乃至威胁退出 WTO 等等。那么，"逆全球化"政策是不是真能促成世界经济增长，至少是一国的经济增长呢？笔者认为，这根本违背了全球化时代的经济运行的大趋势，完全忽视了业已形成的全球一体化分工结构的现实，不可能促进世界经济增长。

首先，"逆全球化"限制了要素和产品的自由流动，必将带来全球经济的效率降低和福利损失。经济学原理证明，开放市场、自由贸易、竞争机制是经济效率的来源。在当今技术进步日新月异、市场情况瞬息万变、需求和供给都日趋复杂多样的情况下，任何单个国家都不具备发展经济所需要的全部要素与条件，至少不拥有最佳要素与条件。此时，如果减少和限制要素与产品的自由流动，生产者不得不在有限的范围内选择生产要素，消费者不得不在较小的范围内选择产品与服务，资源配置和经济效率便不可能是最优的。近 40 年来中国经济的飞速发展和第二次世界大战后数十年美国经济的长盛都得益于开放带来的资源配置优化和效率提升。可见，从长期而言，哪国封闭保守，哪国将陷于经济萧条；全球各国如果都选择孤立保守，各自为政，结果必定是多败俱伤，是全球经济的沉沦和福利损失。

其次，"逆全球化"将阻碍一国比较优势的发挥，降低一国的经济效率和消费者福利。以美国为例，一旦美国真的将自身孤立起来，大搞保护主义，美国经济和消费者都将蒙受巨大损失。一方面，美元的国际地位将进一步降低。如果美国不再承担世界领袖的责任，一切以美国自身利益为转移，那么，世界各国便没必要紧抱美元不放，其他货币如欧元、人民币等将可能替代美元的许多功能。虽然短期内美元的地位无法被完全替代，但国际地位降低则是必然的；而一旦美元的地位降低，美国庞大的铸币税收益和美元流进流出的蓄水池效应将大打折扣。另一方面，美国消费者将蒙受明显的福利损失。多年来，全球化保障了美国消费者享受全世界最优质廉价的商品和服务，以至于最富裕发达的美国却有着发达国家中最低的商品价格和物价水平。如果在保护主义下对外国商品征收高关税，国外商品要么退出美国市场，要么价格大幅度提高，将使美国消费者蒙受巨大的福利损失。

再次，“逆全球化”政策既会受到外国的报复，又会损失一体化利益。一方面，如果各国之间由于保护主义政策和对方的报复而都采取本国优先的做法，提高关税和非关税壁垒，降低市场开放度，甚至进行贸易战，结果只能是一损俱损。另一方面，如果一国自我孤立于国际经济体系，而其他国家和地区仍采取合作与开放的政策，那么封闭国家的损失比其他国家更大。这一点，自由贸易区内国家享受市场开放和关税减让的福利效应早就成为国际贸易理论的经典内容。

二、新型全球化下的国际经贸规则新趋势

通过以上分析可知，曾经主导世界经济几十年的全球化结构目前的确遇到了严峻挑战。其原因不在于全球化本身，而在于过去的全球化结构及其所依赖的全球化规则已经不符合当今世界经济状况与发展需要。过去的全球化过程中忽视了世界经济特别是广大发展中国家经济社会发展的多样性和复杂性，强行推动单一模式，既造成了发达经济体与新兴和发展中经济体之间经济发展差距的日益扩大，许多新兴和发展中经济体经济发展前景黯淡，沦为“失败国家”，又导致一国内部不同阶层与集团利益失衡，出现严重的两极化趋势。最终，全球经济失衡引发的金融危机将全球经济拖入长期萧条与低迷境地，全球化广受批评，“逆全球化”成为潮流。

然而，在当今科技高度发展，通信、交通极度便利，生产国际化和全球价值链业已形成并且固化，思想、文化和意识形态交流融合高度发展，地球村已成为现实的情况下，经济全球化已成为不可逆的自然过程，试图人为改变这一潮流，必将对世界经济造成极大损害。重振世界经济增长仍然必须依靠全球化，但新的全球化会显著有别于“中心—外围”结构的美式全球化，而应是一个适应新的世界经济结构的新型全球化。

2008 年全球金融危机以来，随着金砖国家等新兴和发展中经济体的不断崛起，世界经济从传统的“中心—外围”结构逐步演变到“双循环”结

构，世界经济和贸易格局随之呈现出"南升北降"新常态。[①] 在新的"双循环"结构中，既存在以美国等发达国家为中心的既有经济循环，也存在以中国等新兴大国为中心的新经济循环，而且后者发展态势更好，大有后来居上之势。因此，新型全球化应当具有如下特点：新的全球化应当是一个可以容纳不同类型国家共同发展、避免两极分化的包容性发展过程；新的全球化应当是一个公平、民主、开放、有弹性的结构，让不同国家都可以参与全球化规则的制定和全球经济治理；新的全球化将摒弃一元化的"单中心结构"，进而形成双中心，乃至多中心结构；新的全球化也不会以全球一体化为单一目标，而是全球化与双边化、区域化并存，相互依存，互相促进。简言之，新型全球化是一个更有活力、更加包容、更公正、更可持续的全球化。

怎样才能保障世界经济新全球化的发展朝着上述方向进展呢？显然，经济全球化是通过国际经贸制度与具体规则实现的。要实现上述目标，必须对既有国际经贸规则与制度做出调整和改革。在当前经济全球化深入发展与"逆全球化"倾向并存的现实背景下，在越来越多国家参与全球化过程从而使多样性、差异性空前提高的情况下，重构国际经济秩序与贸易投资规则呈现出怎样的趋势和特点呢？笔者认为，以下三大趋势特别值得关注：

首先，国际经贸规则制定权集团博弈与一对一博弈并存。传统世界经济的"中心—外围"结构下，国际经济规则制定权主要集中在以美国为首的发达国家手中，中国等新兴和发展中国家几乎没有发言权，只能是被动接受。全球金融危机以来，随着中国等新兴和发展中国家的崛起和G20机制的形成，中国等新兴和发展中国家在国际经贸规则的制定中的话语权逐步提升，国际经贸规则的制定权也随之逐步发展为发达国家集团与新兴经济体集团之间的博弈。而随着美国特朗普执政和英国脱欧，未来国际经贸规则的制定权或将从目前这种集团对集团的博弈变为集团博弈与一对一博弈并存。既存在集团对集团的博弈，也存在国家对国家的博弈，如中国对美国、中国对英国，美国对俄罗斯、美国对欧盟，英国对欧盟、英国对俄罗斯，等等，这一现象将使国际经贸规则的复杂性

① 陶涛：《世界经济结构、全球经济双循环与中国经济转型》，载《新视野》，2014年第1期。

和碎片化程度大大提高。

其次，国际经贸规则高标准与差异化双轨并存。国际经贸规则的改革涉及各方切身利益，各国经济发展水平不同，所处环境不同，利益与关切不同，在建立新的国际经贸规则方面的诉求和期待差异极大，各方博弈激烈。总体上，以美国为代表的发达国家主张建立高水平、强约束的国际贸易与投资规则，中国等新兴国家主张建立顾及各方实际情况的，有差别、有弹性的规则。① 美国奥巴马政府执政时期主导的TPP、跨大西洋贸易与投资伙伴协议(TTIP)、服务贸易协定(TiSA)等贸易投资规则就体现了上述特点，而中国、印度和东盟等新兴与发展中国家主导的"一带一路"建设、亚太自由贸易区(FTAAP)和区域全面经济伙伴关系(RCEP)等则代表了发展中国家的特点。虽然特朗普上台和英国脱欧都显现出明确的孤立主义、保护主义的倾向，但即便如此他们仍要通过双边等形式建立经贸关系的制度基础与实施规则。这些制度安排与规则，仍会体现出各自的主张和倾向。因此，这两类贸易投资规则和实践将会在相当时间内并存。

再次，区域化规则对全球化规则的一定程度替代。世界经济发展史表明，但凡世界经济处于下行阶段，各国政府对外贸易的主导思想往往会由自由贸易逐步变为贸易保护。全球金融危机以来，世界经济持续低迷、增长动能明显不足，各国贸易保护主义不断抬头，经济与贸易全球化一时步履维艰。"逆全球化"潮流的出现更让全球化进程雪上加霜，贸易区域化与集团化应运而生，以双边和多边贸易投资协定、双边和区域自由贸易协定、区域共同市场与货币联盟等为形式的双边、多边、区域经济合作与一体化发展迅猛，各种区域经济合作与贸易投资一体化机制与安排层出不穷。当前乃至更长一段时期，双边贸易投资安排、区域贸易投资一体化、自由化等制度安排和规则将是国际经济合作的主流，并与WTO框架下的多边贸易体制长期共存，相互影响、补充和替代。这种区域化趋势与新全球化下的多中心与多极化的总体经济格局是一致的，也是对单中心下全球统一规则一体化的矫正。

① 马相东：《全球贸易新常态与中国外贸发展新策略》，载《中共中央党校学报》，2015年第6期。

三、中国因应国际经贸规则新趋势的对策

当前，中国经济不仅总量位居世界第二，而且增量贡献雄踞全球第一。根据IMF数据，2016年，中国、美国、日本三国经济增长对世界经济增长的贡献率分别为41.3%、16.3%、1.4%。在很大程度上，国际经贸规则制定的控制权是依据各集团和各经济体经济实力而决定的，随着中国经济实力和经济地位的持续提升，在国际经贸规则的制定过程中，中国不可能再当旁观者、跟随者，而是要理直气壮担当参与者、引领者。与此同时，如前所述，随着金砖国家等新兴和发展中经济体的崛起，世界经济和贸易格局正呈现“南升北降”新常态。这一格局的调整又为中国在全球经济治理中从目前的边缘配套地位走向中心主导地位带来难得的历史机遇。因此，中国因应新型全球化下的国际经贸规则新趋势，引领国际经贸新规则，不断完善全球经济治理，从而推动新型全球化稳步发展。

(一)善于与发达经济体博弈，改革与调整国际经贸既有规则

由于意识形态的差异和国际霸权的惯性，美欧西方发达国家不会心甘情愿让中国成为新型全球化下国际经贸规则制定的引领者。因此，完善全球经济治理和推动新型全球化发展的首要路径，是善于与发达国家博弈，在国际贸易投资既有机构与改革中争取更多的话语权和影响力，尤其是要推进世界贸易组织、国际货币基金组织、世界银行等现有“三驾马车”的治理结构和运行机制改革。

第一，维护和完善世界贸易组织多边贸易体制。2017年2月，WTO《贸易便利化协定》正式生效。以此为契机，坚定推进贸易投资自由化便利化，推进WTO框架下全球贸易规则和贸易政策的科学合理化，构建多边共赢的全球经济贸易治理框架。

第二，推进国际货币基金组织份额和治理改革。提高中国等有活力的新兴市场和发展中经济体相对应的投票份额占比与国家利益，促使全球金融体系朝更加公平、自由的方向发展。

第三，推动世界银行治理结构改革。积极构建世界银行框架下发展中国家沟通与合作的正式协调机制，提高中国等新兴和发展中国家的投

票权，加强对世界银行人事安排的参与，逐步改变美国对世界银行实际控制的局面，促使世界发展援助和国际信贷体系朝更有活力、更加公正的方向发展。

(二)加强与新兴经济体合作，构建差异化国际经贸新规则

以中国等新兴大国为中心的世界经济新循环是新型全球化的重要特征与基本保障，这就必然要求构建一套新的国际经贸规则确保其正常运行。因此，完善全球经济治理和推动新型全球化发展，需要中国加强与新兴和发展中经济体合作，构建差异化国际经贸规则，并与美国主张的高标准规则形成某种竞争局面。

第一，创建以新兴经济体为核心的国际经贸组织，为中国等新兴经济体全球经济合作制定完备的制度安排与协调机制，强化合作纽带，在统一的框架之下形成有机整体，提高合作效率，突破以发达国家为主的世界银行、IMF、WTO等经贸组织的束缚。

第二，推动新兴经济体之间的优势互补，提高整体经济实力。中国等新兴大国可以通过贸易、投资等方式推动其他发展中国家产业结构调整，促进经济增长。以政府之间、企业之间、政府与企业等多种合作模式实现共同进步。

第三，在G20等非正式对话机制中，加强中国等新兴经济体之间的相互协作，争取在金融、贸易规则制定等国际重大议题对话中求同存异，采取一致步调，在新全球化经贸体系中提高新兴经济体的话语权。

(三)推进“一带一路”建设，创建区域化国际经贸新规则

发展中国家之间的“新南南合作”是建立世界经济“双循环”结构的关键，而“一带一路”建设为“新南南合作”创造了新的区域合作机制、产能合作平台和新的融资机制。① 因此，顺应区域化规则对全球化规则一定程度的替代趋势，可以借助“一带一路”建设平台，创建区域化国际经贸新规则。

第一，加快实施自由贸易区战略，构建人民币贸易圈。通过推动中国—印度、中日韩、RCEP、FTAAP等双边、多边和区域自贸区谈判，

① 王跃生：《世界经济“双循环”、“新南南合作”与“一带一路”建设》，载《新视野》，2015年第6期。

逐步构筑立足周边、辐射“一带一路”、面向全球的自由贸易区网络，从而构建以中国为中心的人民币区域贸易圈。

第二，创新金砖国家新开发银行（新开发银行）、亚洲基础设施投资银行（亚投行）等金融机构的治理与投融资方式，为新兴经济体基础设施建设提供新的融资体系。

第三，创新丝路基金管理与运行方式，为引导商业性股权投资基金和社会资金共同参与“一带一路”重点项目建设构建科学的运行机制，加快建立以中国为中心的新经济循环。

本文发表于 2017 年第 2 期

二、政治建设

当代中国国家治理体系的独特优势

辛向阳[*]

2014年2月17日，习近平在省部级主要领导干部学习贯彻十八届三中全会精神全面深化改革专题研讨班开班式上发表重要讲话时强调，我们的国家治理体系和治理能力总体上是好的，是有独特优势的，是适应我国国情和发展要求的。这是一个重要的理论判断，它表明当代中国的国家治理体系符合现代化的基本要求，是具有先进性的治理制度。

一、当代中国国家治理体系始终强调坚持党的领导，能够有效地防止利益集团的影响

西方国家治理中出现的一个大问题就是国家治理和政党政治利益集团化了，政府和政党成了为特殊利益集团服务的政治组织。早在1965年，美国著名经济学家奥尔森在《集体行动的逻辑》中就揭示了利益集团是如何绑架政府和法律法规的。例如，如果美国五大航空公司的CEO们决定，他们想向政府争取一项10亿美元的紧急援助，他们会集中资源雇用一个游说公司，十分强硬地告诉国会：如果不给这10亿美元，他们的公司就活不下去，就会集体破产，后果很严重。于是这五家航空公司每一家都得到了2亿美元的援助。美国著名报刊撰稿人彼得·巴恩斯在2006年出版的《资本主义3.0》中曾写道："此类事例不胜枚举，前共和党战略员凯文·菲利普斯就列举了一些：'采伐业曾为了争取保留价值4.58亿美元的采伐道路补贴而花费了800万美元，他们的投资回报是5725%。葛兰素史克制药公司投资120万美元，赢得对Zantac(葛兰素生产的善胃

* 辛向阳，中国社会科学院马克思主义研究院研究员。

得泡腾片)的专利延长19个月，价值10亿美元——他们获得的净回报是83333%。烟草业花了3000万美元得到了价值500亿美元的减税——回报率高达167000%。而广播业花费了区区500万美元，就得到了免费的数字电视许可证，得到拱手相送的价值700亿美元的公共资产——不可思议的百分之一百四十万的投资回报’。”[①]据美国权威机构调查，“有影响力的产业”如今每年用于在华盛顿游说的费用在60亿至100亿美元，雇用了超过35000名游说者，其中包括200多名前参议员。

无独有偶，还是在2006年，英国议会政党资金特别委员会对政党的变化发出了如下警告：“维持了过去一个世纪之久的政党体系已经崩溃。党员资格不再有任何意义，政党越来越依赖于私人捐款进行竞选。”国际著名财经专家纳波利奥尼则在2011年认为，西方的政党已经成为了政党有限公司，“政党这一政治机器越来越像一个银行或对冲基金，将从大多数中小股东处获得的收益交给了董事会”。在资本主义国家，一个普遍现象就是：市场经济发展越深入，政党特殊利益集团化的可能性就越大。

当代中国，社会主义市场经济的深入发展会不会造成政治上出现利益集团化问题？习近平在2013年12月31日发表的《切实把思想统一到党的十八届三中全会精神上来》中指出：“使市场在资源配置中发挥决定性作用，主要涉及经济体制改革，但必然会影响到政治、文化、社会、生态文明和党的建设等各个领域。”这种影响主要是积极的一面，但也有可能造成消极的影响。市场在资源配置中发挥决定性作用会不会使政治领域中出现市场化的倾向？如何防止市场中的经济利益集团对政治产生消极性影响？

要始终坚持党的先进性和纯洁性建设。共产党的最大优势就是没有自身特殊利益。这一点，马克思主义的创始人在《共产党宣言》中就强调指出：“共产党不是同其他工人政党相对立的特殊政党。”[②]“在无产者不同的民族的斗争中，共产党人强调和坚持整个无产阶级共同的不分民族的利益；另一方面，在无产阶级和资产阶级的斗争所经历的各个发展阶段

---

① ［美］彼得·巴恩斯著，吴士宏译：《资本主义3.0》，海口：南海出版公司，2007年，第51-52页。

② 《马克思恩格斯选集》，第4卷，北京：人民出版社，2009年，第324页。

上，共产党人始终代表整个运动的利益。”[①]中国共产党作为中国工人阶级的先锋队、中国人民和中华民族的先锋队，除了广大人民群众的根本利益，没有自身特殊的党派利益。共产党没有特殊利益，才能够代表最广大人民群众的整体利益，才能够在发展市场经济的过程中有效防范和摆脱利益集团的纠缠。然而，有个别学者以中国社会主义市场经济实践的发展早已将“党没有自身利益”观念打破为由，认为党有自身利益是一种客观存在。承认党有自身利益，就意味着必然要承认党有自己的特殊利益，而一旦承认党有自己的特殊利益，就必然会把党与人民的利益对立起来。因此，坚持党的先进性和纯洁性就必须从思想上反对“党有特殊利益”的观念，从实践上确立防范利益集团影响党的建设的制度。完善党的领导体制和执政方式，使党在驾驭市场经济的过程中不被市场规则、市场逻辑驾驭，使无产阶级政党的组织逻辑、政治逻辑始终能够控制和驾驭资本逻辑。

二、当代中国国家治理体系始终强调立足于中国特色社会主义制度基础之上，能够实现一种具有综合优势的治理

谈到国家治理体系和治理能力现代化，习近平指出，推进国家治理体系和治理能力现代化，必须完整理解和全面把握深化改革的总目标，这是两句话组成的一个整体，即完善和发展中国特色社会主义制度、推进国家治理体系和治理能力现代化。中国特色社会主义制度，集中体现了效率与公平相兼顾、民主与集中相结合、活力与秩序相统一、人的全面发展与社会文明进步相促进等中国特色社会主义的特点和优势。当代中国的国家治理体系和治理能力现代化就是要把这些制度优势发挥出来。

(一)中国特色社会主义制度是效率与公平相兼顾的制度，当代中国国家治理体系鲜明地体现着这一优势

中国特色社会主义制度能在效率的基础上实现公平，在公平的基础上实现效率：从效率上讲，中国特色社会主义制度具有集中力量办大事的优势，只要坚持发挥这一政治优势，并善于把这一优势与市场经济体

① 《马克思恩格斯选集》，第4卷，北京：人民出版社，2009年，第3页。

制的优势有机结合起来，就一定能够推动经济社会又好又快发展；公平正义是中国特色社会主义制度的内在要求，要在全体人民共同奋斗、经济社会发展的基础上，加紧建设对保障社会公平正义具有重大作用的制度，逐步建立以权利公平、机会公平、规则公平为主要内容的社会公平保障体系。

（二）中国特色社会主义制度是民主与集中相结合的制度，当代中国国家治理体系的优势恰恰在这里

民主集中制是既要有民主，又要有集中，实行民主集中制可以使决策更加谨慎，可以少犯错误。邓小平指出："再如民主集中制也是我们的优越性。这种制度更有利于团结人民，比西方的民主好得多。"①民主集中制比西方民主制好在哪儿？邓小平认为，民主集中制有利于使广大人民群众形成共同的理想信念，有利于克服彼此的分歧，凝聚成一股强大的建设社会主义的力量；民主集中制有利于防止西方政治体制中的"互相牵扯，议而不决，决而不行"的局面，形成高的总效率。民主集中制最有利于发挥广大干部群众的积极性、创造性。正是在这个意义上，江泽民指出："民主集中制，是党的根本组织原则，是党内生活必须遵循的基本准则，是实现决策科学化、民主化必不可少的制度保证。这种高度民主和高度集中辩证统一的制度，是辩证唯物主义和历史唯物主义在党的组织建设和制度建设上的体现，也是我们党的群众路线在组织制度建设上的创造性运用。这一制度的基本出发点和落脚点，在于充分调动党的各级组织和全体党员的积极性和创造精神，在党中央领导下，集中全党的正确意见，团结一致地为人民的利益而工作"②；有利于形成集体领导，防止决策重大失误。所以，习近平在2013年6月的全国组织工作会议上指出，要健全和认真落实民主集中制的各项具体制度，促使全党同志按照民主集中制办事，促使各级领导干部特别是主要领导干部带头执行民主集中制。

---

① 《邓小平文选》，第3卷，北京：人民出版社，1993年，第257页。

② 《江泽民文选》，第1卷，北京：人民出版社，2006年，第96-97页。

(三)中国特色社会主义制度是活力与秩序相统一的制度，当代中国国家治理体系就是要把这一优势发挥出来

中国特色社会主义的具体制度充满着生机活力，它的根本制度与基本制度则保持着有序与稳定，活力不会导致无序，稳定不会导致僵化。中国的根本政治制度、基本政治制度、中国特色社会主义法律体系、基本经济制度，符合我国国情，顺应时代潮流，有利于维护民族团结、社会稳定、国家统一，是充满稳定性、秩序性的制度。建立在根本政治制度、基本政治制度、基本经济制度基础上的经济体制、政治体制、文化体制、社会体制等各项具体制度，有利于保持党和国家活力，调动广大人民群众和社会各方面的积极性、主动性、创造性，有利于解放和发展社会生产力，推动经济社会全面发展，是充满活力性、变革性的制度。

(四)中国特色社会主义制度是人的全面发展与社会文明进步相促进的制度，当代中国国家治理体系就是要把这一制度现实化

中国特色社会主义制度要求关注个人的权益和幸福，要求关注社会的整体发展，并把两者统一在这一制度之中。中国特色社会主义制度要求时刻把群众安危冷暖放在心上，及时准确了解群众所思、所盼、所忧、所急，把群众工作做实、做深、做细、做透；要正确处理最广大人民根本利益、现阶段群众共同利益、不同群体特殊利益的关系，切实把最广大人民的根本利益维护好、实现好、发展好。

三、当代中国国家治理体系始终强调扎根中华大地，能够内生演化和不断进步

习近平总书记指出：我国今天的国家治理体系，是在我国历史传承、文化传统、经济社会发展的基础上长期发展、渐进改进、内生性演化的结果。

(一)当代中国国家治理体系内生于马克思主义，它是马克思主义国家思想与当代中国实际相结合的产物

马克思主义创始人指出，在打碎旧国家机器的基础上建立的工人阶级政府，应当是废除官僚特权、减轻人民负担的政府，应当是彻底清除了等级制、官员人民化的政府，应当是以随时可以罢免的勤务员来代替

骑在人民头上作威作福的老爷们的政府，应当是由公众选举、在公众监督之下进行工作并且可以随时撤换的政府。马克思指出："公社实现了所有资产阶级革命都提出的廉价政府这一口号"，"公社给共和国奠定了真正民主制度的基础。但是，无论廉价政府或'真正共和国'，都不是它的终极目标，而只是它的伴生物"。[①] 当代中国国家治理体系就是要坚持这些思想。第一，推进党的建设制度改革，保持党的先进性和纯洁性，建设廉洁政治，实现干部清正、政府清廉、政治清明。第二，让人民监督权力，让权力在阳光下运行，把权力关进制度的笼子中。让信仰坚定、意志坚强、始终站在人民立场上的党的各级纪检监察机关把笼子看紧看好，使一些领导干部手中的权力不会对社会产生危害。

（二）当代中国国家治理体系内生于中国优秀传统文化，植根于中华大地

中华文化源远流长、博大精深，其很重要的品质就是包容性，中华文化对其他文化能够兼容并蓄，在包容其他文化中发展自己。中华民族是一个兼容并蓄、海纳百川的民族，在漫长历史进程中，不断学习他人之长，并融会贯通，由此形成了我们的民族特色。这些民族特色将会成为当代中国国家治理体系的重要优势。中国的国家治理历来强调"民为本"，强调"水能载舟，亦能覆舟"。当代中国国家治理强调治理的公共性、人民性，把国家治理看作人民群众自己的事情。美国纽约大学法律—政治学教授、法国科学院高等研究员、法国雷蒙·阿隆政治社会学研究中心研究员帕斯夸里·帕斯奎诺在 2013 年指出："中华人民共和国建立之初政权基础是工人和农民。随着中国进行市场经济体制改革，中国共产党又将其他新兴阶层包容到由工人、农民等所组成的政体之中。这种包容与吸纳过程体现了中国共产党强大的调整与适应能力。"[②]

（三）当代中国国家治理体系内生于中国共产党的奋斗历史，汲取着丰富的政治营养

协商民主是我国社会主义民主政治的特有形式和独特优势，是党的群众路线在政治领域的重要体现，是我们党在革命斗争中、在新中国建

① 《马克思恩格斯选集》，第 3 卷，北京：人民出版社，1995 年，第 58 页。

② 魏南枝：《差异与合作——帕斯奎诺教授谈当今中国政治》，载《求是》，2013 年第 19 期。

立过程中探索建立起来的重要制度。我们应当在国家治理体系建设中把协商民主运用好。首先，构建程序合理、环节完整的协商民主体系，拓宽国家政权机关、政协组织、党派团体、基层组织、社会组织的协商渠道。深入广泛多层次开展立法协商、行政协商、民主协商、参政协商、社会协商。其次，完善中国共产党同各民主党派的政治协商，认真听取各民主党派和无党派人士意见。中共中央根据年度工作重点提出规划，采取协商会、谈心会、座谈会等方式与各个民主党派进行协商。再次，完善人民政协制度体系，规范协商内容、协商程序，使协商更加科学、更加有效。一方面要拓展协商民主形式，更加活跃有序地组织专题协商、对口协商、界别协商、提案办理协商，另一方面要增加协商密度、协商广度，提高协商成效。最后，开展形式多样的基层民主协商，推进基层协商制度化，建立健全居民、村民监督机制，促进群众在城乡社区治理、基层公共事务和公益事业中依法自我管理、自我服务、自我教育、自我监督。

四、当代中国国家治理体系始终强调依法治国，能够在法治的基础上实现国家的长治久安

依法治国，就是广大人民群众在党的领导下，依照宪法和法律的规定，通过各种途径和形式管理国家事务，管理经济文化事业，管理社会事务，保证国家各项工作都依法进行，逐步实现社会主义民主的制度化、法律化，使这种制度和法律不因领导人的改变而改变，不因领导人的看法和注意力的改变而改变。依法治国要求各级权力机关要依法公正对待人民群众的诉求，努力让人民群众在每一个司法案件中都能感受到公平正义，决不能让不公正的审判伤害人民群众感情、损害人民群众权益。依法治国要求我们要在法治的基础上推进改革，使改革最广泛地惠及广大人民。2014 年 2 月 28 日，习近平在主持召开中央全面深化改革领导小组第二次会议时强调，凡属重大改革都要于法有据。在整个改革过程中，都要高度重视运用法治思维和法治方式，发挥法治的引领和推动作用，加强对相关立法工作的协调，确保在法治轨道上推进改革。

当代中国，推进国家治理体系现代化建设需要打破各种利益藩篱，

而打破利益藩篱的重要手段就是推进法治建设。所谓利益藩篱就是好的利益机会、能够获利的市场空间已经被利益集团所垄断、所控制，普通百姓很难进入这样的领域。要打破这些利益藩篱，就要不断落实《反垄断法》《反不正当竞争法》等法律法规的要求，使市场机会更公平地惠及最广大的民众。推进国家治理体系现代化建设还需要加快社会流动性，这就应当制定相应的法律确保社会向上流动性不减速。当前中国在一定程度上出现了社会分层“凝固化”和社会流动“缓慢化”现象，“越过龙门的鲤鱼”越来越少，社会阶层间的堤坝越来越高，向上流动性减弱。反映在教育上，穷人的孩子进一流大学的比例下降；反映在就业上，大量的“萝卜招聘”导致相当多优质岗位都被关系生所占据。这些问题要通过完善现有的《教育法》、《义务教育法》以及《就业促进法》等法律体系逐步加以解决。

推进国家治理体系和治理能力现代化，一项重要的基础工作就是推动法治中国建设。推进司法体制改革，建设法治中国，这是此次三中全会的重要论断。什么是法治中国？法治中国意味着：以宪法为统帅的中国特色社会主义法律体系不断丰富和完善，在社会生活中发挥着重要作用；公正高效权威的社会主义司法制度已经建立，人们从每一个司法案件中都能感受到公平正义的光辉；建立公民在法律面前一律平等、尊重和保障人权的制度体系，公民的合法权利得到切实保护；法治思维已经形成，人们办事、行事、做事都遵循法治的精神。建设法治中国，制度与机制建设任务繁重：第一，要进一步健全宪法实施监督机制和程序，把全面贯彻实施宪法提高到一个新水平，从制度上确保任何组织或者个人都不得有超越宪法和法律的特权，从法律上确保一切违反宪法和法律的行为都能够予以追究，得到严惩。第二，政府普遍建立法律顾问制度，完善规范性文件、重大决策合法性审查机制。政府法律顾问可以接受委托起草规范性文件，从实务操作角度及立法技巧方面保障政府规范性文件的合法、合理性，保证决策的科学化。政府法律顾问还可以就政府相关部门起草的规范性文件进行论证，提出修改建议，使规范性文件更加完善，防止出现不合规、不合法的事情。第三，建立权责统一、权威高效的行政执法体制。整合执法主体，相对集中执法权，推进综合执法，有效解决“七八个不同大盖帽管不了一个小草帽”的问题。全面落实行政执法责任制和执法经费由财政保障制度，严格规范公正文明执法，还要解决执法的效率问题。第四，探索建立与行政区划适当分离的司法管辖制度，避免行政权力对于司法体制的过度干预。第五，建立符合职业特点的司法人员管理制度，为实现法治中国提供坚实的人才保证。健全法官、检察官、人民警察统一招录、有序交流、逐级遴选机制，使一流的法治人才能够得到选拔使用；完善司法人员分类管理制度，健全法官、检察官、人民警察职业保障制度，使司法人才能够留得住、用得好。

推进依法治国还要善于辨析清楚不利于依法治国的错误观念，使依法治国始终沿着正确的方向发展。例如一谈到依法治国，有些人就热衷于大谈西方三权分立式的民主。在他们那里，依法治国就是两个或多个政党轮流坐庄，这样一种局面才能算得上是依法治国。有学者认为，依法治国就要摆脱政党的领导，有共产党的领导就不是依法治国，还有学者认为司法独立就是摆脱共产党的领导，这就把坚持党的领导和依法治国对立起来了。实际上，党的领导是推进依法治国的根本保证。改革开放新时期，我们党一贯强调要科学执政、民主执政、依法执政。依法执政，就是坚持依法治国、建设社会主义法治国家，领导立法，带头守法，保证执法，不断推进国家经济、政治、文化、社会生活的法制化、规范化，以法治的理念、法治的体制、法治的程序保证党领导人民有效治理国家。

本文发表于 2014 年第 3 期

现代合法性系统与现代国家治理

赵孟营*

关于治理研究的一个常识是，“治理”这一术语在被引入社会科学研究之始，就是与“危机”关联在一起的。① 而有学者考证“治理”的词源乃为希腊语，寓意为“监视”。② 这样的学术逻辑至今依然能够获得实践逻辑的回应：“国家治理”概念的滥觞，正是基于权力精英对于国家（主权意义上的国家）管控失效的忧虑。这种忧虑具有充足的理由：如果任由管控失效不断蔓延，必然会造成政府统治危机的出现，统治危机的极端状态就是国家内部社会秩序的崩溃。“国家治理”要解决的当下的实践难题就是国家统治危机。这种实践逻辑所引导的关于国家治理的分析框架必然是：如何建设一个能够战胜当下以后果方式呈现的统治危机的国家治理体系，并依托这样的国家治理体系永久性地避免国家内部社会秩序的崩溃。依据这样的框架，正确的研究路向是：一方面要描绘出未来那个能够实现统治秩序、战胜统治危机并避免新的统治危机的“现代”国家治理体系；另一方面则要透过表象来探究统治秩序和统治危机的实质，并据此梳理出“现代”国家治理体系形成的前提性条件。坦率地说，学术界对前一方面已经越来越关注，但是对后一方面的关注甚为寥寥。如果我们仅仅热衷于描绘战胜危机后的未来图景，而不注重开辟这种图景得以实现的路径，那么情况会变得更为糟糕。因此，本文将集中讨论统治秩序的实质以及现代国家治理体系的前提性条件，以期稍补于相关学术探索的匮乏。

---

* 赵孟营，北京师范大学哲学与社会学学院教授。

① 俞可平：《治理与善治》，北京：社会科学文献出版社，2000 年，第 1 页。

② 丁元竹：《治理方式现代化：内涵、特征及类型》，未刊论文。

一、合法性系统与国家统治秩序

社会学传统中，关于合法性与国家统治的关系的分析是较为常见的。韦伯正是在讨论统治权威问题时引入合法性讨论的。[①] 而到了哈贝马斯的讨论中，不仅强调合法性和政治制度的关系，而且强调合法性只对国家形式的社会才有意义。[②] 但是韦伯和哈贝马斯将合法性局囿于政治制度的被接受和被认可的观点在晚近的社会学研究中得到了修正。这主要是因为这种观点既忽略了政治制度只是国家统治体系的一个组成部分(政治制度固然确实是国家统治体系中极其重要的组成部分，但是现代社会的复杂性已经表明：实践中的政治制度其实也是复杂社会关系的一个结果，充满着社会建构特性)，也忽略了合法性的伦理学意涵(人们对政治制度的接受和认可，必然与对正当性的追求相关，因此在伦理学意义上，合法性也意味着"正当性")。对韦伯和哈贝马斯修正的体现就是社会学家给予了"合法性"更为宽泛的定义。例如，马克·萨奇曼(Mark C. Suchman)就将合法性讨论引入社会组织的研究中，认为合法性是一种关于实体的行动的可取性、正当性、适当性的"普遍化的观念或假定"，这种可取性、正当性、适当性是相对于由规范、价值、信念和规定所构成的社会建构系统而言的。[③] 尽管马克·萨奇曼对合法性的解释是就一个社会现象领域而言，但是这种复杂化解释恰恰因应了社会实践中的复杂性：价值判断和事实判断常常是纠结在一起的。也就是说，实践中的合法性并不仅仅只是关乎政治制度的被接受和被认可，也还关乎政治制度为何获得接受和认可又或为何不被人们接受和认可。因此，借鉴于晚近社会学家的重新定义，可以把韦伯和哈贝马斯的合法性概念修正为合法性系统概念。我们可以这样给合法性系统下定义：合法性系统就是确保政治制度被认

---

① [德]哈贝马斯著，刘北成、曹卫东译：《合法化危机》，上海：上海人民出版社，2000年，第127页。

② [德]哈贝马斯著，郭官义译：《重建历史唯物主义》，北京：社会科学文献出版社，2000年，第262、268页。

③ Aldrich, Howard E.: *Organizations Evolving*, London: Sage Publications. 1999, 229-230.

可的那些社会建构条件的总和。

引入合法性系统的概念，将有助于厘清国家统治秩序的实质，也有助于厘清国家统治危机的实质，更重要的是，将有助于区分传统国家统治秩序和现代国家统治秩序的差异，有助于区分传统国家统治危机和现代国家统治危机的差异，从而可以将关于国家治理的分析引向更深刻的层面。

正如同许多社会学家已经讨论的那样，现代国家的统治在实践上是一个复杂多元的体系：现代国家的统治秩序主导力量固然是基于政治制度安排而产生的政府系统（包括主权国家的国家政府和主权国家内的地方政府），但是政府系统以外的那些组织化系统在国家统治秩序中的功能地位正在日益提升，它们逐渐演变为国家统治秩序的关键力量，其中社会领域中的军队（社会学通常把军队纳入非政治性的社会组织范畴）、市场领域中的关键性企业、第三部门中的关键性媒体、主权国家之外关键性他国政府系统是四种最为常见的。这些关键力量对政府系统的管控有效性（我们可以称之为政府的“法统”）有着正反两面的影响能力。当政府系统内部较为稳定时，如果这些关键力量采取支持政府系统的立场，那么国家统治秩序基本就是稳定的（也就是政府的“法统”得以维系），但是这些关键力量如果采取不支持甚至反对政府系统的立场，那么国家统治秩序就会不稳定（也就是政府的“法统”受到质疑或威胁），这种不稳定可能呈现为从部分管控失效到秩序崩溃的不同局面。当政府系统内部不稳定时，如果这些关键力量采取支持政府系统的立场，那么国家统治秩序仍然有机会维持（即使出现政府系统的暴力更迭时，国家统治秩序也有维持的可能），但是如果这些关键力量采取不支持甚至反对政府系统的立场，那么国家统治秩序必然无法维持。所谓的“复杂”还不只是前述正反两方面的特性：四种关键力量之间也会存在立场差异和影响力差异，它们之间会组成不同的组合样式来对政府系统施加程度各异的影响。限于篇幅，本文在此无法详细讨论关于四种关键力量可能构成的影响力组合样式。不过通过这种分析至少可以明了，在实践中，国家统治秩序的实现，既有可能是各种力量的和衷共济的一个结果，也有可能是各种力量的“恐怖平衡”的一个后果。

至此，我们可以从如何实现国家统治秩序的实践逻辑中初步解释“国家治理”这一理念与一般意义上的“国家统治”理念是如何区分的：国家治理的第一要义并非避免政府管控失效，而是坚决避免“恐怖平衡”式的国家统治秩序；国家治理的根本目标并不在于仅仅实现国家统治秩序，而在于实现那种基于各种关键力量与政府系统的和衷共济而生成的国家统治秩序。

所谓一般意义上的“国家统治”理念，就是那种基于传统国家的历史经验而形成的关于国家统治秩序的观点：以防微杜渐式的执着阻止任何管控失效的可能性，以期维持一种静态、僵化的有序状态。以上文所述现代国家统治实践的“复杂多元”特性去观照传统国家统治实践，则不难发现它固然自有其诡异复杂的内容(宫廷斗争、朝野对立、文治与武功的摇摆等)，但是这种诡异复杂的主轴则是唯一的：政府系统。政府系统之外别无其他有力量的组织化系统。显然这种统治实践既不可能产生“国家治理”的诉求，也无须“国家治理”理念的引导。

对国家统治的讨论，必然要从关于统治秩序的讨论中引申出关于统治危机的讨论，因为这两者是国家统治实践中彼此紧密关联的两个方面，甚至可以说它们就是一个问题的两个方面：当危机的成分增长时，就意味着秩序处在逐渐破坏之中；当秩序逐渐稳固时，就意味着统治危机正在逐渐消解。统治危机的极端状态就是统治秩序的彻底崩溃，统治秩序的最佳状态就是能够彻底消解任何统治危机。不过回望人类历史，在任何国家，统治危机而至统治崩溃的局面经常呈现，统治有序而至统治危机彻底消解的局面则从来都没有呈现过(它至今只存在于理论和梦想之中)。这样的历史经验就形成了古往今来一切权力精英阶层实施国家统治的基本路径：国家统治实践的焦点总是优先关注于如何消解统治危机。传统国家的权力精英阶层是如此，现代国家的权力精英阶层也是如此。

如果说现代国家的统治秩序的呈现状态取决于多元复杂的政府系统之外的关键力量对政府系统的支持程度，那么现代国家的统治危机的呈现状态则取决于多元复杂的政府系统之外的关键力量对政府系统的杯葛(boycott)程度。当政府系统内部能够维持稳定时，政府系统外的关键力量如果都采取支持或合作的立场，则统治危机不会出现；如果某一个关键力量采取杯葛的立场，则会出现局部的统治危机；如果所有关键力量都采取杯葛的立场，则会出现全局性统治危机，全局性统治危机通常会导致政府更迭(或者是和平方式的政府领袖群体的更迭，或者是暴力方式的政府系统的更迭)。当政府系统内部不能够维持稳定时，如果所有关键力量仍坚持支持的立场，则国家统治只会出现政府系统运转不正常状态(这种不正常很难说是统治危机)；如果某一个关键力量采取杯葛的立场，则会出现重大的局部性统治危机(通常会导致政府领袖群体的更迭)；如果所有关键力量都采取杯葛立场，则必然会出现全局性统治危机。要言之，国家统治危机在政府系统不稳定时不一定会出现，而在政府系统稳定时不一定就不会出现。统治危机的这种不确定性正是现代国家统治危机的复杂性所在。至此，我们可以从如何消解国家统治危机的实践逻辑中进一步解释“国家治理”理念与一般意义上的国家统治理念是如何区分的：国家治理实践的逻辑起点既不应当是防范政府系统内部的不稳定，也不应当是因应当下统治危机的挑战，而应当是消解那些导致关键力量产生杯葛的基础因素。而一般意义上的国家统治理念，亦即基于传统国家的历史经验而形成的应对国家统治危机的观念则是，国家统治的关注焦点在于时刻防范政府系统内部的不稳定，在于努力抑制任何对政府系统的杯葛。

归纳起来说，从统治秩序的视角来理解现代国家治理，其目标在于政府系统和其他关键力量的和衷共济的秩序，从统治危机的视角来理解现代国家治理，其实践的逻辑起点在于消解那些导致关键力量杯葛政府系统的基础因素。据此，现代国家治理的基本方略似乎已经显现：消解那些导致杯葛的因素，确立那些增进合作的因素。不过我们会发现，这种方略在逻辑模式上与传统国家统治的方略并无鸿沟：传统国家统治也是尽力消解导致政府系统内部不稳定的因素，确立那些增进政府系统内部稳定的因素。因此，我们必然要追问：如果现代国家治理的方略依循着与传统国家统治方略相似的逻辑模式，那么它又如何能够实现不同于传统国家统治的目标？它又如何能够开启不同于传统国家统治的实践逻辑？

答案就在于：现代国家的政府系统获得关键力量的接受和认可所需要的社会建构条件与传统国家的政府法统所需要的社会建构条件有着根本不同，也就是说现代国家的“合法性系统”与传统国家的“合法性系统”是根本不同的。传统国家，在已经建立的王朝之内，只要最高统治者的继承模式（以政治价值观意义上的“血统”为主导）和统治集团基本维系传统的伦理规则（以文化价值观意义上的“道统”为主导）这两个条件未受挑衅或质疑，王朝虽有局部统治危机但其统治秩序就基本能够维系。当王朝的继承模式受到颠覆性破坏抑或统治集团全面背弃传统伦理（如全面性的贪腐），则王朝崩溃就在所难免。而在现代国家，前述建构条件已经失去支撑意义了。现代国家治理不可能通过复建“血统”或“道统”这样的传统建构条件来确保政府系统获得关键力量的支持，也不可能通过复建“血统”或“道统”来阻止关键力量对政府系统的杯葛，因为现代国家所面临的历史——社会大格局已经完全不同了。[①] 现代国家治理必须基于确立现代国家统治必须有的现代合法性系统，才能实现它不同于传统国家统治的目标和开启它不同于传统国家统治的实践逻辑。也就是说，“血统”与“道统”构成了传统国家的政府法统的前提性条件，而现代合法性系统构成了现代国家治理体系形成的前提性条件。这种前提性条件的确立，才是现代国家治理实践的根本出发点。

二、现代合法性系统的基本构成

现代国家已无法再依托类似“血统”和“道统”这样的社会建构条件获得统治秩序的合法性基础本身已经是一件难以让所有人都接受的事情，而要叙述现代国家究竟应当依托怎样的社会建构条件获得统治秩序的合法性基础则更为困难，因为即使是在那些已经明确意识到现代国家的统治秩序的合法性基础与传统国家的统治秩序的合法性基础不同的社会学家那里，其社会建构条件也没有形成公认一致的定论。之所以没有形成公认一致的结论，乃是因为即使是那些已经定型的“现代国家”，其国家统治也总是处在不断呈现出新的发展态势过程之中，这一过程至今也未完结。于是，面对不同国家统治实践态势的社会学家彼此之间必然就也会做出相互并不一致的理论解释。在这样的学术积淀特性之下，试图完整、充分地叙述中国这样一个正行走在迈向现代国家道路上、尚未最终定型的国家，其实现现代国家治理体系究竟必须依托怎样的社会建构条

① 赵孟营：《社会建设与建设现代社会体系》，载《中国特色社会主义研究》，2011年第3期。

件，是非常困难的。但是，对于中国当下境况而言，所谓“国家治理”已经成为主流术语，有时代责任感的学者又必须做出这样的努力：尽可能让这一新的术语获得具有现代意义的理论解释，并以这样的解释推进实践中的国家治理，而避免让其流变为纯粹形式化的表达，因为当一个原本可以充满活力的新术语流变为纯粹形式化的表达之后，它就一定会成为遮蔽事实的工具，并进而成为阻挡社会实践变革的障碍。有鉴于此，这一部分将在社会学家们已有研究的基础上，尝试性地论述现代国家治理的社会建构条件的基本构成，亦即现代合法性系统的基本构成。

现代合法性系统基本构成的第一个方面是理性化的政治价值观。就最广义的社会秩序而言，价值观一致是社会团结的基础之一(另一个基础是利益一致，但利益一致通常难以实现)。因此，对于国家统治秩序而言，价值观同样也是一种建构性基础，当然这里的价值观主要涉及的是政治价值观(也可以称为统治价值观)。政治价值观指的是“社会成员个人或群体所具有的关于何种政治模式是值得期待或值得认可的信念”①。正如前文已经提到的，在中国传统社会，国家统治秩序所依托的政治价值观核心是“血统”观念。新王朝的建立必须要让人民相信新的君主与上天之间存在虚拟血缘关系(所谓“天子”观念)，在一个王朝时代之内的政府更迭也必须要让人民相信血缘的正统性得到了尊重。否则，政府系统的正当性就必然会受到质疑。

现代国家(既包括统治意义上的国家也包括治理意义上的国家)无论是从实然还是从应然的意义上，都将“血统”观念视作天敌。但是究竟是何种政治价值观成为了“血统”观念的替代品，在学理上并未完全讨论清楚。当人们在一般意义上讨论“现代政治”特征时，最理所当然的概念就是“民主”。的确，民主政治的实践无疑是工业革命以来全球范围内现代国家统治实践的主流，特别是第二次世界大战以后国际新秩序背景下仍处在传统发展阶段的国家追寻的国家统治实践的方向。因此，“民主政治价值观”无疑也成为现代政治价值观的当然内涵。然而，“民主”信念并非现代国家统治的合法性建构条件。首先，现代民主信念是被建构的。现

① 赵孟营：《跨入现代之门：当代中国的社会价值观报告》，北京：北京师范大学出版社，2008年，第7页。

代国家抛弃“血统”观念，是因为依据这样的共识建立的政府系统再也无法确保有效的统治能力。在不断反复的历史实践中，民主政治模式成为最有可能确保政府统治能力的政治模式，正是这样的政治实践推进了民主信念的确立和普及。简言之，“血统”观念的被抛弃是因为它对于现代国家统治而言是“非理性”的，“民主政治模式”的被接纳是因为它对于现代国家统治而言是理性化的选择。这种“理性”共识是“民主”的前提。其次，在实践的民主政治秩序中，共识性的“民主”信念并不足以确保关键力量不对政府系统的“职能”的正当性进行杯葛：当关键力量认为政府系统超越法律边界，它们会强烈杯葛政府系统。这种法律至上的共识性的“法治”信念并非“民主”信念，但是它也起源于理性选择有统治能力的政府的那种共识：用理性的契约来约束政府而不是非理性地无限信任政府，更能确保政府统治的有效性。显然，“理性”共识也是“法治”的前提。第三，在传统国家迈向现代国家的民主政治早期实践中，共识性的“民主”信念并不能有效催生稳定的政府系统。这些国家的民主政治实践的早期景象通常是：对立或竞争的各方政治势力都赞成民主政治实践，己方获利，便认可民主政治结果，但是一旦己方失利，就以种种理由拒绝承认民主政治结果。这种只能赢不能输的“民主”立场，虽然非理性到近乎滑稽可笑，但是屡见不鲜。这从反面印证：缺乏“理性”共识的支撑，民主政治实践就会沦为闹剧。总之，现代政治价值观的起点共识并非“民主”，而是“理性”。当理性化的政治价值观成为社会共识时，国家政治秩序中的关键力量是支持还是杯葛政府系统就有了第一个基本判定依据。但是，仅有“理性”共识这一个建构条件是无法避免统治危机的。

现代合法性系统基本构成的第二个方面就是财富分配中的能力本位规范。如何分配财富既是传统国家统治的基本难题，也是现代国家统治的基本难题。因为正如前文已经提到的，就一般社会秩序而言，利益一致是社会团结的另一个重要基础，但是在人类历史进程中任何国家内部，利益不一致是一种常态，因此，在利益不一致的状态下，政府依靠何种财富分配模式才能避免由利益纠纷所诱发的统治危机就极其重要了。众所周知，当人们认为社会不平等结构不合法时，社会冲突的根源就出现了。但是这没有说明人们判定合法或不合法的依据是什么。在中国传统社会，基于“血统”规范，人们在“宗法关系”中的地位是一切经济和社会地位的基础，所以当政府系统确保财富分配顺应宗法关系的地位结构时，它的正当性就不会受到质疑，当政府系统未能确保财富分配顺应宗法关系的地位结构时，统治危机就会出现。这种财富分配的规范我们可以称为“关系本位”的规范(臣子的财富不可超过君王，草民的财富不可超过官府，刁民的财富不可超过顺民等)。

现代国家(既包括统治意义上的国家也包括治理意义上的国家)，或者是从实然或者是从应然的意义上，在财富分配方式上否定了“关系本位”规范。但是究竟是何种财富分配规范替代“关系本位”的规范而成为现代国家统治秩序的社会建构条件，则在学理上并未完全讨论清楚。当人们在一般意义上讨论现代财富分配时(当然也不只是现代财富分配)，最为常见的是“公平”与“效率”。回顾工业革命以来世界范围内的财富分配实践，不外乎是在效率优先、公平优先、公平效率兼顾三种模式间的转换。例如 1949 年以后的中国：1949 年到 1978 年基本是强调公平优先(社会主义平等)，1979 年到 21 世纪初，基本是强调效率优先(一部分人先富起来)，21 世纪以来，逐渐强调效率公平兼顾。因此，“公平”和“效率”无疑也成为现代财富分配方式的两个主轴。然而，无论是“公平”规范还是“效率”规范，都不具备担当现代国家统治的合法性建构条件的资格。首先，现代公平规范本身是被建构的。公平观念古已有之，现代公平观念与传统公平规范的不同应当是在公平的标准上。传统公平标准就是“关系本位”，财富分配结构只要与关系结构一致，处在关系中的社会成员都会认为是公平的。现代国家财富分配抛弃“关系本位”规范，是因为依据这样的共识确立的财富分配无法阻挡社会成员对统治秩序的质疑和挑战。在工业革命以来的历史实践中，以社会成员的“能力”为依据的财富分配成为避免社会成员的质疑和挑战的最成功的方式。这样的财富分配实践就逐渐将传统公平观念演进为现代公平观念。因此，“能力本位”共识是现代公平观念的前提和核心内涵。其次，现代效率规范也是被建构的。工业革命催生的现代资本主义制度在其早期阶段就是以生产效率为基础的，对生产效率的追求延伸到了财富分配领域：确保分配本身能够带来更高的生产效率。因此能够带来高生产效率的社会成员必然在分配中获得优先机会——这就是财富分配中的现代效率观念。但是这种观念恰恰是以对生产效率的共识为前提的，生产效率又是以劳动者的劳动能力为前提的。也就是说，“能力”而不是“效率”本身才是生产和分配的共同标准，这样的标准的确立和普及就是“能力本位”规范。因此，“能力本位”共识也是现代效率观念的前提和核心内涵。第三，在传统国家迈向现代国家进程中，伴随着民主政治早期实践的通常是财富分配方式现代化的早期实践，在那样的早期实践中，当“能力本位”规范尚未确立和普及时，即使形成了共识性的“公平”规范或“效率”规范也不能够避免由财富分配不当诱发的统治危机。资本主义制度早期，资本家追逐效率，但他们是通过追逐机器生产的效率来获得资本的效率，他们对工人阶级进行着残酷剥削，工人阶级的劳动能力根本得不到尊重。阶级关系成为主导“效率”的前提，这样的“效率”根本没有办法防止资本主义危机的爆发。而社会主义国家早期阶段，以“公平”为理念的财富分配实践最终都无法避免“短缺经济”现象的发生。中国及时走上了关注效率的改革道路，不过值得我们反思的是：人们对当下财富分配方式的批评恰恰是因为一些先富起来的人依靠的是特殊私人关系而不是个人劳动能力。这样的历史经验就表明，当缺乏“能力本位”规范这一社会建构条件时，“公平”规范和“效率”规范都无法避免由分配方式诱发的统治危机的出现。当“能力本位”规范成为社会共识时，关键力量是支持还是杯葛政府系统分配财富的方案就有了基本的判定依据。当然，统治危机并不仅仅诱发于财富分配领域。

现代合法性系统基本构成的第三个方面就是话语体系的开放规定性。话语体系的支配权，无论对于传统国家统治还是对于现代国家统治来说，都极其重要。当权力精英能够掌控、引领和主导话语体系时，政府系统往往能够避免已有危机恶化，为化解统治危机赢得时间和空间；失去了对国家话语体系的掌控、引领和主导时，政府系统就很难遏制危机的蔓延；当权力精英的话语表达与社会主导性话语体系错位、对立时，这些话语表达会快速恶化统治危机直至统治秩序崩溃。传统国家统治实践中，政府系统是话语权力的唯一拥有者。在王朝的创立时期，权力精英为了掌控话语体系，通常将某种符合他们统治偏好的话语体系固化并赋予其某种神圣性(例如与祖先崇拜相关联)。这种固化的话语体系就成为后来的继位者是否获得支持的标准：当继位者的话语与固化话语体系相一致时，就能够得到拥戴，当继位者的话语与固化话语体系不一致时，就会遭到质疑和挑战——宫廷危机出现了。这种统治秩序的建构性条件我们可以称之为话语体系的封闭规定性，它为传统国家统治提供了一种共识基础。

现代国家(既包括统治意义上的国家也包括治理意义上的国家)，在其国家统治实践一开始，就解除了话语体系的封闭规定性。但是究竟是何种话语权力规定性替代封闭规定性而构成了国家统治秩序的社会建构条件，则缺乏足够的实践性反思。当人们在一般意义上讨论现代话语权力或话语体系时，最为耳熟能详的就是“言论自由”。从近代欧洲政治革命实践一直到第二次世界大战后的《人权宣言》，再到 20 世纪中叶殖民地和半殖民地国家的民族独立解放运动，“言论自由”一直是主线之一。但是“言论自由”信念本身还不是现代国家统治合法性的社会建构条件。首先，现代言论自由信念是被建构出来的一个结果。现代国家统治实践早期解除话语体系的封闭规定性，并非因为这种规定性妨碍了言论自由，而是因为妨碍了政府系统掌控、引导和主导话语体系的能力。在实践发生变革的时候，恪守固化的话语体系只能使政府系统自身陷入统治危机，因此政府系统必须允许自身的话语体系具有向实践的开放性。这种开放性的实质就是在政府系统内部，允许“说不同的话”成为一种共识。这种统治实践的继续发展，就转向了允许“不同的人说不同的话”，并最终形成了言论自由的信念。话语体系的开放规定性是言论自由的前提。其次，在民主政治秩序中，言论自由信念并不足以确保政府系统对话语体系的主导地位。即使在最充分的言论自由的情境中，当政府系统的话语表达不当时，例如违反科学原理、无意中冒犯了某个群体的伦理禁忌、与关键力量话语不对称等，政府系统仍会遭受关键力量的杯葛。而只有政府系统确保最大限度的话语体系的开放性，才能让话语表达不当降到最低程度。这再次说明，是话语体系的开放性而不是言论自由，构成了现代统治秩序的社会建构条件。第三，传统国家迈向现代国家的民主政治早期实践也证明，仅有自由言论的信念并不能有效催生稳定的政府系统。这些国家的民主政治实践的早期，观点不同的各方都在言论自由的名义下进行话语表达，但彼此很难达成共识，因为各方都拒绝倾听其他的表达：他们都把言论自由理解为“我说的就是对的”。这就进一步印证了缺乏开放规定性的支撑，言论自由就会沦为争吵，而任何国家决不可能在这种无休止的争吵中建构出有意义的事物来。当话语体系的开放规定性成为社会共识时，关键力量就有了认可或是蔑视政府威信的一个基本判定依据：当政府系统的话语表达具有开放特征时，政府本身就是有威信的，当政府系统的话语表达不具有开放特征时，政府的威信就湮灭了。

三、现代国家治理体系的过渡机制

现代合法性系统只是为现代国家统治秩序提供了社会建构条件，从这些建构条件具备之日到现代国家治理体系的形成之时，会有很漫长的道路要走。即使是那些最早完成了工业革命的国家，至今也很难说已经充分实现了完善的现代治理体系。因此，如何将国家统治从现代合法性系统的确立阶段推进到现代国家治理体系确立阶段，就成为当下国家统治实践的任务。这一实践任务的完成，标志在于确立和完善三项过渡性机制。

第一个重要机制是现代国家认同机制。关于国家认同，学术界有不同定义。本文从国家治理的意义上把它简略地定义为主权国家的公民对本国政府统治的尊重和承认。公民的国家认同程度其实就是政府法统的合法性程度，因此任何主权国家政府都必然会努力强化本国公民的国家认同水平。为强化本国公民的国家认同水平而采取的各种措施总和就是国家认同机制。传统国家认同机制的建构条件就是“血统”政治价值观。在这种建构条件约束之下，传统国家认同机制的基本模式是将国家拟人化，借助于宗法制度，把个人和国家的关系转化为人身依附关系系列中的一种。在“血统”共识之下，这样的人身依附关系能够最大限度地避免社会成员对政府系统的质疑和挑战。现代国家治理体系必须要抛弃这种认同机制，而代之以基于理性化的政治价值观条件下的现代国家认同机制。前文已经指出，理性化的政治价值观着眼于政府系统的有效统治能力。因此，现代国家的公民是基于对政府能力的判断来确定自身的国家认同水平的。为此，现代国家认同机制就必须以政府系统和公民个人的功能关系为起点。当政府能够充分保障公民的各种权利实现时，公民就会相信政府是有能力的，从而增强国家认同程度；当政府无法充分保障公民的各种权利实现时，公民就会认为政府是没有能力的，从而消减国家认同程度。现代国家认同机制的确立对于实现国家治理体系现代化具有核心意义：它能确保主权国家的完整性具有充分的民意基础，能够最大限度避免因为统治危机而导致统治秩序崩溃，而这种危机在现代国家治理体系完善之前是随时会发生的。

第二个重要机制是自由社会流动机制。所谓社会流动，在社会学意义上，通常包括两个方面：一是社会成员从一个社会阶层上升或下降到另一个社会阶层，二是社会成员从一个社区转移到另一个社区。传统国家的社会流动机制的建构条件是财富分配中的关系本位信念。在这种建构条件约束下，传统国家社会流动机制的基本模式是政府掌控的有限流动，例如通过国家设立的科举制度选拔政府官员，通过国家制定的兵役和劳役制度调度士兵和劳动者等等。这种有限流动以巩固政府在财富分配中利益最大化为目标，以不破坏既定的宗法关系为限度。现代国家的社会流动机制必须要打破这种有限流动的束缚，代之以基于能力本位信念为建构条件的自由的社会流动模式。能力本位信念着眼于社会成员个人的劳动能力与财富分配应当相匹配的共识。为此，以现代治理为依归的社会流动机制就必须将为社会成员提供充分发挥劳动能力的机会作为起点。当政府能够确保每一个社会成员都能够有机会选择最能体现自身劳动能力的场所时，政府系统就会获得关键力量的支持。而要做到这一点，政府既要最大限度开放各种阶层之间流动的机会，又要最大限度开放不同社区之间流动的机会。自由社会流动机制的确立对于实现国家治理体系现代化同样具有核心意义：它能确保财富分配与劳动能力的对应，最大限度地避免社会成员因机会不平等而质疑和挑战国家统治秩序。

第三个重要机制是现代信任机制。信任问题是社会学领域的重要学术问题，卢曼、吉登斯等许多学者都做了研究。本文在国家治理的意义上使用信任这一概念，将信任特指为主权国家公民对政府系统的信任。这种信任指的是公民对政府文献的可靠性、政府官员话语的可靠性、政府代言人话语的可靠性所持有的积极肯定的态度。传统国家的信任机制的建构条件就是话语体系的封闭规定性。在这种建构条件约束之下，传统国家信任机制的基本模式是将政府和政府官员神圣化，将国家传统神圣化，将百姓对神圣事物的崇拜和迷信态度转移为对政府文献和政府官员话语的服从。虽然服从并非信任本身，但是在话语体系封闭的规定性下，它能最大限度确保政府和政府官员的威信，避免统治危机的蔓延。

现代国家治理体系必须要解构这种信任机制，而代之以基于话语体系的开放规定性条件下的现代信任机制。前文已经指出话语体系的开放规定性着眼于政府系统的威信。因此，现代国家的统治实践中，公民以及由公民组成的关键力量是基于对政府话语体系的分析来确定政府威信程度的。为此，现代信任机制就必须以政府文献及政府官员的话语表达和政府的行政作为相对应的起点。当政府文献及政府官员的话语表达都能够通过行政作为获得印证或兑现，政府的威信就能维持；当政府文献及政府官员的话语表达都经常无法通过行政作为加以印证或兑现，政府的威信就荡然无存了。现代信任机制的确立对于实现国家治理体系现代化更具有核心意义：在当今时代，话语体系已经成为国家统治最低成本的实现方式，而现代信任机制就能够确保这种最低成本的实现方式持续稳定，最大限度提升政府统治效率并最大限度抵消局部统治危机导致高昂的统治成本的负面影响。

本文发表于2014年第3期

协商民主建设八个重要问题解析[*]

张 峰[**]

以习近平同志为核心的党中央高度重视社会主义协商民主建设，党的十八大报告提出了健全社会主义协商民主制度，十八届三中全会做出了推进协商民主广泛多层制度化发展的重大战略部署，习近平总书记在庆祝中国人民政治协商会议成立65周年大会上的讲话阐述了社会主义协商民主的发展脉络、科学内涵、基本特征，十八届四中全会又提出加强社会主义协商民主制度建设，2015年初，中共中央印发了《关于加强社会主义协商民主建设的意见》(以下简称《意见》)。这一系列重大政策与措施表明，作为我国政治体制改革重要内容的协商民主建设即将掀起新的高潮，社会主义民主政治新局面正在开启。为了使协商民主建设沿着正确方向有序高效开展起来，理论创新要先行，有必要加强协商民主理论研究，使协商民主的一些重大理论和实践问题更加明晰。

一、关于社会主义协商民主制度与中国共产党领导的多党合作和政治协商制度的关系

“社会主义协商民主制度”是党的十八大报告首次提出的一个新概念。这一概念提出之后，很快就引出了它与“中国共产党领导的多党合作和政治协商制度”是什么关系的问题。笔者曾撰文试就二者之间的关系做出解释，提出中国共产党领导的多党合作和政治协商制度是正式制度，而社会主义协商民主制度则是非正式制度，是中国共产党倡导协商民主的价

---

* 本文系国家社科基金重点项目“推进协商民主广泛多层制度化发展研究”(项目编号：14AZZ004)的阶段性研究成果。

** 张峰，中央社会主义学院教授。

值理念。非正式制度也并非是一成不变的，也是可以发展为正式制度的。党的十八大报告尽管提出了“健全社会主义协商民主制度”的新要求，但并不妨碍我们坚持中国共产党领导的多党合作和政治协商制度的基础性地位。① 或许正是由于认识上的分歧，在十八大之后的一段时间，党的正式文献中未再用“社会主义协商民主制度”这一概念。再次使用“社会主义协商民主制度”概念是十八届四中全会通过的《关于全面推进依法治国若干重大问题的决定》中提出的“加强社会主义协商民主制度建设”。近期印发的《意见》进一步提出“不断健全和完善社会主义协商民主制度”。由此可见，“社会主义协商民主制度”与“中国共产党领导的多党合作和政治协商制度”并用，是目前已形成的规范用法。为什么我们有了中国共产党领导的多党合作和政治协商制度这一已经写入宪法的成文性制度，还要再创造“社会主义协商民主制度”这一新概念呢？其根本原因在于，中国共产党领导的多党合作和政治协商制度是“中国特色社会主义政党制度”(这在《意见》中已得到进一步明确)，是特指包括政党协商和政协协商在内的政治协商，并不能囊括协商民主的全部类型，如人大协商、政府协商、人民团体协商、基层协商以及社会组织协商等。而社会主义协商民主恰恰又需要既广泛又多层地开展起来，为此就有必要对中国共产党领导的多党合作和政治协商制度进行拓展，创造出更具广泛性和包容性的社会主义协商民主制度，为加强协商民主建设提供制度性保障。再则，中国共产党领导的多党合作和政治协商制度是我国的一项基本政治制度，协商民主只是其中一个功能，而社会主义协商民主制度是关于协商民主这一社会主义民主形式的制度，二者是一种交叉关系，而不是属于同一类别。这如同于人民代表大会制度是我国的根本政治制度，而非关于选举民主的专门制度一样。因此，有了中国共产党领导的多党合作和政治协商制度，并不妨碍再建立社会主义协商民主制度，为发展中国社会主义民主政治丰富形式，拓展渠道，增加内涵。

---

① 张峰：《社会主义协商民主制度是个大概念》，载《中国政协理论研究》，2013 年第 3 期。

二、协商民主是中国社会主义民主政治的特有形式

“协商民主是我国社会主义民主政治的特有形式和独特优势”，是党的十八届三中全会决定做出的重大判断。习近平总书记在庆祝政协成立65周年大会上的讲话深刻阐述了这一判断的科学内涵，明确指出“协商民主是中国社会主义民主政治中独特的、独有的、独到的民主形式”①。由此也引出了一个问题：协商民主是不是社会主义中国才有的，而别的国家没有？协商的本意是商量、讨论、沟通，就此而言，古今中外历来皆有协商行为和协商活动。例如，西方国家的议会中有听证会、辩论环节，政党的执政联盟也有沟通协调机制，这些都可以视之为协商。但我们谈的协商民主，是作为政治制度规定的协商民主，是社会主义民主的一种基本形式，它既不是从外国学来的、搬来的，也不是我国封建社会留下来的，而是中国共产党领导人民在进行革命、建设、改革的长期实践中创造出来的。《意见》明确强调：“社会主义协商民主是中国共产党和中国人民的伟大创造，源自中国共产党领导人民进行革命、建设、改革的长期实践。”②做出这样的判断是符合历史事实的。早在抗日战争时期，中国共产党创建抗日根据地的“三三制”政权，普遍采用民主协商的方式而不是票决的方式进行决策，开启了协商民主的制度化实践。1949年9月召开的中国人民政治协商会议第一届全体会议，代行全国人民代表大会的职权，运用政治协商形式建立起中华人民共和国，标志着社会主义协商民主正式产生。党的十三大报告提出“建立社会协商对话制度”，为发展社会主义协商民主进行了积极探索。此后党的一些重要文献均对协商民主进行过阐述，直至党的十八大报告明确指出“社会主义协商民主是我国人民民主的重要形式。要完善协商民主制度和工作机制，推进协商民主广泛、多层、制度化发展”。

20世纪80年代，西方发达国家出现了一种“deliberative democracy”，

---

① 习近平：《在庆祝中国人民政治协商会议成立65周年大会上的讲话》，载《人民日报》，2014年9月21日。

② 《中共中央印发〈关于加强社会主义协商民主建设的意见〉》，新华网，http://news.xinhuanet.com/2015-02/09/c_1114310670_2.htm.

其本意是“审慎民主”，中央编译局将其翻译为“协商民主”。这种译法是这个词语具有的含义之一，与我国早已有的协商民主实践相适应，易于为我国读者所理解接受，自然有其道理。但由此也造成了一定误解，似乎西方国家早就有协商民主，并引起了对“协商民主是中国社会主义民主政治的特有形式”这一判断的质疑。为此，有必要做出澄清。西方左翼学者提出“审慎民主”是为了弥补西方代议制民主存在的弊端，而非创造出一种新的民主形式来取而代之。西方“审慎民主”研究目前还主要处于理论上的探讨，远未达到付诸实践的程度，更未形成制度性的规定。它和我国大力发展的社会主义协商民主不可同日而语。当然，我们也要看到，西方“审慎民主”理论热的出现，客观上展现了协商民主有可能作为一种新型民主潮流而出现的趋势。西方学者关于“审慎民主”的许多研究成果，特别是程序性设计方面，对于我国加强协商民主建设有一定的借鉴意义。

三、协商民主的定义

关于什么是协商民主的问题，长期以来一直缺乏一个严格的定义。我国许多研究者通常根据西方学者对“审慎民主”的研究而使用这样一个定义：协商民主是公民通过自由而平等的对话、讨论、审视等方式参与公共决策和政治生活，从而赋予立法和决策以合法性和合理性的一种治理模式。这个定义概括了协商民主的一般情况，有其合理性，可以看作学术性定义，不足之处在于缺乏中国特色，不能作为我国开展的社会主义协商民主的定义。在党的有关文献中，比较接近协商民主定义的主要有两处：一处是2006年《中共中央关于加强人民政协工作的意见》的概括：“人民通过选举、投票行使权利和人民内部各方面在重大决策之前进行充分协商，尽可能就共同性问题取得一致意见，是我国社会主义民主的两种重要形式。”①其中，“人民内部各方面在重大决策之前进行充分协商，尽可能就共同性问题取得一致意见”可以看作社会主义协商民主。另一处是党的十八届三中全会《中共中央关于全面深化改革若干重大问题的

① 《中共中央关于加强人民政协工作的意见》，人民网，http：//cppcc. people. com. cn/GB/34961/60987/.

决定》提出："在党的领导下，以经济社会发展重大问题和涉及群众切身利益的实际问题为内容，在全社会开展广泛协商，坚持协商于决策之前和决策实施之中。"①最近中央印发的《意见》在总结我们党历次有关文件关于协商民主的认识基础上，给协商民主下了一个严谨的定义："协商民主是在中国共产党领导下，人民内部各方面围绕改革发展稳定重大问题和涉及群众切身利益的实际问题，在决策之前和决策实施之中开展广泛协商，努力形成共识的重要民主形式。"②这一定义明确了协商民主的领导者是中国共产党，协商的主体是人民内部各方面，协商的内容是改革发展稳定重大问题和涉及群众切身利益的实际问题，协商的基本要求是在决策之前和决策实施之中开展广泛协商，协商的目的是努力形成共识。特别表明协商民主是重要民主形式，蕴含着承认民主形式的丰富性。从对协商民主的各基本要素均有所明确的角度看，这是一个关于协商民主的科学定义，为加强社会主义协商民主建设提供了基本遵循。

四、协商民主与选举民主(票决民主)的关系

这是在协商民主研究中最大也最难解决的问题。由于我们把协商民主作为中国社会主义民主政治的特有形式，容易被理解成唯一形式。其实，这种理解是不正确的。2006 年《中共中央关于加强人民政协工作的意见》提到的"人民通过选举、投票行使权利"，也是我国社会主义民主的一种重要形式。2007 年国务院新闻办发布的《中国政党制度白皮书》，首次概括两种民主形式提出"选举民主与协商民主相结合，是社会主义民主的一大特点"。存在的问题是，把人民通过选举、投票行使权利概括为"选举民主"并与"协商民主"相对应是否准确，因为投票行为不完全是用于选举，更多地用于决策。在这个意义上说，概括为"票决民主"可能更为准确。这也是迄今为止党中央关于协商民主的文献包括最近印发的《意见》一直没有使用"选举民主"这一概念的重要原因之一。

---

① 《中共中央关于全面深化改革若干重大问题的决定》，北京：人民出版社，2013 年，第 29-30 页。

② 《中共中央印发〈关于加强社会主义协商民主建设的意见〉》，新华网，http://news.xinhuanet.com/2015-02/09/c_1114310670_2.htm.

民主的主要形式是选举，特别是普选和直选，实现全国性直选一直是我国发展人民民主的目标。邓小平同志 1987 年曾经设想中国大陆在下个世纪，经过半个世纪以后可以实行普选。正当我们要把扩大直选范围提到日程上来的时候，国际国内都出现了一些负面的例子。以美国为代表的西方国家，极力通过“颜色革命”向全世界推行他们的多党竞争全国直选，致使一些照搬西方民主模式的发展中国家经济滑坡，民不聊生，政局动荡，恶斗不断，宗教极端势力和恐怖主义势力猖獗。就国内来看，民主选举中存在的贿选和候选人身份失真问题比较严重也比较普遍，特别是目前我国社会贫富差距过大，腐败问题突出，社会思潮分化严重，匆忙实行全国直选，势必导致局面失控，甚至党的执政地位丧失。因此，在发展民主问题上要调整思路。中国的选举制度，需要不断完善，但不是说将来就要搞成西方那样的选举制度。像西方国家那样一人一票选总统，不是我们的发展方向。中国的选举制度自己确定，需要直接选举的直接选举，需要间接选举的间接选举，需要改革完善的改革完善。这并不是说，不需要发展选举民主了，十八届四中全会仍然强调“完善国家机构组织法，完善选举制度和工作机制”①。而是说协商民主要走上前台，成为发展人民民主的重点选择。民主的实质是人民当家作主，为了保证和支持人民当家作主，就必须保障人民享有广泛而持续的政治权利，使人民不仅有进行民主选举的权利，也要有进行民主决策、民主管理、民主监督的权利，并且要避免投票后就进入休眠期的形式主义问题。按照我国宪法规定，公民的基本政治权利主要是两个方面：一是选举权和被选举权，二是言论、出版等方面的自由。前者涉及选举民主，后者涉及协商民主。公民言论自由在很大程度上表现为人民在协商活动中的表达权，并且具有持续性、直接性的政治参与特点。因此，发展人民民主，选举民主和协商民主两种形式都需要，不能只把选举民主当民主而排斥或低估协商民主的作用，也不能因为今天重点发展协商民主就将其当作民主的唯一形式而忘记发展选举民主的任务。事实上，协商民主与选举民主（或票决民主）一般都不是独立存在的，而是相互结合的，并且只有

① 《中共中央关于全面推进依法治国若干重大问题的决定》，北京：人民出版社，2014 年，第 13 页。

在结合中才能发挥其应有的效力和作用。《意见》注意并强调这两种民主形式的结合。例如，提出“深入开展立法工作中的协商”，而不是讲协商立法。因为立法的根本形式是票决，而协商只是立法过程的一个环节，协商的作用是使票决更为顺利地进行，决不是取代票决。因此，《意见》明确要求：“对于法律关系复杂、意见分歧较大的法律法规草案，要进行广泛深入的调研、论证、协商，在各方面基本取得共识基础上再依法提请表决。”《意见》也注意到了协商民主的局限性，即存在着议而不决的可能性，就基层协商提出：“通过协商无法解决或存在较大争议的问题或事项，应提交村(居)民会议或村(居)民代表会议决定。”这就体现了实事求是地认识协商民主与选举民主(票决民主)关系的科学态度。

五、构建当代中国社会主义协商民主体系

体系是指一定范围内的相关事物按照一定的秩序和内部联系组合而成的整体。系统具有非加和性，能够产生整体大于部分相加之和的放大效应。协商民主只有成为一种健全的体系，发挥各协商渠道的作用，开展各种类型的协商，才能产生综合性效应，彰显其独特的优势。党的十八届三中全会《中共中央关于全面深化改革若干重大问题的决定》提出：“构建程序合理、环节完整的协商民主体系，拓宽国家政权机关、政协组织、党派团体、基层组织、社会组织的协商渠道。深入开展立法协商、行政协商、民主协商、参政协商、社会协商。”①习近平总书记在庆祝政协成立65周年大会上的讲话，将协商渠道细化为中国共产党、人民代表大会、人民政府、人民政协、民主党派、人民团体、基层组织、企事业单位、社会组织、各类智库等10个渠道，并重新将政治协商列在立法协商、行政协商、民主协商、社会协商、基层协商之首。这些表述都可以视为构建协商民主体系所做的探索性设计。《意见》在充分吸收各方意见和理论界研究成果的基础上，归纳出7个主要协商渠道，分别是政党协商、人大协商、政府协商、政协协商、人民团体协商、基层协商以及社

① 《中共中央关于全面深化改革若干重大问题的决定》，北京：人民出版社，2013年，第30页。

会组织协商，并且不再使用“行政协商”“民主协商”“社会协商”等较为模糊并且与协商渠道相交叉的概念。做这样的处理是有道理的。从构建完善的协商民主体系来看，这些协商渠道都要发挥作用，缺一不可，但从各自的主要职能和开展协商活动的发育成熟程度来看，又不能等量齐观、齐头并进，必须有区别地对待。因此，《意见》将7个协商渠道区分为3类情况：第一类是继续重点加强的，有政党协商、政府协商、政协协商；第二类是要积极开展的，有人大协商、基层协商、人民团体协商；第三类是需要逐步探索的，有社会组织协商。这样的区分既照顾到了全面，又突出了重点。

着眼于发挥各协商渠道自身优势，做好衔接配合，《意见》根据各类协商的特点和实际需要，规定了各自的协商内容和方式，明确了协商工作的重点，提出了不同的要求：政党协商是中国共产党同民主党派的政治协商，是我们的传统优势，是开展比较早也比较好的协商，因此要“继续加强”。人大协商是各级人大在依法行使职权的同时在重大决策之前根据需要进行的协商，这种协商实践虽然早已有之，但用“人大协商”的概念进行规范还是新事情，因此要“积极开展”。政府协商是围绕有效推进科学民主依法决策而开展的行政协商，也是已经做起来的事情，因此要“扎实推进”。政协协商是中国共产党在人民政协同社会各界人士开展广泛的政治协商，是比较成熟的民主形式，因此要“进一步完善”。人民团体协商是人民团体作为党和政府联系人民群众的桥梁和纽带，围绕做好新形势下党的群众工作开展协商，因此要“认真做好”。基层协商是基层组织为更好解决人民群众的实际困难和问题，及时化解矛盾纠纷，促进社会和谐稳定而开展的民主协商，因此要“稳步推进”。社会组织协商在我国是一个新事物，需要有一个经过试验积累经验的过程，因此要“探索开展”。

六、继续加强政党协商的创新性意义

在我国多党合作史上，2005年2月中共中央印发的《关于进一步加强中国共产党领导的多党合作和政治协商制度建设的意见》是一个里程碑性质的纲领性文件。党中央这次印发的《意见》，全面总结10年来我国多党合作和政治协商的成功经验，具有明显的纪念意义。《意见》最大的创新是将中国共产党同民主党派的政治协商第一次明确地概括为“政党协商”，并将政党协商列为各协商渠道之首，以突出其重要性。提出“政党协商”这一新概念旨在表明，我国是实行政党政治的国家，中国共产党是执政党，8个民主党派是参政党，依照中国共产党领导的多党合作和政治协商制度，在平等的基础上开展协商，合作共事，以巩固和发展和谐政党关系。

《意见》提出的创新性举措主要是3个方面：第一，规范政党协商形式。2005年的《关于进一步加强中国共产党领导的多党合作和政治协商制度建设的意见》主要是明确协商的内容，对于协商的主要形式只是简单地提“协商会、谈心会、座谈会等”。而这次《意见》则依据政党协商的实践经验，将协商内容与协商形式相结合，把协商的会议形式完善为4类，即就党和国家重要方针政策、重大问题召开的专题协商座谈会，就重要人事安排在酝酿阶段召开的人事协商座谈会，就民主党派的重要调研课题召开的协商座谈会，以及根据工作需要召开的其他协商座谈会，并相应地规定了中共中央的主持人，体现了对政党协商的高度重视。同时将中共中央负责同志与民主党派中央负责同志约谈形式、中共中央与民主党派书面沟通协商形式也作为政党协商形式，使之进一步丰富。第二，完善民主党派中央直接向中共中央提出建议制度。这是十八届三中全会决定提出的重要举措，俗称“直通车”，《意见》将其规范为3种情况：一是集体性的，民主党派中央每年以调研报告、建议等形式直接向中共中央提出意见和建议。二是个人性的，民主党派中央负责同志可以个人名义向中共中央和国务院直接反映情况、提出建议。三是结合性的，根据需要，经统一安排邀请民主党派中央负责同志参加中共中央政治局常委、委员开展的国内考察调研以及重要外事活动。第三，加强政党协商保障机制建设。这是针对影响和制约民主党派参加政党协商、履行参政议政民主监督职能存在的突出问题而提出来的。主要是3个机制：一是知情明政机制。知情才能出力，明政才能参政。因此，《意见》要求，有关部门定期提供相关材料，组织专题报告会，协助民主党派优化考察调研选题。二是联系沟通机制。民主党派的参政议政、民主监督在很大程度上涉及政府和司法机关工作，因此，《意见》要求，加强政府有关部门、司法机关与民主党派的联系，邀请民主党派列席有关会议、参加专项调研和检查督导工作。三是协商反馈机制。协商就要真协商，真协商就要从制度上保障协商成果落地。因此，《意见》提出，中共中央将协商意见交付有关部门办理，有关部门及时反馈落实情况。民主党派参加政党协商，存在着本领恐慌、能力不足的突出问题。因此，《意见》明确提出“支持民主党派加强协商能力建设”。无党派人士作为政治协商的重要组成部分，工商联作为具有统战性的人民团体和民间商会，也可以参加政党协商。由于党中央的高度重视，我国的政党协商在中央层面一直开展得比较好，但在地方层面差异比较大，甚至不同程度上存在着不把民主党派当作政党来对待的倾向，因此，《意见》特别强调：各省(自治区、直辖市)、市(地、州、盟)党委要结合实际，对开展政党协商做出具体安排。这对政党协商在全国范围内深入开展起来具有重大而深远的意义。

七、政协协商在协商民主建设中的地位和作用

过去普遍有这样一种认识，一谈到协商民主，人们一般都会想到人民政协的协商。但按《意见》对协商渠道的排序，政协协商排在政党协商、人大协商、政府协商之后，位居第四，并不突出。由此给人造成一种印象，似乎政协协商的地位弱化了。其实这是一种误解，《意见》是按照我国现行政治组织架构来对协商渠道进行排序的，并不表明排后的协商渠道不重要。《意见》把政协协商列为继续重点加强的 3 个协商渠道之一，并且把习近平总书记在庆祝政协成立 65 周年大会上提出的“人民政协要发挥作为专门协商机构的作用”再次予以强调，充分体现了党中央对人民政协和政协协商的高度重视。协商渠道有多种，但专门协商机构只有一个，就是人民政协。这意味着人民政协要在发展协商民主中承担更重要的责任。随着协商民主在各协商渠道蓬勃开展起来，过去一些由人民政协所承担的协商活动可能主要由其他协商渠道来做，政协协商确有一个重新定位的问题。虽然所有协商民主活动都涉及共识、决策和利益问题，但按协商主要目的来划分，协商活动大致可划分为 3 种类型的协商，即共识性协商、决策性协商、利益性协商。人民政协既非国家政权机关，亦非决策机构和利益协调部门，其协商活动虽然有益于科学民主决策、

协调利益关系，但主要目的是形成共识，即属于共识性协商范畴。因此，《意见》首先明确政协协商的主要内容，主要包括国家和地方的大政方针以及政治、经济、文化和社会生活中的重要问题，各党派参加人民政协工作的共同性事务，政协内部的重要事务，以及有关爱国统一战线的其他重要问题等。

《意见》对政协协商的总要求是“进一步完善”，这既是对政协协商已有成绩的肯定，也是对政协协商提出的新要求。具体来说，主要是两个方面的工作：一是加强人民政协制度建设，切实搞好内部协商。包括完善政协会议及其他协商形式，改进政协通过会议进行协商的形式，更加灵活、更为经常地开展专题协商、对口协商、界别协商、提案办理协商，探索网络议政、远程协商等新形式，增加集体提案比重，提高提案质量，建立交办、办理、督办提案协商机制。研究制定规范政治协商、民主监督、参政议政的具体意见，在条件成熟时对政协界别适当进行调整，完善委员推荐提名工作机制，研究制定政协委员管理的指导性意见，建立健全委员联络机构，完善委员联络制度。二是加强与其他协商渠道的有效衔接，积极参与外部协商。包括规范协商议题提出机制，认真落实由党委、人大、政府、民主党派、人民团体等提出议题的规定；规范年度协商计划的制定，由党委常委会议专题讨论并列入党委年度工作要点；健全知情明政制度，规范党委和政府领导及部门负责人参加政协协商活动；积极组织人民团体参与协商、视察、调研等活动。随着《意见》的贯彻落实，一场协商民主建设的大潮必将到来，人民政协应当自觉融入这场大潮之中，以政协协商的新作为发挥示范促进作用，承担起协商治国新使命。

八、协商民主与加强和改善党的领导的关系

党的领导是中国特色社会主义最本质的特征，也是加强协商民主建设的根本保证。协商民主有利于坚持党的领导。十八届三中全会《中共中央关于全面深化改革若干重大问题的决定》做出“协商民主是中国共产党的群众路线在政治领域的重要体现”这一基本定性，深刻阐明了协商民主对于坚持贯彻党的群众路线的重要性。习近平总书记指出：“全心全意为

人民服务，始终代表最广大人民根本利益，是我们能够实行和发展协商民主的重要前提和基础。”全心全意为人民服务的根本宗旨，决定了中国共产党要拜人民为师，跟人民商量办事，有事多商量，遇事多商量，做事多商量，商量得越多越深入越好。中国共产党除了工人阶级和最广大人民群众的利益，没有自己特殊的利益，决定了中国共产党能够以博大的胸怀广泛听取人民内部各方面的意见和建议，哪怕是尖锐的批评性意见。《意见》进一步提出，在全面建成小康社会的决定性阶段，面对改革开放进程中利益格局深刻调整的新形势，面对社会新旧矛盾相互交织的新变化，面对市场经济条件下思想观念多元多样的新情况，面对世界范围内不同政治发展道路竞争博弈的新挑战，加强协商民主建设具有“五个有利于”的重要意义，即有利于扩大公民有序政治参与、更好实现人民当家作主的权利，有利于促进科学民主决策、推进国家治理体系和治理能力现代化，有利于化解矛盾冲突、促进社会和谐稳定，有利于保持党同人民群众的血肉联系、巩固和扩大党的执政基础，有利于发挥我国政治制度优越性，增强中国特色社会主义道路自信、理论自信、制度自信。《意见》明确要求：“党委领导同志要以身作则，带头学习掌握协商民主理论，熟悉协商民主工作方法，把握协商民主工作规律，努力成为加强协商民主建设的积极组织者、有力促进者、自觉实践者，通过推进协商民主改善党的领导、加强党的领导、巩固党的执政地位。”①

加强协商民主建设，是党中央在新的历史条件下提出的新任务，涉及国家的各层级和社会的各方面，具有一定的探索性和创新性，必须坚持党的领导，充分发挥党总揽全局、协调各方的领导核心作用，把握正确方向，形成强大合力，确保有序高效开展。为此《意见》专门用一部分阐述加强和完善党对协商民主建设的领导。具体来说：一是思想上高度重视。各级党委要把协商民主建设纳入总体工作部署和重要议事日程，对职责范围内各类协商民主活动进行统一领导、统一规划、统一部署。目前一些地方开展的基层协商，有的是统战部牵头组织的，有的是政协下沉开展的，可以不求一律，只要党委加强领导和协调即可。要重视发

① 《中共中央印发〈关于加强社会主义协商民主建设的意见〉》，新华网，http://news.xinhuanet.com//2015-02/09/c_1114310670_2.htm.

挥协商对于党委决策的重要作用，做到协商于决策之前和决策实施之中，根据各方面的意见和建议来决定和调整决策和工作，从制度上保障协商成果落地，力求实效。二是制度上予以保障。建立党委统一领导、各方分工负责、公众积极参与的领导体制和工作机制。按照民主集中制原则进行协商，确保协商依法开展、有序进行，防止出现议而不决、决而不行的现象。加强统筹协调，认真研究制定协商规划，解决协商民主建设的重大问题，支持人大、政府、政协、党派团体、基层组织和社会组织依照法律法规和各自章程开展协商，有计划有步骤地推进协商活动。建立监督检查机制，保证协商民主建设真正落实。三是实践上探索创新。协商民主建设是一个不断发展的过程，政党协商、政协协商之外的其他方面协商都需要通过试验积累经验开拓发展，因此各级党委要加强领导和组织协调，鼓励探索创新。要注重协商的广泛性，综合运用提案、会议、座谈、论证、听证、公示、评估、咨询、网络、民意调查等多种协商方式，避免协商形式单一，重新造成文山会海的形式主义问题。要尊重群众首创精神，重视基层实践创造，注重对协商民主实践经验进行提炼总结，树立协商民主建设先进典型，发挥好示范引领作用。中国特色新型智库是协商民主体系的重要方面，要加强建设，建立健全决策咨询制度。要加强协商民主理论研究，不断丰富和发展社会主义协商民主理论体系。

关于协商民主与党的领导的关系，还有两个具体问题需要解决。一是党内有没有协商民主及其与社会协商的关系问题。协商民主的本意是商量着办事，就此而言，党内也有协商。但为什么没有将党内协商列为协商渠道呢？主要原因在于，协商民主是不同利益主体之间的协商，而中国共产党不仅没有自己的特殊利益，而且在党内也不存在不同的利益主体，因此不可将党内协商与其他各种协商相提并论。但这不妨碍将协商作为党内民主的重要方面，坚持有事多协商、遇事多协商、做事多协商，健全党内民主制度，以党内民主带动和促进协商民主发展。二是要重视党内法规在加强协商民主建设中的重要作用。这次中央印发的《意见》，主要是发出加强协商民主建设的动员令，鉴于很多方面的协商还处在探索试验阶段，没有比较成熟的经验，很难做出具体而详细的规定。因此，《意见》不仅提出“注重实践经验提炼总结，并适时上升为制度规范”，而且还更为具体地提出“研究制定协商民主建设党内法规”，这已经列入党内法规五年规划之中。到那时，关于协商民主建设的制度才能更加成熟、更加定型。

本文发表于2015年第2期

论国家认同的基本内涵*

吴玉军**

当今世界各国都不同程度地面临国家认同问题的挑战。全球化的深入发展，人员、资金、信息技术的频繁跨国流动，使主权国家的边界变得相对模糊；超主权力量的出现，弱化了民族国家的传统功能；“大众消费主义的‘文化帝国主义’稀释了民族文化的差异，将它们简化为包装物和民间传说。”“文化的相似性开始超过民族文化的相异性。”①全球化一方面推动着同质性因素的增强，另一方面差异性的力量在这一过程中也得到了前所未有的显现。全球化同时伴随着一系列民族争端和民族分离主义倾向。冷战结束以来，是全球化进程最快的时期，但也是新一轮民族主义力量勃兴的时期。世界各国，不论是发达国家还是发展中国家，都不同程度地面临各种分离力量的挑战。如何有效应对全球化以及内部分离力量的挑战，增强民众归属自己国家的身份感，即增进国家认同，是摆在各国面前的重要课题。

国家是内含制度、文化、民族血缘的共同体。国家除了表征历史上形成的领土、人口等自然因素外，还表征“政治—法律”共同体和“历史—文化”共同体。作为一种政治共同体，国家表现为一整套的制度设计，是一种合法武力的垄断与行政机构的设置，对外代表不容侵犯的主权，对内拥有裁决一切争端的最高权力。作为一种文化共同体，国家表现为拥有共同的语言、文化、历史记忆等因素。同时，对于多民族国家而言，

---

* 本文系教育部人文社会科学重点研究基地重大项目“价值观视域下的公民身份与国家认同问题研究”(项目编号：14JJD720014)的阶段性成果。

** 吴玉军，北京师范大学价值与文化研究中心、哲学学院教授。

① [英]安东尼·史密斯著，叶江译：《民族主义：理论，意识形态，历史》，上海：上海世纪出版集团，2006年，第138页。

国家的存续有赖于各民族认同中央政权，认同超越各个民族文化特征的共同的民族文化。因此，国家认同感的建构，需要从制度、文化、民族不同层面进行，政治(制度)认同、文化认同和民族认同构成了国家认同不可或缺的三个基本维度。

一、政治认同感的提升

政治认同，是指人们在政治生活中产生的一种感情和意识上的归属感。"人们在一定社会中生活，总要在一定的社会联系中确定自己的身份，如把自己看作某一政党的党员、某一阶级的成员、某一政治过程的参与者或某一政治信念的追求者等等，并自觉地以组织及过程的规范来规范自己的政治行为。这种现象就是政治认同。"①在国家认同层面，政治认同表现为人们对国家基本制度的认可，对社会发展道路的拥护，对国家方针政策的支持。政治认同具有十分重要的作用，它是维护政治稳定的重要条件，是实现和推动政治发展的重要资源和内容。政治认同是政治统治获得合法性的基础，一种政治统治只有得到人们的认可才能获得合法性。"国家主要存在于它的人民的内心和头脑中；假如他们不相信它的存在，那么就没有逻辑练习会使它活起来。"②对于任何一个国家而言，如果国民对它不能形成强烈的认同感，那么它的统一和稳定就缺乏稳固的心埋基础，就会有沦至解体的可能。

政治认同感不会凭空产生，相反，它需要一定的条件做支撑。人们对一种政治统治的认同与否，与它能否保障和实现人们的各项基本权利密切相关。一个生命权、财产权、自由权等公民的神圣权利随意被侵犯的国度，一个连公民的基本生存条件都得不到保障的国家，一个不能使人们过上富有尊严生活的国家，是不可能使人们对其始终保持高度的认同感的。权利的保障和实现是现代政治的基本原则，现代国家应该通过行之有效的方式切实保障人们的权利神圣不可侵犯，切实保障人的实质性权利的实现。

---

① 《中国大百科全书·政治学》，北京：中国大百科全书出版社，1992年，第501页。

② Strayer Joseph: *On the Medieval Origins of the Modern State*, Princeton: Princeton University Press, 1970, 5.

从历史上看，民族国家的建构过程，同时也是各种权利在民众当中逐步得以落实的过程。在现代意义上，公民资格涉及如下问题：公民享有哪些权利？承担怎样的义务？这意味着一个人一旦取得了某个国家的国籍，具有了该国的公民资格，就应该享受应有的权利。“作为权利的公民资格”（citizenship-as-rights）理论的倡导者，英国社会学家 T. H. 马歇尔认为，公民资格由公民权利、政治权利和社会权利构成。公民权利包括生命权、财产权和自由权。政治权利更多地指向政治参与，包括选举权和被选举权。社会权利包括受教育权、健康权、社会保障权等。马歇尔认为，在西方社会，这三种权利的实现经历了一个历史过程。在 18 世纪，通过一系列改革法案，公民的生命权、财产权、言论自由和信仰自由权等得到了较好的维护。政治权利形成于 19 世纪，政治权利的形成不是增加一些新的权利以拓展权利的范围，而是将已有的公民权扩展到更为广泛的人群。随着社会的发展，社会福利权也惠及越来越多的人群。在马歇尔看来，使公民获得共同的权利对于强化其民族身份感具有重要意义，“把共同的社会权利纳入公民资格是民族建构的手段，部分目的就是为了建构和巩固共同的民族身份和民族文化感”[①]。各种权利特别是社会权利的实现，有助于修正不平等的阶级结构，为整合因社会权利问题而被排挤的群体，进而为实现民族团结奠定基础。这一点对于社会底层民众的意义十分明显。公共教育的普及使普通民众也能阅读类似莎士比亚、狄更斯等作家的作品，由于这些作品与英国的民族特性紧密相关，对于强化普通民众的民族身份感是显而易见的。

从是否有赖于国家权力的扩张的角度看，我们可以将权利做进一步的划分：一是消极的权利，二是积极的权利。所谓消极的权利，是指不被伤害、不被干涉的权利。现代人享有一系列受宪法和法律保障的、不受外在任意力量干预的基本权利，如生命权、财产权、言论自由权等，并以法律的形式明确和规定下来。非经法定程序，任何人享有不受逮捕、拘禁、搜查和侵犯的自由。由这些基本权利所构成的个人空间，是外在力量行动的边界。外在的力量特别是来自公共权力机关的力量决不能逾

① ［加］威尔·金里卡著，刘莘译：《当代政治哲学（下）》，上海：上海三联书店，2004 年，第 588 页。

越这一界限，否则就是对个体权利的侵犯。积极权利是指以某种方式得到帮助的权利。与消极权利要求对公共权力的制约不同，积极权利的实现意味着国家权力扩张，意味着政府的积极作为。公民需要借助国家的力量来实现健康权、就业权、受教育权等积极权利。这些权利的充分保障和实现对于提升民众的国家认同感意义重大。一个仅仅给人们提供可能性的机会，而不能获得实实在在的自由和权利的社会，很难称其为公正的社会，很难调动起社会弱者对它的认同。因此，单纯从提高国家认同感这一功利性目的的角度看，机会不应仅仅对强者开放，相反，它应该面向所有人群尤其是弱者开放。国家在确保公民消极权利不受侵犯的同时，应该积极主动地为每个人的发展提供切实可行的经济社会保障。让每个人过上富有尊严的生活，让每个人的潜能得到有效的发挥，是国家应尽的责任和义务，也是国家获得民众认同的关键。因为“对统治者合法性的评价不只是通过他能够根据当时社会的法律与基本原则做出决定采取行动，同样还在于他是否能够获致有效的结果”①。

为提升民众对国家的认同感，现代国家必须重视公民权利的保障和实现：要切实贯彻法治的理念，保障人们的各项基本权利神圣不可侵犯；要创造公平正义的框架，确保权利公平、机会公平、规则公平；充分发挥市场在资源配置中的决定性作用，大力发展社会生产力，不断提高人们的物质生活水平；大力推进社会保障制度建设，使每个人特别是社会弱势群体的权利得到切实的保障，使人们过上富有尊严的生活。只有使人人共享改革发展的成果，使人们切实感受到国家之于个人的实实在在的利益，让每个公民现实地感受到国家带来的福祉，才能够使个体自觉自愿地认同国家。

二、文化认同感的增强

现代国家不仅是“法律—政治”共同体，还是一个“文化—历史”共同体。文化是促使社会成员形成国家认同的重要因素，“认同所蕴涵的身份

① ［法］让-马克·夸克著，佟心平、王远飞译：《合法性与政治》，北京：中央编译出版社，2002年，第47页。

或角色合法性，都离不开文化。身份、角色、合法性，都只能在一定的文化中才能具有意义”①。文化是民族的“根”和“魂”。每个人都归属于特定的文化传统之中，文化塑造着每个人的精神和气质，塑造了国民的特定文化心理。爱国既表现为热爱祖国的大好河山，爱自己的骨肉同胞，爱国家的社会制度，同时也表现为热爱祖国的灿烂文化，体现为对祖国悠久的文化传统、灿烂的文明、闻名于世的辉煌成就的自豪感。文化认同是增强国家认同的重要力量。“只有当社会一体化从社会成员那里得到文化习惯的支持，而文化习惯又与他们互相交往的方式紧密相关，政治共同体的社会一体化才能取得成功。”②

建构文化认同的目的在于使民众形成共属一体的文化心理。民族国家的形成，具有很强的想象成分。当代民族主义思想家安德森就将“民族”定义为一个“想象的政治共同体”。在他看来，民族之所以具有想象的特征，“因为即使是最小的民族的成员，也不可能认识他们大多数的同胞，和他们相遇，或者甚至听说过他们，然而，他们相互联络的意象却活在每一位成员的心中”；同时，“民族被想象为有限的，因为即使是最大的民族，就算他们或许涵盖了十亿个活生生的人，他们的边界，纵然是可变的，也还是有限的”。③ 言外之意，民族的形成要有赖于边界感，那种世界主义的想象是不适用于民族国家的。

民族作为一种“想象的共同体”表明，民族的形成的确具有自然的成分，但是也离不开人为的建构因素。正如亨廷顿所指出的，“在绝大多数情况下，认同都是建构起来的概念。人们是在程度不等的压力、诱因和自由选择的情况下，决定自己的认同”④。在国家认同的建构中，自然景观、历史文献、祖先、神话、象征等以自身特有的方式显现出了自身的功能，它们将国家的客观现实和悠久的历史联系了起来。民族国家需要通过各种方式调动起来国民共属一体的想象，使他们认识到自己与同胞

① 崔新建：《文化认同及其根源》，载《北京师范大学学报（社会科学版）》，2004年第4期。

② ［德］阿克塞尔·霍耐特著，胡继华译：《为承认而斗争》，上海：上海人民出版社，2005年，第64页。

③ ［美］本尼迪克特·安德森著，吴叡人译：《想象的共同体：民族主义的起源与散布》，上海：上海世纪出版集团，2005年，第6-7页。

④ ［美］塞缪尔·亨廷顿著，程克雄译：《我们是谁：美国国家特征面临的挑战》，北京：新华出版社，2005年，第21页。

拥有共同的血缘纽带，有着共同的历史命运、共享的理想和信念，即拥有着共同的历史文化认同。

(一)历史记忆与空间想象的建构

国家认同感的形成，需要成员之间拥有某种历史连续性的认同，这种连续性不仅要指向过去，也指向未来。历史连续感的形成要有赖于历史记忆。在世界各国的国民教育体系中，历史课是必不可少的内容。历史是保留“历史记忆”的基本方式。历史认同是建立在历史记忆基础上的，国民对本国历史的记忆，是确立其认同的前提。正如钱穆先生所指出的，“欲其国民对国家有深厚之爱情，必先使其国民对国家以往历史有深厚的认识。欲其国民对国家当前有真实之改进，必先使其国民对国家既往历史有真实之了解”①。历史的学习使得人们了解了自己民族和国家的过去，搭建起沟通过去、现在和未来的桥梁。通过历史学习，可以与自己从未谋面也不可能谋面的古人建立起文化心理上的强烈关联，使现代的人们感受到历史中的事件、历史中的人物曾经和自己拥有某种共同的特质。

如果说历史教育为人们提供了时间的连续感和时间想象，那么地理教育所提供的就是一种空间想象。地理学习的一个重要功能是使人们形成某种“边界感”。“边界是一种物理界限，它在民族认同的生产和再生产空间中是最突出的象征”②，“一切民族主义运动都或明或暗地提出的首要问题是，作为一个民族，它的领土到何处为止；它的界限是什么，或者说，在大多数情况下，这些界限应当是什么，应当以什么标准来划定”③。认同感的形成，源于自我和他者的区分。正是通过他者异于自我特性的展示，自我的特点凸显了出来；正是在这种比较中，自我确立其自己的身份和归属。地理教育，特别是人文地理教育，在人们的头脑中固化出了边界，提供给人们国家认同感。

历史记忆和空间想象的建构，往往需要借助特定的叙事手段。文学作品、影视作品就是具体的叙事方式。在此，需要特别指出，在国家认同的建构中，历史记忆的书写、空间想象感的激发是相当严肃的事情。

---

① 钱穆：《国史大纲(上册)》，北京：商务印书馆，1996 年，第 2-3 页。

② [西]胡安·诺格著，徐鹤林、朱伦译：《民族主义与领土》，北京：中央民族大学出版社，2009 年，第 33 页。

③ 同上书，第 31 页。

历史记忆决不能采用“戏说的”“大话的”方式进行，地理空间的阐述应该是科学的、严谨的、规范的。在国家记忆的建构中，我们必须通过特定的方式激发起人们内心世界的崇高感，无论是辉煌的崇高，还是悲壮的崇高，都是国家认同建构所必需的。“辉煌记忆”和“悲惨记忆”这两种类型的记忆都是不可或缺的，民族自豪感和民族屈辱感都是国家认同感的基本维度。进行爱国主义教育，既要让人们了解中华民族五千年的辉煌，也要让人们深刻理解和体会近代以来中华民族遭受的屈辱。辉煌的记忆可以激发人们的自豪感，使人们对民族、对国家的未来充满信心，激发起复兴民族伟大和荣光的崇高使命感。悲壮的记忆可以激起人们知耻而后勇的决心、为民族和国家献身的勇气。

(二)节日符号意蕴的开掘

记忆和想象的开掘，同样离不开文化符号的有效运用。从某种意义上讲，国家认同感的建构就是一个创造符号、解释符号、革新符号和使符号“物化”的过程。国家凭借自身掌握的有关知识分类和控制的权力，将这些符号用于民族国家想象的建构之中。

根据符号学的理论，任何一个符号都包括“能指”和“所指”。“能指”是符号外在的可感形式，“所指”则是符号内在的意义。作为“能指”的符号是简单的、抽象的。但是这些“能指”背后的“所指”，其意义是丰富的。例如，“五一”“六一”“十一”等符号看似抽象，但是这些符号一旦具体化，并与一些特定的事件联系起来，就具有了丰富内涵。每个民族在发展过程中，都拥有独具特色的时间符号，这些符号承载着一个民族的历史，或者记录着民族的辉煌，或者包含着民族的沧桑，对其国民有着特殊的纪念意义。“9 月 3 日”这个时间符号，对于中国人民而言就具有特殊的含义。这一天是中国人民抗日战争胜利纪念日，它意味着中国人民经过 14 年浴血奋战终于战胜了日本法西斯主义，取得了伟大的胜利。正是在这一天，中华民族结束了近代以来抗击外敌入侵屡战屡败的屈辱，标志着中国由衰败走向振兴。诸如中国人民抗日战争胜利纪念日、烈士纪念日、南京大屠杀死难者国家公祭日等政治性节日是中华民族集体记忆的坐标。“记忆是需要坐标的。这个坐标有了时间的经度，有了空间的维度，有了人物的温度，记忆就有了永恒的可能。一个国家，一个民族的集体记忆，更需要一个个天地人三位一体的坐标。这些坐标构成国家历史叙述的书签，构成民族身份认同的边界，构成文明血脉传承的基因。”[①]这些政治性节日所包含的历史记忆、所具有的国家认同功能需要我们认真开掘。历史是不容遗忘的，那些为国捐躯的英烈，我们需要永远铭记他们为民族的奉献和牺牲。

还有一些文化符号，如“九月九”“大年三十”等，属于传统节日符号。这些非政治性节日符号对于文化认同的建构也同样具有重要的价值。传统节日是民族文化传承的重要载体，它们“深蕴着中华文化的层层积淀，是五千年文明史中一段历程、某个片段的升华和折射，堪称是无数前哲先圣巧思佳构的创造转化”[②]。在经济全球化、现代化的今天，应该充分重视传统节日的价值。传统节日符号本身只有借助有效的载体，才能呈现其内在的意义。例如，过春节，如果离开了拜祖、祭天、贴对联、放鞭炮、逛庙会等内容，其中的年味将大打折扣。从这个意义上讲，对传统文化载体的保存是有意义和价值的，我们不能对其全盘否定，关键的问题是对其实现创造性转化、创新性发展。

无论是政治性节日符号，还是传统节日符号，它们都承载着民族的光荣和梦想、祝福和祝愿、不幸和灾难，将民族的过去、现在和未来紧密联系起来，保存和传承了民族的集体记忆。这些独具特色的文化符号，彰显了中华民族的独特性，强化了全体中华儿女的“我们感”。我们应该将符号意义的展示作为培养公民亲近民族文化、理解民族文化、领悟民族文化、热爱民族文化，立志对国家忠诚、为民族奉献的重要方法。

三、民族认同感的强化

现代国家都不同程度地面临着“去中心化”的威胁。所谓“去中心化”，指的是“国内子群体对国家的疏离意识及由此产生的地方复兴现象”[③]。冷战结束以来，民族主义的能量获得了巨大的爆发。其中，族群作为一种去中心化力量得到了明显的显现。目前，世界各国都不同程度地面临民

---

① 雍浩：《抗战胜利纪念日国人的集体记忆坐标》，载《京华时报》，2014 年 9 月 1 日。

② 赵东玉：《中华传统节庆文化研究》，北京：人民出版社，2002 年，第 209 页。

③ 郭艳：《全球化时代的后发展国家：国家认同遭遇“去中心化”》，载《世界经济与政治》，2004 年第 9 期。

族分裂力量的严峻挑战。无论是发达国家，还是后发国家，莫不如此。民族分离力量并没有产生多少稳定的主权国家，相反，却在全世界引发了严重的武装冲突和社会动荡。在近年来世界各地发生的大规模冲突中，族群的对抗占据了很大比重。冷战时期长期被意识形态因素所掩盖的民族矛盾和民族冲突，在21世纪得到了充分释放。

现代国家作为一个整体，必须采取行之有效的方式将族群认同融合到国家认同之中，否则就会被各种族群分离力量所支解。对于多民族国家而言，在处理族群认同与国家认同的关系时，应努力把握好以下几点：

首先，所有公民，不论其民族或种族如何，在法律上是一律平等的。平等原则是现代政治的基本原则，它意味着所有公民一律平等地享有宪法和法律规定的权利，平等地履行宪法和法律规定的义务。的确，人的存在既是个体的存在，同时也是群体的存在，特别是民族或族群的存在。每个人生来处于特定的民族之中，具有这个民族的特性，对该民族有着特殊的情感。现代国家应该尊重每个公民的民族特性，应该尊重每个族群的文化传统和生活习惯。但是，我们也需要充分意识到，每个人还是生活在国家之中的，是国家的公民。公民身上的族群特征是在遵守宪法和法律规定的“权利—义务”框架内实现和发展的。每个族群都有自身的特点，但是这些差异性的存在，不影响其在一个主权国家范围内存在的基本事实，文化习俗上的差异不能构成其政治身份不平等乃至政治独立的理由。也正是在这个意义上，相比起特定的族群认同，国家认同应该居于首位。只有实现国家认同而非对特定族群认同的统一，才能使这个国家的存在和发展获得稳固的心理基础。因此，对特定族群政策的倾斜或差别性对待，首先要建立在公民身份一律平等的基础上，政治身份一致性是民族身份差异性的前提。基于国家战略的考虑，在尊重和保护各族人民文化生活方式的同时，应该强化各民族成员政治身份的统一感。

其次，不能将经济法律问题与民族问题混淆起来。民族地区的很多矛盾纠纷，不能笼统简单地列为民族问题。实际上，很多民族地区的社会矛盾，或者源于公共权力的滥用导致公民权利受损，或者源于公共权力的不作为导致公民的权益不能得到有效实现，或者源于某些公民的违法行为侵犯到了他人或公共利益。对于这些问题，应该运用法治思维和法律手段加以解决，不能简单地将这些在其他地方同样也会遇到的问题上升为民族问题。同理，反对分裂国家的斗争尽管在民族地区表现得比较明显，但是必须要明确，这一斗争不是针对哪个民族而言的，而是针对破坏国家完整和统一的所有敌对者而言的，不能将在其他地方同样也会存在的反分裂斗争一概与民族宗教问题挂钩。对于危害国家安全、破坏国家的稳定和团结的行为，国家应该运用宪法和法律赋予的权力旗帜鲜明地予以打击。在经济上，国家的扶持政策不能仅仅强调民族因素，也要强调地域性因素，并且“随着民族混居程度的加深，随着少数民族群众生活和文化水平的提高，要有意识地向强调地域因素的方向引导。也就是说，经济支持要更多强调以自然环境艰苦、群众生活贫困等地域因素为标准，更多强调对贫困地区、对生活在那里的所有民族群众的支持，比如‘西部大开发’‘兴边富民计划’，而不是过分强调对特定民族的支持”①。

再次，应该强化各族人民共属一体的观念。对于多民族国家而言，需要在尊重各民族文化的基础上，建构起一种能为各族人民所认可的共同的文化。具体到中国，必须强调中华文化于56个民族的意义和价值。所有的公民，都应该充分意识到自己是中华人民共和国的一员，中华文化是中华儿女共有的精神家园。中华文化是56个民族的共有文化，每个民族都为中华文化的繁荣做出了不可磨灭的贡献。中华文化打上了每个民族文化的深深烙印，每个民族的文化也都从中华文化中汲取了丰厚的营养。因此，要积极培育中华民族共同体意识，坚持以社会主义先进文化为引领，促进各民族文化交融、创新，把尊重、继承和弘扬少数民族优秀传统文化，与传承、建设各民族共享的中华文化有机结合起来。

最后，要积极促进不同民族的融合。民族融合是保证国家统一的关键，中华民族正是在各民族的不断融合中形成的。市场经济的发展需要人口的自由流动，需要具有统一的人力资源市场的观念。从国家认同的角度看，必须积极促进不同民族成员的自由流动和迁徙，特别要鼓励少数民族聚居区的人们通过各种方式到内地就业创业。必须要充分认识到，合理有序的人口流动，而非简单地就地解决就业的方式，是促进少数民族地区经济发展，确保边疆稳定、民族团结的有效方式。在人员的交流

---

① 朱维群：《对当前民族领域问题的几点思考》，载《学习时报》，2012年2月13日。

中，那些相对封闭落后地区的人们，其开放度、文化水平都会获得明显的提升，这将大大促进民族地区经济社会的发展。人口的广泛流动会密切民族地区与内地的联系，形成你中有我，我中有你，彼此不可分割、血肉相连的良好局面，不断强化着共属一体的国民心理。

四、结语

由于国家既是“政治—法律”共同体，也是“历史—文化”共同体，国家认同的建构，离不开政治认同、文化认同和民族认同的紧密结合。在此需要强调指出，仅有政治认同因素，还不足以支撑起国家认同的大厦。公正的制度、有效的权利保障、公民福祉的提升，是民族国家建构的必要条件，但不是充分条件。众多事例表明，国家认同蕴涵着远比政治认同或制度认同更为复杂的因素。共同的文化身份感和共同的民族情感是国家认同建构不可或缺的重要因素。也正因如此，民族国家除了要建构良好的政治制度这一“硬件”之外，还需要努力增进民众对历史文化的共同认知，塑造民众属于同一命运共同体的牢固想象。因为“社会团结要求一种比政治原则共享更进一步的共同体感。公民必须感觉他们属于同一共同体。他们必须要有在一起共同生活和共同治理的愿望，要有共同分担命运的愿望——他们中没有哪一部分人企图建立独立国家，也不试图归于某一外国”①。

本文发表于2015年第1期

① [加]威尔·金里卡著，刘莘译：《当代政治哲学(下)》，上海：上海三联书店，2004年，第471页。

西方民主政治危机与坚持中国特色政治发展道路

吴　波*

一贯以“民主灯塔”自我标榜的美国深陷民主困境不是一个孤立的现象。金融危机和民主危机相继发生，表明当代西方资本主义正在发生重大而深刻的变化。这就提出了坚持和运用马克思主义立场、观点和方法，剖析西方民主政治衰败的原因与实质，并站在世界历史的高度审视西方民主和西方资本主义未来的现实必要性。与此同时，中国政治发展道路的坚持与探索，也不能离开对当下西方政治变化的思考和探讨。只有将两者联系起来，才能更加深刻地把握自身的优势和发现自身的问题，以推动社会主义民主的建构与完善。

一、西方民主政治危机形成原因的西方论述

耐人寻味的是，在宣告“历史的终结”20多年后，美国学者弗朗西斯·福山宣告了美国民主的倒退。2017年2月9日，美国《华盛顿邮报》网站刊发了题为《曾宣布“历史终结”的人担忧民主的未来》的文章。福山在接受《华盛顿邮报》采访时指出：“25年前，我不知道民主制度会如何倒退，也没有理论来谈这个问题。现在我认为，民主制度显然可能倒退。”①这已经不是福山第一次对西方民主的衰败做出判断了。2012年，他在美国《外交》杂志发表的《历史的未来——自由民主制能否在中产阶级的衰落中幸存下来?》一文就指出：“当前的全球资本主义体制正在侵蚀中产阶级，而

* 吴波，中国社会科学院中国社会科学评价中心研究员。

① ［美］弗朗西斯·福山：《西方民主正处于倒退状态》，载《参考消息》，2017年2月13日。

中产阶级乃是自由民主制的基础。"[①]2014 年，以《政治秩序与政治衰败：从工业革命到民主全球化》出版为标志，福山宣称美国的政治体系事实上陷入严重的衰败。2016 年 11 月 21 日，福山在为英国《金融时报》撰写的稿件中更是明确指出："特朗普担任美国总统将标志着一个时代的终结，在那个时代，美国对世界各地的人们而言就是民主的象征。"[②]

对于西方民主的现实，国内外学者给予了"危机""困惑""困境""衰落""倒退"等字样的指认，展示了当下西方政治制度正在遭遇的困难和挑战。可能主要由于"历史终结论"的盛誉，福山关于西方民主衰败的评论引起了更加广泛的关注。但是，他显然不是第一个对当下西方民主现实做出判断的学者。早在 20 世纪 90 年代，在苏联解体后新一轮全球化逐渐展开之际，西方一些学者就对西方民主的现实做出了准确的预判。在中国的思想界开始权衡和讨论参与经济全球化利弊得失的时候，德国著名学者哈贝马斯等人就对全球化与西方民主的关系展开了深入讨论，论述了全球化对西方民主的破坏性意义。在哈贝马斯看来，"资本主义与民主结合起来的问题，就是解决经济效率与自由和社会保障的关系的问题"，解决这个问题，"关键在于施行某种致力于在高就业水平下比较全面推行福利和社会保障的政策，从而能够把经济效率同自由和社会保障结合起来，从而把资本主义同民主结合起来"。[③] 正是在这个意义上，哈贝马斯指出，"不管从哪个角度看，经济全球化都破坏了一度得以实现的社会福利国家妥协的局面。而社会福利国家妥协即使不是解决资本主义内在问题的理想方案，也能够把它所造成的社会代价维持在可以容忍的限度"[④]。弗里茨·沙尔普杰也认为，全球化导致了资本主义与民主关系的紧张：20 世纪 70 年代以来日益增强的经济跨国一体化"再次排除了民族国家的

---

① [美]弗朗西斯·福山：《历史的未来》，观察者，http://www.guancha.cn/Ethics/2012_01_05_63889.shtml.

② [美]弗朗西斯·福山：《特朗普的美国与新全球秩序》，FT 中文网，http://www.ftchinese.com/story/001070227.

③ [德]乌·贝克、哈贝马斯等著，王学东、柴方国等译：《全球化与政治》，北京：中央编译出版社，2000 年，第 72 页。

④ 同上书，第 77 页。

政治在战后几十年间逐步发展起来的'以民主方式驯化资本主义'的能力"[①]。拉尔夫·达伦多夫则进一步指出，全球化对于西方民主而言有百害而无一利："全球化这个主题词所描述的发展，对于西方200年来所理解的民主制本来就不会有什么促进作用。"在他看来，全球化赋予西方世界的是这样一幅阴暗的图画："全球化剥夺了迄今一直正常运转的代议制民主的唯一家园，即民族国家的经济基础。全球化损害了市民社会的团结，而民主的讨论是在市民社会中发展起来的。全球化用孤立的个人之间无结果的沟通取代了民主主义的制度"[②]。

显然，在他们看来，西方民主危机的问题是伴随着新一轮全球化浮出水面的。在当下诸多关于西方民主困境原因的分析中，全球化的因素位居第一，可以说和哈贝马斯等人的观点遥相呼应。福山就认为："全球化的确在民主国家中制造了内部紧张，而民主国家却无法调和这些紧张。"[③]众所周知，中产阶级长期以来被西方视为民主的核心力量，亨廷顿和利普赛特等一直把民主和中产阶级的政治参与联系起来。在福山看来，中产阶级的衰落构成西方民主陷入困境的起点，而经济全球化是美国中产阶级衰落的重要原因之一。除了全球化外，福山认为，技术创新也是造成中产阶级衰落的一个原因。他甚至认为中产阶级衰落的罪魁祸首是技术：技术创新所带来的经济效益都被极少数精英占有了，这导致美国不平等问题的加剧。

除了全球化和技术进步外，民主过度成为西方学者探讨西方民主困境形成的一个原因。正如意大利资深政论家布里齐奥·弗兰齐欧所感叹的，常识和历史经验表明，过度的民主必然会置民主于死地。福山认为，美国出现了过度民主的危险，政府遭到了法治与民主的削弱。美国政治改革所面临的挑战是太多的法与过于低效的政府，造成了政治制度的衰退。意大利约翰卡伯特大学教授彼得·帕加尼尼也指出，西方民主正在遭遇两大问题：第一个问题是民众过度地盲目参与，第二个问题是民众

---

① ［德］乌·贝克、哈贝马斯等著，王学东、柴方国等译：《全球化与政治》，北京：中央编译出版社，2000年，第126页。

② 同上书，第213页。

③ ［美］弗朗西斯·福山：《西方民主正处于倒退状态》，载《参考消息》，2017年2月13日。

不能全面客观地接受信息。[①]

应该说，关于民主过度的分析表明西方思想界开启了对美国民主制度自身的批判性反思。但总体上看，无论是“全球化论”“技术进步论”还是“民主过度论”，以及“民主操纵论”“中国威胁论”和“世界经济不景气论”等，西方思想界关于西方民主危机的探讨存在明显的局限。第一，大多数分析有意或无意忽略了西方民主固有的缺陷作为导致西方民主危机的根本原因，而仅仅将之归结为外部因素的作用。“全球化论”“技术进步论”等都证实了这一点。包括福山在内的一些人甚至将中国模式视为西方民主倒退的外部影响，无非是“中国威胁论”的新版表述，“王顾左右而言他”的特征就格外明显。第二，少数分析虽然指向自由民主制但对其局限性仍然缺乏深刻反思。福山关于法治过度的思考，虽然提出了西方政治制度在实践中的退化问题，但即使面对西方民主倒退的实际情形，福山也没有放弃自由民主具有历史终结意义的基本观点，只不过开始承认创造现代自由民主制度的过程有多么艰难而已。资本对民主的驯化导致当下西方民主实践产生了诸如民主游戏化等一系列问题的凸显，不能不把批判的目光指向西方民主制度的内核。正如有学者指出的，“问题的严重性甚至还不在于美国政治制度已经无法保证多数人民的意志决定政治领导人”；“现代竞争性选举已经成为民主政治以及人们主权概念的扼杀者”。[②] 第三，一些分析虽然注重对经济因素的考察，但对西方民主的经济基础缺乏深刻反思。资本对民主的侵蚀是资产阶级民主的常态，政治为经济所操纵是其固有局限性的一大表现。那些在经济上居于优势地位的集团，往往享有更大的权力，更多地影响政策的制定，从而对民主制度的本质造成严重的侵犯。不少西方学者虽然注意到经济因素对民主制度及其实践的影响，但往往只停留于分配领域或只停留于经济形势的分析。彼得·帕加尼尼的观点具有典型性。他认为，“民主制度的顺利运行有赖于经济的健康发展。民主制度的弊端近年来成为关注焦点，恰恰是因为世界经济的不景气”；“当经济增长长期处于停滞和衰退时，普通人的生活受冲击最重，普通民众和精英阶层之间的矛盾开始尖锐，情绪宣

---

① 张朋辉、韩秉宸、李永群：《西方“民主困境”：“过度的民主必然会置其于死地”》，载《人民日报》，2017年2月14日。

② 房宁：《选举杀死了民主》，载《环球时报》，2016年12月27日。

泄在民主选择中的决定性因素因此加强，给民粹主义发展提供了更大空间”。[①] 这种外部反思的方式既回避了对西方民主局限性的追问，也缺乏对导致经济不平等根源的探究。

二、西方民主与资本主义的未来

关于资产阶级民主的基本问题，马克思主义创始人不仅早已经从理论上解决，而且西方民主历史与现实也验证了其科学性。一方面，马克思充分肯定了资产阶级民主所实现的政治解放的历史进步意义：“政治解放当然是一大进步；尽管它不是一般人类解放的最后形式，但在迄今为止的世界制度的范围内，它是人类解放的最后形式。不言而喻，我们这里指的是实在的、实际的解放。”[②]另一方面，马克思基于人类解放的最终目标也指出，资产阶级实现的政治解放具有历史的局限性：“从政治上宣布私有财产无效不仅没有废除私有财产，反而以私有财产为前提。”[③]经济上的不平等直接造就了政治上的不平等，政治上的平等与经济的不平等之间存在无法克服的内在矛盾，决定了资本主义条件下的民主只是形式上的平等而非事实上的平等。

只不过，这个局限性的显露程度受到资产阶级国家、资本与劳动矛盾关系等一系列因素的影响，由此展示出资产阶级民主实践曲折的演变过程。英国学者科林·克劳奇在《后民主制度》中按照现代化历史进程与资本主义民主的关系，将资本主义民主的实践理解成具有抛物线特征的历史痕迹。只有将民主的实践与资本的作用联系起来，才能准确把握这种理解内在的逻辑。资本主义之所以能够在第二次世界大战之后较长一段时期内较好地遮蔽了资产阶级民主的局限性，内部条件是工人阶级的斗争导致国家对资本的抑制，外部条件则是社会主义国家的竞争压力。在两个条件的共同作用下，实现了民主在一定程度上对资本的驯化。在资本主义与民主的碰撞中，民主曾给予资本主义以稳定的社会基础，但

---

① 张朋辉、韩秉宸、李永群：《西方“民主困境”：“过度的民主必然会置其于死地”》，载《人民日报》，2017 年 2 月 14 日。

② 《马克思恩格斯全集》，第 1 卷，北京：人民出版社，1956 年，第 429 页。

③ 同上书，第 427 页。

同时不可避免地束缚了资本的本性。随着苏联解体与两个平行市场的终结，资本在解除外部压力的同时也听到了更为广阔的世界市场的召唤，资本的本性又一次获得了张扬的机会。在资本与国家的关系上，当资本已经足够强大到挣脱国家束缚的时候，国家弱化、资本强化就成为资本主义发展变化的历史趋势。"'涡轮资本主义'在世界范围的渗透现在似乎已不可阻挡。它正在摧毁自身存在的基础：即能够发挥职能作用的国家与民主的稳定"；"政府在所有与生存攸关的未来问题上只是一味地让人们注意跨国经济极其强大的客观强制，把所有政治都变成一种软弱无力的表演，民主国家于是就名存实亡了"。① 在马克思主义看来，民主对资本的驯化演变为资本对民主的驯化的这种状况，与其说是当下西方民主出现了退化的迹象，倒不如说是民主的资本主义属性充分暴露而已。

对当下西方民主困境的反思自然引起对西方民主未来的思考，全球化条件下西方自由民主制度未来的问题凸显。联系当下西方民主危机呈现的一系列特征，20 世纪 90 年代一些西方学者对于民主被扭曲的预测颇有见地。理查德·隆沃思认为，"除非民主政府能够引导全球化，使其造福百姓众生，否则全球化经济与民主政体就不可能并存"；"讲究少数服从多数的民主政治，将为输家所有、所治、所享，政治力量将由怨恨的情绪所把持，而这绝非社会的常态"；"另一种可能的发展，就是势力凌驾一切的全球企业会形成经济独裁统治。各国政府仍将由人民选举，可是政府除了提供基本服务之外，没有任何实权，它们的人民也无力控制自己的生活"。② 达伦多夫则认为，向全球化方向的发展及其社会后果，与其说会助长民主的国家制度，不如说会助长独裁的国家制度。不过独裁制度是能够持久的：它既不会孕育灾难，也不会像极权主义专政那样陷入困境。对于 21 世纪来说，一个独裁主义的世纪绝不是最难以相信的预言。③ 近 20 年之后，英国《金融时报》副主编马丁·沃尔夫发出了同样

① ［德］汉斯-彼得·马丁、哈拉尔特·舒曼著，张世鹏等译：《全球化陷阱：对民主和福利的进攻》，北京：中央编译出版社，2001 年，第 12、13 页。

② ［美］理查德·隆沃思著，应小端译：《全球经济自由化的危机》，北京：生活·读书·新知三联书店，2002 年，第 65 页。

③ ［德］乌·贝克、哈贝马斯等著，王学东、柴方国等译：《全球化与政治》，北京：中央编译出版社，2000 年，第 214 页。

的警告：在西方国家，“煽动家越是热情洋溢和野心勃勃，民主体制就越有可能沦为专制统治。煽动家是民主的软肋”；“民主政体的核心制度不会保护民主政体，保护它们的是理解并珍视民主价值观的人民”。①

西方民主如何实现自我救赎？在汉斯-彼得·马丁看来，全球化的条件使得经济和政治的关系发生了颠倒，正是全球化把民主推入陷阱，解救的办法只有一条，就是将颠倒了的经济和政治的关系再颠倒过来：因此“处于下一个世纪门槛的民主政治家们最首要的任务就是对国家进行修复，重新恢复政治对于经济的优先地位”②。姑且不论当下西方的现实证实了西方政治家们对这一建言的无视，按照马克思关于经济和政治关系的理解，美国危机的本质不是政治而是经济。政治领域的问题不是一个孤立的现象，而是西方经济问题在政治领域的呈现。可能是意识到了两者之间的内在逻辑，哈贝马斯才不无感慨地指出，“具有讽刺意味的是，在 20 世纪末，西方发达社会重新遭遇到它们以为在社会竞争压力下刚刚解决了的问题。这是一个与资本主义本身同样古老的问题：怎样才能有效地发挥自我调节的市场的配置功能和发现功能，而不致造成背离民主制自由社会的一体化条件的不平等分配和社会代价”③。在新自由主义的推动下，西方社会的不平等状况再次凸显。有学者对所有发达国家做了统计，发现当下收入分配不公的恶化程度和第二次世界大战前相比几乎不相上下。发达国家中，收入水平最高的 10%的人群的收入，占整体收入的比重达到接近 40%，第二次世界大战前这一比重大概是 42%。④ 分配问题的凸显必然在政治上有所表达。哈贝马斯承认，“从长远看，社会分化势必破坏自由的政治文化，而这种文化的普遍主义的自我理解则是

---

① ［英］马丁·沃尔夫：《2016：民主的危机与煽动家的逆袭》，载《金融时报》，2016 年 12 月 22 日。

② ［德］汉斯-彼得·马丁、哈拉尔特·舒曼著，张世鹏等译：《全球化陷阱：对民主和福利的进攻》，北京：中央编译出版社，2001 年，第 15 页。

③ ［德］乌·贝克、哈贝马斯等著，王学东、柴方国等译：《全球化与政治》，北京：中央编译出版社，2000 年，第 71 页。

④ 朱民：《全球经济面临三大结构性变局》，FT 中文网，http：//www.ftchinese.com/story/001071550.

民主制社会的基础”[①]。就此而言，当下西方民主困境折射出的是资本主义私有制和自由市场经济无法自我克服的内在矛盾。

这就意味着，在揭示西方民主困境实质的同时，还需要上升到世界历史的高度来讨论资本主义未来的问题。正是在这个意义上，马克思主义的宏大叙事再次得以苏醒和激活。众所周知，20 世纪以来，社会主义和资本主义作为人类世界两大社会制度一直处于并存和斗争的状态。作为苏联解体的严重后果，世界社会主义运动陷入了空前低潮，西方自由民主制度获得了绝对优势的地位，福山的“历史终结论”正是在这一背景下提出的。国内马克思主义理论界虽然没有停止过对“历史终结论”的批判，但是和对新自由主义的批判一样，多是停留于狭小的理论层面。不仅如此，思想界更缺少对全球化与西方民主关系乃至资本主义未来命运的深刻见解，上述种种成为世界社会主义运动处于低潮的一大写照。

在世界历史的进程中，当代资本主义究竟位居何处？亨廷顿在苏联解体后不久就基于西方在世界政治、经济和军事领域的实力正在下降的客观实际，从权力和文明的视角做出这样的判断：“西方在冷战中获胜带来的不是胜利，而是衰竭。”他还具体勾勒出西方衰落的三个基本特征：第一，这是一个缓慢的过程；第二，衰落不是呈直线型的；第三，权力是一个人或群体改变另一个人或群体行为的能力。[②] 显然，在亨廷顿看来，苏联解体之后西方资本主义获得全球机会之时，也是资本主义衰落大幕开启之际。2015 年 11 月 21 日，英国剑桥大学政治与国际关系学院研究员马丁·雅克在第六届世界中国学论坛上明确指出，西方在全球占据的压倒性局面已经趋于崩溃，“西方的衰落已经不仅是一种趋势，而是一种事实。毫无疑问，西方的霸权遭遇到了前所未有的挑战”[③]。美国社会学家伊曼纽尔·沃勒斯坦也认为，西方资本主义无疑进入了过渡期。在他看来，“在平等的名义下维持着极度的不平等方面，它也是独一无二

---

① ［德］乌·贝克、哈贝马斯等著，王学东、柴方国等译：《全球化与政治》，北京：中央编译出版社，2000 年，第 73 页。

② ［美］塞缪尔·亨廷顿著，周琪等译：《文明的冲突与世界秩序的重建》，北京：新华出版社，1998 年，第 76、77-78 页。

③ 徐萧：《专家：西方的衰落已不仅是一种趋势而是一种事实》，载《东方早报》，2015 年 11 月 22 日。

的。然而，如同所有的历史体系，现代世界体系将不可避免地画上句号。500年来，扩张一直是它的生命线：在社会动荡时期，适度的让步可以通过向外扩张得到补偿。今天，资本主义已经耗尽了扩张的空间"；"在全球社会剧变的当今时代，我们正见证资本主义的最后表演，看似很小的事件可能产生巨大的反响。现代世界体系的终结是必然的。无论它们将改善还是恶化人类的生存状况，这些挣扎的最终结果在本质上是不确定的"。① 在马克思主义看来，无论是衰落的断言还是过渡的判断，实际上都说明了资本主义历史性质在现阶段的凸显。

严格地说，马克思是最早对资本主义的未来进行科学预判的思想家。按照马克思主义的逻辑，新自由主义全球化的深入发展，导致当代资本主义发生了一系列深刻的变化，这些变化加速了资本主义被替代的历史进程。有学者用金融资本、非物质劳动、消费和意识形态概括了当代资本主义新变化的四大特征。在这个阶段，"金融资本只是参与了对剩余价值的分割，绝不会创造价值，剩余价值是工人劳动创造的。金融资本的凸显加速了虚拟资本的积累，不但没有改变资本主义生产方式的基本矛盾，还会使其本身成为爆发金融危机的震中区，反过来造成对实体资本激烈的严重破坏，使资本主义经济陷入长期停滞"②。毫无疑问，金融危机和民主危机联系在一起，是资本主义总危机的有力揭示，进一步强化了资本主义的过渡性特征。如果说亨廷顿对西方衰落做出正确判断的话，那么这个衰落就不只是权力的衰落，而且预示了社会形态的历史性变迁，由此，这个衰落就不能不说具有了历史分水岭的意义。

三、坚持中国特色政治发展道路

中国政治发展道路的坚持与探索，不能离开对当下西方政治变化的思考和探讨。只有将两者联系起来，才能更加深刻地把握自身的优势和发现自身的问题，深化政治体制改革以推动社会主义民主的建构与完善，达成新的政治文明越来越充分的实现。

---

① ［美］格雷戈瑞·威廉姆斯著，杨智译：《世界体系研究之缘起：对话伊曼纽尔·沃勒斯坦》，载《国外理论动态》，2014年第4期。

② 唐正东：《当代资本主义的四大变化》，载《中国社会科学报》，2016年12月13日。

(一)坚定民主探索的自主立场

苏东剧变后，中国共产党一方面开启了社会主义市场经济体制的新探索，另一方面在政治发展道路的探索上明确了绝不照搬西方政治制度模式的政治立场。上述两个方面的统一，构成了世界社会主义运动陷入低潮的条件下中国应对西方压力和发展自我的基本立场和实践取向。党的十六大以来，随着综合国力不断增强，尤其是21世纪以来对中国道路不断强化自我认知，我们党开始直面“中国是不是一个民主国家”的问题，表达出在民主问题上自我辩护的努力，2005年国务院新闻办公室发布的《中国的民主政治建设》白皮书即是典型表现。这一阶段，中国开始从理论上加强了对政治发展的条件与政治发展关系的马克思主义阐释，强调民主政治建设必须坚持从自身的实际出发，并开始注重对中国政治发展道路内涵和经验的总结与概括，但总体上表现为对自身特殊性的说明，反映了面对国内外对中国民主质疑或否定的自辩态度。

党的十八大以来，以习近平同志为核心的党中央以高度的政治自觉继续强调坚持民主探索自主立场的重大意义。习近平指出，“中国是一个发展中大国，坚持正确的政治发展道路更是关系根本、关系全局的重大问题”①。同时，我们党进一步强化了道路自信并上升到文化自信的高度，公开阐明了中国方案的世界意义。中国政治发展道路的这份自信，不仅基于西方在政治和经济上的衰落，更主要基于以下三个方面的事实。

一是近40年改革开放取得的经济奇迹从侧面实现了对中国政治发展道路正当性的辩护：中国综合国力的持续提升、人民群众生活水平的不断提高，不仅仅是中国经济发展道路有效性的证明，也是对中国政治发展道路有效性的证明。经济实力的大幅提升反过来对政治发展道路的正当性提供了有力辩护。正如亨廷顿所指出的：“随着总体经济实力的增强，使得对西方在人权和民主问题上施加的压力越来越可以采取置之不理的态度。理查德·尼克松于1994年说：‘今天，中国的经济实力使美国关于人权的说教显得轻率；10年之内，会显得不着边际；20年之内，会显得可笑。’”②

---

① 《十八大以来重要文献选编(中)》，北京：中央文献出版社，2016年，第59页。

② [美]塞缪尔·亨廷顿著，周琪等译：《文明的冲突与世界秩序的重建》，北京：新华出版社，1998年，第213页。

二是中国政治发展道路的特殊优势从正面实现了对中国政治发展道路正当性的阐明。与西方民主的现实危机比较，中国政治发展道路确实到了对自身优势进行进一步提炼和正名的历史时刻。不少学者在这方面已经做出了努力。如有学者认为，当代中国政治发展的特征与优势包括：稳定性、发展性、持续性、协调性、包容性。[①] 还有学者认为，从中国政治发展道路的探索实践看，集中展示出了注重政治发展的经济基础、注重民主形式的自主探索、注重民主实质的实践优先以及注重政治发展与政治稳定相协调的鲜明特点。可以说，正是西方民主的现实危机的爆发，进一步激励了中国政治发展道路关于自身优势的宣示与阐明。

三是一些国家民主化实践的失败从反面实现了对中国政治发展道路坚持自主探索立场的证明。具有讽刺意味的是，当西方国家将西方民主模式作为普世价值大肆推销之际，新自由主义主导下的西方民主不仅深陷危机之中不能自拔，也使一些国家的民主化陷入了混乱和失序之中苦不堪言。正如习近平指出的，“古今中外，由于政治发展道路选择错误而导致社会动荡、国家分裂、人亡政息的例子比比皆是”[②]。作为一个发展中大国，中国对政治探索的自主立场的政治定性自然而然生发出政治发展道路上的自信。

(二)强化探索更好社会制度的价值取向

如前所言，当中国主动融入经济全球化前夕，与西方思想家在全球化与西方民主关系的深入探讨明显区别的是，国内思想界关注的重点主要在利弊得失的考量与辩论上，政治视角关注的重点是捍卫国家主权的问题。随着全球化的逐步深入，随着西方民主危机的显露，政治视角关注的重点显然具有了做出战略性调整的必要性，我们需要站在新的历史高度审视中国政治发展道路探索的历史任务与前途命运。

要让世界知道中国人民做出了什么贡献、还要做出什么贡献，这是党的十八大以来以习近平同志为核心的党中央的政治情怀。在庆祝中国共产党成立 95 周年大会上，习近平指出：“中国共产党人和中国人民完

---

① 张树华：《西方政治衰败凸显中国道路价值》，载《环球时报》，2017 年 1 月 19 日。

② 《习近平总书记重要讲话文章选编》，北京：中央文献出版社，2016 年，第 227 页。

全有信心对更好社会制度的探索提供中国方案。”[①]联系福山等人的相关言论，这一论述意义重大，有着鲜明的现实针对性。福山承认，“自从金融危机发生后，中国人自己开始宣扬‘中国模式’，将其视为自由民主的另一种替代性方案”。不过，在福山那里，“中国模式”并不是一种作为民主模式的存在：“现在对自由民主挑战最大的是中国，中国结合了威权政府和局部市场化经济。”[②]郑永年也指出，“中国改革开放以来的经验表明，即使没有民主，同样可以致富，并且以更快的速度致富。中国模式因此可以表述为‘市场经济＋权威主义政治’”；“西方民主更面临来自权威主义的政治威胁。这里，中国的崛起和中国模式的形成是主要原因”；“中国模式提供了有别于西方民主的另一种选择”。[③] 很显然，对于国内思想界而言，碰撞和回应福山等人对中国做出非民主模式的错误判断还有进一步深化的必要。

在新的历史起点上，从理论上应进一步阐明并在实践中更多地展现，中国政治发展道路的探索承载着的是创造人类新文明类型的历史使命。这一新的文明类型具有三个方面的规定性。一是当代中国政治发展道路的探索以人类的解放为历史任务。由此，我们不仅需要继续完成政治解放的任务，还应将今天我们所从事的事业纳入人类解放的历史任务和历史进程之中。二是当代中国政治发展道路的探索应坚持以“缩短和减轻”现代化过程的苦痛为根本出发点。马克思指出：“一个社会即使探索到了本身运动的自然规律，——本书的最终目的就是揭示现代社会的经济运动规律，——它还是既不能跳过也不能用法令取消自然的发展阶段。但是它能缩短和减轻分娩的痛苦。”[④]既然民主是现代性的基本要素，那么就应将“缩短和减轻”现代化过程的苦痛作为中国政治发展道路探索的价值诉求。三是当代中国政治发展道路的探索以坚持党的领导、人民当家作主和依法治国有机统一为基本方针，蕴含中国政治发展的特殊规律。其

① 习近平：《在庆祝中国共产党成立95周年大会上的讲话(2016年7月1日)》，北京：人民出版社，2016年，第14页。

② [美]弗朗西斯·福山：《历史的未来》，观察者，http://www.guancha.cn/Ethics/2012_01_05_63889.shtml.

③ 郑永年：《当代民主危机：西方的认知》，载《联合早报》，2014年4月29日。

④ 《马克思恩格斯选集》，第2卷，北京：人民出版社，1995年，第101页。

中，党的领导的加强和完善以及依法治国的强化和推进，是政治体制改革两大基本着力点。

（三）直面民主建设的自身问题

对西方民主危机的揭示与批判，必须与社会主义民主的自我反思联系起来。对于当下西方的经济危机和政治危机，在一些人的内心深处，既没有反映出对资本主义的制度批判，也没有激发起对社会主义民主建设的热情，更缺少站在马克思主义的视角直面自身存在的问题的意念。由此，关于比较视野的运用，更为重要的是在全面和深刻地理解自我的基础上，揭示自身存在的问题与不足，而这些问题和不足是按照社会主义民主最起码的要求提出的。

强调这一点非常重要。在当下中国问题的清单中，民主问题并不是居于无足轻重的位置。作为中国道路的核心课题，社会主义与市场经济结合的探索，不仅涉及生产关系和交换关系领域的改革，也涉及上层建筑领域的改革，并且随着这一探索的逐步深入，上层建筑领域改革的重要性更加突出地呈现出来。在当下中国社会意识领域相互激荡的社会思潮中，政治发展问题的提出和讨论一直处于焦点状态，就是一个有力的说明。

从当下中国社会现实出发，社会主义民主探索需要直面和深入思考两个重大问题。基于西方民主局限性的考察，经济基础对于中国政治发展具有前提性意义。当下中国政治发展中出现的一系列问题，大都与经济基础的变化带来的社会结构变化有关。社会主义公有制既然是社会主义民主的基础和保证，那么，就应着力于经济基础的社会主义性质的巩固和完善。同时，联系西方民主的现实危机，民主不能被权力和资本操纵也是应注意把握的方面。在社会结构和利益关系日趋复杂的今天，私人资本、权力和资本的结合对社会主义民主的侵蚀不再是抽象的存在。社会主义民主的核心既然是人民当家作主，那么，就应不断消除封建性残余和资本消极方面的影响，在实际生活中展现出劳动人民作为民主的主干和核心力量的意义。关于这个问题，应对西方所谓"民主过度"持批判性的立场。在有的学者看来，所谓政治过度，"即政治理想和行为超过了它的内在规定性，或者说政治多做了它所不应当做的事情"；政治过度之所以会发生，"在于政治会不断迎合'免于匮乏'的需求，而匮乏是无止境的”。[①] 实际上，所谓“民主过度”只是表象，背后是民主的不足。

就当下中国实际而言，社会主义民主形式供给与民主需求之间的矛盾依然突出。换言之，中国政治发展面临的主要是民主不足的问题。这一方面取决于民主意识的增强，源于随着经济社会发展水平的不断提高，人民群众教育和文化水平的大幅提升；另一方面与社会分化的程度相关，在资本的强势地位与作用下的劳资冲突，导致部分民众正当权益受到侵害的条件下，一些中下层劳动群众的权利意识被激活并不断发展，正是民生问题催逼出民主问题。当前中国的民主不仅存在着形式不足的问题，而且民主形式在一定程度上也出现了形式化的问题。在一定意义上，正是民主形式的形式化导致了民主形式的不足。这种状况在党内也有一致的表现，正如习近平所指出的：“在贯彻执行民主集中制方面，既有发扬民主不够导致的主要领导独断专行的问题，也有正确集中不够造成的领导班子软弱无力的问题，相对来说，前者更为突出一些。”[②]问题的特殊性和复杂性在于，中国正处于加速现代化的关键时期。政治发展、经济增长和社会稳定之间必须保持相互协调的状态。因此，探讨社会主义民主与中国实际结合的具体路径，必须以对这一矛盾关系的认识和把握为前提，由此决定了社会主义民主效果的完全呈现必将是一个长期的历史过程。

本文发表于2017年第2期

① 程亚文：《匮乏、政治过度与文明危机》，载《读书》，2017年第2期。

② 《习近平总书记重要讲话文章选编》，北京：中央文献出版社，2016年，第75页。

三、文化建设

价值观与伦理自信是文化自信的核心*

肖群忠　杨建强**

“中国有坚定的道路自信、理论自信、制度自信，其本质是建立在5000多年文明传承基础上的文化自信。”①文化自信是更基础、更广泛、更深厚的自信，它对于实现中华民族伟大复兴的中国梦，建设社会主义文化软实力，传承中华民族的国脉，构建国民的精神家园，扩大中华文化影响力并对人类文明进步贡献中国智慧将起到重要作用。一方面，中华传统优秀文化是我们的文化基因，是文化自信的根源，因此只有坚守中华文化立场、传承中华文化基因，不忘本来，吸收外来，面向未来，汲取中国智慧，弘扬中国精神，传播中国价值，才能彰显中国文化的生命力、影响力，为实现中华民族伟大复兴提供精神动力，为人类文明进步贡献力量。另一方面，民族和国家是文化的主体，人民群众更是文化的创造者与实践者。文化自信和促进文化大繁荣，不仅是我们的治国理念和基本国策，也应该成为人民群众的自觉实践。那么，归根到底，文化自信对于当代中国人意味着什么？如何树立并践行文化自信？在笔者看来，文化自信的本质和核心是价值观自信和伦理自信。以中华文化独特的价值观、道德观贡献人类，提供中国智慧；重铸民族精神，增强民族向心力与凝聚力；弘扬礼仪之邦的文明传统，培育具有高度道德素质的现代公民，是落实和实践文化自信的现实目标与可能途径。

* 本文系国家社科基金重点项目“传统美德的继承创新与实现中国梦研究”（项目编号：14AZD008）的阶段性研究成果。

** 肖群忠，中国人民大学哲学院教授；杨建强，中国人民大学哲学院博士研究生。

① 《习近平谈文化自信》，载《人民日报（海外版）》，2016年7月13日。

一、文化自信的核心是价值观与伦理自信

任何一种文化从其精神内核而言，归根到底是一套有其特殊旨趣的价值观念体系。在构成广义文化概念的器物文化、制度文化和精神文化中，精神文化是一个文化体系中的伦理价值观念、审美旨趣和精神信仰，这些因素决定着文化的方向，因而精神文化是文化体系的核心。也因此，精神文化又可以被看作狭义的文化概念。

如果从文化比较学的角度，对中国文化与西方文化、印度文化做一个最简要的比较概括的话，那么一般认为，中国文化是人文性、道德性的德性主义的文化，西方文化是一种倡导科学与理性的智性主义的文化，而印度文化则是一种神性主义的文化，这已成为学界的共识。从文化的诸要素的关系来看，中国文化是以道德为其核心的。梁漱溟明确把"道德气氛特重"列为中国文化的一大特征。"融国家于社会人伦之中，纳政治于礼俗教化之中，而以道德统括文化，或至少是在全部文化中道德气氛特重，确为中国的事实。"[①]韦政通也指出："在中国文化中，有'一本万殊'的理念，于是坚信一切文化都有一个共同的基础，这基础就是道德。中国传统中讲道德，不像西方人讲道德只限制在人生的范围内，而是弥漫在文化的一切领域。因此，中国的政治理想是'德治'，文学理想是'文以载道'，经济的理想是'不患寡而患不均'，其他如教育、法律，也莫不以道德为基础。"[②]这两位学者都不约而同地指出，传统道德是传统文化的核心与灵魂。中国也素来以道德文明古国和礼仪之邦著称。中华文化是一种伦理本位型的德性主义文化，其核心和精华体现为其深厚的伦理精神和价值观念。这是中华文化的特质，也是对人类文明的突出贡献。

中共中央办公厅、国务院办公厅最近印发的《关于实施中华优秀传统文化传承发展工程的意见》，明确将中华优秀传统文化的"主要内容"概括为三个组成部分：核心思想理念；中华传统美德；中华人文精神。古今中外文明史反复证明，一个社会的基本结构和技术文明可以而且需要变

---

① 梁漱溟：《中国文化要义》，上海：上海人民出版社，2003年，第27页。

② 韦政通：《中国文化概论》，长沙：岳麓书社，2003年，第58页。

革和转型，但其基本的文化价值精神应该世代传承，构成一个民族文化的基因和底色。中国文化将如此庞大的多民族人群凝聚在一起，并历经千年而仍作为一个完整的文明体系绵延至今，这是世界文明史的奇迹，也是我们文化自信的源泉。汉内斯·阿尔文(Hannes Alfven)有一句流传甚广的话："人类要生存下去，就必须回到 25 个世纪以前，去汲取孔子的智慧。"阿尔文所说的孔子的智慧当然并非科学技术的工具理性，而正是以孔子为代表的中华文化所具有的价值理性和智慧。

这也就是说，文化自信的内容，可能包括对我们的科学技术、器物制度、灿烂文化、文学艺术等各种文明成果的自信，但由于各种文明成果的核心均有渗透其中的价值理念、精神气度和思维方式，文化自信归根到底在于对以人为本的人文主义精神，以价值理性和实践理性为核心的道德规范系统，以及看待世界与事物的独特思维方式等的自信，在于对这些中华文化所展现出来的独特的核心理念和独特的精神气度的自信。正如《关于实施中华优秀传统文化传承发展工程的意见》中所指出的那样："中华文化独一无二的理念、智慧、气度、神韵，增添了中国人民和中华民族内心深处的自信和自豪，是中华民族生生不息、发展壮大的丰厚滋养，是中国特色社会主义植根的文化沃土。"

我们自信、自豪，是因为我们相信这种文化是民族的血脉，是人民的精神家园，是未来的希望，是国家的力量，必将对民族复兴、国家强盛、人民幸福和人类进步继续做出自己的贡献。中华优秀传统文化作为一种独特的价值体系和行为规范、生活方式，它会给当代人类和中华民族带来哪些可资借鉴的精神价值？将做出哪些贡献呢？

二、引领"共同价值"，贡献中国智慧

社会文明的发展，全球经济的一体化，多边主义的全球政治治理秩序的形成，文化的多元交流融合，使人类日益成为一个命运共同体，中国的前途和命运与世界其他文明的前途和命运前所未有地联结在了一起。在建立人类共同体的过程中，中国文化对世界可能的贡献是什么呢？

(一)和而不同的文化观

儒家经典《中庸》有言："万物并育而不相害，道并行而不相悖。""'和

羹之美，在于合异。’人类文明多样性是世界的基本特征，也是人类进步的源泉。”“文明没有高下、优劣之分，只有特色、地域之别。文明差异不应该成为世界冲突的根源，而应该成为人类文明进步的动力。每种文明都有其独特魅力和深层底蕴，都是人类的精神瑰宝，不同文明要取长补短、共同进步，让文明交流互鉴成为推动人类社会进步的动力、维护世界和平的纽带。”①

多元主义文化是世界文化的基本事实，各个民族文化之间虽有不同，但都是面对其特殊的自然环境和历史文化传统而发展至今的独立体系，在接受人类共识价值的基础上，每一种文化都有其自足的存续价值。正由于这种多元主义文化局面的存在，才使得世界各个不同文化体系之间可以相互借鉴，补偏救弊，在承认现有世界文明成果的基础上，各个民族文化之间可以成为相得益彰、彼此借鉴的良性互动关系。

中国的历史经验和思想文化传统表明，多元融通和兼容并包是人类文明的常态，在不同文化价值系统和道德谱系之间也存在着可公度性。中国文化这种和而不同的理念，使中国文化长期以来就有一种海纳百川的气度，我们不仅可以容纳 56 个民族的不同文化，而且对于外来文化也是兼容并蓄。佛教早在东汉就传入中国，成为中国文化的重要组成部分。近代以来，我们对基督教等西方文化也是兼容并蓄的。和而不同的文化观是中华文化处理与其他各民族文化关系时一以贯之之道。

当代中国以开放包容的胸襟，将自由、平等、公正等共同价值吸纳、确立为社会主义核心价值观的重要内容，这是价值观自信的体现。同时，价值观自信不仅表现为对其他文明成果的接受和吸纳，更在于以更加积极的姿态，在世界范围内倡议和引领人类共同价值。2015 年 9 月，习近平在联合国大会发言中提出：“和平、发展、公平、正义、民主、自由，是全人类的共同价值。”这首次论述了人类共同价值的命题。人类共同价值是一定时期内人类基于同样的需求而产生的共同的价值，共同价值是在承认彼此特殊价值基础上的共识价值，共识价值是相对的、变化的、发展的。这从根本上与某些西方国家所鼓吹的抽象而绝对的普世价值是有

① 习近平：《共同构建人类命运共同体——在联合国日内瓦总部的演讲》，载《光明日报》，2017 年 1 月 20 日。

区别的。

(二)和平主义的国家观

中华民族是一个热爱和平的民族，“中华文明历来崇尚‘以和邦国’、‘和而不同’、‘以和为贵’。中国《孙子兵法》是一部著名兵书，但其第一句话就讲：‘兵者，国之大事，死生之地，存亡之道，不可不察也’，其要义是慎战、不战。几千年来，和平融入了中华民族的血脉中，刻进了中国人民的基因里。……中国人民深信，只有和平安宁才能繁荣发展”①。和平主义，不仅是中国人民的价值认同、文化自信，也是西方很多有识之士对中国的正确观察与洞见。罗素曾说过：“中国人不像白人那样喜欢虐待其他人种。……如果在这个世界上有‘骄傲到不屑打仗’的民族，那就是中国。中国人天生宽容而友爱、以礼待人，希望别人也投桃报李。只要中国人愿意，他们可以成为天下最强大的国家。但是，他们所追求的只是自由，而不是支配。”②中国是睡醒的东方雄狮，但却是和平的狮子。

与倡导武力战争的霸权主义、强权政治不同，和平主义的国家观从一开始，就将人民的安定富足以及协和万邦的王道政治理想作为其终极目标，因而“中国古人，自始即不以民族界限、国家疆域为人文演进之终极理想”③。也因此，中华民族一直是一个被不断丰富和扩大的文化概念。和平主义认为国家的根本乃在于通过厚德载物、崇文尚德的合群之道，将更多的不同人群、种族以人文化成的方式凝聚，使“近者悦，远者来”，最终融凝成为更大的文化共同体。

(三)天人合一的自然观

当今时代，面对气候变暖、生态破坏、资源匮乏等一系列共同环境问题，人类必须以全新的伦理观念来面对自然。恣肆人类欲望、过度索取自然的人类中心主义伦理观念已无法处理人与自然的紧张关系。道法自然、天人合一的民胞物与之道才是看待人与自然关系的正确理念。从天人合一的观念出发，人与自然的关系不再是利用和被利用的关系，而

---

① 习近平：《共同构建人类命运共同体——在联合国日内瓦总部的演讲》，载《光明日报》，2017年1月20日。

② [英]罗素：《中国问题》，上海：学术出版社，1996年，第154页。

③ 钱穆：《民族与文化》，北京：九州出版社，2012年，第7页。

是作为万物灵长的人，在与自然的互动中，“赞天地之化育”，最终达到“天地位焉，万物育焉”的“致中和”之境。以此自然观为理念，中国古人所秉持的俭约自守、爱物惜物的生活理念，对于今天倡导绿色、低碳、循环、可持续的生产生活方式，实现生态良好的永续发展之路具有深刻的启迪、借鉴作用。

中华文化之所以被国际上的许多有识之士看作解决人类在21世纪众多重大问题的精神资源和东方智慧，就在于它的和而不同的文化观是我们形成彼此尊重、多元文化、文明共享的思想方法前提。而和平主义或者说希望和平，反对战争，过上和平安宁的生活是世界各国人民的期盼和希望。因此，中国文化的这种和平主义就自然受到世界各国人民的尊重与爱戴。而单边主义、霸权主义则是冲突和战争的根源。中国天人合一的自然观，在全球经济一体化的条件下，更是解决环境保护、解决人与自然关系、解决现代人与未来人关系的宝贵思想资源。中国文化的上述文化观、国家观、自然观是我们中国文化对于人类文明进步所可能做出的贡献，也是我们文化自信的精神渊源之一。

三、凝聚价值共识，培育民族精神

价值观念规范系统或者一定的道德观，其重要作用还在于民族内部，它是民族认同、民族凝聚力的价值根源，是民族发展繁荣的强大精神动力，是中华民族精神的集中体现。

(一)价值观念与规范系统是民族形成并凝聚的共同文化心理基础

何谓民族？一般来说是指具有相似属性的人群集合的专称。斯大林对“民族”有一经典表述：“民族是人们在历史上形成的一个有共同语言、共同地域、共同经济生活以及表现在共同文化上的共同心理素质的稳定的共同体。”①从这个定义中我们看到，“民族”的概念包括了“共同语言”“共同地域”“共同经济生活”以及“共同文化上的共同心理素质”等四个核心要素。我们将前三者可以看作构成民族的“显性”要素，体现了一个族群成员构成一个民族的物质性依附关系；我们将“共同文化上的共同心理

① 《斯大林选集》，上卷，北京：人民出版社，1979年，第64页。

素质”看作构成一个真实民族“隐性”深层要素。之所以如此，是因为它标识了一个族群的精神气质。换言之，它是一个族群在文化价值观念上所达到的共识，这种文化价值观念上的共识是一个民族之为一个民族的“精神”和“灵魂”。中国自古以来就注重族群文化心理的同一性，《左传·成公四年》称“非我族类，其心必异”。中华民族只有“同心同德”而不会“离心离德”，才会“心心相印”“齐心协力”“万众一心”“天下一家”“中国一人”。伦理价值认同正是一个民族自立和存续的黏合剂。孙中山在《三民主义·民族主义》中指出：“我们现在要恢复民族的地位，除了大家联合起来做成一个国族团体以外，就要把固有的旧道德先恢复起来。有了固有的道德，然后固有的民族地位才可以图恢复。”“旧道德”就是历史上存在并延续至今的传统美德，这是凝聚中华民族、恢复民族地位的精神力量。文化自信的增强，在今天尤其要注重传统美德对凝聚价值共识，培育民族精神的重要意义。

(二)传统美德是中华民族生生不息、永续发展的不竭精神动力

《关于实施中华优秀传统文化传承发展工程的意见》中是这样概括中华美德的核心内容的：“中华优秀传统文化蕴含着丰富的道德理念和规范，如天下兴亡、匹夫有责的担当意识，精忠报国、振兴中华的爱国情怀，崇德向善、见贤思齐的社会风气，孝悌忠信、礼义廉耻的荣辱观念，体现着评判是非曲直的价值标准，潜移默化地影响着中国人的行为方式。”这从四个方面提炼了中华传统美德的重要内涵：第一个方面，所谓天下兴亡、匹夫有责的担当意识，就是传统美德中的“义”德，是以浩然正气肩负国家民族大义的道德使命感。第二个方面就是传统的“忠”德，也就是我们今天所说的爱国主义传统。忠是危难之际“苟利国家生死以，岂因祸福避趋之”，对族群、国家展现的忠诚，也是和平年代忠于职守、敬于职事的爱岗敬业精神。忠义精神是中华民族发展兴旺的不竭精神动力，也是中华民族传统美德的核心要素。第三个方面就是前面曾经讲到的以道德为核心和特色的中华文化精神，培育出了崇德向善、见贤思齐的社会风尚和集体良知。第四个方面就是经过历史长河的积淀，在宋代形成的并被老百姓所践行的“宋代八德”，分别是中国人在家庭、社会、国家、政治生活中的价值观念、是非标准和行为规范。这种崇德向善的价值精神和伦理规范，对民族与社会、国家的和谐、进步、繁荣发挥着重要的动力和凝聚作用。塑造了中国人民独特的崇德向善、注重秩序与和谐的生活方式。只要中华民族一代接着一代追求真善美的道德境界，我们的民族就永远健康向上、永远充满希望。

（三）民族文化中的价值观念规范系统是民族精神的集中体现

如何概括中华民族的民族精神？张岱年先生将“天行健，君子以自强不息；地势坤，君子以厚德载物”视为民族精神的集中体现。中华民族是一个由多民族所构成的文化共同体，因此更需要以民族精神作为民族的黏合剂和凝聚力。在当代中国社会，正是在新民主主义革命、社会主义建设和改革开放的大潮中，中华民族形成了以爱国主义为核心的团结统一、爱好和平、勤劳勇敢、自强不息的民族精神，以改革创新为核心的时代精神。无论如何概括我们的民族精神，中国文化所孕育的上述价值观念与道德规范都是我们民族精神的核心内涵和集中体现。上述如自强不息、勤劳勇敢、爱国主义、义以为上、和而不同、和平主义、崇德向善、团结统一，这些都是我们民族精神的核心意蕴。在培育当代民族精神的过程中，我们必须继承弘扬中华优秀传统文化中的这些合理和优秀的价值观念、行为规范，并对之进行创造性转化和创新性发展，从而振奋民族精神，提高民族向心力和凝聚力，以这样的文化自信为中华民族的伟大复兴提供动力和保障。

四、赓续礼义精神，提高国民素质

文化培育人格，人格反作用于文化。一种真正的文化自信必须落实为国民的道德自觉与伦理自信。因此，自近代以来，对理想的公民人格的寻求成为普遍意识。有识之士认识到，“国之本在民”，国家的强盛与否与国民精神风貌息息相关。所谓“贫民无富国，弱民无强国，乱民无治国”[①]。严复首先提出“鼓民力、开民智、新民德”的国民性改造口号，号召破除“身奴”和“心奴”，使每个国民都塑成自由平等的自治人格。后继者梁启超则全面提出了“新民”的时代课题，“故民智民力民德不进者，虽有英仁之君相，行一时之善政，移时而扫地以尽矣……故善治国者必先

① 《严复集》，第1册，北京：中华书局，1986年，第25页。

进化其民"[①]。将人的现代化与国家的现代化等量齐观，号召四万万人从"旁观者"自新自化为"新民"。五四新文化运动的主将更是将"国民性改造"看作完成文化启蒙的重要方面。然而，在"救亡压倒启蒙"的时代主题中，公民现代人格的塑造被不断延后。

国民是文化共同体中文明的传承者和文化的传播者，是文化的载体和道德的主体。国民身上的精神品格是对文化自信和伦理自信的最好诠释。无论是在世界舞台上的价值观自信，还是对本民族精神的伦理自觉，都要落实到国民道德品质的养成上。这个层面的伦理自觉，既是国民精神的伦理自觉，也是公民个体德性的伦理自觉。前者是拥有什么样国民公德的自觉，后者是公民个体成就自身德性的自觉。社会主义核心价值观对国民提出"爱国、敬业、诚信、友善"的基本公德要求，从本质上讲是对当代中国特色社会主义道德文化的伦理自觉。

与此同时，公民道德建设和社会主义精神文明建设还应该传承"礼仪之邦"的道德文化传统，赓续中华文化的优秀道德品质，确立以中国优秀传统道德为根基的核心价值导向，全面提高全民族文明素质。应该认识到仁、义、礼、智、信、孝、忠、温、良、恭、俭、让、廉、耻等古典道德品格非但不与爱国、敬业、诚信、友善的现代国民精神相异趣，相反，前者是现代国民德性生成的深厚土壤。作为文化的载体和伦理的主体，国民的文化素养和道德品质是衡量文化软实力，表征国家文化形象的重要向度。如何塑造和引导国民成为既有传统美德的个体，又具有现代国民精神的公民是实现伦理自觉的重要环节。

辜鸿铭认为，中国人有中国人独特的精神气质，这种"中国人的精神"使得中国人区别于任何其他民族，特别是欧美人。他认为真正的中国人"没有冷酷、过激、粗野和暴力"，"用一个词可以把典型的中国人所给你们留下的印象归纳出来，就是'温良'(gentle)……在真正的中国型人之中，你能发现一种温和平静、稳重节制、从容练达的品质……"[②]贺麟心目中的理想国民是具有"儒者气象"的国民，"使每个中国人都具有典型的中国人气味，都能代表一点纯粹的中国文化，也就是希望每个人都有一

① 《梁启超全集》，第1卷，北京：北京出版社，1999年，第340页。

② 辜鸿铭：《东方智慧——辜鸿铭随笔》，北京：北京大学出版社，2010年，第10页。

点儒者气象……”[1]简言之，是既有学问技能又具有道德修养的人。内有和悦的心情，外有整齐的品节的国民。也就是说，中华民族整体道德素质的提高，要以我们自古以来就具有的崇德向善的道德文化和人格理想作为价值资源，用传统美德培育一代现代公民。

另外，传统礼义精神也是公民德性生成的重要文化资源。在守法、诚信等基本的公民品德之外，要培养君子人格。现代公民不但是一个遵纪守法的人，而且也需传承并体现着自身民族文化精神的道德品质，使其在成为合格的现代公民的同时，又成为带有自身文化印记，体现本民族独特优秀品质的道德主体，即公民人格与君子人格的统一，这应是现代国民德性培育的终极目标。总而言之，使每个中国人成为具有内有仁爱意识、外有礼让品格，质言之，成为礼仪之邦之礼义精神的载体，在国际交往中树立中国人的良好形象，体现礼仪之邦的文明风范，受到世界各国人民的尊重与爱戴，形成中华民族的集体自尊，这才是真正的文化自信、族群自信和人格自信，也才真正是更基本、更深层、更有力量的自信。

本文发表于 2017 年第 1 期

① 贺麟：《文化与人生》，上海：上海人民出版社，2011 年，第 18 页。

中国精神：民族性与时代性*

邹广文**

习近平总书记指出："实现中国梦必须弘扬中国精神。这就是以爱国主义为核心的民族精神，以改革创新为核心的时代精神。这种精神是凝心聚力的兴国之魂、强国之魂。"①爱国主义始终是把中华民族坚强团结在一起的精神力量，改革创新始终是鞭策我们在改革开放中与时俱进的精神力量。在实现中国梦这样一个伟大的历史使命的进程当中，中国精神是一个非常重要的历史课题。中国精神的提出实际上也就是在中华民族伟大复兴的中国梦实现的历史进程中，必须要展示的全体中华民族的精气神，这是实现中国梦所必须要面对和解决的重要问题。

一、中国精神的现实意义

中国精神是生发于中国文明的传统、贯穿于现代中华民族崛起和复兴的历程、具有强大凝聚力和感召力的思想观念。当我们提中国精神的时候，实际上它是一个生成性的、具有历史传承的要素，是从过去经现在走向未来的一种精神，是一种进行时，而不是一个完成时。

中国精神是中国文化软实力的重要体现。要实现中华民族的伟大复兴，文化的复兴是其中的一个重要内容。文化复兴具体要落实到提升中华民族文化软实力和竞争力，在世界文明发展的舞台上展示中国文化上来。从这个意义上讲，中国精神代表着中华民族健康发展的一种方向。

---

* 本文系作者主持的国家社科基金重点项目"当今时代文化发展的新特点新趋势研究"（项目批准号：12AZD004）的阶段性成果。

** 邹广文，清华大学哲学系教授。

① 新华网，http：//news. xinhuanet. com/politics/2013-03/17/c _ 115053093. htm.

人是一种目的性的存在，这是人和动物的一个非常重要的区别。从人的目的性的角度讲，也就是强调人是一种追求意义、为人生规划方向、具有未来的明确的目的性指向的存在。一个人是这样，一个民族同样也是这样。中华民族伟大复兴的宏伟目标，可以说是代表全体中国人共同努力的一个方向。所以“中国精神”的构建，是中华民族复兴内在的、自觉的要求。实现中国梦，“中国精神”自然就体现于其中。

谈中国精神要基于全球化的背景。中国精神并不是仅仅着眼于中国自身的发展，中国今天的发展已经是全人类的、全球化的发展大潮当中的有机组成部分，在全球化时代，地球上任何一个角落所发生的事情，都可能会引起全世界的关注，所以在全球化时代，从理论上来讲，已经不会具有那种纯粹地方的、民族的、自我封闭的发展了。正因为这样，在实现中华民族伟大复兴的历史进程当中，在实现中国梦的进程当中确立的中国精神，必然要体现出时代的、开放的精神。

今天，我们倡导中国精神，其现实意义可以具体表现在四个方面：

第一，识别民族身份。在世界舞台上，中华民族文化、中国人的形象、中国人的气质、中国气象到底是一个什么样的状态？这个问题提醒我们，一个人当把自己关在自己屋里的时候，当在自己私人空间的时候，大可不必强调自己的形象、自己的身份问题。但是今天在全球化的时代，人类进入普遍性的交往了，这时候就要强调中国精神、强调文化身份，因为我们要把中华民族最优秀的、最亮丽的形象呈现给世界。

第二，激发民族的创造性活力。民族的创造性不是无源之水、无本之木。一个民族最深厚的创造力的源泉，是源于这个民族从历史走向未来的内在气质、内在品质、内在的精气神。中国精神是激发民族创新能力的重要抓手，因为所有的创造性都要有原动力，这个原动力是来自中国精神的。

第三，凝聚社会的道德。中国精神对于培养良好的社会风气、培养民族的凝聚力、培养全民族的文化认同感，从而建构起具有责任和担当的、富有时代精神的社会道德，同样有着不可估量的作用。

第四，构筑民族的信仰。一个人需要信仰，一个民族也要有信仰，信仰是支撑一个人坚定不移走向未来的重要的文化支点，一个有信仰的民族才能够真正赢得未来，所以信仰对于一个人来说非常重要。比如，作为一个有责任的企业家，要有担当意识，要把经营企业作为一项人生事业去做，而这是和精神的、气质的培育相关联的。因此无论是从个人还是民族来讲，培育信仰至关重要。

二、中国精神的民族性

中国精神的民族性指中国精神植根于悠久的民族文化传统中。中国精神是一个具有历史承传的文化之和，是从过去到现在并走向未来的流淌的河流。从动态的角度、从文化的源头来说，中国精神可以从《周易》中所讲的乾卦和坤卦的卦辞中得到很好的诠释：乾卦讲“天行健，君子以自强不息”；坤卦讲“地势坤，君子以厚德载物”。乾坤代表着天地，天地之间就是人，所以天、地、人在中国被称为“三才”，人类所有的文化故事都是在天、地、人这三个维度当中运行展开的。“自强不息，厚德载物”，浓缩了中华民族精神追求的最集中的本质。

承接着这一思路，从总体价值取向上可将中国精神概括为以下两句话：“贵和持中，自强不息。”人生在世，其基本的使命无非有两个：一是为人，二是处事。贵和持中是做人的要求，每个人做人都要贵和持中，贵和持中和坤卦里所讲的厚德载物的道理有相似性，也就是说我们为人要宽容，人和人要和睦相处，不要以一种偏执的情绪去和别人打交道，更不能以一种两极对立、非此即彼的心态去和别人交往；第二句话就是对做事的要求，要自强不息，即是说一个人要想强大自己，必须坚持再坚持，即使身处逆境也不放弃努力，要通过自身持之以恒的努力和付出，成就一个强大的自己。

所以，把“贵和持中，自强不息”作为中国精神民族性的总体价值取向来概括，这样一种表达基本上可以从传统的角度集中概括中国精神。

《论语》中曾经讲：“礼之用，和为贵。”意思是把礼用来指导我们的社会生活，首先体现的价值诉求就是“和”，所以“和为贵”，“和”是至关重要的。一个社会秩序呈现出良好状态，“和”不可或缺。“和”这个字最原始的发音是发四声。“和”是什么？有成语叫“一唱一和”“随声附和”，这个“和”给我们一个重要启示，它是两种不同声音非常美妙的搭配。这个“和”包含着差异性。今天强调“和”，首先应该容忍不同的意见，容忍不同的声音，比如建设和谐社会，它是一种包容着差异性的社会，有差异性，和谐社会才会丰富多彩，否则就是铁板一块，和谐社会应该讲求文化在实践过程当中的异质性，它不是一个自里向外的同质性过程，同质性即从本质上是相同的，如果同质就没有活力了。中国古代思想家们也有类似的表达，“和实生物，同则不继”(《国语·郑语》)。意思是说如果完全相同的话，就没有继承、没有生长了。为什么“和实生物”呢？因为“和”本身包含着差异性。孔子讲“君子和而不同，小人同而不和”，这个“和”实际上就包含着差异性。唯有存在差异性，我和你不一样，我们才能产生彼此的相互欣赏，才能够在相互欣赏、相互交流当中求同存异，达到一个真正意义上的文化认同，这是强调“和”的作用。

“中”就是强调要秉持中性的、中道的、中庸的智慧，防止过犹不及。什么事情都不要追求极端化的状态，这种两极对立的状态不利于事物的发展，要防止过犹不及的状态。“中”是华夏民族的重要生存智慧，它提醒我们做任何事情都不要走极端，而应该执两用中、允执厥中，追求中庸、中道、中和的人生。所以，“中”是中国传统文化当中重要的价值资源，至于说“中国”的“中”，不完全是一个地理性的概念，更多的是一种文化品质，它是中国人为人处事、行言立事的一种生活态度。这是我们把握“中”的一个重要特点。“贵和持中”就是人与人相处之道、人与社会相处之道以及民族和民族相互对话、相互交流之道。

“自强不息”的道理大家把握起来更为容易，更为明确。中华民族是以吃苦耐劳、坚韧不拔著称于世的。对中华民族，世界各个民族都有一种鲜明的感受，就是中国人吃苦耐劳，我们的先辈走西口、闯关东、下南洋，乃至于漂洋过海，远走他乡，但不管走到何地，总能在相对恶劣的环境下打拼出一片生存的空间来，这和中华民族自强不息的精神气质有着最直接的关联。不光历史这样，回想一下改革开放30多年来所取得的巨大历史成就，同样和我们自强不息的民族品质有着最直接的关系。

如果对中国精神的民族特征做进一步的阐释，可以把“贵和持中”进一步表达为中国人的中性智慧、中道品质。

所谓中性智慧，就是中国精神民族特征的一个重要方面。中性智慧，就是前面强调的中庸、中道、中和的品质。这可以结合一些文化原典，对这种判定做相关的论证。孔子曾经讲过这样一段话：“中庸之为德也，其至矣乎！民鲜久矣！”（《论语·雍也》）在孔子心目中，中庸作为一种道德，是至高无上的道德品质。一个人如果涵养着中庸的品质，对于做人来讲是非常重要的前提。但是孔子接着又做了第二种感叹，“民鲜久矣”。很可惜老百姓已经很久不具备这种道德了。孔子为什么发出这种感慨呢？回顾历史，孔子所处的年代世风日下、礼崩乐坏，正处在一个激烈的社会转型时期，周礼被崛起的诸侯破坏殆尽，整个社会风气变得越来越坏了。诸侯并起直接导致了犯上作乱，君不君、臣不臣，整个社会秩序受到了挑战，所以孔子感叹社会风气的败坏，才感叹“民鲜久矣”。孔子的历史使命由此也确立起来了，就是要重新找回社会应有的秩序，就是克己复礼。而中庸作为一种道德急需在社会得到传扬、得到呼唤，因此这也是孔子整个思想构建当中非常重要的目的追求。

孔子这种中性智慧所表达的理想，可以从人格理想与审美理想两个方面讨论。

首先，孔子心目当中的人格理想。在《论语·雍也》中，孔子讲过这样一段话：“质胜文则野，文胜质则史。文质彬彬，然后君子。”这里讲的“质”与“文”说的是如何做人，即一个人的“本色”和“角色”。“质”就是本色，“文”就是角色。当我们讨论一个人的人格的时候，无非是要从一个人的本色和角色两个角度来看这个人。孔子认为如果一个人的本色胜过了角色，这就走到了一个极端，就显得很粗野，不文明，没有教养，“质胜文则野”；反观另外一种做人的状态就是“文胜质”，就是你的角色胜过了本色，甚至人们在你的日常行为中都看不到你的本色了，这同样不好，这又走到另一个极端了，即“文胜质则史”。什么叫“史”？“史”就是太迂腐，太匠气，不懂得变通，所以孔子认为这两种极端都不是做人的理想状态，孔子从一种中性的、中道的视野出发，提出了第三种做人的理想“文质彬彬”。“彬彬”就是恰如其分、恰到好处，“文质彬彬”的意思就是把本色和角色调整得恰到好处的时候，在本色和角色当中保持一种平衡和张力的时候，你就成为君子了。所以君子之风是什么？是“文质彬彬”，也就是该本色的时候本色，该角色的时候角色，即“到什么山上唱什么歌”，要随着社会交往环境的变化，调整自己与人打交道的心态。

从文质彬彬的角度要求，社会要想和谐，地位低的普通人应该高调地去活，要自尊自爱自强，反过来自认为有身份、有地位的人，你应该低调一点去活，不要刻意去强化你和别人的不同，这样相互宽容、相互理解，社会才能够慢慢培育出比较和谐的、相互可以交流的局面。

孔子心目当中的审美理想为："乐而不淫，哀而不伤。"(《论语·雍也》)文学艺术作品可以表现快乐，所有的文学艺术都是抒情的，但是表现快乐而不过分，"淫"在这里面就是过分的意思。同样，孔子说文学艺术作品也可以表现哀愁，但是同样要有一个尺度，即不伤感，表现快乐而不过分，表现哀愁而不伤感。因此，要把握一个很好的尺度，在哀和乐之间、喜和悲之间找到一个很好的张力，就是感情的表达抒发要适度、含蓄。孔子所讲的乐而不淫、哀而不伤，这种审美原则深刻地影响了中国整个文学艺术，是中国美学精神的集中表达。这种美学精神，有的学者把它概括为"中和"之美，其实还是"贵和持中"的具体表达。我国著名学者朱自清先生曾认为中国文化是"月亮文化"，仔细想想"月亮文化"的特点就是含蓄、阴柔、适度。阴柔之美是中国美学的常态的审美精神，考察一下中国的文学艺术，就会发现以月亮为题材的文学艺术特别多。"梨花院落溶溶月，柳絮池塘淡淡风"，中国古代的诗词歌赋以月亮作为题材的可以说是汗牛充栋。不光诗词，中国的音乐也是这样，《二泉映月》《春江花月夜》《彩云追月》《平湖秋月》等等，以月亮作为审美对象的作品非常多。总而言之，中国的审美精神还是强调、应和、暗合了孔子所讲的哀而不伤，因此中国的审美原则最后造就了中国人含蓄、适度、平和，追求阴柔之美的审美情怀。孔子给我们划定的乐而不淫、哀而不伤的理想，对中国文化的影响是深远的，它是一种中和之美，是中性智慧表达的一种特殊形式。

我们从孔子的人格理想和审美理想这两个角度看到了其所倡导的中性智慧、中道原则的独特而重要的作用，从而也看到了"贵和持中"作为中国精神传统民族特征的表达。培育中性智慧的核心就在于克服两极对立的思维方式，从改革开放的时代性角度来看，要培养这种中性智慧，特别是在当今社会生活中，可以从三个角度进一步做这方面的发挥和延伸。

第一，天与人的和谐。天人和谐重点是要很好地解决在大的社会发展、经济发展背景下，生态环境的保护问题，真正做到人与自然的和谐统一。生态文明建设也是党的十八大提出的重要的历史课题。现在"五位一体"的发展模式，政治、经济、文化、社会、生态，把人与自然的和谐摆到了非常重要的位置。

第二，人与人的和睦相处。在和谐的社会中，人与人之间应该有一个和睦相处、非常友善的社会氛围。人与人之间的和睦相处，每个社会成员应该多一点换位思考、多一点感恩意识，是营造一个良好的社会环境的重要举措。所谓换位思考，从最基本的来讲就是心里要有别人，孔子曾经讲过一句话"己所不欲，勿施于人"，这就是一种换位思考，自己不想要的不要强加于别人。无论是普通人还是领导干部，都要学会换位思考，不要以为你的所思所想都是最英明的，一些地方干部往往都是以高屋建瓴的心态在做事情，好像老百姓都很愚昧。其实毛主席早就讲过，群众是真正的英雄，而我们自己往往是幼稚可笑的，所以换位思考很重要。

第三，人与物的均调。人与物的均调，重点强调的是社会的公平、正义、公正。这也是下一步中国社会发展必须认真去消化和解决的问题。改革开放 30 多年以来中国的经济发展，经济"蛋糕"做得很大，但是老百姓现在最关注的不是"蛋糕"的大小，而是"蛋糕"如何去分。社会要创造公正的氛围，就要让全体中国人民共享改革的成果，让权力在阳光下运行等等。人与物均调，就是社会发展过程当中，不能允许社会的不公正出现，少数人占有多数财富，而多数人占有少数财富，因为社会主义一个非常重要的标志就是社会公正。天人和谐、人与人和睦、人与物均调，都是在培育中性智慧当中需要认真去消化的一些课题。

从时代性的角度来看自强不息的价值，可以从三个方面进一步强化：一是要培育中华民族的忧患意识，二是要培育每个人在社会生活中脚踏实地的实践风格，三是要培育持之以恒的心态。一个有忧患意识的民族才能够赢得真正的未来，所以忧患意识从古至今都是中华民族非常重要的精神气质，《诗经·小雅·小旻》当中也有这样的话，要"战战兢兢，如临深渊，如履薄冰"，这就是忧患意识。所有伟大的理想都要通过脚踏实地的努力才能够实现，做事情不能眼高手低，一个人这样，一个民族也是这样，再好的决策都要脚踏实地去实施，这也是自强不息的应有之意。另外，还要持之以恒，无论是决策的可持续性，还是整个社会实践的可持续性，中华民族伟大复兴这个中国梦需要我们以持之以恒的心态，一代一代地去努力。

三、中国精神的时代性

如果说民族精神是一种文化基础，着重对历史的承传，那么时代精神则是一种精神引导，它侧重的是对未来的拓展。从这个意义上讲，时代精神作为民族精神面向未来的导引，显得至关重要。恩格斯曾经讲过："每一个时代的理论思维，从而我们时代的理论思维，都是一种历史的产物，它在不同的时代具有完全不同的形式，同时具有完全不同的内容。"① 就是说我们今天谈到精神，就是强调中国精神要有时代性。

什么是时代精神？简要来说时代精神就是在新的历史条件下所形成和发展起来的，体现民族特质、顺应历史潮流的思想观念和价值取向。而这一视角集中到一点，就是改革创新。强调中国精神的时代性，要集中围绕改革创新这一价值诉求展开，主要应把握以下内涵：

(一)改革创新是中国共产党人的当代追求

中国精神的时代性，核心内容就是这些年来党和国家领导人所反复强调的改革创新。改革创新是中国人当代精神追求和思想特征最突出的标志，只有改革创新，中华民族的伟大复兴、中国梦才能够真正得以实现。

党的十八大的召开，进一步强化了改革创新的重要性，吹响了新时期改革创新的号角。在不同的场合，党和国家领导人反复强调改革创新的重要意义，推进社会进一步发展，"改革不停步，开放不止步"，"改革是最大的红利"，"以更大的政治勇气和智慧不失时机地深化重要领域的改革"。习近平同志就任党的总书记之后，国内调研的第一站就是到深圳，这也同样具有标志性的意义。邓小平同志的南方谈话吹响了中国改革开放的号角，"胆子要更大一些，步子要更快一些"②，回过头来看这段历史，如果没有小平同志的南方谈话，中国的改革恐怕不会取得今天这样伟大的历史成就。

---

① 《马克思恩格斯选集》，第4卷，北京：人民出版社，1995年，第84-87页。

② 《十三大以来重要文献选编(下)》，北京：人民出版社，1993年，第2067页。

(二)改革创新是中国精神的时代表达

首先，改革创新是发展生产力的必然要求。中国经济的发展需要改革创新，生产力的发展同样需要改革创新，中国经济质量的提升、中国未来经济的转型，同样需要我们开拓改革的视野，培育创新意识。对于中国的企业来说，面临着企业转型的艰巨历史课题。企业转型要从量的扩张走向质的提升，要创建民族品牌，要进一步把民族品牌推向世界，要在世界舞台上看到更多的中国知名品牌立于世界品牌之林，这些都需要培养创新精神。所以，创新是一个民族进步的灵魂，是一个民族生生不息向前发展的不竭动力，意义也就在于此。

其次，改革创新是建设创新型国家的迫切需要。自主创新能力已经提升为国家的整体战略，在这样一个建设创新型国家的时代背景下，创新意识的培育很重要，要把创新意识渗透于社会的各个层面，需要我们有条不紊地做很多具体的工作。

最后，改革创新是建设美丽中国的不竭动力。美丽中国不仅仅是一种图景，更是最后需要认真去实现的目标，是我们所期盼的生活现实。美丽中国同样需要改革创新。因此，改革创新的确成了中国社会健康发展的生命攸关的历史课题。

(三)改革创新是全体中国人的价值共识

改革创新作为一种价值诉求，现如今已成为中国全社会每个公民的共识。

首先，改革实践是一个全民参与的过程。改革是全方位的，中国下一步深化改革，我们更要唤起全民的参与意识。

其次，改革的成果由全民共享。全民参与和全民共享是相辅相成的，只有让全国人民共享改革成果，改革的成果惠及全体公民，才能从心底激发全民参与改革的热情，让每个人都感到改革和“我”是息息相关的。

最后，不断破除改革阻力。中国社会发展的重要工作，就是政治体制改革的问题，政治体制改革至关重要，因为经济体制改革的成果如果不通过政治体制改革惠及全体中国百姓，就会造成很不利的社会局面，在一些人的心目当中就感觉到改革和“我”没有关系。政治体制改革直接关系到中国社会发展的健康、成败问题。在价值层面上讲，也要从这个角度做一些深层的思考。

政治体制改革的核心问题就是社会的公平正义问题。而老百姓对社会公平期待的最基本的层面，首先就是起点的公平，即要给每个人一种公平的发展环境和发展机会，要破除特权阶层，因为特权阶层直接破坏了游戏规则。只有起点公平了，我们的社会才会有真正意义上的公正。中国下一步深化改革，会触及一些既得利益集团的利益，这些力量有可能成为中国进一步深化改革的阻力。因为这些既得利益者的影响力高于社会普通人的影响力，所以改革可能面临更大的阻力。因此，应该看到政治改革所可能面临的严峻形势。中国下一步的改革进入了深水区，不管怎么样，只有不断坚持改革，才能够真正拥有未来。改革走到今天，中国社会面临各种各样的矛盾，只有不断地改革，才能够真正有效地化解这些矛盾，在改革的前行当中破解难题，这也是大家的共识。从整体来讲，改革创新作为中国精神的时代要求，必须要坚持这样的基本价值。

从创新的角度讲，创新驱动发展，创新赢得未来。在十八大报告中，有很多围绕着创新的论述，比如要"实施创新驱动发展战略""要坚持走中国特色自主创新道路，以全球视野谋划和推动创新，提高原始创新、集成创新和引进消化吸收再创新能力，更加注意协同创新""着力激发各类市场主体发展的新活力""着力增强创新驱动发展的新动力""着力构建现代产业发展的新体系""着力培育开放型经济发展的新优势"①等等，这是社会经济领域里面所强调的创新。这种创新可以集中表达为发展要从量的扩张走向质的提升，要提升品质，真正赢得优势。从中华民族真正实现伟大复兴历史使命的高度来看待创新，全社会应该培养一种创新精神，在创新的时代呼唤面前，应该容忍失败、鼓励冒险，还应该进一步强调要胆子更大一点、步子更快一点，因为只有创新才能够驱动发展，只有在发展过程当中，一系列社会问题才能够得到有效的解决。

以上是从民族特征、时代要求两个角度对中国精神所做的基本解读。中国精神代表的是全体国人的共同心愿、共同的价值诉求。中国精神是以爱国主义为核心的民族精神和以改革创新为核心的时代精神的有机结合。总而言之，中国精神是一个生成性的概念，而不是一个完成的概念。

① 《坚定不移沿着中国特色社会主义道路前进为全面建成小康社会而奋斗——在中国共产党第十八次全国代表大会上的报告》，北京：人民出版社，2012年，第21页。

在未来的社会发展过程当中，我们每一个中国人都肩负着实现中华民族伟大复兴的历史使命。正因为如此，在实现中华民族伟大复兴的过程当中，中国精神是实现中华民族伟大复兴的价值基础，真正要实现中国精神的自觉，培育起这种精神，中华民族伟大复兴的中国梦的历史实践才会形成自觉的、持之以恒的精神动力。

本文发表于2014年第2期

文化中国：文化强国的价值坐标

杨生平*

自党的十七届六中全会提出努力建设社会主义文化强国的奋斗目标后，党的十八大、十八届三中全会都把文化强国建设提到重要议事日程上来。那么，究竟什么是文化强国，如何理解和建设文化强国？文化强国虽是一个重要目标，但不是我国建设和发展的终极目标，文化强国应该有清楚的内涵规定与感性形象，这就是文化中国。

一、文化中国的内涵

近期有不少人谈论文化中国，在一些人看来，所谓文化中国实际上就是用文化讲述中国，或向国外介绍中国文化。这种理解虽然符合中文的通常解释，但它不构成文化中国的科学内涵。20世纪90年代，一些海外华人学者如美籍华人杜维明就曾提出过文化中国的概念，并对它的内涵做了理论解读。在杜维明等人看来，文化中国是针对经济中国、政治中国而言的，它表征的是一个意义中国，因为在相当多的西方人看来，他们心目中的中国形象就是20世纪60年代的政治中国与20世纪八九十年代以来的经济中国。杜维明等学者认为从中国传统角度讲，中华民族最明显的优势与符号应该是意义中国，以孔子为代表的一批大儒提出的伦理意义既具有当代中国价值，也具有明显世界意义。他们认为目前最重要的工作就是要复兴以儒家为代表的中国传统文化价值，并重构它的当代意义。杜维明等学者提出的文化中国自然有重要的现实意义，但它仍不是本文所理解的文化中国。本文认为文化中国是相对于法治中国、

---

* 杨生平，首都师范大学哲学系教授。

生态中国(美丽中国)而言的，它是根据文化在当今世界以及未来中国发展中的地位而提出的一个感性符号，是一幅说明现代中国追求文化、创新文化、利用文化创造世界和表现行为的形象图式。从文化在当今世界以及未来中国发展中的地位来看，文化中国应包括以下内容：

其一，理论图式。恩格斯指出："一个民族要想登上科学的高峰，究竟是不能离开理论思维的。"[①]有些人认为改革开放初期我们没有理论，一切都是摸着石头过河。这个观点显然不能成立。中国特色社会主义建设是一项新的伟大工程，从事这项事业是前无古人的，不少东西需要去尝试和探索，但这并不意味着此时没有理论指导。怎么实践"中国特色"，需要摸索和尝试，但社会主义理论还是清晰可见的，虽然把它与中国具体实际相结合也是一项复杂的工程，但不能以此否定马克思主义和社会主义一般理论对中国特色社会主义的指导意义。如果说改革开放初期不少工作在一般理论指导下还可以"摸着石头过河"的话，那么，当改革进入攻坚阶段与深水区时就不能停留于一般理论指导层面，需要形成有效指导具体工作的较为具体的理论，因为此时的各个事物之间的关系变得盘根错节、十分复杂，稍不谨慎，局部失误就可能带来重大的全局影响。文化中国的理论图式针对的就是这种状况，它不仅指一切工作都需要用科学理论指导，不能一切只靠经验办事，而且更指需要不断创新理论，并用不断创新的理论指导我国全面发展。我们需要清醒地认识到目前的道路、制度特别是理论还不完善，需要不断总结、丰富和发展。此外，从世界发展的趋势来看，当今世界科技发展日新月异，国际形势变幻莫测，许多新情况和新问题的解决都不能从马克思主义经典作家那里找到现成答案，都需要我们自身不断探索和创新。随着改革开放的不断深入，我国经济与世界经济发展的关系越来越密切，中国的崛起在改变世界格局的同时也引发了国际关系的重大变化，如何应对这些问题并很好地将中国"本土问题"和"世界问题"的解决有机结合起来，都需要重大理论创新。

其二，知识图式(或科学图式)。发展文化就要着力发展科学，做到自然科学与人文社会科学同时繁荣。自然科学是生产力，人文社会科学

---

① 《马克思恩格斯选集》，第4卷，北京：人民出版社，1995年，第285页。

也是生产力。目前我国的GDP总量已居世界第二，综合国力明显增强，人们热爱知识、追求知识和利用知识的风气已形成，中华文化的世界影响正在逐步扩大，世界汉语热如火如荼，在世界多国建立的孔子学院数量逐年增多，以中国题材、中国故事和中国意象等中国元素为核心的中国文化热正在世界范围内逐步形成，中国的国际形象也越来越得到世界人民的认可和欣赏。但我们同时要保持清醒头脑，目前我国无论自然科学还是社会科学与西方发达国家相比还有很大差距，相当多的高科技产品都是由西方人发明创造的，就连花木兰、熊猫与功夫等中国元素也只有经过西方人整合创造后才会轰动全球，中国走向世界的产品往往只是完成简单的加工制造，核心技术仍掌握在西方人手中，从世界产业链条来看，我国企业大多处于"微笑曲线"低端。从整个国际社会发展总体态势看，在生产领域，核心技术仍然是西方发达国家提供的；在文化产业领域，核心文化思想和文化价值仍然是西方的，文化产业的风向标依然是由西方主导的；在国际关系和国际交往中，主要话语权仍然掌握在西方发达国家手中。如何改变这一格局，如何让中国文化产品由"中国制造"走向"中国创造"，这是摆在中国人面前的迫切任务。

其三，意义图式。文化既有科学内涵，又有价值内涵(即意义)。就它们两者关系看是有一定联系的，科学内涵能为价值内涵祛魅，使文化价值内涵更有人文意义；价值内涵也可以促使作为科学的文化更好地为人类自身发展服务。但在另一种意义上，它们又是不能互相代替的。科学要求冷静客观，保持价值中立，而价值始终意味着一种承诺与维护。在西方历史上，文化概念曾经过多次嬗变。据英国著名文化唯物主义者威廉斯考察，在18世纪以前西方人所理解的文化是一种表示程序的概念，指农作物、牲畜和人的心灵的培育。到了18世纪文化才与文明等同，特指人类一种不断进步状态。19世纪随着西方文明带来的野蛮与杀戮，文化又从文明中分化出来，特指一种与外在发展迥然有别的、内在的精神过程，它往往与宗教、艺术、家庭和人生联系在一起。后来，文化问题渐渐进入人类学家视野，逐渐又演变为专指特定民族的生活方式。[①] 文化概念在西方社会的变化也说明用科学文化解读意义文化是有局限性的。(当然，如此说并不意味着文化的价值就无法用科学去衡量，文化价值的科学性是由另一套以正确历史观为基础的社会历史系统理论确定的。文化没有绝对优劣，但有先进与落后之分。)就文化的价值内涵来看，它特指一套意义系统，这套意义系统既决定了一个社会的价值，也决定了生活于其中的个人价值。有人认为当代中国人普遍信仰缺失，这一结论有失偏颇。也有人认为马克思主义归根到底属于西方文明，因而它与其他西方文明理论一样不能提供一套有效的意义系统，人们在其中找不到生命的意义和终极关怀，这个观点同样存在问题。马克思主义虽然源于西方文明，但它与其他西方文明截然不同，其他西方文明只希望在资本主义制度基础之上建立一个人间乐园，而马克思主义则是要在打碎旧世界、建立新世界的基础上(即推翻资本主义制度，建立社会主义制度)建立人间乐园。马克思主义关于“人的自由全面发展”理论以及“人人为我，我为人人”的思想曾经激励和鼓舞过包括中国人在内的众多志士仁人不惜牺牲生命去追求真理。怎么能说马克思主义没有意义系统，又怎么能说马克思主义不能解决包括生命在内的人生意义呢？说到信仰，自然就要联系到理想，而理想又分社会理想与个人理想。对于真正追求生命意义的人来说，社会理想无疑具有更高的地位。马克思主义提供的最重要的理想恰恰就是这种社会理想。尽管当今世界风云变幻，不少社会主义国家出现了和平演变，但中国风景独好，中国正是以中国特色社会主义为指导取得了举世瞩目的成就。如果说这一成就还不能足以证明共产主义是最崇高的社会理想，那么，还有什么能承担这一重任？当然，社会理想不等于个人理想，在中国社会还没有成为真正合格的社会主义社会之前，要求寻常百姓都坚持这一理想并以此为目标严格要求个人行为，这有点不切实际。正是在这一背景下，我们才说不少人信仰缺失，缺少明显的情感与心灵地图。针对这一情况，建构一个符合当前中国实际的文化意义图式是十分重要的。

在此，不少民族解决信仰缺失的方式是借助于传统。中国有上下五

---

① [英]雷蒙德·威廉斯著，王尔勃等译：《马克思主义与文学》，开封：河南大学出版社，2008年，第1016页。

千年历史，有诸子百家文化传统与文化资源。有传统、有资源，不等于就真正能解决当代人的精神问题，必须让传统经过现代洗礼并进行现代化意义上的重构才行。当然，也不是所有传统都能经得起现代洗礼并重构得有意义，只有那些与现代精神合拍，合乎现代理论与现代知识检证的传统才会重构得真正有意义。以儒家为代表的中华传统文化有意义，并不是在它们是传统这个意义上而言的，而是说它们有符合现代精神的文化气质。中国文化强调天人合一，注重和谐，重视天时地利人和，强调内在精神与气质的养成，这恰恰可以弥补当代人“外强内弱”的特点(指物质生活相对富裕，精神生活相对贫乏)。正是在强调科学理论、科学知识指导并以先进制度为保证的前提下，我们才能认同可以用以儒家为代表的中国文化传统去完善中国人的意义世界，这也正是与杜维明等学者讲的“文化中国”的区别。当然，意义世界不只是信仰与道德问题，还有情感、情绪等问题。马克斯·韦伯曾指出，人是生活在意义之网中的动物。这里的意义既包括人生意义，也包括社会意义、环境意义等。

二、文化中国的意义

作为先进理论和科学知识图式的文化意义，人们自然是十分清楚的。这里单就意义图式的意义来说明文化的作用。从一个社会主要组成来看，大体上有经济、政治、文化、社会与生态等几个方面。意义图式对文化繁荣与发展的作用是十分明显的，它是软实力，是吸引力。意义图式对社会秩序的建构与维护也是十分重要的，它让人们在有亲和力的环境中交往与成长。意义图式对建设生态中国也是有作用的，它能让人们在感受到美丽中国的同时增添更多诗情画意。下面，分别就意义图式对当代中国经济建设和政治建设的作用做一简单分析：

其一，意义图式有利于中国经济发展。国际经验表明，当一个国家人均GDP达到5000美元时，经济中三大需求结构会发生变化(三大需求指投资需求、消费需求和国外需求)，原来占主导地位的投资需求渐渐让位给消费需求。当消费需求主导地位与分量不断上升，一个国家就从生产社会发展到消费社会。消费社会与生产社会最大的区别是，前者是消费引领生产，后者是生产决定消费。在消费社会，人们生活的基本特点是，生活必需品已基本满足，此时人们的消费特点会由物质需要逐步转向精神需要、文化需要。法国社会学家鲍德里亚关于消费社会提出了一套象征意义的理论。在他看来，消费社会的主要买点不是物品，而是符号。他所谓的符号自然是指有象征意义的文化符号。另外，文化产业在未来经济发展中占越来越大的比重，虽然文化产业比拼的是资本与技术，但没有强大的文化想象力和丰富的文化象征资源，要建成世界一流的文化企业同样是不可想象的。当前我国人均 GDP 已超过 5000 美元，这就意味着我国社会需求结构也悄悄发生着变化，人们对文化的需求程度会越来越高。在这种情况下，建设经济强国不仅需要有更充足的资本与更高含金量的科技，也需要有一个丰富的意义世界。

其二，意义图式有利于中国政治建设。西方马克思主义者葛兰西指出："一个社会的霸权地位表现在以下两个方面：即'统治'和'智识与道德领导权'。一个社会集团统治着它往往会'清除'或者甚至用武力来征服的敌对集团，它领导着同类的和同盟的集团。一个社会集团能够也必须在赢得政权之前开始行使'领导权'(这就是赢得政权的首要条件之一)；当它行使政权的时候就最终成了统治者，但它即使是牢牢地掌握住了政权，也必须继续以往的'领导'。"①在他看来，一个社会政治控制的能力与范围是有限的，大量的问题留存在广大的市民社会之中。而对市民社会的管理完全靠统一的意识形态是很难做到的，最重要的是要建构一套与政治控制相统一的文化意义模式。这一思想对我们政治权力巩固与社会管理是非常有启迪意义的。无论是国家权力还是意识形态都不可能管理到人们日常生活的所有方面，对这些方面社会秩序的确定与人际关系的管理应该更多靠建构一套与意识形态保持一致的文化模式。一般而言，文化所涉及的范围要比意识形态大得多，凡是有人群存在的地方就必然有文化的存在；而意识形态更多涉及生产关系与政治关系。尽管意识形态可以渗透到不同文化领域，但它毕竟不能代替这些领域文化的社会功能。此外，一种政权模式或意识形态只有与本民族的文化传统相结合，才能体现出更好的意义，才能获得更广泛民众的支持与认可。美国文化

---

① [意]安东尼奥·葛兰西著，曹雷雨等译：《狱中札记》，北京：中国社会科学出版社，2000 年，第 38 页。

人类学家格尔茨说过："政治的文化解释是强有力的，是在它们比政治事件更有生命力的程度上；……如果有一个合适的社会学基础，发生任何事情都会强化解释的力量；否则，发生任何事情都会毁灭解释的力量。"①中国梦之所以得到广大民众的认可，不只是因为它体现了人们内心追求成功、实现人生价值的理想，更是因为它反映了民族的呼唤和历史的冀盼。

三、文化中国的建设

(一)科学理论指导，先进制度保障

在文化中国建设的漫长过程中，尊重历史客观规律是首要前提。从历史规律角度讲，文化作用再大、再明显，相对于经济发展来说，它显然是第二位的。只有经济强大了，综合国力提升了，才可能逐步实现文化强国，建设文化中国。而要建设经济强国，不断提升综合国力，又必须有科学理论指导，先进制度保障。指导思想是涉及全局、根本与长远的东西，只有指导思想正确了，才可能在促进中国社会整体发展中定位好文化、利用好文化、发展好文化。就具体文化建设而言，光有一般指导思想还是不够的，还需要有指导各项具体文化建设工作的核心思路与核心理念，即社会主义核心价值体系和社会主义核心价值观。党的十七届六中全会指出："社会主义核心价值体系是兴国之魂，是社会主义先进文化的精髓，决定着中国特色社会主义发展方向。"②文化中国的建设光有文化自觉显然不够，还需要建立科学合理的文化发展制度。邓小平指出："制度问题更带根本性、全局性、稳定性和长期性。"③建设文化发展制度必须遵循文化发展规律，文化建设不同于经济建设，它是一种精神劳作，不能用指导经济建设工作的思路和发展物质生产的方式来进行，应该根据不同文化存在形式和不同文化性质建立一种统、分、合的文化发展体

---

① ［美］克利福德·格尔茨著，韩莉译：《文化的解释》，北京：译林出版社，2008年，第385页。

② 《中共中央关于深化文化体制改革推动社会主义文化大发展大繁荣若干重大问题的决定》，北京：人民出版社，2011年，第11页。

③ 《邓小平文选》，第2卷，北京：人民出版社，1994年，第333页。

制。从目前我国文化发展样态看，应该分别建立先进文化特别是马克思主义理论建设、产业文化发展和事业文化繁荣(包括自然科学在内)三种制度。三种文化制度虽有不同，但可以相互促进和相互支撑。先进文化加强了，产业文化和事业文化就有了正确方向并能做大做强；产业文化做大了，先进文化和事业文化既有了资金上的支持又丰富了实践上的经验源泉；事业文化做强了，先进文化就更有了创造力和影响力，产业文化也增添了活水源头。若三种文化都同步发展了，那以理论图式、知识图式和意义图式统一的文化中国形象就清晰可见了。

(二)工具理性与价值理性的有机统一

我国在不到100年时间之内走完了西方几百年的现代化历程，这不能不说是一个人间奇迹。但西方在实现现代化历程中所犯的错误中国不能不谨防、慎防，一些西方马克思主义者和后现代主义思想家对当代西方社会的批判不能不引起我们的高度重视。若中国在很短时间内走完现代化历程时也犯了西方社会同样的错误，那后果是不堪设想的。中国毕竟是一个人口众多的大国，作为后发国家，一旦犯了同样错误，后果是难以弥补的。西方在现代化过程中过于重视工具理性，在发展经济的同时严重生态失衡和破坏并使人际关系严重淡漠，这就提醒我们在强调科学知识和技术作用的同时，要不断完善与建构一个意义世界，让人们的物质生活得到不断满足的同时，精神生活也得到同样满足，心灵得到安抚。意义世界绝不能等到现代化已经完成之后才进行，必须在现代化建设进程中同步进行。当然，另一个极端也同样是不可取的，若没有强大的经济实力与综合国力，完全驻步于意义世界也是无济于事的。

(三)建立激励创新机制，营造文化繁荣氛围

文化中国不仅需要有巨大的文化资源，更需要充分激发文化发展的活力，建立文化激励机制，培育文化创造力。“发展社会主义文化，必须继承和发扬一切优秀的文化，必须充分体现时代精神和创造精神，必须具有世界眼光、增强感召力。”①美国是一个历史短暂、文化资源并不丰富的国家，它之所以能成为世界头号文化强国，根本原因在于它能不断吸纳不同民族和国家的文化资源为其所用并建立与之相适应的文化创新机

① 江泽民：《论“三个代表”》，北京：中央文献出版社，2001年，第160页。

制，鼓励并培育了国民不断追求创新的文化精神。当前我国文化建设需要创新的方面很多，但从创新内涵与创新形式上下功夫则是十分重要和迫切的。就目前创新三种形式而言(即原始创新、集成创新和消化吸收再创新)，我国文化创新应该在不断加强消化吸收再创新方面继续做出努力外，更要向集成创新特别是原始创新方向推进。当然，创新精神的培养和创新成果的开发与利用也需要有创新思路，需要不断培育创新主体、完善创新制度和建立创新生态。正如十八届三中全会《决定》指出的那样，创新工程的推动，需要"建立健全鼓励原始创新、集成创新、引进消化吸收再创新的体制机制""建设国家创新体系"。文化中国建设还需要培育尊重文化、追求文化和崇尚文化的氛围。文化既是外在的，又是内在的；文化既是外表，又是内涵。若只把文化当成一种利用工具或只用它粉饰门面，那文化对人来说永远只是外在的东西。只有把文化既当成外在力量，又当成内心需求，真正化为品行修养和品位情操，那时文化才能真正成为一种形象。人活着是要有点精神的，这里的精神不仅是指实现民族国家繁荣富强以及人类和平发展的社会理想追求，也指个人人格理想追求。无论是社会理想还是个人人格理想，除了需有充分的认知外，还需要认真培育和精心滋养。中国传统文化在这方面有丰富资源，应该在马克思主义思想指导下正确有效地挖掘并利用这些资源。孟子在讲人格修养时，就曾讲到过"善、信、美、大、圣、神"多个层次，并认为"人皆可以为尧舜"。意义世界的建构仅靠认知和内心追求还不够，还需要通过营造浓厚的文化氛围和环境氛围来实现。只有让人们在广泛的人际交往中感受到正当"利"的作用的同时，还切实感受到"义、礼、信、情"的作用和"良知"的力量，一个真正的意义世界才算凸显出来。对于营造文化环境氛围来说，要善于利用文化的象征意义和节日特别是重大传统节日的情感意义。对于"象征"，文化人类学家格尔茨这样解释说："象征符号一直用来指称不同的事情，而且经常是同时指称多种事情。……所有这些都是象征符号，至少是象征成分，因为它们都是概念的可感知的形式，是固化在可感觉的形式中的经验抽象，是思想、态度、判断、渴望或信仰的具体体现。”[①]由于象征是可感觉的思想形式，它的广泛运用和存在，会让人们真正感受到无处不在的思想力量。由于节日可烘托氛围，渲染气氛，因而它可以达到纯洁心灵和净化情绪的作用。

总之，文化中国既是对整体中国而言，也是对每个中国人而言。若只是国家强大、内涵丰满、气韵生动，个人品味、气质和修养欠缺，那也不是真正意义上的文化中国。文化中国是真正硬实力和软实力集于一身的感性形象，它需要国家与个人的共同努力和不懈追求。

本文发表于2014年第1期

① [美]克利福德·格尔茨著，韩莉译：《文化的解释》，北京：译林出版社，2008年，第111-112页。

我们需要什么样的“文化自觉”

李维武*

随着文化建设日益受到重视并成为中国特色社会主义现代化建设的一个重要组成部分，“文化自觉”也成为当前文化建设的一个标志性观念，受到广泛的重视和使用。但是，我们所提倡的“文化自觉”应当包含哪些内涵？换言之，我们需要什么样的“文化自觉”？这却是一个颇有争议的问题，在当下的中国思想界对此有着不同的看法。比如，有学者认为，只有以当代儒家自命，宣示“消失了将近一个世纪的儒家的复辟与回归”，才算得上是“理直气壮的文化自觉”①；也有学者认为，近百年中国文化开展本身就经历了“近代中国文化自觉的历程”，因而必须强调“五四新文化运动是中国近代文化自觉的一座丰碑”②。很显然，这两种对“文化自觉”的理解大相径庭，甚至可以说是针锋相对。由此可见，我们在提倡“文化自觉”的时候，有必要对“文化自觉”的内涵进行深入探讨，清楚地说明我们需要什么样的“文化自觉”。这一探讨和说明，不仅在于厘清“文化自觉”的观念，更在于阐明当代中国文化建设的方向，具有理论和实践的双重意义。

一、“文化自觉”需要自觉文化建设的重要性

“文化自觉”，首先有一个基本前提，就是自觉文化建设的重要性。如果在这一点上缺乏自觉，看不到文化建设的重要性，在理论上和实践

---

* 李维武，武汉大学哲学学院教授。

① 朱杰人：《理直气壮的文化自觉——读〈何谓普世？谁之价值?〉》，载《中华读书报》，2013年3月6日。

② 张昭军：《近代中国文化自觉的历程》，载《光明日报》，2012年11月22日。

中轻视甚至忽视文化建设，“文化自觉”就无从谈起。因此，自觉文化建设的重要性，是“文化自觉”的内涵之一。

在谈到文化建设的重要性时，有一个对“文化”概念的理解问题。“文化”概念有着广义与狭义的区分。广义“文化”概念，指人类所进行的物质和精神的创造及其全部成果，包含了经济、政治、社会生活、思想观念等各方面内容；狭义“文化”概念，则专指人类所进行的精神创造及其成果，仅包含思想观念的内容，而不包括经济、政治、社会生活的内容。毛泽东在《新民主主义论》中指出：“一定的文化（当作观念形态的文化）是一定社会的政治和经济的反映，又给予伟大影响和作用于一定社会的政治和经济。”①在这里，他把狭义的“文化”称为“观念形态的文化”，认为观念形态文化是人类创造活动中不同于经济、政治的内容，既建立在一定社会的经济和政治基础之上，又反过来影响和作用于一定社会的政治和经济。这就清楚地阐明了狭义“文化”概念。这种狭义“文化”概念，比广义“文化”概念，往往更多地为人们所使用。特别是在具体说明人类创造活动的各方面内容及其相互关系的时候，人们往往使用狭义的“文化”概念。我们讲的文化建设，正是指与经济建设和政治建设相对应的观念形态文化建设；文化建设的重要性，也就是在重视经济建设和政治建设的同时必须重视观念形态文化建设。与这些相关联，“文化自觉”也是指这种观念形态文化的自觉。

从狭义“文化”概念出发，可以清楚地看到经济、政治与观念形态文化之间呈现出两重关系。首先，是一个决定与被决定的关系，即一定的观念形态文化总是建立于一定社会的经济和政治基础之上的，总是由一定社会的经济和政治基础所决定的。同时，又是一个“硬”与“软”的关系，即经济和政治基础因其包含着更多更主要的物质因素，如生产力、生产关系、国家机器等，往往显示出“硬”的一面，而观念形态文化则因其主要是思想因素，如道德、文学艺术、意识形态等，往往显示出“软”的一面。这样就使得在以经济建设为中心的时代，人们更容易把自己的关注点和着力点放在起决定作用的“硬”的经济建设上面，而轻视甚至忽视不起决定作用的“软”的文化建设。在 30 多年的改革实践中，我们就曾出现

---

① 《毛泽东选集》，第 2 卷，北京：人民出版社，1991 年，第 663-664 页。

过这样的偏差，如“一手比较硬，一手比较软”的现象、“文化搭台，经济唱戏”的提法。这些现象和提法，实际上都反映了在注重经济建设时对文化建设的忽视。

通过长期的改革实践，通过对文化建设正反两方面经验的总结，我们对文化建设重要性的认识已获得了新的提升，这些偏差已逐渐在理论上和实践中得到纠正，从而形成了我们的新的文化自觉。2011 年，党的十七届六中全会通过了《中共中央关于深化文化体制改革推动社会主义文化大发展大繁荣若干重大问题的决定》，明确提出：“我们必须抓住和用好我国发展的重要战略机遇期，在坚持以经济建设为中心的同时，自觉把文化繁荣发展作为坚持发展是硬道理、发展是党执政兴国第一要务的重要内容，作为深入贯彻落实科学发展观的一个基本要求，进一步推动文化建设与经济建设、政治建设、社会建设以及生态文明建设协调发展，更好满足人民精神需求、丰富人民精神世界、增强人民精神力量，为继续解放思想、坚持改革开放、推动科学发展、促进社会和谐提供坚强思想保证、强大精神动力、有力舆论支持、良好文化条件。”①2012 年，党的十八大进一步明确提出全面落实经济建设、政治建设、文化建设、社会建设、生态文明建设五位一体总体布局。② 这些表述都清楚表明，我们党和政府已经深刻认识到文化建设的重要性，并在中国特色社会主义现代化建设中把文化建设放到了极其重要的位置。值得注意的是，这两段文献在强调文化建设的重要性时，都使用了“自觉”一词。从这里也可以看出，“文化自觉”首先应当包含自觉文化建设的重要性，应当以自觉文化建设的重要性为基本前提。

二、“文化自觉”需要自觉各民族文化的民族性

“文化自觉”的内涵，不仅是自觉文化建设的重要性，而且更主要的是自觉文化的特性。文化作为观念形态，一个重要的特性就在于具有鲜

---

① 《中共中央关于深化文化体制改革推动社会主义文化大发展大繁荣若干重大问题的决定》，载《人民日报》，2011 年 10 月 26 日。

② 胡锦涛：《坚定不移沿着中国特色社会主义道路前进为全面建成小康社会而奋斗》，载《人民日报》，2012 年 11 月 18 日。

明的民族性，即各个民族的观念形态文化都包含着本民族在漫长历史岁月中形成的个性特征，显示出本民族与其他民族在精神生活上的差异与区别。因此，“文化自觉”需要自觉各民族文化的民族性。费孝通在 20 世纪 90 年代后期提倡“文化自觉”观念时，就已对这一点做了说明。他说：“我想当前的新风气就是文化自觉，各民族开始要求自己认识自己的文化，提出一系列的问题：为什么我们这样生活？这样生活有什么意义？怎样发展下去？”①

具体到今天的中国人，这种“自己认识自己的文化”，当然就是自觉中华文化的民族性。这种对中华文化民族性的自觉，包括了多方面的内容，其中有两个方面对今天的中国人尤其具有重要意义：一是对中华文化传统的重视，二是对民族文化身份的认同。

(一) 中华文化传统问题

观念形态文化作为人类所进行的精神创造及其成果，其形成与发展都与不同民族的精神生活直接相关联，鲜明地打上了不同民族精神生活的印记。一个民族的精神生活，所关涉的是这个民族的内在世界，特别是这个民族的价值观念和生活态度，因而与这个民族的经济生活、政治生活相比，往往最能体现这个民族自身的风貌、特点与性格。而不同民族的精神生活，又在漫长历史岁月中积淀为文化传统，形成了具有世代传承的精神内核和民族根性，鲜明地显示出不同民族在精神生活上的差异和区别。因此，只有深刻理解和积极承继了一个民族的文化传统，才能真正了解这个民族的精神生活，进入这个民族的心灵深处。一个民族对外来思想的接受，也需要寻找和发现外来思想与本民族文化传统的结合点，使外来思想通过理解和承继本民族的文化传统而逐渐民族化，最终由外来的东西变成本民族的东西。在中国古代历史上，中国人对印度佛教思想的接受，经历了这一过程；在中国近代历史上，中国人对马克思主义的接受，也同样经历了这一过程。1938 年 10 月，毛泽东在党的六届六中全会上提出“马克思主义的中国化”②著名论题时即指出：“成为伟大中华民族的一部分而和这个民族血肉相联的共产党员，离开中国特点来

① 费孝通：《文化与文化自觉》，北京：群言出版社，2010 年，第 178 页。

② 《毛泽东选集》，第 2 卷，北京：人民出版社，1991 年，第 534 页。

谈马克思主义，只是抽象的空洞的马克思主义。”[①]他提醒中国共产党人：“我们这个民族有数千年的历史，有它的特点，有它的许多珍贵品。对于这些，我们还是小学生。今天的中国是历史的中国的一个发展；我们是马克思主义的历史主义者，我们不应当割断历史。从孔夫子到孙中山，我们应当给以总结，承继这一份珍贵的遗产。这对于指导当前的伟大的运动，是有重要的帮助的。”[②]这就明确指出，尽管马克思主义是一种世界性的先进思想，但只有寻找和发现马克思主义与中华文化传统之间的结合点，使中国马克思主义具有鲜明的中华文化的民族性，才能使马克思主义走进中国人的心灵深处，并在中国思想界取得领导地位。

（二）民族文化身份问题

自 19 世纪以来，发端于西方的全球性现代化运动不断扩张，把世界上的近代非西方民族国家都或先或后卷入这一运动中来，使得不同民族国家在经济生活和政治生活中有了越来越多的共同性，如采用工业大生产、建立市场经济体制、选择民主政治制度、设立联合国处理复杂的国际问题、通过互联网加速信息交流等，以至于分散在世界各地的人们形成了空前的密切联系，产生了“地球村”观念。这一世界历史的大趋势，给非西方民族国家的发展带来了两重性：一方面，发展中的非西方民族国家可以通过这一运动充分吸取西方现代化的合理内容和积极成果，从而加速自身的现代化进程；另一方面，发展中的非西方民族国家在这一运动中必然会遭遇西方文化的优势和霸权，从而自觉或不自觉地全面认同西方文化，特别是把西方文化的价值观念和生活态度作为普世性文明成果加以接纳，以致失去自己的民族根性和民族身份。正是这样，为了对抗西方文化的优势和霸权，发展中的非西方民族国家在尽可能地吸取西方文化的一切长处的同时，必须尽可能地保持自己的民族特色，包括保持自己的语言、自己的文字、自己的历史、自己的提问与思考的方式、自己的价值观念和生活态度、自己的民族精神，即尽可能地保持自己的文化内容与文化传统，以保持自己的民族文化身份。这就使得民族文化身份认同在今天具有了特别的意义。经过 30 多年改革开放的中国，在今天

---

① 《毛泽东选集》，第 2 卷，北京：人民出版社，1991 年，第 534 页。

② 同上书，第 533-534 页。

同样面临着这一时代问题。我们通过对外开放，自觉地融入了全球性现代化运动，成功地推进了中国现代化进程；而与对外开放相伴随，西方文化也大量涌入中国，西方文化的价值观念和生活态度在中国产生了相当大的影响，甚至对社会主义主流文化构成了挑战和威胁。如何在全球性现代化运动中保持自己的民族文化身份，成为关系社会主义中国前途的严峻问题。因此，我们今天尤其需要自觉中华文化的民族性，珍视和承继先人千百年来创造的文化遗产，以此来建设中华民族共有的精神家园，实现民族文化身份认同。

自觉中华文化的民族性，其目的并不在于"发思古之幽情"，而在于"古为今用"，即立足于今天的中国，为了推进马克思主义中国化和中国特色社会主义事业。如果离开了这个目的，那么在中华文化的民族性问题上就会出现偏差，实现不了我们所需要的"文化自觉"。

三、"文化自觉"需要自觉文化发展的先进性

"文化自觉"不仅需要自觉各民族文化的民族性，而且需要自觉文化发展的先进性。文化作为观念形态，既然是建立在一定社会的经济和政治基础之上，那么也就随着经济生活和政治生活的变迁而发展，不可能总是停留在某个历史时期。这就使得一个民族的文化，必然有一个与时俱进的问题；使其具有鲜明的时代性，成为文化的又一个重要的特性。这种文化发展的时代走向，是通过这个民族的先进文化的引导而实现的。因此，自觉文化发展的先进性，以先进文化引导本民族文化发展，成为"文化自觉"的又一个重要内涵。

对于"文化自觉"来说，自觉文化的先进性与自觉文化的民族性是不是相互矛盾呢？回答是否定的。这是因为，文化的民族性是在历史中形成的，也是在历史中变化的；即使是世代相承而相对稳定的文化传统，也经历了由古代文化传统向现代文化传统的转变，有一个传统更新的过程；因此，我们强调文化的民族性，并不是否定文化的时代性，更不是要引导今天的人们回到古代文化传统中去安身立命。费孝通在提倡"文化自觉"时对此有过明确的说明。他指出："文化自觉只是指生活在一定文化中的人对其文化有'自知之明'，明白它的来历，形成过程，所具的特色和它

发展的趋向，不带任何‘文化回归’的意思。不是要‘复旧’，同时也不主张‘全盘西化’或‘全盘他化’。自知之明是为了加强对文化转型的自主能力，取得决定适应新环境、新时代时文化选择的自主地位。”①由此可见，那种把“文化自觉”视为向古代文化传统和儒家价值立场回归的看法，实在是对“文化自觉”的一种误解。

具体到今天的中国，这种文化的先进性体现为中国先进文化。这种中国先进文化，是在鸦片战争后中国社会历史大变动中出现的，是通过中西古今文化的碰撞、交流和融合而形成的，是中国人在现代化追求中所进行的精神创造及其成果。特别是经过 19 世纪与 20 世纪之交从戊戌维新到新文化运动的时代大变动，促成了中国先进文化的全面开展，也促成了马克思主义在中国的传播、发展和中国化，从而形成了以马克思主义为指导思想的中国先进文化。这就使得中国共产党人成为了中国先进文化的直接的继承者和发展者。在《新民主主义论》中，毛泽东明确地指出了中国共产党人所担负的这一文化使命。他说：“我们共产党人，多年以来，不但为中国的政治革命和经济革命而奋斗，而且为中国的文化革命而奋斗；一切这些的目的，在于建设一个中华民族的新社会和新国家。在这个新社会和新国家中，不但有新政治、新经济，而且有新文化。这就是说，我们不但要把一个政治上受压迫、经济上受剥削的中国，变为一个政治上自由和经济上繁荣的中国，而且要把一个被旧文化统治因而愚昧落后的中国，变为一个被新文化统治因而文明先进的中国。”②他在这里所说的“新文化”，也就是我们今天所讲的中国先进文化；他在这里所说的建设“一个被新文化统治因而文明先进的中国”，鲜明地凸显了中国先进文化在文化建设中的主导性；而中国共产党人，正是实现这一文化目标的积极奋斗者。

要对中国先进文化有所自觉，当然涉及许多方面的问题，但有三个问题尤其需要关注：一是中国先进文化与社会主义先进文化的关系；二是中国先进文化与中国传统文化的关系；三是中国先进文化与中国社会历史变迁的关系。

① 费孝通：《文化与文化自觉》，北京：群言出版社，2010 年，第 195 页。

② 《毛泽东选集》，第 2 卷，北京：人民出版社，1991 年，第 663 页。

（一）中国先进文化与社会主义先进文化的关系

关于中国先进文化与社会主义先进文化的关系，毛泽东在《新民主主义论》中通过对鸦片战争以来中国新文化发展的历史考察已做了明确的揭示。他指出，以1919年五四运动为分界线，中国民主革命被区分为旧民主主义革命和新民主主义革命两个时期，中国新文化开展也以此为基础构成了两个不同的历史时期。“在‘五四’以前，中国的新文化，是旧民主主义性质的文化，属于世界资产阶级的资本主义的文化革命的一部分。在‘五四’以后，中国的新文化，却是新民主主义性质的文化，属于世界无产阶级的社会主义的文化革命的一部分。”①在这里，他明确地提出了两种“新文化”概念，一种是资产阶级所代表的旧民主主义性质的新文化，另一种是中国共产党所代表的新民主主义性质的新文化。新民主主义性质的新文化，接续旧民主主义性质的新文化而来，两者都属于新文化的范畴；新民主主义性质的新文化，又不同于旧民主主义性质的新文化，是以马克思主义为其指导思想，属于社会主义文化的一部分。我们今天所讲的社会主义先进文化，正是由这种新民主主义性质的新文化进一步发展而来，因而成为了中国先进文化的前进方向。由此可见，中国共产党人对中国先进文化的积极的倡导和发展，具体地说，就是对社会主义先进文化的积极的倡导和发展。只有由此入手，才能准确地把握中国共产党人与中国先进文化的内在联系，并由此了解中国共产党人所担负的文化使命。

（二）中国先进文化与中国传统文化的关系

由于中国先进文化与中国传统文化呈现出明显的区别，因此不仅被新派人士誉之为“新文化”，而且也被文化保守主义者指责为“反传统”。其实，中国先进文化与中国传统文化的关系具有两方面的内容：一方面，中国先进文化对于中国传统文化来说是质的飞跃，标志着中国文化由古代传统向现代传统的历史性转变，特别是深刻影响了中国人精神生活的马克思主义，更非中国传统文化中的古已有之的内容。在这个意义上说，中国先进文化确实对中国传统文化做出了批判的否定和性质的更新。另一方面，在中国先进文化中也承继了中国传统文化的因素，特别是那些

① 《毛泽东选集》，第2卷，北京：人民出版社，1991年，第698页。

在中国传统文化向中国先进文化转变中起过重要促成作用的传统文化因素，在中国先进文化中保存下来，转化为中国先进文化的有机内容，在今天仍然保持着旺盛的生命活力，如我们今天所讲的“执政为民”“以德治国”“小康社会”，就包含了中国传统文化的民本观念、德治主张和社会理想。在这个意义上说，中国先进文化又确实对中国传统文化予以了积极的继承和现代的转化。只是在这种批判与继承之间，中国先进文化与中国传统文化的关系更多地显示出变革更新的一面。对于这种文化现象，也需要放在具体的历史中加以理解：若不如此，有着几千年厚重历史积累的中国传统文化，不可能在短短一百多年间实现如此巨大的古今之变。因此，把中国先进文化笼统地指责为“反传统”，实为对中国先进文化缺乏历史主义了解的结果。

（三）中国先进文化与中国社会历史变迁的关系

中国先进文化作为一种观念形态文化，其形成和发展当然离不开先进知识分子的创造，但从根本上说还是中国进入新的历史时代的产物，是与鸦片战争后的新的生产力的发展和新的生产关系的出现相联系的。李大钊在当年谈到新文化运动动因时就指出：“我们可以正告那些钳制新思想的人，你们若是能够把现代的世界经济关系完全打破，再复古代闭关自守的生活，把欧洲的物质文明、动的文明，完全扫除，再复古代静止的生活，新思想自然不会发生。你们若是无奈何这新经济势力，那么只有听新思想自由流行，因为新思想是应经济的新状态、社会的新要求发生的，不是几个青年凭空造出来的。”①因此，中国先进文化成为鸦片战争后中国文化开展的大趋势，中国共产党人代表中国先进文化的前进方向，都可以在中国社会历史变迁的根源处找到自己的最深刻的根据。

通过上述三方面关系的论析可以清楚地看出，自觉文化发展的先进性，自觉中国先进文化的重要性，自觉坚持社会主义先进文化的前进方向，同样是“文化自觉”的重要内涵。

---

① 《李大钊文集》，第3卷，北京：人民出版社，1999年，第147页。

四、结论

上文我们对“文化自觉”的内涵进行层层深入的探讨，指出了“文化自觉”包括三个方面的内容：一是需要自觉文化建设的重要性，二是需要自觉各民族文化的民族性，三是需要自觉文化发展的先进性。具体到今天的中国，也就是需要自觉文化建设在中国特色社会主义现代化建设中的重要性，自觉中华文化的民族性，自觉坚持社会主义先进文化的前进方向。唯有如此，才能对“文化自觉”做出完整而准确的理解，也才能真正实现“文化自觉”，即真正做到费孝通所说的“自己认识自己的文化”。如此，我们就不仅从理论上厘清了“文化自觉”的观念，而且在实践上阐明了当代中国文化建设的方向。

本文发表于 2013 年第 4 期

社会转型时期的公共道德建设

双传学*

当前，随着城镇化、市场化进程的不断加速和升级，社会急剧转型、城乡社会结构变迁带来了社会关系、公共领域的巨大变迁，传统乡风礼俗和伦理文化已经不能适应历史变迁的大局。同时，现代社会是流动性社会，公共生活的开放性、异质性、互动性大大提高，尤其是互联网的普及、信息社会的来临使公共生活的内容与形式发生了巨大变化，虚拟社会在现代公共场域中的影响力不断增强，各种问题更加凸显，公共生活变得更为广阔，更加复杂多变。这些问题给现代社会公共领域的治理带来巨大挑战，也对公共道德建设提出了新要求。良好的公共生活是现代社会的核心构件和重要特征，良好的公共生活需要“好公民”，需要激发公共道德。以怎样的方式、用什么样的公共道德引领现代社会生活，助力社会全面转型，成为现代社会治理必须面对的重大课题。为此，特别需要观照社会转型这一突出变量，深入探究公共道德建设主题，以社会主义核心价值观凝聚起全社会共同认同的价值观“最大公约数”，为决胜全面小康、实现中华民族伟大复兴的中国梦布阵筑基。

一

道德有私域的道德和公域的道德之分。私域的道德即私人道德，是指个人品德、作风、习惯以及个人私生活中的道德。公域的道德即公共道德，又称为“公德”“社会公德”，是指存在于社会群体中间的道德，是生活于社会中的人们为了群体的利益而约定俗成的应该做什么和不应该

* 双传学，南京大学马克思主义学院教授。

做什么的行为规范。与“私德”相对，这里的“公德”是指与国家、组织、集体、民族、社会等有关的道德。恩格斯曾说过，公共道德是人们用来调节人对人的关系的简单原则。列宁也认为，公共道德就是“公共生活规则”，是数百年来人们就知道的、数千年来在一切处世格言上反复谈到的、起码的要求。可见，公共道德是全体公民在社会交往和公共生活中必须共同遵守的准则，是社会普遍公认的最基本的行为规范，它本质上是一个国家、一个民族或者一个群体，在历史长河中、在社会实践活动中积淀下来的道德准则、文化观念和思想传统。公共道德对维系社会公共生活和调整人与人之间的关系具有重要作用。如果说私德主要解决的是人们独善其身的问题，公共道德则主要确立公共生活的准则与义务，从而奠定了公共生活品质的德性基础。康德认为：“每一个在道德上有价值的人，都要有所承担，没有承担，不负任何责任的东西，不是人而是物件。”①不难看出，作为道德之人绝不仅仅应该具有自保自爱的“私德”，更应该具有责任担当的“公德”，后者更能体现人的利他性的道德本质。只有公共道德才能从“类存在物”的角度定义人的价值，树立“社会价值第一”的价值定位。因此，“‘个人的’道德品质并不能代替‘公共的’道德品质，因为‘公共的’道德品质不仅意味着一个人具有基本的道德意识和道德行为能力，更意味着一个人具备公共精神、公共理性以及公共品质”②。

社会主义核心价值观包含的三个层次，即倡导富强、民主、文明、和谐，倡导自由、平等、公正、法治，倡导爱国、敬业、诚信、友善，这 24 个字是对当代中国社会公共道德内容的最科学概括。社会主义核心价值观体现了社会主义意识形态的本质要求，体现了社会主义制度在思想和精神层面的质的规定性，凝结着社会主义先进文化的精髓，是中国特色社会主义道路、理论体系和制度的价值表达，是实现中华民族伟大复兴中国梦的价值引领。在社会主义核心价值观中，道德价值十分重要，公共道德价值的地位与作用更为突出。社会主义核心价值观和社会主义公共道德均是社会主义意识形态的重要组成部分，二者相互关联、相互作用。

---

① [德]康德著，苗力田译：《道德形而上学原理》，上海：上海人民出版社，2002 年，“代序”第 7 页。

② 叶飞：《公共交往与公民教育》，北京：人民出版社，2014 年，第 15 页。

社会主义核心价值观和公共道德都是社会主义条件下用以调节和处理人与人、人与集体、人与社会、人与自然之间的相互关系的思想意识和价值观念，都是为了维护一定的社会关系和社会秩序服务的。两者的许多价值原则是内在相通的、一致的，两者之间存在着密不可分的联系。公共道德中的“德目”诸如文明礼貌、助人为乐、爱护公物、保护环境、遵纪守法等与富强、民主、文明、和谐，自由、平等、公正、法治，爱国、敬业、诚信、友善等社会主义核心价值观的“价值目标”内在相通或高度相契。后者处于主导地位，是公共道德建设的价值灵魂和行为标杆，起着引导公共道德建设、弘扬社会主旋律的重要作用，引导人们建立与社会主义本质相适应的公共道德观念。公共道德建设则是社会主义核心价值观建设的重要切入点、载体和依托。公共道德建设能够促进社会大众形成共同的社会理想、信念、世界观、人生观、价值观等，实质上也是认同和践行社会核心价值观的过程。两者相互促进、融为一体，两者应该同步部署、同步推进。

二

中国历经改革开放30多年来的发展，综合国力迅猛增长，大国强国崛起之势已经确立。但是，大国之大，强国之强，不仅在于经济的现代化，更在于人的现代化；不仅体现为经济社会发展的硬实力，还体现为文化与文明方面的软实力、巧实力。尤其是要在新常态背景下保持经济增长与发展的最大活力，拥有一个和谐有序的发展环境，就必须对公共道德的建设发展提出更高要求。具体而言，以社会主义核心价值观为引导推进公共道德建设，具有以下三个方面的重大现实意义。

第一，公共道德关乎经济新常态下经济发展效益质量之提升。人是经济发展中的第一生产力，社会公德是经济发展的不可或缺的精神动力，如果脱离了人的公共道德素养，经济生活必定无法正常运转。德国经济伦理学家彼得·科斯洛夫斯基认为：“事实上经济不是‘脱离道德的’，经济不仅仅受经济规律的控制，而且也是由人来决定的，在人的意愿和选择里总是有一个由期望、标准、观点以及道德现象所组成的合唱在起作用。”[①]美国学者弗朗西斯·福山也认为：“人类的经济生活其实是根植于他们的社会生活之上，不能将经济活动从它所发生的社会里抽离出来，和该社会的风俗、道德、习惯分别处理。简言之，经济无法脱离文化的背景。”[②]改革开放30多年来，中国实现了前无古人的历史性跨越，经济总量跃居世界第二。但是，国人的公德素养却成为“短板”，各种道德乱象十分严重，引起了党和政府乃至社会各界的高度关注。因此，亟需加紧提升社会公德的水平以适应并引领经济新常态，实现“经济的人性化”和“商业的道德回归”。正如彼得·科斯洛夫斯基所说：“在经济行为和经济理论中，也必须得到考虑并反映到经济行为的道德特性上来。”[③]在全球性竞争的新格局中，实现从中国制造到中国创造的“完美转身”，就要从数量、规模的优势向质量、效益的优势转化，以道德经济涵养常态经济，最大程度地提升经济发展的效益和质量。

第二，公共道德关乎和谐文明的公共秩序和社会氛围之构建。公共道德是调节公共生活、对全体社会成员具有普遍约束力的价值信仰和行为准则，是公共生活秩序的价值保障。在现代社会，伴随着公共生活领域的不断扩大，人们相互交往日益频繁，公共道德在维护公众利益、公共秩序和保持社会稳定方面的作用更加突出。公共道德的良好遵循是对公共秩序和公众利益的重要伦理保障。如果人们在社会公共生活中随心所欲、各行其是，整个社会就会处于无序的混乱状态，人民群众就不可能安居乐业，社会和谐和社会发展也就无从谈起。因此，加强社会公共道德建设是社会和谐和社会发展的重要条件。与此同时，良好的公共道德遵循已成为一个社会文明风尚的重要“风向标”，是衡量一个国家或地区社会和谐程度的重要尺度。总之，“好的公共生活能够培育公民良好的公共品质，而具有良好公共品质的公民又能够共同造就好的公共生活，

---

① ［德］彼得·科斯洛夫斯基著，王彤译：《资本主义伦理学》，北京：中国社会科学出版社，1996年，第38页。

② ［美］弗兰西斯·福山著，李宛蓉译：《信任——社会道德与繁荣的创造》，呼和浩特：远方出版社，1998年，第20页。

③ ［德］彼得·科斯洛夫斯基著，孙瑜译：《伦理经济学原理》，北京：中国社会科学出版社，1997年，第259-260页。

实现好生活与好公民的双向良性互动”[①]。

第三，公共道德关乎公共精神的培育和人的现代化之实现。马克思指出：“整个历史也无非是人类本性的不断改变而已。”[②]历史的发展和人的发展总的方向是一致的，但是，不同社会不同时代具有不同的时代精神和价值追求，对社会公德的理解也不相同。现代社会要求其成员具有反映时代特色、适应现代社会的精神追求和品质人格。何谓公共精神？在帕特南的“公民共同体”概念中，包含了公民的参与、政治平等、团结、信任和宽容，以及社团活动情况等内容。所谓“公共精神”就是指在这种共同体中所表现出来的政治平等和对公共事务的积极参与。“公民精神”内涵主要包括信任、宽容、互惠、合作、诚实、团结等公共精神，也包括契约意识、平等意识、规则意识、责任意识、信用意识、法制观念等现代公民意识。[③] 由此看来，公共精神是一种超越一己之利、致力于改善公共生活和建立公共秩序的思想境界和行为态度。有学者指出：“公共精神中的自由、独立、开放、进取等品质本身就是人的现代化的品质要求。”[④]然而，这种品质并不会与生俱来。由于受到传统伦理文化的保守性、血缘—亲情的狭隘性以及市场经济的消极影响，公共精神相对不足。基于此，传统文化必须超越宗族血缘和地缘乡谊，“努力实现传统文化的创造性转化、创新性发展，使之与现实文化相融相通，共同服务以文化人的时代任务”[⑤]。同时，还要以社会主义核心价值观建设为引领，克服市场经济的负面价值观，以此来为提升公共道德建设铺平道路。正如法国哲学家莫兰所说：“我们的社会的原子化需要新的发自内心的团结共生的精神来弥补。”[⑥]总之，培育人的公共道德意识，提升人的公共品质，培育勇于开拓创新、独立的个性品质、坚定的自信心和高度的责任感、自

---

① 冯建军：《公民身份认同与学校公民教育》，北京：人民出版社，2014 年，第 278 页。

② 《马克思恩格斯选集》，第 1 卷，北京：人民出版社，1995 年，第 172 页。

③ 参阅[美]罗伯特·D. 帕特南：《使民主运转起来》，南昌：江西人民出版社，2001 年，第 100-104 页。

④ 刘鑫淼：《当代中国公共精神的培育研究》，北京：人民出版社，2010 年，第 60 页。

⑤ 习近平：《在纪念孔子诞辰 2565 周年国际学术研讨会暨国际儒学联合会第五届会员大会开幕会上的讲话》，北京：人民出版社，2014 年，第 11 页。

⑥ [法]埃德加·莫兰著，陈一壮译：《复杂性思想导论》，上海：华东师范大学出版社，2008 年，第 100 页。

尊和尊重他人的现代人格，有利于培育人的公共精神、公共理性和现代人格，实现人的现代化。

三

虽然从总体上看我国公共道德建设取得了长足进步，道德建设“爬坡”有力，但“实然”与“应然”、“存在”与“本质”之间仍存在着较大差距。具体说，公共道德建设依然存在三个明显的“短板”：一是公共道德建设与经济发展水平不完全适应。经济发展与科技进步拓展了更加广阔的公共生活空间，为公共道德的进一步提升创造了良好条件，但也使公共道德表现出一定程度的不适应，观念文化变迁慢于物质文化与科学技术变迁的“文化堕距”现象相对突出，“硬件很好，软件不行”的文化病灶比较明显。二是公共道德建设与社会发展水平不完全适应。现代社会，公共生活的开放性、异质性、互动性大大提高，尤其是互联网的普及、信息社会的来临使公共生活的内容与形式发生了巨大变化，虚拟社会在现代公共场域中的影响力不断增强，各种问题更加凸显。这些都对公共道德建设提出了新要求。三是公共道德建设与人的现代化要求不完全适应。公共道德中蕴含着公共精神，而公共精神缺失影响人的思想观念现代化。很多学者认为中国传统社会缺乏“公共精神”，而随着市场经济条件下个体主义的兴起，特别是当“为自己而活”成为一些人的生存策略乃至道德理想的时候，公共精神的成长通道更为狭窄。此外，公共道德缺位也影响社会关系现代化。公共道德缺位极易导致极端个人主义泛滥，进而影响社会良性运行。现代人的人格缺陷也影响人的行为方式现代化。改革开放以来，随着人们主体意识的觉醒，个体人格的特殊性得到承认和尊重，但因循守旧、相信命运等“传统人”的人格特征在一些人身上依然表现得十分明显。这些人格特征驱使人的行为方式偏离现代化方向。[①] 具体而言，导致当下公共道德建设中上述问题的原因主要有以下三个方面。

第一，社会标杆群体的价值传导效应不够彰显。公共道德在本质上是调节公共关系的行为准则，公共道德行为比一般道德行为更具公共性、

---

① 双传学：《建设现代社会的一项基础工程》，载《人民日报》，2015 年 12 月 30 日。

社会性、示范性特征。公务员、企业家、知识精英、文化名流等是社会公众人物，他们站在社会舞台最前沿，占有更多资源，拥有更大话语权，是社会大众高度关注的对象，他们的一言一行都会对社会大众产生巨大的示范效应，必然成为公共道德生活领域极具示范效应和引领作用的标杆群体。注重发挥标杆群体的道德引领功能与价值传导效应，强化对他们的道德约束，对他们提出更高的道德要求，是现代社会公共道德建设的共同经验。在当下中国，社会标杆群体中的绝大多数人严于律己，自觉地践行公共道德，但仍有一小部分人忽视自己的道德责任担当，甚至起到极坏的负面道德作用，产生恶劣的社会影响。例如，公务员群体中的公权力道德，它“发生在掌权者行使公共权力、服务社会公众的过程中，是一种公共性的、公务性的和公权性的伦理道德”①。公权力道德在公共道德领域具有重要的社会引导作用，可以说，公共权力道德是引领公共道德的风向标，公权力的道德信用是整个社会信用体系的核心和支柱。官德与社会风尚的耦合，进一步放大了官员道德公共效应。当前，一小部分官员腐败现象成为社会公众的关注热点，对社会公共道德生活造成了深刻的负面影响，尤其是伴随网络时代的传播效应，一个小范围的官德污点事件往往在极短时间内诱发成现象级的公共道德大事件，给整个社会的道德风貌带来极大冲击，影响了社会道德水平的整体提升。

第二，社会公共空间的道德教化功能较弱。公共道德的生成离不开道德教化。所谓道德教化，就是运用理想信念、伦理道德、高尚人格等人类文化造就的一系列优秀成果引导人、塑造人、鼓舞人，进而为人们设置意义世界、创立精神家园的一种教育、感化活动，它是人文精神在现实世界的投射与再建构。正如哈贝马斯所言，现代性是“一项尚未完成的谋划”，公共道德同样是以其开放性、商谈性、教化性展现其现代性的向度。但是，从实际来看，主要以公共生活形式呈现出来的公共空间并未能充分突显现代性的取向。当代中国正处于社会转型的大变革时期，许多传统道德逐渐失去效力，而现代道德特别是公共道德尚未完全确立，出现了所谓的公共道德“真空”或乱象。例如，一些人缺乏公共空间意识，甚至刻意模糊公域与私域边界，对公共道德没有敬畏之心；一些人把市

---

① 孟兆武：《浅议行政权力的亲和性与强制性》，载《道德与文明》，2003年第1期。

场经济原则简单理解为个人利益最大化，误读财富的道德真理与伦理本性，挑战社会主义核心价值观基本原则。近年来，在食品安全、环境污染、公共安全等领域爆发的一些事件既是个人道德缺失的表现，更充分暴露公共道德失范所诱发的社会风险。长期以来，个体德性的道德教育一直是我们强调的重点，实际上这种道德教育模式的最大弱点在于没有认识到，任何作为道德主体的个人都是在特定的伦理场域中活动的，公共空间的道德教化理应成为也必须成为公共道德建设的重点任务。

第三，制度化约束与非制度化涵育协力机制偏软。德性始于教化，成于规范。德法并用是推进公共道德进步的基本原则和有效手段，也是国际上的普遍经验。公共道德作为一种社会通行的公共规范与行为准则，本质上与制度所具有的规范性、稳定性与公平性自洽相融，公共道德建设除了要发挥道德理性、个体自律外，更加需要以制度理性推动公共道德沿着相对明确和固定的方向稳步前进，从而实现教育和管理、自律和他律的有机结合。但是，客观上讲，在公共道德建设过程中，相关的法律、政策和规章制度失之于宽、失之于短、失之于软的现象比较突出。所谓失之于宽，就是泛泛而谈，对象不明，职责不清。所谓失之于短，就是缺少相应的道德规范，形成制度空白。很典型的就是对网络空间的公共道德规约问题。互联网的兴起既促进了人们之间的信息沟通与共享，同时也为舆论狂欢盛宴拉开了序幕，任何不满都可以以或真实或虚拟的身份在网络上发泄，使压抑的情绪得到极大释放，但是，如果没有道德层面的规范与约束，网络空间很有可能就成为侵犯公共道德的“跑马场”。我们常常看到一些网络事件极大地触犯了公共道德，在真相不停翻转的背后是对公共道德的随意戏谑，往往不仅穿越了个人道德的底线，更挑战与考验公共道德的底线。在这里，就不仅需要个人的道德自律，更需要以规范约束为人们的网上道德行为划定制度红线，进而通过非制度因素与制度化因素的同向发力，共同构建一个清朗的网上公德空间。所谓失之于软，主要是制度约束缺乏刚性，缺乏力度。制度化约束与非制度化涵育协力机制偏软，从大的方面来看，与我国法治国家、法治社会建设的水平还不高有关系；从具体方面来看，也与公共道德本身的复杂性有关，事实上，并非所有的道德都适合制度化，这需要我们在实际工作过程中进行具体分析。

四

党的十八大以来，党和政府高度重视思想道德文化建设，为全面建成小康社会实现中华民族伟大复兴提供精神动力、智力支持和思想保证。“国无德不兴，人无德不立”；“引导人们向往和追求讲道德、尊道德、守道德的生活，形成向上的力量，向善的力量”；“只要中华民族一代接着一代追求美好崇高的道德境界，我们的民族就永远充满希望”等等讲话，都反映了我们党对道德对兴国立人重要战略意义的肯定和重视。与此同时，我们党非常重视社会主义核心价值观建设，注意价值观融入社会生活，“一种价值观要真正发挥作用，必须融入社会生活，让人们在实践中感知它、领悟它”①。推进公共道德和社会主义核心价值观建设意义重大，需要在后者的引领下，将两者有机统一起来，共同服务于民族伟大复兴中国梦的实现。具体而言，以社会主义核心价值观引领公共道德建设的“路线图”主要关涉三点。

第一，树立价值标杆，在引领价值传播中为公共道德建设“铸魂”。当代中国的公共道德建设，必须以社会主义核心价值观为价值灵魂和主臬，树立价值标杆，引领社会的价值导向，分清善恶良莠，否则，公共道德建设就会迷失方向。社会主义核心价值观与公共道德密切关联，前者是后者的灵魂和指针，后者是前者的体现与载体，加强公共道德建设，可以为社会主义核心价值观建设提供可靠的载体和实践依托。在引领价值传播中涵养公共道德需要做到两点：一方面，应把公共道德涵养与社会主义核心价值观建设紧密结合起来，大力加强公共道德、公民美德、公民品格教育，涵养人的“公共心”，凝聚当代中国的价值公约数。公共道德具有鲜明的价值指向，本质上它是理性化的道德品质，因而它的培养需要自觉的意识，需要教育熏陶。公民道德教育可以引导公民总结公共生活经验，确立和形成公共理念和公共良知，也可以引导、推动与激发公民将公共知识转化为公共情感、一致的公共信念以及公共生活态度

① 中共中央文献研究室：《习近平关于全面深化改革论述摘编》，北京：中央文献出版社，2014年，第89页。

和行为取向。另一方面，通过“生活逻辑”的实践转化、发挥标杆群体先导作用、推动优秀传统文化“现代化出场”以及实施立体化传播等方式，实现公共道德涵养的全方位、全天候、全覆盖。人的公共道德品质不可能一蹴而就，不是一朝一夕可以养成，同时，它也不是通过单纯的教育和知识学习就能获取的，从根本上说，它是在公共生活实践中通过学习标杆群体以及涵养培育等途径逐步习得的。特别是中国优秀传统文化蕴含的丰富的哲学思想、人文精神、教化思想、道德理念等，可以为人们认识和改造世界提供有益启迪，可以为治国理政提供有益启示，可以为道德建设提供有益启发。对传统文化中适合于调理社会关系和鼓励人们向上向善的内容，我们一定要结合时代条件加以继承和发扬，赋予其新的含义。要“讲清楚中华优秀传统文化是中华民族的突出优势，是我们最深厚的文化软实力”①。

第二，建构文明家园，不断优化公共生活和公共空间。涵养公共道德离不开良好的公共空间和社会氛围，因此，加强公共道德建设，需要在社会主义核心价值观的引领下打造文明家园，在优化公共空间过程中通过人的实践活动来进行。实际上，公共空间不只是一个地理概念，优化公共空间更应关注进入公共空间的人及其广泛参与、交流与互动。公共空间中的讨论、协商，有利于公共精神和公共道德的演化形成。毫无疑问，作为社会主义国家，思想道德文化建设应该始终坚持社会主义先进文化前进方向，始终把社会效益放在首位，始终坚持以社会主义核心价值观为价值牵引力，把握好意识形态属性和产业属性、社会效益和经济效益的关系，在追求经济效益的同时，要始终重视社会效益，无论改什么、怎么改，导向不能丢，阵地不能丢。在现代社会，社会组织是人们关联互动的重要场合与纽带，促进社会组织健康有序发展对于优化公共空间具有重要意义。同时，还应积极为人们平等参与各类公共事务创造平台、条件和机会，尤其应推动基层社会治理领域的公民参与，不断增强他们对现代社会生活的归属感、认同感。营造清朗的网络空间对于涵养公共道德越来越重要，要把网络空间建设有效纳入公共空间建设工作体系，不断加大投入，让网络空间成为公共道德建设的坚强阵地。

① 《习近平谈治国理政》，北京：外文出版社，2014 年，第 155 页。

第三，推进制度创新，为公共道德提升提供制度保障。要以社会主义核心价值观为指导来铸造体现社会主义核心价值观的“科学”的制度，构建涵盖宏观和微观的制度体系，以此为公共道德建设保驾护航。制度是培育公共道德的重要保障，在公共道德的涵养中具有根本性、全局性作用。建立科学的积极的制度，能降低道德风险、促进社会生活和公共生活有序发展。邓小平曾经指出：“制度好可以使坏人无法任意横行，制度不好可以使好人无法充分做好事，甚至会走向反面。”①因此，“我们要坚持以实践基础上的理论创新推动制度创新”②，应完善有助于涵养公共道德的制度体系，发挥其公共道德引导与社会行为约束作用，更好促进社会关系的现代化和公共空间的有序化。对公共生活领域中的败德行为，应善于从制度层面从严治理，让思想教育的软约束与制度规范的硬杠杠同时发力、同向发力、刚柔并济，以双轮驱动为涵养公共道德提供持久动力。要加强和完善法律制度，“法律的生命力在于实施”③。贯彻执行法规制度关键在真抓，靠的是严管。加强法规制度建设，必须一手抓制定完善，一手抓贯彻执行。要强化公共领域和公共生活的法规制度意识，“要坚持制度面前人人平等、执行制度没有例外”④，在全社会开展关于公共生活的法规制度宣传教育，引导广大公民牢固树立法治意识、规则意识、公共意识，形成尊崇、遵守和捍卫制度的良好氛围。

本文发表于 2016 年第 3 期

---

① 《邓小平文选》，第 2 卷，北京：人民出版社，1994 年，第 333 页。

② 习近平：《紧紧围绕坚持和发展中国特色社会主义学习宣传贯彻党的十八大精神——在十八届中共中央政治局第一次集体学习时的讲话》，北京：人民出版社，2012 年，第 5 页。

③ 习近平：《在庆祝全国人民代表大会成立 60 周年大会上的讲话》，北京：人民出版社，2014 年，第 10 页。

④ 习近平：《在党的群众路线教育实践活动总结大会上的讲话》，北京：人民出版社，2014 年，第 18 页。

“微时代”背景下核心价值观培育路径探究*

张筱荣　王习胜**

中国互联网络信息中心（CNNIC）发布的第37次《中国互联网络发展状况统计报告》显示，截至2015年12月，中国网民人数已达6.88亿，网络普及率达50.3%。其中，手机网民人数达6.20亿，其在网民中的所占比例已由2014年的85.8%上升至90.1%。① 手机网民的持续增长促进了手机端各类应用的发展，成为当前中国网络发展一大显著特征。通过手机“微介质”传播“微内容”的微传播方式，早已悄然进入了人们的日常生活。微博、微信、微视频等各类微媒体蓬勃兴起，微社交、微阅读、微购物、微医疗等各类微应用迅猛发展，它实际上是在宣告“微时代”的到来。“微时代”如何使社会主义核心价值观24个字真正渗透进人们的头脑，并指导人们日常的生活实践，关涉社会主义核心价值观在“微时代”能否被内化为主体的精神追求及行为动力。

一、“微时代”的内涵及主要特征

“微时代”是在移动互联网、大数据、云计算等技术快速发展的背景下，以数字通信技术为基础，通过新型的、便捷的移动智能终端，运用文字、语音、图像、视频等多种方式，进行简洁高效、即时互动的信息

---

* 本文系安徽省弘扬核心价值观名师工作室项目“张筱荣工作室”（项目编号：Szzgjh1-2-2018-10）和安徽省教育厅人文社科重点项目“治理理论视阈下的网络社会及其治理能力建设研究”（项目编号：SK2015A376）的研究成果。

** 张筱荣，安徽师范大学马克思主义学院博士研究生、安徽中医药大学药学院副教授；王习胜，安徽师范大学马克思主义学院教授。

① 中国互联网络信息中心：《第37次中国互联网发展状况统计报告》，http：//www.cnnic.net.cn/hlwfzyj/hlwxzbg / hlwtjbg / 201601 / P020160122444930951954.pdf.

传播时代。“微时代”是与传统大众传播时代相对应的一个时代。从价值诉求来看，传统大众传播时代是一个追求宏大叙事、精神超越的时代，比较关注群体的共性追求；而“微时代”则是一个关注碎片叙事、世俗生活的时代，比较注重个体的个性需求。

与传统大众传播相比，“微时代”呈现出了独有的特征：一是网络的泛在化。得益于移动互联网和各类移动智能终端尤其是手机的发展，“微时代”的人们一般可在任何地点和任何时间获取网络服务。终端、平台、应用，加上大数据，构成了“三位加一体”的泛在化网络，人们终日处于泛在化的网络之中，传统时期所设想的随时随地获取信息已经成为现实。二是信息的碎片化。“微时代”的各类传播媒体一般都会受到字数或界面的限制，所以常常以碎片化的片段信息来陈述事实。这种信息常常会是一段文字、一张图片甚至可能是一个表情符号，其基本特征便是零散化和间断性。信息一旦发布，不管有没有阅读价值，都会成为微空间里的一个碎片。三是传播的裂变化。在“微时代”的网络环境中，一人发布信息，他的好友或粉丝会首先看到，然后以每一个人为原点继续裂变式地扩散传播信息。一个人发布信息，一群人获取信息，而这一群人当中的每个人又会成为单独的次信息源，使信息成几何数量增长，这种传播速度远远高于传统大众传播时代。四是文化的世俗化。“微时代”的人们更加关注世俗生活中的微小事件，“晒”已成为微文化的一个显著表征，晒自拍、晒工资、晒旅游，凡是和“微民”世俗生活相关的内容几乎无所不包。“微民”们正在以一种碎片叙事的方式随时随地抒发自己的人生体验，试图创造出属于“微民”群体的话语和仪式。五是价值的多元化。“微时代”的中国正处于经济社会转型期，人们的利益逐渐出现分化，价值观念不断趋于多元化，价值判断和价值选择的自由度大大增加，一些非主流的价值观念借助微媒体的自由传播开始大量涌现，这使得微空间充斥着各种各样的价值观念。六是社会的扁平化。微媒体的社交性和匿名性使得任何人都可以一种符号化的形式生存于微空间中，这种生存因身份上的一致符号化彻底打破了传统社会阶层、等级、地位的划分，同时又赋予了每个人最大的网络话语权，从而使得扁平化的社会结构在“微时代”得以实现。

二、“微时代”背景下培育核心价值观面临的机遇与挑战

(一)“微时代”为核心价值观培育提供了新的载体和路径

1. 提高核心价值观的亲和力

“微时代”以其传播主体平民化、传播内容生活化、传播形式简洁化的优势，提高了社会主义核心价值观的亲和力。一是信任感带来的亲和力。“微民”在微博、微信上所关注的大多是自己较为熟悉或信任的人，通过彼此间的互粉或加为好友，信息发布者与接受者之间建立了较为稳定的信任关系，所以微空间的社会主义核心价值观传播更易得到人们的接受与认同。二是社交性带来的亲和力。社交性是微媒体的鲜明的特征，“微民”在微媒体上可以通过互粉、点赞、转发、评论等方式与自己感兴趣的对象进行互动交流，享受人际交往的乐趣。社会主义核心价值观在微媒体上的社交化传播可以拉近党和政府与“微民”间的距离，增进彼此间的亲近感。三是生活化带来的亲和力。微媒体通过生活化的话语方式和生活化的传播内容，把个体外在的宏大空间转化为自我感受的微观空间，使得“微民”更加关注个体生活的情感体验。社会主义核心价值观在微媒体上的生活化传播明显增强了其传播的亲和力，同时也提高了“微民”对社会主义核心价值观的认同度。

2. 增强核心价值观的吸引力

微媒体是一个集社会交往、咨询服务、休闲娱乐功能于一体的综合性舆论平台，趣味性是其鲜明的特色，也是其受到“微民”青睐的重要原因之一。相对于传统大众传播媒体而言，社会主义核心价值观在微媒体平台上的传播具有更强的吸引力。一是信息内容的吸引力。微媒体上的信息内容大都是“微民”在世俗生活中的所见所闻，如购物、美食、运动等微小事件，这些事件与传统大众传播时代多关注的宏大主题相比，更加契合“微民”的心理需求，所以容易引起“微民”围观并快速转发。二是传播形式的吸引力。微媒体在传播信息时使用了文字、语音、图片、视频等多种技术，这些技术常常不是单一地进行使用，大多是通过组合运用以给“微民”带来强烈的感官刺激，激发了他们互动参与的欲望，这是微媒体传播形式的吸引力所在。三是教育方式的吸引力。“微时代”的社

会主义核心价值观传播实际上是一种隐性教育，它通过内隐的、间接的方式，将社会主义核心价值观传递给“微民”，让“微民”每天在刷微博、看微信的过程中不知不觉地受到教育，从而产生对社会主义核心价值观的认同。

3. 提升核心价值观的渗透力

微媒体平台上信息传播是裂变式扩散的，所以可借助微媒体这种传播上的优势，将社会主义核心价值观文化产品(包括文字产品、语音产品、图片产品、影视作品等)渗透到“微民”的世俗生活中去，潜移默化地影响“微民”的价值观念、思维方式和行为选择。一是对价值观念的渗透。微传播的核心是价值观念，如“当代雷锋”郭明义的微博自 2011 年 3 月开通至今，粉丝已达 2119.7 万人，产生了巨大的传播效果。粉丝在关注郭明义这些“红色大 V”的信息的同时，其价值观念不知不觉中受到影响，并不断扩大这种价值观念的影响。二是对思维方式的渗透。传统大众传播时代的思维方式是线性的，即直线型、单向度的，信息必须遵循发布者的思路，沿着一定的逻辑方向发展，鲜有变化。而微媒体的传播则允许信息进行各种各样的排列组合，其思维方式则是非线性、多向度的。这种思维方式使得社会主义核心价值观的传播可以进行多向度的扩展，改善了社会主义核心价值观传播的效果。三是对行为选择的渗透。微媒体为“微民”的社会交往开辟了一个新天地，它使得人际交往的空间由现实空间不断向虚拟空间深度拓展，“上班路上刷微博，相互沟通用微信”。在微社交的影响下，微文明、微公益、微道德已开始全面深入网民的日常行为选择之中。

(二)“微时代”对核心价值观培育造成的冲击和挑战

1. 弱化核心价值观的主导性

在微媒体技术领域，西方国家由于开发时间较早，技术水平较为先进，所以具备明显的先发优势。这使得它们能够利用这种技术上的先发优势，加快对发展中国家输出自己的思想文化和价值观念。当前在微媒体的推波助澜下，一些西方社会思潮沉渣泛起，公然挑战社会主义核心价值观的主导地位。例如，“普世价值”思潮公开鼓吹中国社会主义核心价值观就是“普世价值”观而非中国特色，企图将社会主义核心价值观与“普世价值”混为一谈，给“微民”制造思想上的混乱；新自由主义片面强调人际交往间的物质利益关系，忽视人际交往中的道德因素，使得“微民”更加崇拜实用主义和功利主义，否定中华民族传统价值。在这些错误思潮的影响下，微空间出现了审丑、求骂、偷拍、炫富、淫秽色情等一系列网络乱象，对社会主义核心价值观的主导性产生了严重的冲击，只会令“微民”丧失怀疑和批判精神，丧失高尚的道德品格和积极进取的意识，是非不分，荣辱不清。

2. 降低核心价值观的准确性

“微时代”是一个UGC(User Generated Content)时代，即用户生产内容的时代。除一些官方组织微媒体的信息发布有审查管理环节外，大量的信息都是由“微民”们随意发布的，无需经过“把关人”的过滤。每个“微民”可以根据自己的兴趣爱好选择关注特定的信息，并根据自己的社会经验、知识结构对这些信息进行重新加工、转发和评论，信息的准确性明显降低。为了使所发布的信息能够快速引起粉丝或好友的关注，一些别有用心者常常从完整叙事中截取吸引眼球的只言片语进行大肆宣传，消解或颠覆信息原有的意义，产生信息异化现象。“微时代”的信息异化现象若不能得到有效控制，势必会严重干扰社会主义核心价值观的准确传播。

3. 消解核心价值观的厚重性

社会主义核心价值观凝聚起了全党全社会的价值共识，体现出了价值观的凝练性和厚重性，为当代中国社会提供了基本的价值遵循。然而，“微时代”的信息碎片化、文化世俗化倾向，正在不断地消解着社会主义核心价值观的这种厚重性。例如，受当前文化世俗化的影响，我国思想文化领域出现了“泛娱乐化”的趋势，一些微媒体为了迎合娱乐化的需求，刻意在微空间发布一些庸俗、低俗、恶俗的信息，使得微空间出现了颠覆传统、解构崇高的倾向，当前在各类微媒体上层出不穷的网络恶搞就是一个典型的表现，极度自恋的话语、平庸的人物形象、无厘头的夸张表演成为人们向往的生活方式和消遣对象，而那些崇高的理想信念、良好的道德情操、积极向上的价值追求则成了被反讽、被调侃的对象。这些网络恶搞调侃英雄、娱乐大众，造成“微民”价值观的混乱，进而动摇社会主义核心价值观深厚的思想文化根基。

三、“微时代”背景下核心价值观培育的有效路径

(一)强化理论认知，奠定“微时代”核心价值观培育的思想基础

社会主义核心价值观认同的形成过程是一个个体理论认知不断深化的过程。从个体理论认知视角来审视“微时代”背景下社会主义核心价值观的培育，就是要按照认知科学理论，尊重个体主体地位，重视个体实践参与，增强个体与环境的互动，提升个体对社会主义核心价值观的认同，进而增强社会群体对社会主义核心价值观的认同。

1. 尊重个体主体地位

以德国心理学家沃尔夫冈·柯勒(Wolfgang Kohler)和美国心理学家库尔特·考夫卡(Kurt Koffka)为代表的认知主义学派非常重视个体在学习活动中的主体地位，强调观察、顿悟和理解等认知功能在学习中的重要作用。个体是理论认知的主体，在开放的学习环境中，个体会根据自己的理解能力和兴趣爱好对理论进行有选择性的认知与接受。价值观的认同实际上是个体理性选择的必然结果，但传统大众传播常常偏重说教式的理论教育，无视或忽略个体在理论学习时的认知特点。这种教育方式到了价值诉求多元化、利益表达多样化的“微时代”就难以收到实质性的教育效果了，有时甚至会引起“微民”的反感与抵触。因此，“微时代”背景下的社会主义核心价值观培育应注意尊重个体在理论认知中的主体地位，只有“微民”的主体地位得到充分尊重，他们才能积极地适应现实生活和改造客观世界，并在这个过程中形成正确的理论认知。

2. 重视个体实践参与

“微时代”背景下的社会主义核心价值观培育必须要推动个体在理论认知中的实践参与。根据微传播的特点，“微民”要主动参与微空间信息碎片的选择、加工与创造活动。微空间的各种理论资源都是以碎片化信息形式存在的，对于“微民”来说，这些信息在没有经过主体的理论认知与选择之前，只是一种自在的资源，只有经过主体能动地作用于这些信息后，才会转化为一种对主体有用的理论资源。没有“微民”的广泛参与微空间信息碎片的选择、加工与创造活动，微空间丰富的理论资源就会枯竭，而“微民”理论认知能力的提升也就无从谈起。在搞好微空间信息

碎片的选择、加工与创造的基础上,“微民”还要积极参与微交流活动。理论认知能力的提升是需要通过对话交流的。虽然“微民”在微空间的生存都是以一种符号化形式存在的,是在身体缺场下的一种人际交往方式,但是这种交往方式是理论认知能力提升的必不可少的方式。没有这种微交流活动,“微民”就难以建立起广泛的网络社会关系,遇到理论困惑时就难以获得有效的指导与解决,理论认知水平就难以得到切实的提高。

3. 增强个体与环境的互动

苏联心理学家利维·维果斯基(Lev Vygotsky)从种系和个体发展的角度分析了心理发展的实质,提出了文化历史发展理论,认为个体的认知是在一定的历史、社会文化环境中进行的,社会文化环境可以为个体认知的发展起到重要的支持和促进作用。“微时代”的网络环境是自由开放的,在这种环境下不同国家、不同地域、不同民族之间的文化理论交流已成为大势所趋,这不可避免地带来了不同思想文化的冲击与碰撞,一些错误思潮也趁此机会不断向“微民”群体渗透。因此,“微时代”背景下的社会主义核心价值观培育应增强个体与环境的互动。首先,要加强理论引导,对微空间的各种错误思潮进行分析和批判,使“微民”在错误思潮面前能够保持清醒的头脑,自觉抵制不良思想的侵袭。其次,要整顿微空间秩序,根据微空间的特征及时制定相关法律法规,培养各类执法人员,利用法律法规严厉打击微空间的违法犯罪行为,净化微空间,维护微空间秩序。

(二)实现价值认同,彰显“微时代”核心价值观培育的本质要求

认同是“个体或群体在感情上、心理上趋同的过程”①,认同的核心问题是价值认同。价值认同是价值主体对社会所提倡的价值规范进行认可、内化并自觉遵循的过程。在这一过程中,核心价值观的确立是价值认同的标志。价值认同具有自觉性、主动性、稳定性等特点,“微时代”背景下的社会主义核心价值观认同更是凸显了这些特征。作为一种核心价值理念,“微时代”背景下核心价值观认同的形成需要依靠加强微文化建构、促进利益推动和注重志趣吸引。

① 车文博:《弗洛伊德主义原著选辑》,上卷,沈阳:辽宁人民出版社,1988年,第375页。

1. 加强微文化建构

微文化是随着微博、微信等微媒体的产生和普及而衍生出来的一种注重向个体和微观发展的文化现象。“微时代”背景下的社会主义核心价值观的培育，需要建构健康向上的微文化，打造有利于“微民”健康成长的精神家园。首先，注意合理使用微语言。微语言是微文化的载体，是微媒体技术和现实语言相结合的产物。微语言富有时代气息，在形式上简单便利，在内容上生动活泼，容易受到“微民”青睐。所以在微空间要善于捕捉广大“微民”反映强烈的社情民意，充分考虑“微民”的群体差异和接受方式，用简洁流畅的微语言阐述理论知识，解读社会热点，培育社会主义核心价值观。其次，积极开发微文化产品和服务。要针对“微民”的身心发展特点，开发他们喜闻乐见的微小说、微视频、微音乐、微动漫等微文化产品。同时还要创造条件，建设微文化产品研发基地，培育微文化研发团队，形成较强的微文化产品开发能力，推动优秀微文化产品不断涌现。再次，大力开展微文化活动。要充分利用微空间信息资源丰富的优势，广泛争取主管部门和社会力量的支持，联合有关部门大力开展微阅读、微课堂、微公益等形式多样的微文化活动，将“大道理”变为“小故事”，用“小视角”呼应“大主题”，传递真善美，弘扬正能量。

2. 发挥利益推动

马克思曾指出：“人们奋斗所争取的一切，都同他们的利益有关。”①“微时代”的价值诉求是社会公共利益。微博、微信等微媒体的快速发展使得“微时代”自下而上的利益表达渠道开始畅通，但这种利益表达通道与政府部门自上而下的利益表达渠道之间存在着不一致性，其典型表现就是二者各自拥有不同的话语体系和表达方式，政府部门常使用官方政治话语，而“微民”关注的是世俗生活话语。由于社会转型期人们的价值追求更加多元、利益诉求也更加多样，政府部门的官方政治话语已经难以像以往那样轻易得到人们的拥护和支持。在面对突发事件时，政府部门的信息发布滞后、处理方式失当，常常会引起“微民”的质疑，对政府公信力建设产生负面影响。这些都反映出政府部门在维护社会公共利益的方式方法上已经滞后于“微时代”的发展。因此，在“微时代”背景下核

① 《马克思恩格斯全集》，第1卷，北京：人民出版社，1956年，第82页。

心价值观的培育过程中，首先，要注意从理论的高度讲清楚社会主义核心价值观的内容和本质，讲清社会主义核心价值观代表了广大人民群众的根本利益和社会发展的共同利益，对“微时代”的价值认同起着主导作用。其次，微空间的社会主义核心价值观要充分发挥利益推动的作用。官方微博、微信等媒体在信息发布中要坚持公共利益至上的价值取向，畅通利益表达渠道，消除官民话语隔阂，切实解决微空间的公共利益问题。只有“微民”关注的公共利益问题得到切实解决了，民间话语中那些情绪化、无理性的部分才能逐渐被纠正和消除，而官方话语中正面的、高尚的部分才会得到“微民”的认可和推崇。

3. 注重志趣吸引

“微时代”的价值认同带有明显的志趣色彩。“微民”们虽然身处各地，但可以由共同的兴趣爱好连接在一起，形成一个个的微社群。运动、娱乐、休闲、美食等各种各样的话题都可以在微空间寻找到相关的微社群。在微社群中，志趣相投的情感认同是其明显特征。“微民”们可以直接就自己感兴趣的话题与其他“微民”交换意见，寻求价值共识。也可以依据自己的兴趣爱好，重新组建新的社群，发起新的话题讨论。微社群的存在基础不同于现实社群，现实社群往往由地缘、业缘、血缘等物质因素聚合而成，而微社群则更强调趣缘、志缘等精神情感因素的交流。当然，微社群这种志趣相投的愉悦感也会让微互动延伸到现实空间，发展成为现实生活中的人际交往。因此，“微时代”背景下的社会主义核心价值观培育要尽可能发挥微社群群体传播的优势，并注意发现和培养网络意见领袖，引导“微民”向主流舆论靠拢。要充分挖掘社会主义核心价值观的趣味因素，做到以趣引人、以情感人、以志励人。要善于将社会主义核心价值观内容转化为“微民”喜欢的图片、动漫、音乐、微视频等形式，使社会主义核心价值观形象化、具体化，不断提高社会主义核心价值观的网络点击率。要通过微媒体平台精心设计不同的活动主题，巧设趣味互动环节，如在微博上传播社会主义核心价值观时，除了让“微民”在微博点赞、评论、转发中互动外，还可以巧设“签名支持墙”版块，通过让“微民”发布附带昵称的个性化信息来表示对社会主义核心价值观的支持。要切实提高讲述社会主义核心价值观故事的艺术和水平，不仅要讲得准确可信，而且还要讲得生动有趣。

(三)提升道德素质，巩固“微时代”背景下核心价值观培育的内在保障

习近平指出：“核心价值观，其实就是一种德，既是个人的德，也是一种大德，就是国家的德、社会的德。”①要发挥出社会主义核心价值观在“微时代”的特有功效，一个重要的途径就是要将其转化为个体道德。只有转化为个体道德，才能真正发挥出社会主义核心价值观在“微时代”的导向功能。因此，“微时代”背景下社会主义核心价值观的培育要与提高“微民”的网络道德素质结合起来，既要明确网络道德责任，又要提高网络道德认识，还要树立网络道德信仰。

1. 明确网络道德责任

道德责任是道德价值的基础，是一切道德判断的根本。网络道德责任即“微民”应当对微空间履行的遵守道德及维护道德的责任，其首要的责任应该是诚信的责任，即“微民”的言行要讲究信用、严守诺言、诚实不欺，不发布虚假信息，不侵犯其他“微民”的正当权益。其次应该是无害(nonmaleficence)的责任，即“微民”的言行应尽可能地避免对其他“微民”或社会成员造成直接或间接的伤害。再次是驱邪匡正的责任。除了基本的法律责任外，网络道德责任由于其存在的虚拟性，需要主体自律也需要他律。“微时代”信息的碎片化传播，带来舆论的分散和多元。当微空间出现模棱两可或似是而非的言论时，一些带有偏见的“微民”往往根据自己的主观经验对其做出随意的解读，从而得出错误的结论。对此，其他有理性的“微民”应有责任对这些错误言论展开批判，以帮助其他“微民”对微信息做出客观的判断和评价，形成正确的微舆论导向。网络管理部门接到网络举报后，有责任给举报者以及时回复，并对举报内容做出处理，同时对被举报者提出警告或采取技术封锁手段限制其继续发布信息。

2. 提高网络道德认识

网络道德认识主要是指对于微空间存在的道德关系以及处理这些关系的原则和规范的掌握。网络道德责任是一种外在的要求，而且它们的切实履行基于“微民”的道德自律。因此，必须要提高“微民”的道德认识，把网络道德责任内化为他们的网络道德意识。首先，要加强网络道德知

① 《习近平谈治国理政》，北京：外文出版社，2014 年，第 168 页。

识的学习。政府网络管理部门、学校、社会公共组织应当将网络道德作为“微时代”教育内容的重要组成部分，对“微民”进行相应的网络道德教育，使其知晓上网时应该要遵守的道德责任。媒体从业人员也应积极学习微博自律公约、微信自律公约等网络道德教育内容，了解自己应该承担的网络道德责任，明确相关的网络道德准则，并内化为自身的职业素养。其次，要促进网络道德知识的内化。在“微时代”背景下，可以通过模仿学习、认知加工、角色扮演、认同自居、自我强化等方式帮助“微民”完成自身的道德内化。[①] 再次，要增强网络道德判断能力。网络道德判断能力是用“微时代”已有的道德原则、道德规范等去鉴别、评判虚拟生活中的道德关系、道德行为的能力，是衡量和检验一个人网络道德认识水平高低的重要标准。因此，提高网络道德认识与增强网络道德判断能力应该协同发展，相互促进。事实上，“微时代”随着“微民”网络道德判断能力的增强，他们对网络道德的认识也正在不断深化。

3. 树立网络道德信仰

网络道德信仰是“微民”对网络道德的笃信和崇敬，并把它奉为自己的行为准则。“微时代”树立网络道德信仰才是巩固、强化“微民”网络道德责任的关键。有了明确的网络道德信仰，“微民”就会自觉地承担网络道德责任。结合“微时代”网络发展实际情况，“微民”网络道德信仰的树立应从以下几个方面入手。首先，要培养网络道德情感，即不仅要培育“微民”对网络道德责任的肯定与喜爱之情，增强他们承担道德责任的义务感、荣誉感，而且要唤醒他们对不承担网络道德责任的行为的羞耻感，从而自觉地把这种网络道德情感转化为具体网络行为的动力。其次，要磨炼网络道德意志，这一方面需要在微空间的实践中，通过行业和社会设置各种网络道德情境、施加网络道德影响而形成；另一方面则需要“微民”通过“慎独”与自律，谨言慎行，达到自我控制而形成。再次，要明确网络道德追求。在“微时代”的背景下，将个人、行业、社会的道德目标和要求有机结合起来，“微民”所应追求的网络道德理想或目标可以概括为：合理使用微信息资源，有效防止微信息污染，维护微信息生态环境

① 易法建：《论道德内化》，见尔冬、廖小平：《伦理文化的当代求索：逻辑·历史·现实（上）》，长沙：湖南师范大学出版社，2001年，第354-358页。

和实现可持续发展；全面保障微信息安全，有力打击微信息犯罪，保障“微民”合法网络权益；不断完善网络道德规范体系，维护微空间秩序，促进“微时代”网络和谐发展。

本文发表于2016年第4期

四、社会建设

加强社会建设的两个着力点

龚维斌*

党的十八大以来，习近平总书记围绕如何加强社会建设的两个着力点，即改善民生和创新社会治理，发表了一系列重要讲话，深刻阐述了保障和改善民生的重大意义、工作原则、重点任务，以及创新社会治理的努力方向、本质要求，明确了改善民生和创新社会治理的内在联系和总体目标，为在新的历史阶段推进社会主义和谐社会建设指明了方向，增强了广大干部群众团结奋斗、追求美好生活的决心和信心。

一、着力保障和改善民生

(一)努力让人民过上美好的生活

习近平总书记曾说过，人民对美好生活的向往，就是我们的奋斗目标。我们的责任，就是要团结带领全党全国各族人民，继续解放思想，坚持改革开放，不断解放和发展社会生产力，努力解决群众的生产生活困难，坚定不移走共同富裕的道路。我们党和政府做一切工作，出发点、落脚点都是让人民过上好日子。

这是党的性质和宗旨所决定的。我们党是中国工人阶级的先锋队，同时是中国人民和中华民族的先锋队，是中国特色社会主义事业的领导核心。党的性质决定党的执政理念。立党为公、执政为民是党的性质的根本体现。我们党 90 多年的奋斗史，就是一部为中国人民谋福利的历史。革命战争年代，无数革命志士抛头颅洒热血，就是为了人民能够过上好日子。习近平总书记说：“我们一定要始终与人民心心相印、与人民

* 龚维斌，国家行政学院应急管理培训中心主任、教授。

同甘共苦、与人民团结奋斗，夙夜在公，勤勉工作，努力向历史、向人民交一份合格的答卷。”①党的根基在人民、血脉在人民、力量在人民，要始终依靠人民推动历史前进，始终把人民放在心中最高位置，时刻倾听人民呼声、回应人民期待，不断实现好、维护好、发展好最广大人民的根本利益，使发展成果更多更公平地惠及全体人民。

这是巩固党的执政地位所要求的。党的先进性和党的执政地位都不是一劳永逸、一成不变的。民生连着民心，民心关系党的执政地位。得民心者得天下，失民心者失天下。人心向背关系党的生死存亡，没有人民的支持，党将一事无成。我们党之所以能凝聚起亿万人民的智慧和力量，战胜前进道路上的困难和风险，创造举世瞩目的“中国传奇”，很重要的经验就是时刻把群众的利益作为革命和奋斗的目标。革命年代我们党之所以能够“唤起工农千百万”，筑起“真正的铜墙铁壁”，是因为参加革命可以“打土豪、分田地”，过上自由幸福的生活。改革开放之所以取得成功，首先在于放权让利式的改革，让亿万农民真正解决温饱、奔上了小康，让城市居民提高了收入、改善了福利。也正是因为广大群众在改革中获得了好处、改善了民生，他们拥护改革开放，拥护共产党的领导。

这是实现中国梦的重要基础。党的十八大以来，以习近平同志为核心的新一届中央领导集体，带领全国人民为实现“两个一百年”奋斗目标和中华民族伟大复兴的中国梦奋力前行。中国梦归根到底是人民的梦，前提是国家富强、民族振兴，落脚点是人民幸福。实现中国梦，既需要经济不断发展、国力不断强盛，更需要民生持续改善，人民能够过上更加幸福美满的生活，有更好的教育、更稳定的工作、更满意的收入、更可靠的社会保障、更高水平的医疗卫生服务、更舒适的居住条件、更优美的环境，期盼着孩子们能成长得更好、工作得更好、生活得更好。这是民族复兴的根本，实现中国梦的重要基础。人民生活水平能否得到逐步提高，能否让群众得到更多看得见、摸得着的实惠，能否让老百姓的生活充满阳光、尊严、幸福和希望，是衡量中国梦能否实现及其实现程度的重要标准。

---

① 习近平：《一定要与人民心心相印同甘共苦团结奋斗》，中新网，2012年11月15日。

(二)保障和改善民生没有终点站

改革开放以来，我国人民的生活水平有了极大提高，民生状况得到了极大改善，但是，随着经济社会的发展，人们的需求结构和需求标准在不断变化升级，使得民生问题的内涵越来越丰富，标准也越来越高。此外，发展中不平衡、不协调、不可持续的问题仍然存在，环境保护、食品药品安全等新的民生问题不断出现，需要党和政府以及社会各界共同努力加以解决。因此，保障和改善民生是一个循序渐进的、长期的过程，没有完成时只有进行时。正如习近平总书记所强调的："保障和改善民生是一项长期工作，没有终点站，只有连续不断的新起点。"①

坚持发展经济和改善民生相结合。保障和改善民生需要相应的经济基础和物质条件，没有经济发展，就无法满足民生需求、提高民生水平。要坚持科学发展，转变经济发展方式，提高经济发展的质量和效益。虽然改革开放以来，中国的经济建设取得了举世瞩目的成就，但是，民生领域历史欠账较多，"经济这条腿长，社会这条腿短"。如果只注重经济总量的增长，忽视发展民生事业，或者只重视少数人的民生改善而忽视普通民众的民生保障和改善，经济发展就会缺乏动力和稳定的社会基础。

坚持尽力而为与量力而行相结合。第一，各级党委政府要高度重视民生，把更多精力和财力投入到民生领域，拿出切实有效的措施保障和改善民生。面对刚性增长的民生需求，必须从国情出发准确定位民生标准，既不能过低也不可过高，社会保障水平和社会福利水平不能简单地向欧美发达国家看齐。第二，要加大民生机构的建设力度，提高服务能力和水平，为城乡居民提供方便、快捷、优质、高效的民生服务。要合理配置教育资源，缩小城乡、区域和学校之间教育水平差距；要深化医疗改革，鼓励社会资本参与医疗机构建设；要加强基层社会保障经办机构建设，为参保对象参保和领取养老金、报销医药费等提供方便；要大力加强养老、托儿、家政、护理等社会服务机构建设，鼓励和支持各种力量参与社会服务提供，制定社会服务标准，提高社会服务水平；要完善民生机构内部治理结构，运用信息化、规范化和专业化手段，提高管

① 习近平：《保障和改善民生没有终点站只有新起点》，中新网，2013年5月15日。

理水平和服务能力。[①]

二、加快形成科学有效的社会治理体制

十八大以来，加强和创新社会管理取得了新进展，社会管理的理念不断更新，社会管理的体制机制不断完善，社会管理的实践经验不断积累，社会管理创新的成效十分明显。十八届三中全会提出了创新社会治理体制和改进社会治理方式。创新社会治理体制，是我国社会主义社会发展规律的客观要求，是我们党对社会管理理论认识的一次升华，也是我们党在社会建设理论和实践上的一次新飞跃。习近平同志指出，社会治理是一门科学，要求坚持系统治理、依法治理、综合治理、源头治理，确保社会既充满活力又和谐有序。[②] 这进一步明确了新形势下社会治理的目标、思路，对建设更高水平的平安中国具有十分重大的现实意义。

(一)创新社会治理体制，要坚持系统治理

社会治理是全社会的共同行为，要加强党委领导，发挥政府主导作用，鼓励和支持社会各方面参与，实现政府治理和社会自我调节、居民自治良性互动。[③] 一要发挥政府治理的主导作用。在发挥党委在社会治理中的领导核心作用的同时，要强化政府研判社会发展趋势、编制社会发展专项规划、制定社会政策法规和统筹社会治理方面的制度性设计、全局性事项管理等职能。正确处理政社关系、政事关系、政市关系、政企关系，改革社会组织管理制度，鼓励和支持社会组织发展，激发社会组织活力，凡是社会能办好的事务和公共服务尽量交给社会力量承担，充分发挥社会力量在社会治理中的作用。二要增强社会自我调节功能。依托人民团体、基层群众自治组织和各类社会组织，开展形式多样、方法灵活的平等对话、相互协商、彼此谈判、规劝疏导，化解不同利益主体之间的利益冲突。推进以行业规范、社会组织章程、村规民约、社区公约为基本内容的社会规范建设，充分发挥社会规范在协调社会关系、约

---

① 龚维斌：《努力建设民生政府》，载《行政管理改革》，2013 年第 8 期。

② 《围绕“两个关系”加强党的领导——论学习贯彻习近平同志在中央政法工作会议重要讲话》，载《人民日报》，2014 年 1 月 10 日。

③ 《中共中央关于全面深化改革若干重大问题的决定》，载《人民日报》，2013 年 11 月 16 日。

束社会行为、保障群众利益等方面的作用，通过自律、他律、互律使公民、法人和其他组织的行为符合社会共同行为准则。三要深化居民自治。深入贯彻《中华人民共和国城市居民委员会组织法》《中华人民共和国村民委员会组织法》，深入开展以居民会议、议事协商、自我服务为主要目的的民主治理实践，以居务分开、村务公开、民主评议为主要内容的民主监督实践，全面推进居民自治制度化、规范化、程序化。

(二)创新社会治理体制，要坚持依法治理

一要用法治精神引领社会治理。法律的权威和地位是衡量一个国家、一个社会文明进步的重要标准。十八大以来，习近平总书记多次指出要更加注重发挥法治在国家治理和社会管理中的作用。依法治理是我们党领导人民治理国家的基本方略，法治也是社会治理的重要原则。我国社会正在发生深刻变革，利益关系日益复杂，利益诉求日益多样，社会矛盾日益凸显，人们政治参与意识、民主法治意识、权利意识、公平公正意识普遍增强，对法治的期待越来越强烈，因此，需要在社会治理的各个方面、各个环节全面贯彻法治精神。二要运用法治方式破解社会治理难题。各级领导干部要善于运用法治思维和法治方式化解社会矛盾、维护公平正义，最大限度增加和谐因素，最大限度减少不和谐因素；善于运用法治思维和法治方式预防惩治犯罪、维护社会秩序，确保社会稳定，推动形成办事依法、遇事找法、解决问题用法、化解矛盾靠法的良好法治环境。当前和今后一个时期，要重点解决人们“信访不信法”的问题，把涉法涉诉信访纳入法制轨道解决，建立涉法涉诉信访依法终结制度。学习和推广“枫桥经验”，建立依法有序表达诉求、及时就地解决群众合法合理诉求的机制，推动信访步入良性轨道。三要提升社会治理法治化水平。各级领导干部必须带头学法、带头知法、带头用法、带头守法，增强法治意识，提高法治素养，提升法治能力。政法机关必须严格执法、公正司法，树立良好的法治形象。

(三)创新社会治理体制，要坚持综合治理

综合治理是我党领导基层群众在平安建设中创造的一项宝贵经验，这一经验同样适用于更大范围的社会治理。综合治理不仅要求调动各方面力量参与社会治理，还要求通过多种手段、多种方式进行社会治理。在坚持依法治理的同时，一要加强全民思想道德建设，加强社会公德、职业道德、家庭美德、个人品德教育，培育自尊自信、理性平和、积极向上的社会心态，引导人们自觉履行法定义务、社会责任、家庭责任，自觉维护社会秩序。二要注重心理疏导，建立心理干预机制。广泛宣传普及个人心理健康知识，建立心理危机干预预警机制，防范和降低社会风险。健全个人心理医疗服务体系，规范发展个人心理服务专业机构，开展个人心理咨询、疏导、调节、治疗等服务。对因生活和工作等受到挫折而缺乏信仰、对生活失去希望的个人给予更多关注，有针对性地开展疏导、帮助、教育，使其重振生活信心、避免走向极端。三要善于舆论引导。要坚持正确舆论导向，提高舆论引导能力。要把互联网等新媒体作为社会治理的重要手段和重要内容，利用这个平台宣传党的路线、方针和政策，了解社情民意，理顺社会情绪。按照积极利用、科学发展、依法管理、确保安全的方针，加大依法管理网络力度，加快完善互联网管理领导体制，确保国家网络和信息安全，确保互联网健康发展。四要善于运用信息科技手段。提高信息互通和资源共享程度，拓展信息技术应用广度深度，完善信息安全保障体系，以信息化引领社会治理现代化。

(四)创新社会治理体制，要坚持源头治理

现代社会治理既应加强动态管理和应急处置，更应加强源头治理，使关口前移，尽可能防止、减少和弱化严重社会问题、社会矛盾的产生。因此，社会治理需要标本兼治、重在治本，从源头上解决影响社会和谐稳定的深层次问题。一要毫不动摇地坚持“发展是第一要务”的观点。人们不断增长的物质文化需求与落后的社会生产之间的矛盾仍然是我国当前面临的主要矛盾，也是产生诸多社会问题和社会冲突的重要根源。很多社会问题和社会矛盾仍然需要通过发展加以解决。因此，加快经济发展，提高人民的物质和文化生活水平，是源头治理的重要内容和重要手段。二要健全重大决策社会稳定风险评估机制。凡是直接关系人民群众切身利益且涉及面广、容易影响社会稳定的决策事项，包括涉及征地拆迁、企业改制、劳动关系、教育医疗、社会保障、环境保护、城市管理等方面的重大工程建设项目，重大政策制定以及其他对社会稳定有较大影响的决策事项，都要充分听取群众意见，通过社会公示、公众听证、专家咨询等制度和程序，进行合法性、合理性、可行性以及社会稳定风险可控性评估，对于大多数群众不理解、不支持的事项缓出台或不出台。

三要建立畅通有序的诉求表达机制。完善诉讼、仲裁、行政复议等法定诉求表达机制，发挥人大、政协、人民团体、社会组织、基层群众自治组织以及新闻传媒等的社会利益表达功能，改革信访制度，畅通和拓宽群众诉求表达渠道，依法按照政策及时妥善处理群众的合理诉求，并及时反馈处理结果。此外，还要加快推进基本公共服务均等化，深化收入分配制度改革，努力缩小地区之间、城乡之间、群体之间的发展差距。

三、把维护群众合法权益放在首位

无论是改善民生，还是创新社会管理，促进社会和谐稳定，最根本的工作是要维护群众各方面的合法权益，促进社会公平正义。习近平总书记在中央政法工作会议的讲话中明确提出，维稳的实质是维权，要求完善对维护群众切身利益具有重大作用的制度，强化法律在化解矛盾中的权威地位；要求把维护群众合法权益放在首位，推动解决保障和改善民生的突出问题，筑牢社会和谐稳定的民心基础。习近平总书记的讲话，提出了改善民生和创新社会管理最重要的原则，也揭示了改善民生和创新社会管理的内在联系。维权是保障民生的根本要求，维权也是维稳的前提和基础。维权要求各级党委政府以公平正义作为核心价值追求，以法治作为保障，实现社会既充满活力又和谐有序。

(一)把公平正义作为核心价值追求

维护公平正义与维护群众合法权益相辅相成，两者密不可分，具有内在的统一性。公平正义是人类社会的永恒价值追求，是评判维护群众权益的标准，是保持社会和谐稳定最重要的法则。随着我国经济社会不断发展，随着我国工业化、市场化、城镇化和现代化步伐不断加快，随着改革开放向纵深推进，人民群众对公平正义的要求比以往任何时候都更加强烈。不公则怨，不平则鸣。因此，现阶段我国维护公平正义的任务也比以往任何时候都更加迫切和艰巨。习近平总书记指出，我们推进改革的根本目的，是要让国家变得更加富强，让社会变得更加公平正义，让人民生活得更加美好。[①] 他还强调指出，实现社会公平正义是我们党的

① 《国家主席习近平发表二〇一四年新年贺词》，载《人民日报》，2014年1月1日。

一贯主张，公平正义是中国特色社会主义的内在要求。[①] 维护公平正义，一要努力实现制度公平。通过完善对保障社会公平正义具有重大作用的制度，逐步消除歧视性政策、体制机制，促进权利公平、机会公平和规则公平，努力营造公平的社会环境，保证人民平等参与、平等发展权利。重点是要解决好城乡居民两种身份、两种待遇的问题，解决好不同所有制之间政策差异的问题，解决好财政供养人员与其他社会成员之间社会保障待遇差距问题。二要努力实现司法公正。司法公正是社会公平正义的最低要求，司法机关是维护社会公平正义的最后一道防线。各级政法机关在处理每一项工作和办理每一起案件时，都必须严格执法、公正司法，肩负起维护社会公平正义的神圣使命，让人民群众切实感受到公平正义就在身边。

(二)正确处理维稳与维权的关系

维稳首先要着眼于维权，维权是破解维稳难题和维稳乱象的根本之道。现在很多社会问题和社会矛盾都是发展中的问题，是由于发展不平衡造成的，是由于群众合法权益没有得到保护造成的，是由于群众合法诉求没有得到满足造成的，也是由于群众工作不到位造成的。一段时间以来，一些地方在维稳工作中以强化社会控制为重点，习惯于搞“管、控、压、罚、拖”，习惯于等问题和矛盾出来以后当“消防队员”和“救火队长”，而不是着眼于维护群众合法权益，不是着眼于从源头上解决社会问题和社会矛盾，使一些地方维稳工作陷入被动，出现所谓“越维越不稳、越治越不安”的维稳怪圈。维护群众合法权益，一要维护好群众的各项基本民生权利。深化教育领域综合改革，健全促进就业创业体制机制，形成合理有序的收入分配格局，建立更加公平可持续的社会保障制度，深化医药卫生体制改革，更好地满足人民多方面的民生需求。二要维护好群众的各项民主权利。解决好群众参与公共决策和公共事务管理的各项权利，建立规范有序的利益表达渠道，进一步完善基层民主制度，加快发展社会主义民主。三要建立和完善群众权利保障和纠错机制，一方面要加强立法工作，根据经济发展需要，要抓紧研究制定和修订完善一

---

① 《围绕“两个关系”加强党的领导——一论学习贯彻习近平同志在中央政法工作会议重要讲话》，载《人民日报》，2014 年 1 月 10 日。

批法律，进一步建立健全社会主义法律体系；另一方面要做好法律实施工作，做到有法必依、执法必严、违法必究。四要以维护群众权益为准则处理社会问题和化解社会矛盾，尊重和维护各方当事人合法权益。

保障和改善民生与创新社会管理，共同构成新时期加强社会建设的两个重点。十八大报告提出，在改善民生和创新管理中加强社会建设，加强社会建设必须加快推进社会体制改革。十八届三中全会提出，要紧紧围绕更好保障和改善民生、促进社会公平正义深化社会体制改革，推进基本公共服务均等化，加快形成科学有效的社会治理体制。① 改善民生和创新社会管理是一项长期的艰巨的任务，要按照十八大和十八届二中、三中全会的部署，认真学习和贯彻习近平总书记系列重要讲话精神，发挥党政主导作用，改革完善社会体制，调动社会各方面力量，整合各方面资源，加快发展社会事业，规范社会行为，调节利益关系，协调社会关系，解决社会问题，保障群众合法权益，促进社会既有活力又有秩序。

本文发表于 2014 年第 2 期

---

① 《中共中央关于全面深化改革若干重大问题的决定》，载《人民日报》，2013 年 11 月 16 日。

矫正对社会矛盾的几个误判

吴忠民*

改革开放以来，中国出现了两个同时并存的“始料不及”的现象。第一个“始料不及”的现象是中国的发展取得了举世公认的巨大成就，中国已经成为世界第二大经济体，中国的现代化建设呈全方位推进之势，并对整个世界产生日益广泛和深远的影响。第二个“始料不及”的现象是中国现阶段的社会矛盾日益凸显，已经影响到中国发展的全局。正如习近平指出的那样，“我们面对的改革发展稳定任务之重前所未有，矛盾风险挑战之多前所未有”①。而且，“各种威胁和挑战联动效应明显”②。对社会矛盾应对、化解得如何，直接影响到中国现代化整个进程成功与否。对社会矛盾的应对如若失当，必然会造成众多的社会负面效应，会延缓甚至会中断中国的现代化进程。“如果发生重大风险又扛不住，国家安全就可能面临重大威胁，全面建成小康社会进程就可能被迫中断。”③

正因为社会矛盾问题如此之重要，所以我们应当从战略高度予以重视和有效应对。就此而言，应当对中国现阶段的社会矛盾出现的原因、功能、程度及其演化前景做出科学合理的基本判断，矫正人们有关中国现阶段社会矛盾存在的一些重要误判。这些误判如若不予以矫正，人们就无法有效地应对、化解社会矛盾。

误判一：社会矛盾大量出现这一现象本可避免

---

* 吴忠民，中共中央党校科学社会主义教研部教授。

① 《征求对中共中央关于全面推进依法治国若干重大问题的决定的意见中共中央召开党外人士座谈会》，载《人民日报》，2014 年 10 月 25 日。

② 《习近平在中共中央政治局第十四次集体学习时强调切实维护国家安全和社会安定为实现奋斗目标营造良好社会环境》，载《人民日报》，2014 年 4 月 25 日。

③ 习近平：《以新的发展理念引领发展，夺取全面建成小康社会决胜阶段的伟大胜利》，见《十八大以来重要文献选编(中)》，北京：中央文献出版社，2016 年，第 833 页。

一种看法认为，从原因的角度看，中国现阶段社会矛盾大量出现这一现象本可避免。

合理的解释应当是：应当承认，从某种范围讲，在中国现代化进程中，一些政策的失误、一些规划的不到位以及人们一些行为的失当固然会催生或加重社会矛盾，甚至会引发某些本应可以避免的社会矛盾的出现。但更应注意的是，就总体而言，在任何一个社会当中，社会矛盾都是一种普遍存在的现象，这是规律。特别是在社会转型期，大量社会矛盾的集中出现更是一种不可避免的现象，具有某种历史的必然性。

只要是有人群的地方，就必然存在着社会矛盾。在一个社会当中，社会矛盾无处不在，无处不有，是一种普遍的现象。在中国的转型期，社会矛盾更是会集中地大量出现。对此，至少可以从以下三个方面来理解。

第一，巨量的事情被积压在一个相对有限的时空当中。同现代化建设起步较早、现代化建设持续一二百年的国家和地区相比，中国现代化建设面临的任务更加繁重：在相对有限的时间当中，中国除了要完成由传统社会向现代社会转型这样一个“一般性”任务之外，还要完成由计划经济体制向市场经济体制转型这样一个“特殊性”的任务。“中国社会要在一个相对较短的时间内完成这样两种转型。时间紧，任务重，巨量的历史任务就这样被挤压在中国数十年的时间当中，势必会造成多种多样的社会矛盾。”[①]而且，中国的体量巨大，其规模堪称世界第一，而巨大的体量意味着巨大变量变数的存在。凡此种种，使得转型期的中国拥有着远大于其他国家和地区的社会矛盾存在和扩张的可能空间。

第二，利益结构大面积、大幅度的调整。在中国转型期，现代化进程迅速推进，市场经济体制逐渐形成。与之相适应，中国社会的整体利益结构也必然发生大面积、大幅度的调整，并且，社会成员的自由、平等意识开始普遍形成，维权意识普遍增强。进一步看，围绕着利益结构巨大调整这一现实情形，社会各个群体必然会形成各自不同的、多样化的利益诉求并予以充分的表达，相互间势必会形成各种各样的纠纷和矛盾。

---

① 吴忠民：《中国现阶段社会矛盾凸显的原因分析》，载《马克思主义与现实》，2013年第6期。

第三，发展的不平衡。任何一个国家的发展都不可能采取“齐步走”的方式予以启动，各个国家或地区的发展在初始阶段都是不平衡的。无论是英国、美国等早发国家和地区，还是巴西、印度等后发国家和地区，其发展的初始阶段均表现出一种明显的不平衡情状。改革开放以来，中国的发展也表现出不平衡的情状。如果说有什么不同的话，那就是，中国的不平衡发展情状更加明显，其不平衡程度较高。在中国社会急剧转型时期，社会和经济之间、不同人群的利益诉求之间、不同人群的思想观念之间、城乡之间、区域之间以及行业之间出现了一种十分明显的不平衡现象。比如，“在改革过程中，各种‘快变量’和‘慢变量’之间就会发生互不衔接的情况，使市场经济体系难以在短时间内全面和较快地投入运转”①。这就使得各种问题错综复杂地交织在一起，必然会导致大量社会矛盾的出现。

如果我们把视野放得更开阔一些，可以发现，几乎所有进行现代化建设的国家和地区，在中国目前这样一个相同的时期，都曾集中地出现过大量的社会矛盾，概莫能外。

误判二：社会矛盾对中国发展主要是起着一种负面的作用

有观点认为，从功能的角度看，社会矛盾对中国发展有害无利，或弊大于利，主要是起着一种负面的作用。

合理的解释应当是：社会矛盾对于社会发展往往具有消极和积极的双重功能。一方面，社会矛盾如果长期得不到有效化解，则会成为消极的力量，阻碍社会的安全运行和健康发展。严重者，如果任由社会矛盾负面消极的能量长期蓄积挤压，以至于扩张到严重地步，就会对社会产生十分不利的破坏性影响。另一方面，在一定条件下，社会矛盾的倒逼往往会成为社会发展的推动力量。一个社会如若能够有效地化解社会矛盾，则会使社会矛盾产生一种倒逼社会发展的积极效应。在转型期这种情形表现得尤为明显。正如习近平所说，“改革是由问题倒逼而产生，又在不断解决问题中得以深化”②。纵观世界现代化历史，不难发现，凡是现代化建设比较成功的国家和地区，均是在成功应对解决社会矛盾的同

---

① 吴敬琏：《市场经济的培育和运作》，北京：中国发展出版社，1993 年，第 234 页。

② 习近平：《关于〈中共中央关于全面深化改革若干重大问题的决定〉的说明》，载《人民日报》，2013 年 11 月 16 日。

时，自身也成功实现了发展，换言之，均是社会矛盾倒逼了社会发展。这是现代化建设的一个规律。

社会矛盾倒逼改革发展的积极作用主要表现在以下几方面：

第一，社会矛盾能够推动社会公正程度的不断提高。在社会转型早期的阶段，许多国家尤其是19世纪的工业化国家，其基本制度明显是基于“丛林法则”安排设计的，因而引发了大量的社会矛盾冲突。在社会矛盾的倒逼下，加之随着经济的发展以及人类文明的进步，这些国家出现了重大的政策调整，人们的具体生存问题发生了很大的变化。以第二次世界大战结束为标志，许多工业化国家开始建立较为完整的社会福利制度，用以保障人们最为基本的生活需求。可以说，正是在社会矛盾的推动下，社会公正程度得到了明显的提高。人们的基本生存问题在很大程度上得到了解决，人们开始形成更高层面上如基本权利的利益诉求。

第二，社会矛盾能够有效促进制度的发展和完善。制度并非凭空形成和发展的。制度往往是在解决或缓解社会矛盾的过程中，在进行种种尝试和选择的过程中，逐步形成、发展和完善的。“在解决社会矛盾的过程中，制度的发展与社会矛盾的解决两者实为良性循环的关系。制度建设是制度设计、制度执行并在实践中检验和完善制度有效性的动态过程，制度功效越好，越有利于社会矛盾的解决，反过来，社会矛盾的有效解决又会促进制度的发展和完善。”①

第三，社会矛盾的凸显，往往能够表明一个社会运行的故障或短板之所在。哪个方面社会矛盾的凸显，就往往成为这个社会安全运行和健康发展在哪个方面已经受到严重阻碍或严重挑战的信号，而且，社会矛盾的严重程度往往表明了某个阻碍部位或短板的严重程度。于是，日益凸显的社会矛盾对于社会的安全运行和健康发展便具有了某种指示器的意义，起着警示的作用。通过这些警示，有助于社会消除弊端，清除障碍，从而实现自身的健康发展。

回顾中国改革开放近40年的历程，我们可以发现，一部中国改革发展的历史，就是一部中国不断应对社会矛盾甚至是不断应对越来越艰巨的社会矛盾，并予以有效化解的历史。虽然中国的改革发展会遇到新的

① 吴忠民：《社会矛盾倒逼改革发展的机制分析》，载《中国社会科学》，2015年第5期。

更为复杂的社会矛盾，但是，只要我们将之视为前行的一种必要压力，并基于对社会矛盾客观理性的判断，制定科学可行的行动方案，就能持续有效地推进中国的改革发展。“这说明，面对‘倒逼’的客观现实，唯有变压力为动力，深刻认识，尽早觉悟，抓紧行动，才能从‘倒逼’走向主动，形成可持续的发展机制。”①

误判三：如今中国的社会矛盾已经到了十分严重的地步

一种看法认为，从严重性程度上看，如今中国的社会矛盾已经到了十分严重的地步。

合理的解释应当是：毋庸讳言，无论从数量、种类、程度的角度，还是从影响面特别是对人们心理影响的角度来看，中国现阶段的社会矛盾是自改革开放以来最为凸显的时期。另外还需要注意的是，“社会矛盾问题的势能越来越强，惯性越来越大，越来越会按照自我演化的逻辑加速度扩张。从社会矛盾问题演化的可能空间来看，现在只能说是开始不久，远没有到达峰值”②。社会矛盾这种凸显程度的具体状况，在一定程度上可以从国家公共安全开支数量状况这样的重要侧面反映出来。2016年，国家的国防支出的决算数为9765.84亿元，而公共安全支出的决算数已超过国防支出的决算数，为11031.98亿元。③ 虽然如此，但是如果同其他不少国家和地区的同等阶段做一对比的话，我们可以发现，中国现阶段社会矛盾的严重性程度属于中等偏下的地步，远远没达到严重或比较严重的地步。

欧洲许多国家、美国以及拉美许多国家在经历类似于中国目前的同等发展阶段时，都曾出现过严重的或比较严重的社会矛盾。例如，美国在富兰克林·罗斯福当选总统以前的30年间的社会矛盾情形，对于我们理解什么是严重的社会矛盾就具有较为重要的参考意义。

20世纪之初至20年代，美国便已存在着较为严重的社会矛盾：政府官员与企业主两者相互勾结，相互利益输送普遍化，腐败现象十分严重；工人群体的基本生存权利得不到起码的保障，严重的工人遇难事故频发，

---

① 习近平：《之江新语》，杭州：浙江人民出版社，2007年，第133页。

② 吴忠民：《社会矛盾倒逼型改革的来临及去向》，载《中国党政干部论坛》，2012年第4期。

③ 《2016年全国一般公共预算支出决算表》，中华人民共和国财政部网站，http://yss.mof.gov.cn/2016js/201707/t20170713_2648981.html.

童工现象严重，如1900年美国“至少有170万16岁以下的儿童在工厂和农场做工，比30年前增加了一倍以上。全国10%的10到15岁的女孩和20%的男孩都在做工”①。工人罢工所引发的流血事件时有发生。1929年开始了美国的经济大萧条时期。与1929年相比，1932年美国的GDP总量减少50%左右。② 更为重要的是，经济大萧条严重激化了美国业已存在的社会矛盾，使之达到十分严重的地步。威廉·曼彻斯特在其撰写的名著《光荣与梦想》当中，对大萧条时期的美国社会矛盾做了如是描述：仅占全国人口1%的人拥有全国财富的59%，贫富差距现象严重；3400万成年男女和儿童没有任何收入，此数近于人口总数的28%；最后获准领取救济的只是极少数人；地方政府财政业已破产；中产阶级处于奄奄一息的状态；工人发生多起拼死斗争式的罢工；大量农民开始使用武力造反，并阻塞了多个城市的交通；大批退伍军人到政府门口和国会山请愿；社会骚乱此起彼伏，成群的人抢劫商店，动辄就是数以千计的人占领州议会大楼和市政府。③

可见，与美国等国家和地区发展的相同阶段情形相比，中国现阶段的社会矛盾无论是就其规模，还是就其烈度而言，均远远没有达到严重或比较严重的地步，尚属于相对“温和”和“可控”的程度。

误判四：中国现阶段的社会矛盾的困局难以破解

有看法认为，从未来演化前景的角度看，中国现阶段的社会矛盾已经固化，其困局难以破解。

合理的解释应当是：一个不争的事实是中国现阶段社会矛盾日益凸显，而且如若再不予以认真对待和有效应对的话，这些社会矛盾很有可能呈加速度扩张的态势，对中国发展全局形成愈益严重的负面效应。但是同时更应看到的是，中国现阶段社会矛盾这一难题并非“无解”，而是“有解”的。习近平指出，“人类历史告诉我们，有问题不可怕，可怕的是

---

① ［美］艾伦·布林克利著，邵旭东译：《美国史》，海口：海南出版社，2009年，第514页。

② 董登新：《当年美国“大萧条”》，载《中国中小企业》，2009年第2期。

③ ［美］威廉·曼彻斯特著，广州外国语学院英美问题研究室翻译组、朱协译：《光荣与梦想》，海口：海南出版社，2006年，第27-51页。

不敢直面问题，找不到解决问题的思路”[①]。只要认清社会矛盾的症结所在，形成合理思路，充分发挥应对社会矛盾问题的优势，中国目前的社会矛盾必定会得到有效的解决或缓解。

客观地看，中国现在有着解决社会矛盾的巨大优势，这主要表现在：

第一，经济发展的向好趋势依然没变。1979～2015 年，中国的 GDP 平均每年以 9.6%的速度递增。2001～2015 年，年均增幅为 9.7%。[②] 这在各个国家的现代化历史上是一个十分罕见的现象。中国的经济发展速度近年来尽管有所放缓，但仍然保持着一个较快的速度递增。这对一个连续多年以年均两位数字高速经济增长的大国来说，实属不易。而且，从中长期看，中国消费内需以及民众创造财富的活力仍然有着巨大的空间可供拓展。只要经济结构成功实现转型，市场经济得以规范化，中国经济就能够持续不断地向前推进。经济的向好趋势能够为社会矛盾的解决提供基础性的物质基础。

第二，社会公正已经成为中国社会普遍的共识。应当看到，在现代社会和市场经济条件下，社会公正是全体人民利益诉求的最大公约数。如今，社会公正已经为整个中国社会所认可，而中国共产党的执政理念就是立党为公、执政为民，共享改革发展成果。习近平明确指出，改革发展要“以促进社会公平正义、增进人民福祉为出发点和落脚点”，“如果不能给老百姓带来实实在在的利益，如果不能创造更加公平的社会环境，甚至导致更多不公平，改革就失去意义，也不可能持续”。[③]中国已基本扭转“唯 GDP 导向”的做法，对改善民生问题越来越重视，公共服务方面的投入越来越大，服务型政府建设正在有效推进当中，公共权力日益趋于规范化，同时政府对社会矛盾状况及根源也有着清醒的认识。这些为社会矛盾的有效解决提供了坚实的思想基础。

第三，家庭的重要缓冲作用。同其他国家相比，中国的文化传统使得中国人更加重视家庭。《中国综合社会调查报告(2003—2008)》的调查

---

① 习近平：《共担时代责任共促全球发展——在世界经济论坛 2017 年年会开幕式上的主旨演讲》，载《人民日报》，2017 年 1 月 18 日。

② 中华人民共和国国家统计局：《中国统计年鉴 2016》，北京：中国统计出版社，2016 年，第 5 页。

③ 习近平：《切实把思想统一到党的十八届三中全会精神上来》，载《求是》，2014 年第 1 期。

显示，能够经常给父母钱、为父母提供经济帮助的被访者占22.22%，36.65%的被访者有时为父母提供经济帮助，经常为父母做家务的被访者占23.44%，有时为父母做家务的被访者占40%以上；而父母经常或有时给被访者钱、为其提供经济支持的占三分之一以上。① 特别重视家庭这一现象，对于社会矛盾问题客观上起着一种缓冲的作用：一是可以在一定程度上缓解一些社会成员所面临的生活困境；二是可以在一定程度上避免较为激烈的抗争活动。

第四，中国目前的公共财力十分雄厚。2016年，中国的一般公共预算收入接近16万亿元②，这还不包括大量的土地出让金收入③。截至2016年底，国家外汇储备30105亿美元。此外，中国大量的国有资产以及历年财政结余也是一个巨大的数额。有研究报告显示，“2007～2013年，国家总资产从284.7万亿元增加到691.3万亿元，增长406.6万亿元，年均增长67.8万亿元”，“2007～2013年，中国的净资产从165.8万亿元增加到352.2万亿元，增长186.4万亿元，年均增长31.1万亿元；净金融资产从7.4万亿元提高到16万亿元，增长8.6万亿元，年均增长1.4万亿元”。④ 另有研究报告显示，截至2015年9月底，政府机关团体存款接近21万亿元。⑤ 对社会矛盾的解决来说，雄厚的公共财力极为重要。以雄厚的公共财力为后盾，不仅能够有效地改善民生，从主要源头上减小减缓社会矛盾生成的数量及强度，而且能够有效地解决现有的社会矛盾问题，有效地抵御可能的经济风险和社会风险。

综上所述，如果要对中国现阶段的社会矛盾问题做一个简单归纳的话，本文的结论是：从原因上看，中国现阶段社会矛盾的出现是必然的、正常的；从功能的角度看，我们完全可以将社会矛盾的压力变为化解社

---

① 中国人民大学中国调查与数据中心等：《中国综合社会调查报告(2003—2008)》，北京：中国社会出版社，2009年，第144-145页。

② 中华人民共和国国家统计局：《中华人民共和国2016年国民经济和社会发展统计公报》，载《人民日报》，2017年3月1日。

③ 同上。

④ 《中国国家资产负债表2015发布国家总资产达691.3万亿元》，http://news.163.com/15/0724/18/AVAF0TOR00014JB5_all.html.

⑤ 《政府机关团体存款近21万亿积极财政存想象空间》，载《21世纪经济报道》，2015年10月29日。

会矛盾的契机和动力，并进而推动整个社会的进步；从严重性的角度看，中国现阶段的社会矛盾属于“温和”和“可控”的，远远没有达到“严重”的地步；从演化前景看，中国目前所面临的社会矛盾的“困局”完全能够得到有效破解。

本文发表于2017年第5期

完善社会管理体系的三个着力点

丁元竹*

在政策意义上，社会管理体系包括社会管理工作领导体系、管理组织、法律法规和管理格局。就领导体系而言，它实际上包括了管理格局和组织网络。当前，社会管理体系的整体设计不仅仅是对领导体系、法律体系、组织体系和管理格局的设计，当务之急是设计形成多元治理格局的途径和动员社会成员参与社会生活的机制。

从整体上设计社会管理体系是完善社会管理的重要内容和基础性工作。从顶层设计改革必须从整体考虑各个部分之间的关联。社会管理整体设计的实质是，在一个由信息化造成的扁平化社会，由于经济水平提升造成人们对于生活品质的积极追求，由人们自身属性导致的对公共生活的诉求以及由此种种复杂原因导致的利益格局多元化时代，如何通过所有的利益相关者的博弈决策模式来使每个利益群体的利益最大化，从而实现公平正义，激发社会活力，就显得尤为重要。所以，社会管理体系整体设计，核心在利益格局，关键在动员机制，重点在基层治理。在合理利益格局原则下，进一步完善相关法律法规，明确政府与社会的关系，确保各个利益群体的合理利益和合理诉求，充分发挥志愿机制在动员社会参与中的积极性，进而重塑一个充满活力和生机、稳定有序的社会生活共同体。社会管理的领导体系、组织网络体系以及领导格局都要在上述基础上进行改革和创新。

---

* 丁元竹，国家行政学院决策咨询部教授。

一、从当前的问题和挑战出发，设计合理的利益格局

利益格局问题是中国改革开放和发展进入新阶段面临的最核心、难度最大的问题，正如李克强总理所指出的，打破利益格局比改变人们的灵魂还难，可见其重要性和艰巨性。要充分认识到，在经济增长放缓情况下，利益格局与权力结构、资源配置、产业结构、市场结构、消费结构等长期存在的问题交织在一起，可能形成三种后果：触及个别部门和个人的利益，形成强大反弹，增加改革成本；公众对于既定利益格局的不满和强烈的改革诉求，可能会引发一定的社会冲突；国民经济中的长期未解决的问题，诸如不良资产、地方债务、就业和社会保障、国有企业改革等。解决上述问题，若用药太柔，则成效不明显；用药过猛，则会激化矛盾，在事关利益格局问题上争执会更加激烈。要发展，要实现中华民族伟大复兴的中国梦，利益格局是一个绕不过去的问题。当前的利益格局是过去 35 年，甚至是自中华人民共和国成立以来，在社会主义建设和改革开放中逐步形成的，要打破并非易事，需要花大力气，找准突破口和着力点，最务实的做法是从当前的问题和挑战出发，稳步推进。

（一）把完善利益格局当作健全社会管理体系的首要任务

利益格局是指社会财富在城乡、地区、行业、群体和个人之间的占有和使用方式，包括收入分配、中央和地方的财力与事权、阶层收入群体或利益集团关系等，它们通过财政收支、社会福利、社会保障、基本公共服务等来实现。利益格局不合理，将导致各个利益群体之间的隔阂、缺乏接触，社会信任缺乏，彼此形成刻板的印象和误解，必定会带来严重的社会问题。

政府最应当做的是，建立合理的利益格局，鼓励公众参与社会生活。只要政府能够做到这一点，真正保护弱势群体的基本权利和人们的合法利益，每个人在社会生活中才会激发出自己的积极性和创造性，关注公共事务，形成社会合作，整个社会秩序才能够逐步建立起来。除了进一步厘清中央与地方的关系，还要进一步厘清中央各部门在涉及相关社会事务中的部门利益关系、慈善捐赠体制、国际社会组织管理、社会组织改革与发展等一揽子问题。要充分认识到，当一个国家社会结构单一的

时候，决策者可以如同指挥军队一样引领社会前进。可是当利益格局复杂、社会诉求多元化以后，决策仅仅依靠一个或几个决策主体就会使社会发展的前景变得不够明确。因此，必须把更多的决策置于社会博弈中，交给社会组织去负责。①

(二)把理顺中央和地方财力与事权关系作为当前调整利益格局的关键所在

政府间的关系需要进一步理顺，尤其是像在中国这样一个有五级政权的国家，划分各级政权在公共服务供给中的角色就尤为困难，实践中确实存在诸多问题。尤其是目前我国形成的非对称性财政结构不利于实现基本公共服务均等化，中央财政收入和支出占整个国家财政收入和支出的比重缺乏合理的制度安排，各级政府在义务教育、公共卫生和基本医疗、社会救助、社会福利、基本养老保险等方面的事权划分不清，责任不明，中央政府有关政策文件在涉及政府间关系问题上过于模糊，不利于政策实施。随着基本公共服务均等化战略的实施和解决两亿多流动人口的城镇化战略的提出，中央和地方在公共财政领域的边界需要进一步明晰，否则，在改善民生和政绩考核双重压力下，基层社会矛盾和问题会进一步恶化。近年来，各地出现的社会事件，包括农民工维权事件，不能不引起我们的深刻反思。改革中央和地方的关系以及各级政府的决策模式已经刻不容缓。在中国这样一个地域广阔、人口众多、文化复杂、资源广布的国家，实施单一的治理模式，往往导致中央和地方政府在经济增长和社会发展领域的责权错位。总体来看，中央政府在社会领域宏观调控问题上的责任是确保基本公共服务的均等化，制定地方政府、基层政府、社会和企业参与社会事务的制度框架。地方政府则负责社会组织、慈善事业、基层组织、公民参与等社会事务。在这个框架内，地方和基层政府、企业、社会组织和个人的参与空间大大拓宽。

(三)把解决流动人口的城镇化问题作为优化利益格局的重中之重

流动人口，一方面会大大提升中国城市化速度，使其与经济社会发展相适应，另一方面也会给已经过于稠密的大城市带来更大的公共资源和生态环境压力，这个压力是世界上其他国家所不曾承受的。同时，由

① 丁元竹：《从顶层设计社会管理体系的利益格局》，载《学习时报》，2012年9月3日。

于体制分割，迁移人口的社会地位和社会生活纳入城市体制问题的解决还需要一段时间。过去的分割造成的问题还没有根本解决，新的分割还将造成新的问题，社会不平等，甚至不平等程度加剧在一个时期内是存在的。大量迁移人口进入城市，缺乏基本的公共服务，长期游离于体制之外，既不符合公平与公正原则，还将产生若干严重的社会问题。近期农民工及其亲属与属地居民之间不断发生的冲突提示我们，农民工问题若处理不好，会成为未来中国社会不稳定的主要因素。2012 年，中国城镇人口已经超过总人口的 52.57%，流动人口达到 2.63 亿人，几乎占总人口的 19%，如此规模巨大的人口一直处于流动状态，会给社会秩序带来巨大压力。在推进城镇化过程中，要及时提高农民在土地增值收益中的分配比例，从公平公正和长远发展的角度设计征地制度。

流动人口公共服务的满足需要探索联合生产的模式，即中央政府、输入地政府和输出地政府之间的联合生产。这里所谓的联合生产包含了两层意思：一是中央政府与输入地、输出地政府三者联合起来为农民工的基本公共服务“埋单”，具体各方的支出比例可以由三方政府协商，制定具体的责任细则。二是涉及养老、教育等需要多方面公共服务来提供，尤其在分离人口仍然处于分离状态时，更应当这样。对于农民工这一特殊的现象要从财政体制改革上给予考虑，因为历史上没有一个国家在公共服务扩张时期曾遇到这么大规模的人口迁移。

二、以完善基本公共服务供给模式为切入点，完善社会动员机制

如果说，改革开放的前 30 年是通过完善市场经济体制来释放市场主体活力的话，那么，进入 21 世纪以来，需要通过建立合理的利益格局，充分动员公众参与社会生活来进一步激发社会活力。一方面通过这种参与来实现民主决策和科学决策，使经济社会发展更加贴近人民群众的生活需要；另一方面，通过公众参与使居民承担起更多的社会事务，减少政府在公共领域和社会领域的投入和负担，实现社会发展方式的根本转变。志愿机制的社会基础是社会共同体，例如家庭。家庭是建立在个人相互亲密熟悉基础上的，感情、习惯、理解和传统习俗使人们可以成为生活共同体。

探索灵活和可持续的基本公共服务的供给模式，需要打破传统的行政思维方式，走出所谓的“横向到边、纵向到底”的思维惯性，通过体制机制创新，除政府必须提供的基本公共服务外，在对各类基本公共服务分类和定性的基础上，充分发挥合同外包、联合生产、合作生产、志愿生产等体制机制的积极作用，在完善体制机制的基础上，创造社会组织参与基本公共服务供给的积极性和创造性，推动社会组织发展壮大；在完善体制机制的基础上，调动企业的积极性和创造性，积极履行企业的社会责任。

既然以服务为核心，首先就要对服务进行全面研究和分类，区分哪些需要政府财政支持，哪些需要政府直接生产，哪些可以通过市场提供，哪些可以通过志愿生产。对于通过政府财政支持的需要进一步分类，比如政府财政支出、税收减免、联合生产、其他公共资源的投入等；对于政府直接生产的也需要进一步分类，比如治安管理等；对于市场生产的也要深入研究，比如政府特许经营、社会经营、社会金融、公私合作伙伴关系；至于志愿生产需要进一步研究志愿服务、慈善捐赠等。这里要特别注意，随着经济社会发展，政府生产、市场生产和志愿生产的界限越来越模糊，其关系越来越密切。接下来如何决定由哪些组织提供哪些服务还需要进一步深化改革，包括提供哪些服务、服务数量、服务标准，如何根据财政公平原则决定财政支出，如何制定居民接受服务的标准和规则以约束居民消费公共服务的个人行为，如何根据财政预算和服务类型选择公共服务的供给者，这是最为关键的，这意味着政府在这个领域的改革目标和方向需要进一步明确。中国各地在社会管理机构的设置上已经进行了大量探索，在政法委系统成立机构，在党的系统内部成立群工部，或者在党委和政府内部建立社会工委和社会建设办公室，诸如此类。首先要承认，这些都是特定历史条件下的实践探索，不能否认历史。在科学发展观的指导下，如果建立起更有利于社会发展的社会管理机构，首先要靠法制，其次要靠改革，再次要靠创新。在法制的框架内，明晰各个政府职能部门的权限和范围，政府部门依法行政。对于社会发展领域出现的新问题，要鼓励创新社会管理。进一步说，该政府管的，政府必须依法管好；不该政府管的，依法交给社会组织或企业去管。中国地域之广，不足以用单一管理模式治理，要鼓励基层创新。

要充分认识到，居民的需求多种多样，因此，公共服务产品类型也具有多样性，但它所需要的生产组织可能规模不大，这就需要考虑公共服务就业问题。另外，生产组织规模过大，就会缺乏灵活性，回应速度就会慢。这就需要以更开阔的视野把地方公共事务拓展到地方政府与其他纵向的政府间关系，政府与企业部门、社会部门以及居民之间的关系，把由单纯地方政府搭建的公共舞台变成地方政府与企业、社会组织和居民共同表演的地方。在这个过程中，政府将由生产者、主导者逐步变为协调者和助推者，由划桨者逐步转变成为掌舵者。“全覆盖、全感知、全时空、全参与、全联动”需要在进一步研究政府服务、社会服务、市场服务的基础上，分清楚政府、社会和企业的责任。要推动公众参与，建立综合决策机制。把综合决策作为完善社会管理体系的重要过程。综合决策既是一个探索的过程，又是一个参与的过程。所谓探索是指在制定综合决策之前，决策者应当会同专家对决策的目标和实际状况进行研究和评估，提出发展目标和具体的运作手段，并随着政策的实施进行监督和修正；所谓参与过程是指被实施政策的区域和部门的各利益群体和个人都将要参与政策的讨论和政策的制定，并参与政策的实施。综合决策就是在对各种利益群体冲突目标的协调中达到可持续发展的总目标。

要考虑自上而下和自下而上的有机结合。仅仅自上而下考虑问题，会忽视居民和社区的利益偏好、基层特殊环境和问题，会使社区和居民的需求难以得到满足。比较好的办法是，自上而下与自下而上的有机结合。这意味着要实现五个根本转变，即由单一的民意表达转向多元的民意表达，除了发挥网络的作用外，可以考虑民意调查、消费者座谈会、服务电话、街道和社区发展论坛、邻里委员会等形式；由政府单一管理转向政府与社会共同治理社会事务；由公共部门提供公共服务转向政府、企业、社会组织和居民共同提供公共服务；由等级和权威转向网络和合作伙伴关系；由注重居民的反映到注重居民诉求回应的结果。

三、从人类的本性出发，构建人民健康生活

（一）按照人类的本性建设社会共同体

随着中国经济发展进入新的阶段，社会生活的重新塑造就显得尤为

迫切。我们也看到，由于互联网的广泛应用，现代社会生活已经发生了巨大变化。[①] 从各国历史看，好的社会生活多发生在家庭、社区等共同体中。在传统社会中，基层社会依赖于伦理和非正式社会规范来治理，现代社会的治理也有其一套规则，这需要用心去研究。重塑好的、健康的社会生活是人类发展的终极目标和目的。只有每个人坚守社会规范，把日常的小事做好，才会逐渐把社会和国家的大事做好，当个人都能承担社会责任时，公民意识才能慢慢融入整个社会。在任何社会，平等都是公民意识的基础。在一个等级森严的社会体系中是不可能建立起公民意识和公民责任的。消除社会不平等需要政府建立合理的利益格局，这是公共参与的基础。

社会秩序基于人类的本性，是人类的基本需求。一方面，人类具有个体特征；另一方面，个体也需要他人，即人们的社会性。如果每一个人单独生活在一个星球上，就不需要社会秩序，而问题恰恰是芸芸众生共同生活在同一个地球上，所以个体就不能完全脱离群体孤立存在，他(或她)需要与其他人一道工作和生活，就需要集体行动的规范，于是就有了社会秩序。[②] 人们居住在一起，不仅要相互约束，也要相互之间有效互动——相互帮助，而不是相互伤害。一个高度有秩序的社会必须具有持续合作的能力。通过社区聚集社会资本。“一个社区拥有的社会资本越多，这个社区就越健康，复原能力也越强，其成员参与度也更高，更能联合起来反映问题。这些有助于振兴经济，减少贫困。但有证据显示，沃尔玛这种大型超市似乎与投票的选民减少有关，标志着民众参与度降低。”[③]公共道德是重要的社会资本，它主要是指公民参与社会的倾向和责任感，这种倾向和责任感得到社会成员的认同并成为社会秩序的一部分。平等永远是美好社会的基础。通过社区自治夯实公共治理的基础。“公共治理是公共权力部门整合社会力量，管理公共事务、解决公共问题、提供公共服务，实现公共利益的过程。”[④]人们在平等的社会交往中处理社会

---

① [美]凯文·凯利：《失控》，北京：新星出版社，2011年，第693页。

② Michael Hechter and Christin Horne：Theories of Social Order，*Stanford Social Science*，2003，27.

③ [英]戴维·博伊尔：《新经济学》，北京：中信出版社，2012年，第159页。

④ 张成福、李丹婷：《公共治理如何体现公共利益》，载《北京日报》，2012年4月23日。

事务，协调利益关系，和睦相处。只有在这样的环境中，社会才有活力和秩序，实现活力与秩序的统一。

(二)提升社会组织效率，帮助政府分忧解难

社会组织必须是有效率的，被人民群众认可和接受的，要充分考虑参与社会组织的方方面面的利益关系，只有利益分配为各方所接受，社会组织才能发挥作用。

第一，在市场经济不断完善、政府职能逐步转变的环境下，社会呼唤非营利部门协助承担已经出现和可能出现的一些社会问题。当前我国社会正处于转型时期，社会的需求与民众的心理都在变化。这就要求非营利部门必须对客观环境和服务对象有准确的了解，根据形势的变化发展调整设计服务的内容和形式。只有适应服务对象的要求，服务才有需求，有需求才能有收效。因此非营利部门要发展，就必须紧跟时代步伐，密切关注当前社会发展中的各种问题及需要，借此提供切实符合他们需求的有效的服务。这是机构发展的立足之本。

第二，建立多元化的资金筹措渠道，解决资金不足问题。就非营利部门目前的状况来说，经费来源单一，主要来源于会产收入。可以说，“经费不足”问题目前已经成为制约非营利部门发展的“瓶颈”，极大地限制了机构服务的深入和拓宽，使机构不能很好地把握当前的社会需求，从而提供深入切实的服务；或者即使了解社会需求却又会因为经费问题而“有心无力”。因此对于今后进一步的发展，非营利部门必须改变目前经费来源单一的状况，拓展资金筹措渠道：一方面，进一步拓展服务领域，提高服务质量，增加服务方面的收入；另一方面，积极争取社会各界捐赠，多渠道筹措经费，使资金来源多元化、社会化。

第三，加强自身建设，提高员工的专业素质。非营利部门目前的从业人员专业素质不高，由此导致服务的专业性不强，服务效果差。要改变这种状况，一方面要加强现有员工的培训工作，提高他们的专业化水平；另一方面要引进专业的社会工作人才。高素质的员工才能提供高质量的服务，只有建设一支有使命感、有敬业精神和业务技能、具有开拓能力的员工队伍，才能真正提供高质量的专业化的服务，促进机构的不断发展壮大。

第四，大力宣传，树立良好的公共形象。机构要发展壮大，良好的公共形象是必不可少的。当前社会民众大多对“非营利部门”五个字甚为敏感，对非营利部门持有偏见或者不理解的态度。因此只有扩大宣传，扩大机构的社会影响力，树立社会公众认可支持的、有良好社会形象的非营利社会服务团体的公共形象，奠定良好的公众基础，才能有助于机构的进一步发展。

第五，组织策划与发展。随着非营利部门的不断发展，其所举办的服务愈来愈多，性质也日趋复杂。非营利部门应确立发展方向，订立年度性的主题，继而再从这些目标中策划不同的服务，以及参与不同的公共项目活动，这样既能明确地按宗旨办事，建立一个有特色、有风格的服务形象，深入民心；又能有效地运用自身资源，并召集更多合适的员工共同发展和服务。

第六，加强合作，发展社会服务网络。机构除了自身开展工作外，还应该加强与社区、政府和其他社会服务团体的联系与合作，建立社会服务网络，以此来弥补自身资源不足的缺陷，扩大社会效益。

(三)强化法制保障，建设有秩序的社会

与经济管理的手段一样，社会管理的手段应当包括法律法规、发展规划、财政税收、市场调节、货币政策等；除此之外，志愿机制是社会治理的重要手段；此外还有以上各种手段的组合，例如，通过完善法律法规，利用财政货币政策鼓励及支持社会经营和社会企业的发展是当前许多国家的积极尝试。有关营利企业和传统非营利组织的法律法规在世界各地已经日趋完善，但是涉及社会经营的法律法规还是凤毛麟角，处于空白状态。无论是在现有的法律还是非法律框架内开展社会经营都存在诸多难题。如果政府和社会都承认社会经营将是人类解决所面临的挑战的不可或缺的活动，那么为其立法就需要提到议程上来。社会经营的立法首先涉及如何鼓励企业家在实现推动自己企业正常运行的同时，也考虑一定程度的社会经营，相应的税收、财政和金融政策也需要进行调整。依法治理社会，就是政府要全心全意地提供公共服务，这是政府的根本职责。政府要部分地承担社会管理的责任，所谓部分承担，即社会管理的另外一部分责任实际上是需要居民自己负责，也就是社会治理。要在法律的框架内，实现社会动员公众参与，鼓励居民在法治的框架内，自发地组织起来，去参与社会事务、关心社会事务、解决社会问题。和谐社会是体现社会公平的社会，和谐社会所追求的社会公平，是有差距的公平，是各阶层共生、共依、共赢并最终走向共同富裕的公平。要在法治的框架内处理社会矛盾，尤其是上访等，要彻底避免“信访不信法”的问题，必须进一步完善社会管理体制。

本文发表于 2013 年第 4 期

新时期中国城乡"社会样态"的变迁与治理转型*

田毅鹏　徐春丽**

一、问题的提出

新中国成立后，在赶超式发展的模式之下，中国社会长期存在着城乡分立的二元结构，对社会体制的形成及演进产生了深远的影响。在二元结构之下，中国社会体制最为突出的特点是城乡分立，各自运行。城市社会管理是依托单位制展开的，一系列与单位制相匹配的制度体系，通过"国家—单位—个人"的纵向联结控制机制，使得城市社会的发展和秩序得以成为可能。而同时期的农村社会，则是按照人民公社的"准单位"原则展开的，它以"三级所有、队为基础"的组织结构与"政社合一"的组织原则形塑了乡村社会的组织形式，生产队、生产大队作为同国家行政权力相衔接的正式组织成为乡村基层社会管理不可替代的权威中心，对农村社会实行着封闭而有效的管理。

20 世纪 80 年代以后，随着社会主义市场经济体制的建立和逐步完善，单位制逐渐开始走向消解。随着社会保障制度、户籍制度和土地制度的改革，社会流动的加快，城乡关系发生了重大变化。传统的社会管理体制也随之发生变迁，急需建立新的社会治理体系。新的社会治理体

---

* 本文系国家社科基金重大项目"当代中国单位制度形成及变迁研究"（项目编号：11&ZD147）、国家社科基金重点项目"社会管理体制改革创新的模式选择与推进路径研究"（项目编号：10A2D002）的阶段性研究成果。

** 田毅鹏，吉林大学哲学社会学院社会学系教授；徐春丽，吉林大学哲学社会学院社会学系博士生，吉林省委党校社会学教研部讲师。

系建立要与新的社会结构转型相适应，但今天社会治理体系构建所面临的结构情况，远比想象的复杂得多。虽然传统的鸿沟为界的城乡分立的二元结构被打破，但城乡差距并未因此而得以消除，相反却以新的、更加复杂的形式表现出来。我国不仅与西方发达国家一样，随着人口向城市的集中，出现了城市社会的过密化和乡村社会的过疏化，而且还出现了农村向城市的过渡地带，城市与乡村相结合的城乡接合部。整个社会结构出现了新的空间重组和变迁，催生出一些更为复杂的社会样态。在这里我们之所以强调社会样态的重要性，主要是因为：一是作为一种特殊的社会样态，包括乡村过疏社会、都市过密社会和城乡接合部碎片化社会在内的地域社会空间，其人口结构、空间结构、关系结构、阶层结构、组织结构都与一般意义上的城乡社会不同，具有鲜明的特色。二是快速城镇化背景下催生出的新的社会样态不是一个常态社会，而是转变中的变态社会。这些异质性社会空间的形成，比原有的二元社会结构要复杂得多。面对新旧制度间的复杂更替，其空间内部的组织结构、权力形态、主体关系以及利益格局均处于迅速的变革与重构之中，给我国的“社会治理”进程提出了异常严峻的挑战。三是从时间上看，这些新的社会样态不是一种稍纵即逝的短暂的存在，其存在具有长期性。因此，应将其看作一种特殊的地域社会样态，对其所具有的基本特征展开系统的分析和研究。

总之，快速城镇化背景下中国社会的剧烈变迁，导致我们已不能简单地使用传统的城乡二分式的方法来理解中国社会了，因为在城乡二分的背后，中国社会已出现了一些值得特别注意的新的社会样态。如何在诸多不同社会样态的空间中实行有效的社会治理，是我们亟待解决的课题。对不同的异常复杂的社会样态的分析，亦成为现今社会治理体制改革必须面对的结构性前提。

二、城乡社会变迁中“社会样态”的类型及特征

新时期中国城乡社会样态变迁的类型非常复杂，以下本文试以乡村过疏社会、都市过密社会和城乡接合部碎片化社会为例，展开初步的探讨，通过对上述几种类型社会样态的分析，以概括新时期中国社会样态的总体特征及表现形态。

（一）乡村过疏社会

乡村过疏化和都市过密化是一个问题的两面，是城市化进程中两个相对而动的演化趋势。伴随都市的过密化，乡村过疏化成为世界各国现代化进程中的共同经历。“所谓过疏，是农村人口和农家户数发生急剧大量外流的结果，导致其地域居民的生产和生活发生诸种障碍，使地域生产缩小，生活发生困难，最终导致村落社会自身崩坏的过程。也就是说，过疏现象是作为生产和生活空间的村落社会的解体过程而存在的。”①乡村过疏化，不仅导致农村大量青壮年人口流失，更为根本的是乡村社会再生产和自我调节能力的丧失。“过疏化社会何以可能?”已经成为摆在社会管理者面前最大的课题。

作为一种社会样态，乡村过疏社会一般具有以下几个特点：

一是由人口剧减而导致的村落空心化。伴随城乡二元体制的松动，在城市拉力和农村推力的共同作用下，城乡系统之间的要素流动加快，农村要素向城市大规模转移。首先是产业。随着产业结构的升级，乡村工业衰落，新兴产业逐步向大中城市和工业园区、新技术开发区聚集。其次是人口。大量青壮年外出务工，农业劳动力向城市迁移。再次是住房和土地。一些村落一半以上的住房和土地闲置，村庄变得萧条和缺乏人气。最后是公共物品和组织。公共设施瘫痪，公共事务少人问津，村庄组织涣散。

二是由主体缺场而导致的关系疏离化。大量青壮年劳动力长期外出务工，在原来乡土社会的长期缺场，不仅使他们成为村庄里“最熟悉的陌生人”，而且使原有的乡土伦理和乡土逻辑被打破，过疏村庄里社会关系间断。首先是代际关系的断裂。以往亲子之间的交流被时空距离所阻断，以往几代同堂和子孙满堂的家庭生活方式几乎成为不可能。其次是家庭关系紧张。长期异地家庭生活，使矛盾增加，离婚率不断上升。最后是邻里关系稀疏。繁荣热闹、互帮互助的乡邻交往和礼尚往来日渐被“人烟稀少、民罕往来”所替代。可见，村庄的过疏化，冲击的不仅是外在村落形态的变化，而是整个以血缘、亲缘、地缘为纽带的乡土社会关系网络的改变，是整个村落社会支持体系和各种社会仪式的瓦解，是整个村落

① ［日］森冈清美：《新社会学辞典》，东京：有斐阁，1993年，第193页。

传统所承载的价值观念和文化认同的间断。

三是阶层和群体的单一化。市场和城市的力量催生了农村社会阶层的多元化，同时也将农村社会中的实力阶层逐渐吸引到城市，使阶层单一化成为过疏化乡村的又一表征。从人员构成上看，老人、妇女、儿童成为主体，老龄化趋势明显且空巢老人问题突出；从职业构成上看，农业生产依然是主业且收入较低；从文化构成上看，留守人员学历层次低，甚至是文盲和半文盲；从地位和声望上看，老年人被边缘化，乡土社会的“长老统治”已成为过去。由此，过疏化乡村，社会发展已经逐渐丧失活力。

四是乡村组织弱化与崩坏。卷入城市化浪潮的村庄能人和青壮年，要么在城市安居，要么在“半城市化”的途中，不愿意再回到农村，于是村落社会组织结构的弱化崩坏亦成为必然。村两委组织成员老化断层，村干部与村民间的联系弱化，村庄集体意识减退，协作能力下降。村民对选举漠不关心，对自治也毫无兴趣，过疏村庄公共性明显衰退。村庄内部纠纷也越来越难以通过内生的公共力量来解决。当代中国城市化、市场化背景下乡村壮年劳动力大量流失的直接后果，是乡村组织的衰败和村庄公共性的萎缩。

当过疏化达到一定程度时，村庄必将面临“终结”的命运，但作为社会样态的乡村过疏社会的终结却绝非看似那样简单和容易。过疏化村落诸多难题的存在，决定了过疏化乡村的终结不是一朝一夕的，它将是中国社会长期存在的一种社会样态。

(二)城乡接合部的碎片化社会

作为城乡交会的特殊空间，城乡接合部往往被称作“城市锈带”扮演问题角色，但在发展中国家却起着重要作用。对城市而言，它是城市扩张的后备力量；对农村而言，它是通往城市之路，是农民工城市化的落脚地，社会边缘人群的栖居地。城乡经济结构、城乡基础设施和城乡生活方式的并存互动，使城乡接合部成为传统性与现代性、城市与农村，交织得最为明显、最为复杂的地带。这里人口结构复杂，利益冲突明显，独特而复杂的社会样态使其成为社会治理领域最为棘手的地域空间，其主要特点表现在：

一是空间结构的错乱衰败。城乡接合部的独特性首先来自外部景观，“贴面楼”“接吻楼”“一线天”式的房屋背靠背，墙挨墙，呈条状、块状、点状杂乱无序地堆砌分布。在这里，空间被极度切割和碎化，用来满足外来人口降低成本的需求，也用来满足本地居民通过收取房租实现效益最大化的需求。空间结构的错乱衰败，折射了城乡接合部现存的社会关系状态，折射出当地政府、市场和村民之间的力量博弈。空间的无序占有和再生产典型地是城乡接合部内社会各主体行动策略选择的结果。对于本地村民，空间已不再仅仅是居住和生活的场所，而是盛满了利益的摇钱树，以换取最大的经济回报；对于外来人口，他们对城乡接合部的空间感知已然也不是亲切的栖息家园，而仅仅是一个无须建设和理会的容身之所；对于政府来讲，城乡接合部只是计划开发但尚未进行的空间，因此疏于管理，整合滞后，行政效率低下。

二是关系结构的疏离与区隔。城乡接合部人口结构复杂，外来人口大量涌入，数量往往是原住村民的几倍甚至几十倍，人口结构倒挂。各种不同职业类型、不同生活方式、不同价值观念、不同需求以及不同心理文化素质的人群杂居共存，传统型均质社区被打破，熟人社会瓦解，异乡的陌生人流动不息。作为利益和文化心理共同体的社区日渐弱化，原子化的个体之间的社会联结愈发脆弱，本地村民与村民之间的互动关系，多是为了经济利益而进行的抗争与合作；本地村民与外来人口之间，互不干涉，彼此之间克制而冷漠；外来人口之间，隐退自我，各自保全，整个城乡接合部的社会关系结构呈现出隔离化的特征。人的行为是其结构属性和心理认知相结合的产物，城乡接合部的人群来自不同地域、不同文化，生活具有极强的流动性和不确定性，这种结构属性和心理认知决定了彼此之间亲密而深入的社会交往很难进行下去。缺少了长期居住的心理预期，缺少了公共空间交往的平台，又缺少了原有血缘、亲缘和业缘关系的纽带，城乡接合部的社会交往和社会关系的再生产，从心理到载体，都失去了发生的可能和基础。城乡接合部这种社会关系结构的疏离、社区共享感的缺乏，使城乡接合部成为社会问题的重灾区，社会失范的典型地域。

三是弱势群体辐辏。阶层分化本身也是空间分化的过程。“人们的社会地位及其所拥有资源将最终决定他们以怎样的方式生活和工作在城市的哪些地点。”①那些收入多、资源好、地位高的群体自然向中心城市流

---

① ［美］安东尼·奥罗姆、陈向明：《城市的世界——对地点的比较分析和历史分析》，上海：上海人民出版社，2005年，第72页。

动，而那些收入低、技术低、文化低、权利低的阶层自然向生活成本较低的地区流动，城乡接合部成为他们的首选之地。弱势群体的辐辏和精英的缺场，使城乡接合部呈现出有增长无实质发展的内卷化特征，甚至陷入底层固化、贫困文化循环的泥潭，难以自拔。弱势群体本最需要社会的救助和支持，但他们却生活在这社会管理严重滞后和缺失的地域。如何将这些处于都市“神经末梢”的群体及时纳入正轨，是城乡接合部社会治理体制改革不容忽视的问题。

四是组织结构的二元化。城乡接合部亦城亦乡的内在属性决定了其组织结构的二元性。一方面，作为“乡”的城乡接合部其村落终结是漫长的，原有的村委会是经济实体，要撤村必须把集体经济财产处置完毕，否则撤村进程便不具有合法性，因此撤村改居不可能一蹴而就。另一方面，作为“城”的城乡接合部，农民又急需市民化，商住小区又逐步建立，也需要相应的城市性的服务和管理。在这种情况下，城乡接合部大多采取双重治理模式，即在保留原村委会的基础上再挂一个社区居民委员会的牌子，两块牌子一套人马，承担双重职能：既承担村委会组织村民选举、土地补偿、经济福利等方面的职能，又承担居委会协助政府办理公共事务和公益事业、调解民间纠纷、维护社会治安等职能。村委会与居委会的二元并存在一定程度上缓解了城乡过渡中出现的问题，但也带来了上下体制不对接、资金不足、人员有限、管理缺位、村委会无力承担扩展的城市功能等新的挑战。在村和居之间的历时性二元转制问题还没理顺的同时，流动人口的加入，使城乡接合部又出现了本地人口和外来人口共存的另一个新的二元化问题。大多数村委会和居委会认为自己管理和服务的对象仅限于本地人口，故外来人口被当作游离于当地社会之外的特殊群体来对待，在社会身份、福利待遇上与本地居民相距甚远。

可见，空间结构的错乱、社会关系的隔离、弱势群体的辐辏、组织结构的二元化使城乡接合部成为不同于城市和农村的独特的社会样态。尽管城乡接合部可能随时被城市扩张所吞噬，迅速消逝，但是新的城市扩张又会随时产生新的城乡接合部。所以对于新时期的中国而言，伴随城市化进程，城乡接合部将是长久存在的社会样态。

(三)都市过密社会

从长时段的视角俯瞰世界城市化的进程，我们会发现当代城市发展几乎都经历了一个“都市过密化”的演进过程。都市过密化不仅以其超强的辐射力带动经济社会快速发展，也带来一系列社会关系结构的变化，给城市社会管理者提出了严峻挑战。

在本文中，我们之所以将都市看作一种特殊的社会样态，主要是因为：

一是空间结构的高密度。芒福德曾说：“城市不仅仅是个容器，在它还没有任何东西可容纳之前，它必须首先吸引人群和各种组织，否则它就毫无生命可言。”[①]我国的城市正像一块大磁铁，吸引着越来越多的人群和组织到此聚集。到2010年底，我国常住人口超过500万的城市已有20多个，其中北京、上海等特大城市的人口已达2000多万。[②] 在这一意义上，城市真正成为全球化时代人类文明的中心。毋庸置疑，适当的密度为城市文明所必须。如果说“都市过密”会导致城市问题发生的话，那么，都市人口密度不足则往往会导致城市发展停滞甚至走向衰败。韦伯也强调“城市是个巨大的住居密集的聚落；由于过于巨大，以致缺乏在城市以外的邻人团体里居民皆相互认识的特色”，“城市本质上是个市场聚落”。[③]因此可以说，无聚集不城市。但过密往往带来的不仅是契机，还有浮华背后的风险。在大都市外部扩张和内部重组过程之中，人口结构的复杂化和社区类型的多样化，带来的不仅是能源、空间、环境等物质方面的难以为继，还带来公众精神价值的困境。中产阶级的郊区化、城市发展的多核化、“道纳斯化”和霍华德“田园城市”的构想，其实都是对城市过密化的回应。城市高铁的建设亦不仅仅是为了增加GDP，更是通过“时间消除空间”的策略选择。过密化使时间逐渐取代距离成为决定城市景观各个组成部分之间最重要的标准。

二是关系疏离的陌生人社会。毫无疑问，在过密社会中，辐辏于大城市内的人们在物理空间上已开始接近，但形体的接近并不意味着社会意义上的接近。用涂尔干的概念来解释，就是物质密度，即人口密度在

---

① [美]刘易斯·芒福德：《城市发展史——起源、演变和前景》，北京：中国建筑工业出版社，2005年，第88页。

② 白天亮：《从熟人社会到陌生人社会》，载《人民日报》，2011年9月22日。

③ [德]韦伯：《非正当性的支配——城市的类型学》，桂林：广西师范大学出版社，2005年，第2、4页。

拓展，而精神密度，即个人融入公共生活的程度在下降。“大城市不是只比城镇大一些，比郊区更拥挤一些，从定义上看，它们之间最根本的区别是城市中充满了陌生人。在城市里任何人遇到的陌生人都比熟人要多……成功的城市区域的一个基本特征就是人们走在充满陌生人的街道上感到自己很安全……”[①]伴随单位制的解体，我国过密化都市已进入“陌生人社会”。

三是组织化与原子化并存。在单位社会走向终结的过程中，城市社会的组织结构开始分化，昔日由单位承载的社会服务、社会规范、诉求表达和文化共享等功能逐步向社区、社会团体和市场组织转移，总体上仍呈现出组织化特征，运行平稳。但城市的这种组织化并不完整，而是与原子化并存。主要表现在：首先，外观上组织化，实质疏离化。城市居民看似共处一个组织，共住一个社区，但却形同陌路。其次，形式上组织化，实质上集体认同弱化。个体虽然生存于组织之中，但对组织缺乏“认同感”和“归属感”，缺少文化价值的共享，对公共生活参与不足，个人经常游离于公共世界之外。“我们运用社区本能来彼此隔离、自我保护，而不是创建一个丰富多样又互相交融的世界社区文化。”[②]再次，行政领域组织化强，社会领域的自组织能力生长缓慢。随着城市居民生活方式和服务需求日趋多元，社区和政府的行政能力有限，急需社会“自下而上”组织起来自我服务、自我管理。但我国社会团体先天不足，后天生长缓慢，使城市生活的组织化表现为一定领域的有限性。最后，还有一些社会群体根本就游离于组织之外。我国城市有将近 2 亿的下岗失业和非正规就业人口，游离于职场组织之外；有将近 3 亿的流动人口因与常住户口分离，游离于社区组织之外。这些人群在缺乏组织依托的情况下，成为原子化的孤独的个体，亦成为真正无所依赖的弱者。无组织的个体比弱组织化的个体生活更充满了不确定性，使社会运行充满风险，社会管理成本大大增加。

组织化的意义在于给个体以社会身份和社会功能。过度的去组织化，将使社会凝聚力急速下降，社会失范迅速增加，社会整合变为不可能，

---

① ［荷］根特城市研究小组：《城市状态：当代大都市的空间、社区和本质》，北京：中国水利水电出版社、知识产权出版社，2005 年，第 138 页。

② ［美］德鲁克基金会主编：《未来的社区》，北京：中国人民大学出版社，2006 年，第 4 页。

社会管理亦将无从谈起。社会关系的原子化已然成为现代城市发展和管理的隐忧，如何组织化是城市社会管理必须应对的难题。

三、城乡社会样态变迁与治理转型

处于转型变迁之中的城乡社会已不是一个常态社会，而是转变中的变态社会，无论是乡村过疏社会、都市过密社会，还是城乡接合部碎片化社会，都是如此。所以，在推进城乡社会治理的过程中，需要深度追问：新时期的中国城乡的社会样态发生了哪些变化？这些变化对于新时期正在展开的社会治理将产生哪些影响？并根据这些变化提出相应的对策。

党的十八届三中全会指出：改进社会治理方式，要坚持系统治理，加强党委领导，发挥政府主导作用，鼓励和支持社会各方面参与，实现政府治理和社会自我调节、居民自治良性互动。这里所说的"社会自我调节"，实际上是在强调新时期的社会治理应该注意找回治理的"社会性"，即努力将社会治理的模式选择建立在一定的社会样态的基础之上。近年来，关于社会治理模式的研究探讨已成为社会各界关注的热点，但是人们似乎对新时期城乡社会样态的变化重视不够。从理论上看，治理模式应该建立在一定的社会样态的基础之上，不清楚社会样态的变化，是很难制定出符合实际的社会治理方案，进而实现善治的。因此，应努力推进新时期城乡社会样态变迁背景下的社会治理转型。

(一)引入地域社会概念，加强对我国新时期复杂社会结构样态的研究，以总结提升社会治理的经验模式，分类推进

如前所述，我国新时期社会治理体系构建的难点在于城乡二元结构消解后城乡社会样态的复杂性变化。伴随快速城镇化的进程，我国的社会结构发生了迅速重组和空间变迁。各个不同的空间社会生活形态处于不同的发展阶段，居住着不同的阶层，有着不同的利益需求和公共需求。作为典型的社会空间，无论是过密化都市、过疏化乡村还是碎片化的城乡接合部，都不是简单的"空间位移"和一般性的功能转换，而是一个长期复杂的转型过程。这种转型过程的复杂性决定了各种社会样态存在的持久性。因此，在社会治理体系构建过程中，试图通过完全统一的方式而实现社会整合，只能是空想，同时必然蕴藏着巨大的风险。要构建合理的社会治理体制，必须注意将具有典型特征的“地域社会空间”这一变量带入社会治理体系的构建进程之中，依据典型空间的社会结构样态，展开多元模式探索，在实证调查的基础上，总结提炼出适合不同社会样态的社会治理模式。

（二）超越问题取向，直面新的社会样态背景下社会治理的难题

近来许多学者在研究社会治理体制改革创新问题时，多采取“问题取向”，即从具体的问题入手展开论述。在这一研究取向下，人们虽然对问题产生的原因及其发展演进的内在逻辑表现出密切关注，但其分析所蕴涵的多是一种“对策观念”，潜在的含义是：只要提出一套对策体系，问题便可得到一定程度上的遏制，甚至得到解决。与问题取向不同，“社会样态论”不是简单地将其视为一个临时性问题，而是将其作为一种新的社会样态看待。在这种观点看来，乡村过疏社会、都市过密社会以及城乡接合部的碎片化社会虽然都是一种客观存在的城乡问题，但却强调我们的认识不能止于“问题意识”。因为“问题”研究视角实质上是“对策性”的，即只要我们寻找到解决问题的对策，问题似乎便迎刃而解了。而如果将社会变迁及其衍生出的问题提升到社会样态的高度来看待，便会将其作为一个总体性社会问题来加以认识。

因此，在关注具体“问题”的同时，还要跳出“问题”，站在更高的层次上，从社会样态的高度来认识和把握社会治理体制构建问题。即通过理论与实践相结合的研究取向，透过这些问题的表象，观察更为深层、更为隐秘的规律。社会治理体制改革，实质是一种社会创新，“社会创新就是创造新的程序、法律或者组织，它改变着人们相互之间发生关系的方式，它解决具体的社会问题，或使迄今为止还达不到的社会秩序或社会进步成为可能”①。

（三）基于新时期城乡不同的社会样态变迁，切实推进社会基础秩序建设

这里所说的“社会基础秩序”，包括的范围很广，其核心内涵有二：其一是组织形态的“基础秩序”，意指社会结构体系中自生自发的基层秩序，主要包括城乡社会的基层组织建设和社会秩序的维持；其二是观念

① ［加］司徒·康格：《论社会创新》，载《马克思主义与现实》，2000年第4期。

形态的“基础秩序”，主要包括社会道德规范、人们之间的相互信任关系，以及保证社会正常运行的规则体系。

就组织形态的基础秩序而言，虽然乡村过疏社会在逐步走向解体，但地域社会中人们的社会关联不可能完全丧失。为把握到这一社会联结的存在，有必要引入“共同性”概念，以发现日常生活中显在的和潜在的共同性的存在，重建过疏地域居民的社会联结。应加强老年协会和女性组织的建设，发挥其组织内部的互助功能。而在城乡接合部，其组织形态的基础秩序建设重点在于“村改居”的完成和流动公共性的构建。除了考虑将流动人口纳入正式组织体系之外，还应关注那种非正式、非制度化、流动性的系统和群体的建设，以形成一种具有社会和情感支持的“虚拟社区”，为流动中的成员提供真实的社会保护和屏障。

从观念形态的基础秩序来说，无论城市还是农村都要不断加强社会道德规范、人们之间的相互信任关系，以及保证社会正常运行的规则体系的建设。既要建设成文的或正式的基础规则和制度，也要形成不成文的或非正式的道德约束。农村社会管理也要把其独有的文化传统纳入现代化新传统的建构之中，降低农村现代化转型的成本；城乡接合部的社会管理要兼具城乡二元文化的特点，避免流动人口的“游民化”，将其纳入主流社会价值体系之中。实际上，观念形态的基础秩序与组织形态的基础秩序，二者相互统一、密不可分。所以，推进社会基础秩序建设的进程中绝对不能把二者割裂开来。

总之，在快速城市化背景下揭幕的我国社会治理体制改革，与社会样态变迁相伴随，其所面临的根本性挑战在于：在异常复杂的社会样态长期存续的前提下，社会治理何以可能？我国的社会治理体制改革创新必须充分考虑这种城市化背景下社会结构样态的变迁，既要针对特殊样态，探寻社会治理的多元模式，又要把握共性，顶层设计，从总体上推进社会治理体制的改革创新走向深入，从而促进社会和谐有序的快速发展。

本文发表于 2015 年第 2 期

中国的人口转变与未来人口政策的调整

张　翼*

党的十八大报告明确指出，要“坚持计划生育的基本国策，提高出生人口素质，逐步完善政策，促进人口长期均衡发展”。与十七大报告不同的是，本次大会没有继续重申坚持了多年的“稳定低生育水平”，而开始明确强调要“逐步完善政策”、要“促进人口长期均衡发展”。

为什么作为基本国策性质的“纲领性表述”会发生这样重大的变化呢？这主要是因为中国人口已经发生了重大转变。而人口转变、人口结构的动态发展与国家人力资源的供给特征等，又与社会经济的协调发展之间，存在极其密切的内在联系。因此，了解中国人口转变过程，判断中国人口所处的历史阶段，分析人口转变中存在的主要问题，对我们制定相关人口政策并较好配置劳动力流向、对我们全面建成小康社会及完成21世纪中叶民族复兴的伟大任务等，具有极其重要的历史意义和现实指导意义。

一、中国人口已发生了重大转变

世界人口发展史表明，人口结构不仅会随着历史的发展而动态变化，而且还会遵循既定规律，走过大致相似的变迁路途。为了让世界各国清楚考察和辨析人口转变过程，正确把握人口规律并指导各国的社会经济建设，联合国在1968年将人口转变过程具体描述为以下四个阶段：

第一阶段是人口转变发生前的阶段。这是在高死亡率（25‰以上）、高出生率（35‰左右）影响下所形成的人口低速增长的阶段，代表着游牧

* 张翼，中国社会科学院社会学研究所研究员。

社会和传统农业社会的基本特征。第二阶段是人口转变的起步阶段，代表着工业社会的基本特征，显示着死亡率下降、出生率高位徘徊和自然增长率上升的表征，医疗卫生技术的进步会使这一阶段提前到来。第三阶段是人口转变的关键阶段，即伴随着女性社会地位的持续提高与劳动参与率的上升，人口出生率会下降到15‰以下。在死亡率相对比较稳定的情况下，出生率的下降会直接导致自然增长率的下降。这是工业化进一步加深时期的人口特征。第四阶段是人口转变的完成阶段，这一时期的主要特征是出生率与死亡率的大致接近，是人口平均预期寿命的延长，是老龄化水平的高位维持，是自然增长率低于死亡率。这是高度工业化社会或后工业化社会的基本特征。

如果以此考察中国人口的转变过程就可以发现，中国现在正处于第四阶段——人口转变的完成阶段。自2000年始，中国人口的出生率就下降到14.03‰，2004年下降到12.29‰，2005年为12.40‰，2010年下降到11.90‰，2012年维持在12.10‰左右。与此相适应，中国人口的自然增长率，在2000年下降到了7.58‰，在2005年下降到5.89‰，在2012年下降到4.95‰。由此我们完全可以说，中国人口已经长期处于低出生率、低死亡率和低自然增长率时期。不仅如此，中国人口的死亡率也开始高于自然增长率——比如说，2012年的死亡率已经上升到7.15‰。

中国人口的转变过程，恰与中国社会结构的转型、与中国经济的市场化、与中国从村落社会向城镇社会的转变过程、与计划生育政策的实施等密切扭结在一起。自20世纪90年代末期以来高等教育的扩招(甚至于整个教育机构的扩招)以及初婚年龄的推迟与青年结婚率的下降等，进一步加速了人口转变过程，并将这种转变结果强有力地维持了下去。因此，中国人口转变之路虽有起伏，但转变之趋势不可逆。只要现代化过程平稳持续，则人口的出生率就必然会降低。如果说20世纪下半叶中国的人口转变主要凭借了计划生育政策的话，那么，在21世纪初期的转变，则主要依托了工业化、城镇化和教育的平民化，以及与此相联系的中国劳动力人口职业结构的非农化和居住社区的城镇团组化。中国将在2020年基本实现工业化，届时的城镇化水平还将大幅提高，这会持续降低中国人口的出生率。总之，中国的人口转型与经济转型、社会转型等密切结合在一起，并凭借计划生育政策的实施，长期固化低生育态势。

在低生育水平的维持下，中国人口已发生了并将继续发生重大转变。到2012年底，从年龄结构来说，中国已大踏步进入了老龄化社会，60岁及以上人口占总人口的比重已经达到14.3%，并将在未来持续快速攀升老龄化水平；从城乡结构来说，已经有52.6%的人常住在城镇，这使中国有史以来第一次成为以城镇人口为主的国家；从劳动力结构来说，从事于以农业为代表的第一产业的劳动力人口所占比重已经低于35%，而且还会在农业现代化的过程中持续降低。

二、人口转变对社会和经济发展的影响

中国人口结构的宏大转变会对社会和经济发展产生哪些重大影响呢？

(一)新增劳动力数量将逐渐下降，劳动力成本还将上升

虽然中国是第一人口大国，但从人口学角度来说，伴随人口金字塔底部的收缩，每年新增的劳动力供给总量早已开始缩小。在2013年第一次迎来了劳动力人口净减少的局面。在20世纪80年代初期出生的那代人进入劳动力大军之后，中国每年的新生劳动力还将更明显地减少。比如说，在第五次人口普查时，10～14岁人口有1.2亿，5～9岁人口有9000多万，但0～4岁人口只有6800多万——下降速度极其迅速。第六次人口普查发现，10～14岁人口只有7490多万，而5～9岁人口有7000多万。最近波及全国的所谓“民工荒”，除其他因素影响外，主要还是受了最近几年新增劳动力数量不断下降的影响。农民工“以脚投票”的结果，提升了其讨价还价能力，增加了其工资水平，使劳动力市场资方与劳方之间的博弈力量发生了积极转变。

另外，在新增劳动力数量逐渐下降的过程中，每年新增劳动力中接受过大学教育与高中阶段教育的劳动力的数量已经超过了接受过初中阶段教育的劳动力数量。这就是说，中国的教育分流，正在迅速提升劳动力素质，并会最终影响整个劳动力市场的配置。原来基于初中毕业生设计的劳动就业岗位与生产流水线等，需要迅速改变以适应劳动力素质提升的需要。可以说，人口年龄结构的转变，强有力地终结了廉价劳动力时代，而增加了生产流水线技术升级换代的压力。

(二)城市化速度逐步加快，农村老龄化压力越来越大

城镇与城市实行了“一对夫妇只生育一个孩子”的政策，因此，城市

出现了人口快速老龄化的局面。这却为青年农民工进入城市提供了绝好机遇。伴随城市老龄化速度的加快，也伴随中国人口生育率的降低，中国的城镇化速度会越来越快。城市的独生子女政策贯彻时间越长，城市户籍人口的老龄化水平就越高，城市发展对农村劳动力的依赖就越强。与此同时，在青年人口流出农村之后，农村人口的老龄化程度却会越来越高。只要户籍制度不发生根本的改变，农民工就会一直被城市界定为流动人口。他们在城市与城镇的婚姻问题、家庭问题、城市生活的适应与生活观念的转化问题，以及越来越严重的融入问题等，都很难在短期内解决，这些都是改革中期中国社会最难以解决的重大社会问题。

正因为如此，我们需要认识到：在农村常住人口基数降低、教育扩张既已形成推力、农村青年人口中的绝大多数已经进入城市的大前提下，即使农村人口出生率维持原有水平，中国的城市化速度仍会快于工业化早期阶段。中国农村人口的老龄化、村庄的"空心化"等问题会更加突出，这会进一步造成农村公共物品的可及性问题，加大城市与农村之间教育、医疗、养老等设施的均衡压力，也带来自来水、交通运输、电力供应和卫生防疫等项目的人均成本压力。

(三)"人口红利"会逐渐消退，"人口负债"会快速加压

由计划生育政策所导致的14岁及以下少儿人口的缩减，大大提高了15～64岁劳动力人口在总人口中所占的比重。于是，自1980年开始，中国改革开放的制度红利与人口转型所带来的人口红利结合在一起，迅速促动了经济的高速增长。即使在未来的2014～2020年这7年里，中国15～64岁劳动力人口占总人口的比重都会维持在70%以上——这又与国家建成小康社会的战略规划相一致。如果我们紧紧抓住这一历史机遇，在经济体制、政治体制、文化体制、社会体制和生态文明体制改革上有所作为，破解改革、发展与稳定的制度难题，那么，在"人口红利"消退之后的"人口负债"时期，我们就可以相对从容地应对老龄化压力。

由于人口转变带给中国的"红利"难以长期持续，由人力资本提升所带来"二次红利"的实现还需要很多复杂机制的支撑。不可避免地，在2020年之后，中国人口的老化速度将大大加快。65岁及以上老年人口占总人口的比重，在2030年会上升到17%～18%，在2035年会上升到20%，在2050年会上升到24%以上。所以，由于计划生育迅速降低了人口出生率，中国较早迎来了“人口红利”。但社会福利延长了人均预期寿命，由人口金字塔顶部扩展和底部收缩所带来的“人口负债”也会很快降临。为此，我们不能继续走低技术劳动密集型生产之路，而要迅速变“中国制造”为“中国创造”，并以生产过程自动化水平的提升来取代其对人力的依赖，以改革红利创造新的发展动力。

（四）由人口出生性别比持续上升所导致的婚姻挤压现象会逐渐显化

有确定数据可考的中国人口出生性别比，在20世纪80年代中期之后持续失调。1982年第三次人口普查得到的1981年的出生性别比是108.47；1990年第四次人口普查得到的1989年的出生性别比是111.92，2000年第五次人口普查得到的1999年的出生性别比是116.86，2010年第六次人口普查时仍然高达118.06，即每新出生100个女婴相对应出生了118.06个男婴。如果以0～4岁年龄段人口的性别比来考察最近几年的失衡状况，那么，以下数据让我们更加焦虑：1995年0～4岁人口的平均性别比是118.38，1996年是119.98，1997年是120.14。2000年第五次人口普查得到的0～4岁人口的平均性别比是120.17。2010年第六次人口普查得到的0～4岁人口的平均性别比是119.13。这就是说，中国婴幼儿人口的性别比不但在继续上升，而且，如果以107为最高警戒线的话，其已经比正常值高出了许多。如果这些数据果真代表了中国人口出生性别比的实际结构状况的话，那么，在1985年之后出生的人口，在其逐渐进入婚龄期时，就会遇到非常严重的婚姻挤压问题。

现在，在20世纪80年代以后出生的人口开始陆续进入婚龄期，由婴幼儿性别比失调所导致的男性过剩现象会影响到婚龄期的择偶压力，使男性遭受婚姻挤压。但在社会分层日趋显化的大背景下，那些居住在边远山区的男性、贫穷的男性、残疾的男性、受教育程度较低的男性等，会增加他们沦为独身——形成“光棍”的概率。如果贫困阶层的生活机遇遭受多重相对剥夺的负面影响，则会在总体上影响社会的和谐。

（五）因贫富分化而出现的贫困人口将持续存在

在扶贫战略的实施上，“温饱性”小康社会建设的主要任务，是大幅缩减绝对贫困人口；“总体性”小康社会建设的主要任务，是在巩固绝对贫困人口温饱的基础上，扶助相对贫困人口生活状况的改善；全面建设小康社会的主要扶贫任务，则是更大幅度提升相对贫困人口生活状况。

放眼全球，绝大多数发达国家都是以收入中位数的 1/2 作为贫困线来制定扶贫政策的。这就是说，不管社会如何发展，迄今为止的人类历史说明，一定程度的贫富分化现象会长期存在。但在社会保险和国家福利保障将绝对贫困人口数量降低到非常低的程度后，相对贫困人口就会成为一个“常数”。在这种情况下，贫困线的提升就成为社会考量公共政策的道德标准。因此，我们不仅要解决好农村贫困人口的生活问题，而且还要解决好城市新生贫困人口的生活问题。这就需要我们在发展和保障之间取得平衡。为维护社会的安定，社会保障政策的配套不可避免。但如果使保障的扩张影响到了发展的需要，也非可持续之路。所以，一定要建立与中国社会的具体实践相结合的、渐进跟进的社会保障制度。

(六)计划生育的持续实施，在城市社会形成相当规模的“421 家庭”赡养结构

在非农户籍人口长期实施“一对夫妇只生一个孩子”政策的影响下，城市“80 后”和“90 后”的结婚及其生育，形成了“双独及其子女家庭”(即两个独生子女结婚及其生育的子女所组成的家庭)。虽然按照现行计划生育政策的规定，“双独”结婚可以生育“两个孩子”，但在城市物价攀升、房价居高不下、就业机会不稳定、教育开支上涨等因素的影响下，绝大多数“双独”只生育了一个孩子，这造成城市的政策生育率长期低于实际生育率，从而在家庭赡养关系上形成了“421 家庭”支持结构，即一对独生子女夫妇及孩子与其双方的父母亲所形成的赡养结构。面对日益衰老的双亲，很多独生子女不是不“孝顺”，而是在上班压力下难以如传统社会那样“孝顺”，这不仅导致了经济与家庭劳务支持的脆弱性，而且还影响到了代际之间的精神慰藉。更有甚者，独生子女的伤亡还形成了一个数量日益攀升的“失独家庭”——即失去独生子女之后的父母亲所组建的老年家庭——这是一类更为脆弱的家庭。

三、人口政策的改革方向

中国人口的政策性转变特点，使人口数量与资源、环境、社会发展及经济发展方式的转变之间的关系变得更为复杂。面对当下的人口转型，不管是经济学家，还是社会学家，已经有越来越多的学者趋向于认为：

在人口转变既定的情况下，人口不是越少越好，也不是越多越好，而是结构比例越和谐越好。即使在自然资源极其贫乏的国家如日本，也早已鼓励生育。其之所以要从节制生育转变到鼓励生育，主要目的也在于追求人口年龄结构的和谐。如果说中国在20世纪后半叶主要控制了人口数量的增长，并加速了人口转变的速度的话，那么，在21世纪，中国的人口政策就应该转变到提高人口素质、和谐人口结构、均衡人口发展上来。

因此，可以将中国人口政策的改革方向设计为：统一人口政策，降低人口出生性别比；缓解人口老龄化速度，提高人口素质；实行不超过两个孩子的间隔生育政策；构建为和谐社会和小康社会所需要的、能够长期促进中国全面而又持续发展的人口结构。为达到这一目的，以下几点是必须考虑的：

(一)研究和改革现行计划生育政策

在城镇化大趋势下，原来区分为非农户籍和农业户籍的人口政策，会继续加速城市户籍人口老龄化水平，形成非常典型的“421家庭”赡养结构。因此，近期需要统一全国人口生育政策，在“十二五”末期，在进行地区试验的同时，逐渐推广不区分城乡的生育政策，由现在的“双独”可以生育两个孩子过渡到“单独”——即一个独生子女与一个非独生子女结婚可以生育两个孩子。在“十三五”末期，过渡到所有新婚夫妇可以实行两个孩子间隔生育政策，然后再发展到不用间隔就生育两个孩子的政策。

(二)降低人口出生性别比

通过就业市场的引导，倡导男女两性之间的同工同酬，推广男女平权运动，加大女性在就业市场与社会保险中的保护力度，消除性别歧视，鼓励男女双方的养老义务、着力降低人口出生性别比。在农村地区，既要尊重婚姻缔结中“女到男家落户”的习惯，也要倡导“男到女家落户”的新风尚。只有性别平等成为社会生活习惯，人口出生性别比的失衡状况才可能真正缓解，人为干预出生过程的性别选择偏好才会消除。在20世纪80年代中期之后出生的人口，会不可避免地碰到由于女性短缺而造成的婚姻挤压，使一部分偏远地区缺少竞争力的男性终身不能结婚。因此，政府应该将人口政策的重点，逐渐转移到对这些弱势家庭的照顾上。

(三)通过自愿选择与市场引导的教育分流机制，迅速提升人口素质，变人口大国为人力资源强国

在有条件的东部地区，将现在实行的9年制义务教育延长为包括高中阶段的12年制义务教育。在大学教育中，建立起专业设置与劳动力市场需求之间的互动机制。在教育资源配置中，除均衡大中小城市与农村的校舍标准外，还要优化农村和偏远地区的师资配备与工资待遇标准。中国长期重视学历教育而轻视职业培训的政策需要彻底转变，要通过政府的投入加强劳动力的就业与再就业培训，一方面在职业教育中强化技术工人的劳动技能，另一方面通过在职培训提升劳动力的转岗适应能力。

在对劳动力资源进行培训的同时，还需要有计划地提升产业技术水平。要适应中国教育的扩张与劳动力的生产与再生产模式的变化而设计产业规模。伴随老龄化程度的上升，那种单纯依靠体力劳动与低技能机器结合而进行的血汗工厂的生产模式，在“民工荒”的持续影响下，已失去了生存条件。现在，在每年新增劳动力的构成中，初中及以下文化程度劳动力所占比重已非常小。大约在2020年——即全面建成小康社会之时，中国的劳动力市场，就会以接受中等及以上教育的人员为主。

(四)要加大养老保障建设的力度，提升贫困人口的生活水准

面对中国日益上升的老龄化水平，中国近几年基本建立起了覆盖城乡的保障体系，但需要清醒地认识到：城市居民养老保险和新农村养老保险还具有那种“广覆盖低保障”的特性。在人口流动成为常态之后，老年一代的空巢期会大大提前，而空巢家庭的维持期也会大大延长。以养老金与配偶养老的模式将取代以子女养老的传统模式。中国作为第一人口大国的特点，还决定了其作为第一老年人口大国的未来特点，但截至目前，中国还没有建立起老年护理保险。正好像养老金会增进子女的孝心一样，老年护理金还会增进子女对老年父母的护养孝心。所以，中国养老保障制度改革的重点，一方面应该放在整合各类养老保险制度、提升城镇居民养老保险与农村居民养老保险待遇上，另一方面还在于引进和建立老年护理保险。

在贫困人口中，老年人口将占据越来越大的比重。如何既保障绝对贫困人口的生活，又关照相对贫困人口的发展所需，将是中等收入阶段之后中国面临的重大挑战。所以，从现在开始，就应该研究扶贫战略的转型问题。

(五)要在总量控制的基础上缓解老龄化水平

现在政府部门和学术界最困惑的难题是家底不清，数字不明。人口的总和生育率到底是多少，尚难定论。第五次人口普查得到的中国总和生育率为 1.27，第六次人口普查得到的总和生育率是 1.18。这与计生部门原来一直宣传的 1.8 的水平相差甚大！如果第六次人口普查得到的总和生育率水平可信，则中国人口的生育率水平已经大大低于很多后工业化社会的发达国家。因此，我们必须对政策生育率与实际生育率之差仔细判断，以中国工业化与后工业化的进度、以中国对老龄化社会的应对能力及发展需求调节生育率水平。从发达国家的经验来看，政府在实施节制生育以降低生育率水平时，往往可以起到直观可见的效果，但在鼓励生育以提升生育率水平方面，则很难起到应有的作用。在这种情况下，必须在战略上选择好调整生育率的政策投入时间。倘若错过机会，则鼓励生育所花费的财力，会如欧洲某些国家那样使政府不堪重负。应该注意到：在人口的所有结构中，最不容易改变的结构是年龄结构。考虑到人口自然增长率的迅速降低会加速中国老龄化水平这一趋势，将现行生育政策做适当调整，对于人口年龄结构调整具有重要意义。

总之，从现在开始到 2020 年这段时间，中国劳动力人口的平均年龄也相对较低，由劳动力供给充分所造成的国际竞争力也较强——这正是我们建设小康社会的黄金时期，只要经济持续稳定发展，社会和谐公正进步，中国的人口年龄结构将为中国综合国力的提高继续提供强有力支持。但在 2020 年之后，由老龄化水平加速增长所带来的养老压力会逐步加重，由劳动力供给优势递减所带来的竞争力也会逐渐消退。如果我们不能在这段时间加快建设、积蓄国力，那么，在养老压力加大过程中我们的发展速度就会大受影响。

本文发表于 2013 年第 3 期

推进社会保障制度的法制化建设

青连斌*

社会保障制度是保障人民生活、调节社会分配的一项基本制度。到2020年我国要全面建成覆盖城乡居民的社会保障体系，既要坚持全覆盖、保基本、多层次、可持续方针，以增强公平性、适应流动性、保证可持续性为重点，更要加强社会保障制度的法制化建设，为我国社会保障制度的成熟定型提供法制保障。

一、法制化是更公平更可持续的社会保障制度成熟定型的标志

到2020年，我国社会保障制度与其他方面制度一样，要实现成熟定型的目标，以保证社会保障事业的稳定健康和可持续发展。要实现这一目标，必须加强社会保障的法制化建设，全面建成中国特色社会保障法律体系。

（一）法制化是社会保障制度的应有之义

社会保障是当今世界上绝大多数国家实施的一项社会政策，也是一个国家经济政策的重要组成部分。它是工业革命以来不可替代的重要制度安排和政策设计，“是用经济手段解决社会问题进而实现特定政治目标的重大制度安排，是维护社会公平、促进人民福祉和实现国民共享发展成果的基本制度保障”①。社会保障制度具有许多重要的特点，其中最重要的就是依法实施。世界各国实施社会保障，都是以立法为前提的。

现代意义上的社会保障制度，是以1601年英国的济贫法为标志形成

---

* 青连斌，中共中央党校科学社会主义教研部社会学教研室教授。

① 郑功成主编：《中国社会保障改革与发展战略（总论卷）》，北京：人民出版社，2011年，第1页。

的。19世纪下半叶，德国先后制定和实施了《疾病社会保险法》《工伤事故保险法》和《老年和残障社会保险法》，使德国成为世界上第一个实行社会保险制度的国家。美国于1935年通过了历史上第一部《社会保障法》。第二次世界大战后，英国为重建其社会保障体系，通过了《社会保险法》《国民健康服务法》《家属津贴法》《工业伤害法》《国民救济法》《国民保险部法》等一系列的社会保障法案。自20世纪下半叶以来，世界主要发达国家的社会保障制度进入调整改革时期，但无论怎么调整和改革，都是首先修改、完善相关法律，然后实施相关的政策举措。

(二)法制化仍然是我国社会保障制度建设的短板

进入21世纪以来，随着社会保障事业的不断发展，我国社会保障立法进程不断加快，对依法推动社会保障事业稳定、健康和可持续发展，更好地维护公民的社会保障权利，发挥了重要作用。2010年10月第十一届全国人大常委会第十七次会议通过，并自2011年7月1日起施行的《社会保险法》，是目前我国社会保障领域最重要的法律之一，填补了我国社会保障立法的空白。《慈善法》以及国务院一系列有关社会保障的行政法规的颁布，使我国社会保障领域的法律法规更加完善。但是，我国社会保障领域的一些重要法律还没有出台。《社会保险法》经过几年的实施，很有必要进行适当的修订完善。可以说，我国社会保障事业改革发展的实践，对相关立法已经提出迫切要求。在我国社会主义法律体系中，社会保障立法明显滞后，已经成为我国社会主义法律体系建设中的短板。在建立更公平更可持续的社会保障制度中，法律制度的建设又是短板，已经影响和制约我国社会保障事业的可持续发展。

(三)法制化是依法实施社会保障的需要，更是国家治理体系和治理能力现代化的需要

党的十八大、十八届三中和五中全会提出了今后一个时期我国健全和完善社会保障制度的一系列目标和政策举措，如坚持全覆盖、保基本、多层次、可持续方针，以增强公平性、适应流动性、保证可持续性为重点，全面建成覆盖城乡居民的社会保障体系，建立更加公平更可持续的社会保障制度，以及实施全民参保计划，分清政府、企业、个人等的责任，适当降低社会保险费率，实现职工基础养老金全国统筹，建立基本养老金合理调整机制，逐步提高国有资本收益上缴公共财政比例，划转部分国有资本充实社保基金，出台渐进式延迟退休年龄政策，研究实行职工退休人员医保缴费参保政策，将生育保险和基本医疗保险合并实施，统筹救助体系推进制度整合，健全社会保障财政投入制度，等等。要确保上述目标的如期实现，确保这些重大政策举措的贯彻落实，必须把党的主张通过立法上升为国家意志，这也是依法治国、建设社会主义法治国家的现实需要和迫切要求。

全面深化改革的总目标是完善和发展中国特色社会主义制度，推进国家治理体系和治理能力现代化。国家治理体系和治理能力现代化的根本保障，就是完善法制。社会保障事业是国家治理体系和治理能力现代化的一个重要方面，只有加强社会保障法制化建设，健全中国特色社会保障法律体系，才能促进我国社会保障制度朝着更公平更可持续的方向健康稳定地发展。

二、健全中国特色社会保障法律体系的目标与任务

中国特色社会保障法律体系是以《社会保障法》为统领，以《社会救助法》、《社会保险法》、《国家津贴法》(或《家庭津贴法》)、《慈善法》等为骨干，以国务院行政法规和地方性法规为补充的完整的法律体系。进入21世纪以来，我国社会保障的法制化进程明显加快。2011年正式实施《社会保险法》；2012年制定并实施了《军人保险法》；2013年大幅度修订了《老年人权益保障法》；2016年《慈善法》正式施行。但是，社会保障法制化建设仍然存在明显的短板，补齐短板，就成为当前以及今后一段时期社会保障法制化建设的主要任务。

(一)修订完善《社会保险法》是当务之急

2010年10月第十一届全国人大常委会第十七次会议通过，并自2011年7月1日起施行的《社会保险法》，是目前我国社会保障领域最重要的法律之一。自颁布施行以来，该法律发挥了应有的作用。但是因为当时社会保障制度本身的不成熟，这部法律不可避免地存在许多时代局限性，留下了许多缺陷和不足。随着我国社会保险制度的改革和社会保险事业的发展，这些缺陷和不足日益凸显，已经到了必须尽快启动修订程序的

时候。①

1. 现行《社会保险法》的有关规定同全面深化社会保险制度改革相悖

法律的作用不仅仅在于惩罚和禁止，还在于褒扬与引导。现行《社会保险法》为维护公民参加社会保险和享受社会保险待遇的合法权益，对基本养老保险、基本医疗保险、工伤保险、失业保险、生育保险等社会保险制度做出了一系列规范性的安排，在实施的几年中，发挥了其应有的作用。但是，现行《社会保险法》相关规定同当前全面深化社会保险制度改革相悖：《社会保险法》关于社会保险基金存入财政专户的规定，与当前社会保险基金投资运营的改革取向相背离，也与《预算法》明确要求减少财政专户、统归国库的宗旨相背离；《社会保险法》关于进城务工的农村居民、征地农民的社会保险规定，与城乡社会保险制度一体化进程相背离；《社会保险法》关于缴费满 15 年即可领取养老金的规定，与当前延迟退休年龄的改革取向相背离；《社会保险法》关于退休人员不缴纳医疗保险费的规定，与正在研究和将出台的退休人员缴纳医疗保险费的政策取向相背离；《社会保险法》关于养老金待遇可以分段计算的规定，与通过养老保险关系的地区转移而决定在退休地计发养老金的现行政策相背离。《社会保险法》强调工伤保险、失业保险的补偿功能，这当然是正确的，但忽视了这两项保险制度应有的积极预防功能，使这两项制度的完整功能受到明显损害，不符合当前强调要重视和发挥这两项制度的积极预防功能的政策取向。现行《社会保险法》同改革取向不一致的条文和规定，事实上构成了深化社会保险制度改革的法律障碍。

2. 现行《社会保险法》的有关规定明显滞后于社会保险制度改革发展的现实

现行《社会保险法》基于当时城乡分割的社会保险格局，分别规定了农村养老保险和城镇居民社会养老保险、新型农村合作医疗和城镇居民基本医疗保险。党的十八大明确提出，要“整合城乡居民基本养老保险和基本医疗保险制度”。十八大以后，农村养老保险和城镇居民社会养老保险这两项制度迅速实现了整合，现在已经整合为城乡居民基本养老保险制度。新型农村合作医疗和城镇居民基本医疗保险这两项制度，在许多

① 郑功成：《尽快启动社会保险法修法程序》，载《法制日报》，2016 年 3 月 15 日。

地方也已经整合为城乡居民基本医疗保险，还没有整合的也将很快实现整合。现行《社会保险法》规定“公务员和参照公务员法管理的工作人员养老保险的办法由国务院规定”，也已经滞后于公务员和参照公务员法管理的工作人员参加养老保险的现实。这些明显滞后于社会保险制度改革发展现实的规定，必须适时修改完善。

现行《社会保险法》的修订，就是既要克服其时代局限性，把社会保险制度改革发展的重大政策和举措上升为法律，为社会保险制度改革发展提供坚实的法律保障，又要突出解决其存在的不足和缺陷，从而维护法律的严肃性和权威性。

(二)积极稳妥地推进《社会救助法》的立法进程

2014 年 2 月，国务院颁布《社会救助暂行办法》。《社会救助暂行办法》实施的效果是好的，但其立法层次过低，必须尽早启动立法程序，制定和实施《社会救助法》，以提升社会救助工作的法制化水平。

1.《社会救助暂行办法》的颁布和实施为制定《社会救助法》打下了良好基础

社会救助制度是社会保障制度的重要组成部分，“具有无差别、广覆盖、无偿性等特点”[①]，它是保障公民基本生活、促进社会公平正义、维护社会和谐稳定与经济平稳发展的重要制度安排。多年以前，国家有关部门就启动了社会救助法的起草工作，但因为各种原因，特别是由于社会救助制度本身不完善的原因而被搁置。2014 年 2 月，国务院颁布《社会救助暂行办法》。该暂行办法第一次以行政法规的形式，规定了最低生活保障、特困人员供养、受灾人员救助、医疗救助、教育救助、住房救助、就业救助、临时救助等 8 项社会救助制度，构建起一个分工负责、相互衔接、协调实施、政府救助与社会力量参与相结合的中国特色社会救助制度体系，标志着我国社会救助制度的发展进入全面定型的新阶段。

《社会救助暂行办法》的施行，使包括最低生活保障、特困人员供养、受灾人员救助、医疗救助、教育救助、住房救助、就业救助、临时救助等在内的各项社会救助有法可依，实现了社会救助的权利法定、责任法

---

① 林闽钢：《中国社会救助发展报告》，见郑功成主编：《中国社会保障发展报告 2016》，北京：人民出版社，2016 年，第 33 页。

定、程序法定，为政府和社会力量履行社会救助职责、规范社会救助行为提供了基本的法律遵循，对保障我国社会救助制度发挥托底线、救急难的功能起到了应有的作用，也为制定《社会救助法》打下了良好的基础。

2. 提高社会救助工作法制化水平需要制定《社会救助法》

《社会救助暂行办法》毕竟只是一部国务院行政法规，它的法律效力、权威性显然是不够的，同建设社会主义法治国家的目标、推进国家治理体系和治理能力现代化的要求是不相适应的。因此，必须围绕推进我国社会救助制度的稳定定型发展，认真研究和总结《社会救助暂行办法》实施的经验以及社会救助领域存在的突出矛盾与问题，尽早重新启动《社会救助法》的立法程序，适时将《社会救助暂行办法》修订完善为《社会救助法》，以提升社会救助立法的层次，提高社会救助的法制化水平。

(三)以国家津贴整合现行老年、残疾、妇女和儿童等津贴，制定《国家津贴法》

我国现行的津贴项目繁多，且部门分割现象严重，城乡地区之间差别明显。有必要借鉴发达国家和地区的经验与做法，制定《国家津贴法》(有些国家名为《家庭津贴法》)，整合现行福利性津贴项目。

1. 制定和实施《国家津贴法》是各国的惯例

长期以来，社会各界形成了一种惯常的认识，即我国的社会保障体系是以社会救助、社会保险、社会福利三大支柱构成的。这同国际上对社会保障的理解是存在差异的。在国际上，社会福利的内涵和外延，同社会保障没有太大差别，两个概念可以互换。实际上，我国现行的“社会福利”，大多数都是在特定的历史背景下，按人群分设的以满足国民特定生活需求的国家津贴或家庭津贴，比如为老年人设立了各种老年人福利(如高龄津贴、公共交通费用减免、公园门票减免等)，为残疾人设立了各种残疾人福利，为妇女和儿童设立了妇女和儿童福利。我国按人群分设的各种福利，国际上通常统称为国家津贴。为此，许多国家都制定了综合性的《国家津贴法》或《家庭津贴法》。

2. 以《国家津贴法》整合和规范现行津贴项目

随着经济的发展，特别是国家更加重视保障和改善民生，我国针对不同人群的福利性津贴项目越来越多，水平越来越高。当然，因应不同的保障需求和政策导向，我国在不同时期和不同经济发展阶段实施的福利性津贴是不同的，各有侧重点。目前，我国针对不同人群设立的津贴，是由政府不同主管部门出台相关政策文件而设立，并负责实施和管理的，且地区之间、城乡之间存在相当大的差别。因此，有必要借鉴发达国家和地区的经验，把目前分散的、由不同部门针对不同人群分别设立的各种社会福利性津贴，整合为统一的国民津贴制度。比如，在老年人福利性津贴方面，把农村计划生育户津贴、老年人双女户奖励、城市和农村的高龄老人津贴等，逐步统一归并为城乡居民老年津贴制度；在妇女、儿童、残疾人福利性津贴等方面的许多制度性安排，也应逐步加以归并和整合。在此基础上，统一的国民津贴制度才有可能建立起来。而要真正做到这一点，必须加强立法，通过制定和实施统一的《国家津贴法》①，把不同部门、不同方面制定和实施的福利性津贴项目整合起来，以解决部门之间、地区之间、城乡之间津贴制度的人为分割，以法律的统一性和权威性保障国家津贴制度的持续稳定健康发展。

三、结论：分步骤健全社会保障法律体系

在基本形成同社会主义市场经济体制相适应的社会主义法律体系的大背景下，我们应该清醒地看到，我国社会保障法律体系还不完备，还存在许多缺陷。首先，《社会保障法》这一社会保障领域最重要的基本法或总法的立法工作还没有提上日程。其次，现行《社会保险法》存在明显的不足和缺陷，亟待修改完善。再次，社会救助的立法，目前仍只有国务院行政法规，立法层次过低。最后，针对特定人群的传统的社会福利津贴项目，目前只有政府不同主管部门出台的相关政策加以规范，立法层次更低。

建立健全中国特色社会保障法律体系，必须根据我国社会保障法律体系建设的现实需要和现实可能性，遵循先易后难、先急后缓的原则，有计划、分步骤地实施。可以分三步走：

第一步，当务之急是尽快修订和完善《社会保险法》，同时启动《社会

① 也有学者主张制定《社会福利法》。参见林闽钢：《社会保障如何能成为国家治理之“重器”?》，载《社会保障评论》，2017 年第 1 期。

救助法》的立法程序，把这两部法律的修订和立法列入国家立法的优先位置。

第二步，适时启动《国家津贴法》或《家庭津贴法》的立法程序，此事宜早不宜迟。

第三步，加强预研究，为起草社会保障领域最重要的基本法或总法的《社会保障法》开展相关理论研究和立法准备工作。从目前看，《社会保障法》立法的条件和时机尚不成熟。但是，可以先行开展《社会保障法》立法的相关理论研究工作。只有在《社会救助法》《社会保险法》《国家津贴法》，以及《慈善法》《军人保险法》《老年人权益保障法》等专门法律制定、颁布实施和进一步完善的基础上，才能制定《社会保障法》。《社会保障法》的立法对健全和完善中国特色社会保障法律体系具有标志性的意义。

本文发表于 2017 年第 3 期

公平视域下的中国老龄政策体系探究*

陆杰华　汤　澄**

20 世纪 90 年代以来，中国 65 岁及以上老年人口从 1990 年的 6299 万增加到 2000 年的 8811 万，占总人口的比重由 5.57%上升到 6.96%，无论增长速度还是比重，中国老龄化发展均超过了世界平均水平。根据联合国老龄化社会的标准，中国从 2000 年开始就已进入老年型社会，用 18 年走完了发达国家长达一个世纪的历程。

2010 年 11 月 1 日，我国 65 岁及以上老年人口占总人口的比重为 8.87%，比 2000 年人口普查上升 1.91 个百分点，而 1990 年到 2000 年这一比重只上升了 1.39 个百分点，我国的人口老龄化进程仍在加快。人口老龄化是社会经济发展的必然产物之一，随着生育率、死亡率下降和人口预期寿命延长，人口老龄化将是 21 世纪中国不可逆转的趋势。作为一种新的社会形态，老龄化对现有社会结构构成了持续的挑战，亟须社会和制度的变迁与新的人口年龄结构重新适应①，其中老龄政策扮演了不可替代的重要角色。党的十八届三中全会《中共中央关于全面深化改革若干重大问题的决定》中明确指出："积极应对人口老龄化，加快建立社会养老服务体系和发展老年服务产业。"

从国家层面上，社会目前形成的共识是通过建立健全社会保障制度应对人口老龄化，有关政策规定老年人在政治、经济、文化、医疗、保障等方面享有尊严和权利，然而这种社会财富的再分配仅仅表现为针对弱势群体的应急策略。实际生活中，改革发展成果不能公平地惠及更多

---

* 本文系国家自然科学基金项目(项目批准号：71110107025，71233001，71490732)的阶段性成果。

** 陆杰华，北京大学社会学系教授；汤澄，北京大学社会学系研究生。

① 胡湛、彭希哲：《老龄社会与公共政策转变》，载《社会科学研究》，2012 年第 3 期。

老年人，社会上对老年人的歧视与不公正待遇也较多。这些问题并不完全源于老龄化自身，更源于老年型人口结构与现有政策体系不完全匹配所产生的矛盾。因此，对老龄政策体系变迁及其主要特点的把握，有助于政府理性看待现有老龄政策的优势与局限，明确未来工作的侧重点与方向，合理计划下一步改革方案；更有利于中国老龄社会继续健康、和谐地向前发展，从容应对即将出现的持续挑战。

一、中国老龄政策体系变迁的阶段性与主要特点

(一)老龄政策体系变迁的阶段性

1949 年新中国成立至今，中国老龄政策体系经历了起步、调整和快速发展的过程，这种变迁的阶段性特征一方面体现了我国人口结构的转变及老龄化进程的逐步加快；另一方面表现了政府在养老服务领域责任意识的觉醒，尤其是“十二五”期间政策的密集出台充分反映了老龄问题的紧迫性以及政策取向初步向与民生相关的老龄领域倾斜。

第一阶段：老龄政策的起步发展时期(1949～1977 年)。20 世纪 50 年代初期到 70 年代中后期，中国政府的关注焦点始终停留在是否控制人口数量上，老龄问题尚未引起足够重视。“除《中华人民共和国宪法》等有关法律明确规定保护老年人合法权益外，老龄政策与法规主要是围绕制订和完善对企业、国家机关和事业单位的社会养老保障和医疗保障制度进行的。”[①]例如，1951 年 2 月政务院颁布的《中华人民共和国劳动保险条例》规定了退休金的领取额度，但这一条例仅在具备条件的部分行业实行了。1955 年 12 月，国务院颁布了《国家机关工作人员退休处理暂行办法》，首次建立了国家机关工作人员的退休制度。与此同时，中国农村尚未推行社会养老保障制度，仅以“五保户”供养制度支撑农村养老工作的运转。1958 年，国务院颁布实施了《关于工人、职员退休处理的暂行规定》，该规定的实施标志着中国除农村地区之外，在城市普遍实行了退休

① 陈功、庞丽华、陈佳鹏、杜艺中、刘菊芬：《中国老龄政策的发展、现状和未来走向》，载《市场与人口分析》，2004 年第 4 期。

制度，社会养老保障和医疗保障体系在城镇地区已基本建立。[①] 从那个年代起，中国城镇与农村的老龄工作已产生分化，这种差距在后期不减反增。1958～1966 年是中国社会保障制度不断改进的阶段，包括统一退休、退职制度，改进医疗制度等方面的进步。1966～1976 年中国老龄工作因"文化大革命"陷入停滞和倒退。从 1949 年新中国成立到改革开放，是中国老龄政策体系的起步发展时期，由于老龄化趋势尚不明显，老龄政策的相关工作并没有引起政府足够重视，进展缓慢；这一时期也是老龄政策体系的奠基阶段，早期的摸索为后期的调整完善积攒了宝贵经验，但初期阶段的工作主要保证了"城市""公有制"荫庇下老年群体的利益。从某种程度上说，老龄政策体系的起步期受当时政治环境影响较大，国家的稳定切实关系到政策的制定与出台。

第二阶段：老龄政策的调整发展时期(1978～1999 年)。党的十一届三中全会后，中国社会养老保障制度重新进入正常运转轨道。1978～1982 年，国务院先后颁布实施了《关于安置老弱病残干部的暂行规定》《关于工人退休、退职的暂行规定》等 6 项规定。1982 年，中国老龄问题全国委员会成立，提出了"老有所养、老有所医、老有所为、老有所学、老有所乐"的工作目标，新机构的设置为老龄工作的专业化成长奠定了基础。20 世纪 90 年代以后，老龄政策体系的建设步入调整时期。1996 年 8 月全国人大常委会审议通过了《中华人民共和国老年人权益保障法》，标志着老年人权益保障工作和老龄工作的开展已走上法制化、正规化的道路。国家计委、民政部等 10 部委制定了《中国老龄工作发展纲要(1994—2000 年)》，各地区根据当地实际也制定了老龄事业发展的中长期计划。相较起步时期，初见规模的老龄政策体系致力于帮助老年人群体更好地共享社会发展成果，从制度上保障了日益庞大的老年人群体的基本生活。改革开放后的老龄政策体系发展较为迅速，涉及老龄事业的多个方面，考虑到不同老龄群体的处境与需要，老龄政策的能动性有了实质上的增强，从中能够看出政府的诚意和用心。

第三阶段：老龄政策的快速发展时期(2000 年之后)。21 世纪的来临

---

① 陈功、庞丽华、陈佳鹏、杜艺中、刘菊芬：《中国老龄政策的发展、现状和未来走向》，载《市场与人口分析》，2004 年第 4 期。

意味着新的起点，老龄政策进入了快速发展时期。2000 年发布的《中共中央、国务院关于加强老龄工作的决定》明确提出了未来老龄工作的指导思想、方针和原则；国务院批准颁布的《中国老龄事业发展“十五”计划纲要(2001—2005 年)》为 5 年内的老龄事业发展制定了明确和具体的目标。2002 年 4 月，中国政府派出高规格代表团参加第二次世界老龄大会，与各国政府讨论并通过了《2002 马德里老龄问题世界行动计划》和《政治宣言》，向全球承诺中国政府迎接人口老龄化挑战、解决老龄问题的立场和对策①，随后，《关于加快发展养老服务业意见的通知》(2006)、《关于全面推进居家养老服务工作的意见》(2008)相继发布，其考虑的问题面及涵盖领域日渐拓宽。2011 年国务院印发了《中国老龄事业发展“十二五”规划》，对“十二五”时期老龄事业面临的形势做出了客观的预判，并制定了未来 5 年的主要任务。2012 年起，随着老龄化速度加快，老龄政策的制定与出台也更加紧凑、频繁。《中华人民共和国老年人权益保障法》(2012)、《关于鼓励和引导民间资本进入养老服务领域的实施意见》(2012)、《国务院关于加快发展养老服务业的若干意见》(2013)、《养老机构设立许可办法》(2013)、《国务院关于建立统一的城乡居民基本养老保险制度的意见》(2014)等政策密集出台，对各个领域的老龄事业提出了新的要求与建议。21 世纪以来我国政府先后共制定了近 200 个涉老政策，反映出政府对老龄政策从初步重视到高度重视的转变。

(二)现阶段老龄政策体系的主要特点

总体上讲，现阶段中国老龄政策体系的主要特点包括以下几个方面：

一是政策体系总体发展速度快。我国的老龄政策体系经历了一个从无到有、逐渐完善的过程。中国老龄政策体系在 20 世纪 80 年代以前只涵盖了养老与医疗保障两大基本领域，到 80 年代末 90 年代初，为了应对逐步加快的人口老龄化形势，有关政府部门颁布了一系列与老龄问题有关的文件和法律法规。国家层面的老龄政策主要包括《中华人民共和国老年人权益保障法》《中国老龄事业发展“十二五”规划》等，地方政府在参考纲要性文件的基础上陆续制定了适用本区域的老龄政策，数量众多，

① 陈功、庞丽华、陈佳鹏、杜艺中、刘菊芬：《中国老龄政策的发展、现状和未来走向》，载《市场与人口分析》，2004 年第 4 期。

各具特色，紧密追随国家政策的脚步，初步形成了一个囊括经济、政治、文化等各方面内容的相对全面的老龄政策体系。

二是城乡二元性的特征明显。延续至今的城乡二元分割体制对老年人口的资源分配带来了负面的社会影响，城市与农村之间存在显著差异，中国老龄政策体系因而也具备了二元性特征。城镇是政府相关政策的重点照顾对象，多数政策规定仅涉及或落实到城市甚至仅是大中城市。同经济实力雄厚的城市相比，农村老龄政策浅尝辄止，通常只有一些原则性的规定，如“统筹城乡发展”“协调区域发展”，以农村为受惠方的具体细则更是屈指可数。

三是政策内容比较单一。中国现有老龄政策体系的单一性主要表现在以下两个方面：一方面，老龄政策的关注点局限在经济供养、医疗保障、精神文化生活等几个基础方面，涵盖面小，功能单一；此外，根据人类发展及自身需求的层级性，部分发达地区老年人的需求已从生存型上升到发展型甚至享受型，但老龄政策的功能仍集中于满足老年人的生存型需求，事实上这种缺乏针对性与时效性的做法导致了有限资源的不充分利用，而老年人更高层级的需求却得不到足够重视。另一方面，不同地区的相关负责部门仿照国家的总体性政策出台了千篇一律的地方法规文件，较少有体现当地独特性的政策内容，这造成了全国老龄政策单调、枯燥的氛围。

四是战略性视野比较欠缺。中国仍是一个发展中国家，可持续发展是老龄政策体系设计的重要原则之一，作为解决人口老龄化困境的老龄政策应当立足当下，未雨绸缪。但中国目前的老龄政策体系不同政策单元间相互脱节，表现为一种亡羊补牢式的应急策略，缺乏长远的战略性视野，难以在老龄化已成为常态的社会情境中承载应有的制度包袱。[①] 此外，老龄化问题常被看作老年人的政策问题，仅依靠各部门针对老年人制定的政策和各级老龄委的工作应对老龄化的众多挑战。事实上，老龄化已不是一个局部的、静态的社会问题，实践表明仅有部门政策不足以走出困境，只有转变为各部门、不同系统间的共同合作，关注“沟通”与

---

① 《应对老龄社会：我们需要什么样的公共政策》，http：//www. zwyqw. com/Article/ShowArticle. asp? ArticleID=44016，2014-08-05.

“整合”，放宽、放长政策视野，才能促进老龄政策的可持续发展。

五是政策公平性明显不足。老龄政策理应具备公平性，致力于缩小不同阶层、不同地区的差异，承担覆盖中国老年人全体的政策责任，尤其是重点保障弱势群体的利益。从政策的细节部分看，现阶段的老龄政策体系仍不能满足公平性的要求，老年弱势群体得到的政策关怀不足。例如，同一企业、同一工龄的退休职工，因户籍所在地不同，享受的优待政策存在较大差异，又如那些跨地区企业的职工来自全国各地，现行的尊老助老政策给那些流动性较大人群的晚年生活带来烦恼[①]，东部发达地区的老龄政策相对完备，中西部欠发达地区的老龄政策相对粗疏。

二、公平视角下中国老龄政策的客观评估：进展与局限

2010 年至今，国家层面老龄政策的进展主要体现在《中国老龄事业发展“十二五”规划》的发布与《中华人民共和国老年人权益保障法》的修订两方面，前者为 2011～2015 年 5 年间中国老龄事业的发展指明了大方向，后者是老龄事业法律领域的新突破。

2011 年 9 月 17 日，国务院发布了《中国老龄事业发展“十二五”规划》，以此总结了“十一五”期间老龄工作的成效，制定了未来五年内老龄事业的发展目标与主要任务。基于公平视角，“十二五”规划的内容基本表达了国家力求缩小区域、城乡差异的决心，基本原则中的重要一条即“统筹协调与分类指导相结合。注重城乡、区域发展，加大对农村和中西部地区的政策支持力度，资源配置向基层、特别是农村和中西部地区倾斜。充分发挥各地优势和群众的创造性，因地制宜地开展老龄工作，发展老龄事业”。

《中华人民共和国老年人权益保障法》经第十一届全国人大常委会第三十次会议于 2012 年 12 月 28 日修订通过，新的老年人权益保障法将历年实践中的合理经验上升为法律，对一些影响长远的问题做出具有前瞻性的规定。修订后的老年人权益保障法从 6 章 50 条扩展到 9 章 85 条，基于公平视角，新法主要在以下四个部分有所注重：在家庭赡养与扶养方

---

① 李鑫轶、叶文峰：《建立全国统一的老龄政策》，载《中国石化报》，2010 年 3 月 15 日。

面进一步明确了赡养人对患病和失能老年人给予医疗和照料的义务；在护理保障方面规定国家逐步开展长期护理保障工作，鼓励、引导商业保险公司开展长期护理保险业务，对生活长期不能自理、经济困难的老年人，地方政府应视情况给予护理补贴；在社会救助方面，新法规定对经济困难的老年人应当给予生活、医疗、居住等多方面的救助和照顾，还对流浪乞讨、遭受遗弃等生活无着的老年人的救助做了专门规定；在社会福利方面，规定国家建立和完善老年人福利制度，并吸收地方的实际做法，规定了高龄津贴制度。此外，新的老年人权益保障法确立了对常住在本行政区域内的外埠老年人实行同等优待的原则，倡导全社会优待老年人。这一统领性原则优化了户籍不在本地的流动老年人口的生活环境，避免跨区域受歧视的情况。

随后，国务院及各相关部门相继出台了多项政策规定，包括《国务院关于加快发展养老服务业的若干意见》(2013)、《关于进一步加强老年人优待工作的意见》(2013)、《国务院关于建立统一的城乡居民基本养老保险制度的意见》(2014)等，对具体领域的老龄工作任务做出了要求。针对高龄老年群体，《关于进一步加强老年人优待工作的意见》提出“鼓励地方建立八十周岁以上低收入老年人老龄津贴制度”；针对贫困阶层的老年人，《关于进一步加强老年人优待工作的意见》认为“政府投资兴办的养老机构，要在保障‘三无’老年人、‘五保’老年人服务需求的基础上，优先照顾经济困难的孤寡、失能、高龄老年人”；针对东中西部的发展差异，《国务院关于建立统一的城乡居民基本养老保险制度的意见》规定，“政府对符合领取城乡居民养老保险待遇条件的参保人全额支付基础养老金，其中，中央财政对中西部地区按中央确定的基础养老金标准给予全额补助，对东部地区给予50%的补助”。

近10年来，国家层面的老龄政策环境不断改良，它所强调的公平性、流动性、可持续性适应了社会转型的需要，基本抓住了问题的要害。新政策的出台弥补了20世纪老龄事业法律法规的不足，为行政部门提供了制度方面的工作指南，从纲领上把握住了老龄政策的改革趋势。

不过，我们还必须清楚认识到，国家层面的老龄政策体系仍存在以下问题：首先，老龄政策按效力可以划分为法律、行政法规、规章和规范性文件，效力依次递减，当前国家层面的老龄政策多为效力低下的部委规章和规范性文件，上升到法律层级的仅有《老年人权益保障法》，政策大多缺少强制力。其次，尽管一些好的实践经验已上升到法律层面，但缺乏创新，不少新增条文在现存政策文件中能找到原型，公平原则不是法律完善的着力点。再次，充足的理论工作并不代表尽如人意的实践跨越，落实到地方时政策变成可行可不行的文件，不少条款成为一纸空文，政策制定了却难以在地方上看到实效。最后，从生命历程的角度来看，个体老年期出现的诸多问题是年轻时问题累积的结果，老龄政策的面向不应局限于进入老年期的群体，还应扩展到非老年群体，防患于未然。①

三、公平视角下中国老龄政策体系设计面临的主要挑战及成因分析

(一)主要挑战

一是政策可行性低，难见执行效果。仅从中国老龄政策体系的各项细则看，它基本满足了机会公平的要求，却未实现结果公平的效果，特别是国家出台的老龄政策，地方政府可能会认为执行存在困难，违背了当地实际情况。2013 年出台的《国务院关于加快发展养老服务业的若干意见》中的“大力发展居家养老服务网络”一项，不论是“发展老年人文体娱乐”还是“发展居家网络信息服务”，对绝大多数农村地区及落后地区来说几乎无从着手。首先，这些地区的基础设施薄弱，连生存型的养老服务都无法覆盖老年人全体，发展型项目更是力所不能及，高科技企业因收益的考虑也会主动忽略落后地区。其次，即使这些地区有落实政策的意愿，没有相应的公共财政支持方案便意味着会遇到接二连三的阻碍，地方政府最终会放弃努力。再如“切实加强农村养老服务”一项中“有关农村可以将未承包的集体所有的部分土地、山林、水面、滩涂等作为养老基地，收益供老年人养老的要求”，执行者对用地利弊得失的权衡常常会使政策效力大打折扣，政策制定者的原意是为农村养老资金斟酌出一条新路，解决资金难问题，但一旦触及地方既有利益，政策未必可行，这就

① 原新、李志宏、党俊武、孙慧峰：《中国老龄政策体系框架研究》，载《人口学刊》，2009 年第 6 期。

对政策的制定思路提出了更高要求。要提高政策的可行性，必须提倡地方献言献策，允许变通余地，因地制宜。

二是忽视性别公平，期待重视女性。不论是国家层面的老龄政策还是地方层面的工作意见、办法，基本忽视了性别这一分类标准。在未来数十年中，老年女性群体不仅会在数量上急剧增加，其年龄结构也将趋于高龄化，老年妇女的长寿常与高丧偶率为伴，其经济生活保障水平低，面对社会和家庭的动荡总是首当其冲。由于历史、文化等多方面原因，老年妇女在整体上处于社会弱势地位，她们有着自己的特殊处境和需要，是需要家庭和社会予以特别关注的群体。① 各级妇联本应对老年妇女权益保障工作承担重要责任，实际操作中却鞭长莫及，只能发挥呼吁、倡议的作用，要保证老年女性与男性在地位、权益上的平等需要克服更多的阻碍。随着人口期望寿命延长，老年女性的比例还将进一步提高，解决高龄老人问题的同时是在帮助老年妇女，但目前针对高龄老人的公共政策亦是不完善的。因此，新政策制定时应特别注意性别差异问题，老龄政策需向老年妇女倾斜，特别是老年妇女中的特殊群体，如单身、无子女、患病，防止这一群体的贫困化问题，改善陷于不利处境的老年妇女的状况，满足公平发展的需要。②

三是“均等”取代“公平”，理念有失偏颇。“均等”与“公平”是两个完全不同的概念，前者指的是绝对的平均，无论政策对象实际生活境况及能力如何，受益程度相同，后者指的是按照个人实际所需进行公共物品与服务的分配。可以发现，中国现有老龄政策内容体现的更多是“均等”理念，而不是“公平”。中国经历了改革开放与社会主义市场经济转型，社会分层不断发展、成熟、固化，不同地区、不同年龄段的老龄群体生活在截然不同的环境中，他们的需求是相异的，而老龄政策指向“所有老年人”，只要达到年龄门槛即可“人人有份”。这种均等化的做法造成有限资源的不必要浪费，对公共物品与服务有迫切需求的人群得不到重视，生活条件优越的人群则对相关政策持不关注态度。打破目前老龄政策均等化的局面要求对实际情况进行仔细考量，区分有不同需求的人群，细

① 李本公：《老龄妇女工作是老龄工作重要组成部分》，载《中国妇运》，2007年第2期。

② 姚远、姜向群：《老年妇女社会政策制定的若干原则》，载《中国人口报》，2006年12月4日。

化规则，不仅保证结果公平，更要在过程公平、机会公平方面做足功课，将有限的资源用在“刀刃”上。

四是地方政策零散，未成体系效应。一方面，一些不发达地区的老龄政策制定都是效仿国家层面的政策法规，但国家政策的出发点是宏观、概括的，地方应当细化规定，提高政策的操作性，不能停留在过于原则化的表面或是简单地重复。另一方面，现阶段不发达地区的老龄政策大多零散、片面，需要更加系统化的改进，且政策内容集中在经济保障、医疗方面，老年权益、社会参与、伦理价值、老龄产业等内容相对薄弱。问题的产生一方面是因为这些地区决策者更多关注的是经济增长，老龄问题并没有引起足够重视；另一方面是因为这些地区经济发展缓慢，支撑行政效率的后劲不足。

（二）主要成因

一是国家财政实力不足，政策缺乏动力。发达国家人口老龄化的过程往往是与经济发展同步的，中国虽整体经济实力日趋强大，但国内人均生产总值水平维持低水平的同时社会贫富差距也在不断扩大。国家凭借令行禁止的人口政策快速过渡为老年型人口大国，老年人口不断增多，仅靠居家养老已无法满足社会需求，国家与社会不得不承担养老重任。“中国在社会主义初级阶段经济尚不发达时就面对人口老龄化，将有限的财富既要用于经济建设和提高人民生活水平，还要顾及老年人生活质量的提高，困难重重。”[①]虽然中国老龄政策体系已初具规模，但是具体政策在实施时仍会遇到财政难题，文件派发到实际操作部门后由于资金不到位而被迫悬置。因此，只有大力发展经济，争取更多的财政资源投放到老龄事业上，才能为政策的实施铺平道路。

二是区域经济文化有别，痼疾难以根治。中国的二元结构不仅存在于城乡之间，还存在于东部地区与中西部地区之间；这种差异不仅体现在经济上，更表现在文化、日常生活之中。老龄政策要想发挥预期作用，除克服公共财政问题外也要考虑当地居民的期望值和接受程度。以养老保险为例，不少农村老年人尚不能接受每年缴纳一定收入用于养老，他们更倾向于养儿防老。而在某些少数民族聚居区，他们的生活方式与政

---

① 邬沧萍：《中国特色的人口老龄化过程、前景和对策》，载《人口研究》，2004 年第 1 期。

策制定者的想象不完全相同，细枝末节之处难免被忽略，执行政策时矛盾层层扩大，最终导致政策失效。深埋于历史的二元结构仍将伴随未来20年的老龄事业，这需要政策制定者更加细心，重视基层调研，做好政策的宣传工作，这样政策才能得民心、促发展。

三是老龄工作初见成效，后期补缺补差。如前面所述，中国老龄政策体系真正开始快速成长应从改革开放算起，一方面是积累了一定经济基础，另一方面是为了应对加速的老龄化进程。中国的国情相对特殊，未富先老的人口转型之路决定了中国不可能照搬西方福利国家的模式，必须探索有中国特色的老龄工作方法。21世纪初期的中国老龄政策的经验是丰富的、初见成效的，就像中国仍处于社会主义初级阶段，老龄工作也处于初级阶段，不可能一蹴而就，下一阶段的任务是在政策落实的基础上深化公平理念，补缺补差。

四、中国老龄政策体系再建构：公平引发的再思考

(一)主要思路

中国老龄政策体系再建构的政策设计着眼点是向老年人群体中的弱势群体倾斜，包括农村的老人、中西部落后地区的老人、高龄老人、失能老人以及部分老龄妇女。再建构的目标是公平且有效率地分配有限资源，缩小地区、城乡、阶层间的差异，为老年人口编织有效的社会安全网，全力做好应对人口老龄化高峰的制度安排，最终实现社会整体的可持续发展。同时，老龄政策及相关事业的发展应当面向未来，将对可预见范围内人口结构变迁的考虑纳入政策制定框架，以老龄事业发达国家为借鉴范本，有针对性地拟定政策细节，争取在2020年做到更加公平。

纵向上，要把握整体，建立起金字塔形的政策框架。首先是完善基本的老龄法律，将公平原则写入《老年法》；其次是按照既定的节奏及时更新老龄事业发展规划，在公平理念尚未真正实现的情况下不断强调、深化；最后是着手仍未涉及的老龄事业领域，尽早制定可操作的细则，增加操作性政策的数量。公平不能只是不可捉摸的原则、理念，要转变为具体的行为方式或量化的数字，使相关部门有可参照的行政标准。

横向上，不发达地区要学习先进地区的经验，防患于未然；在深入

群众、充分调查的基础上，基层要出台因地制宜的最佳老龄政策，政策应根植于当地的文化、政治和经济条件，考虑不同群体的合理利益需求，尽量将空泛的条文细化；统筹城乡和区域经济发展是解决落后地区养老问题的根本之道。

老龄政策与一个国家的经济发展水平、政治体制、历史文化以及社会生活方式密切相关。相较发达国家，中国的老龄事业起步较晚，一方面政府要保障福利供给的公平性，让每一位符合条件的老年人都能享受到同等的养老金以及其他形式的社会福利；另一方面顾及国家财政的负担，保障福利支出的可持续性。[①] 老年公共政策的再建构有赖于各方的积极参与，这是一项庞大的系统工程，需要政府、社会组织、老年群体等多方配合。政府是政策制定与实行的领导主体，负责从大局上把握公共政策的方向；社会组织应当积极承担起社会养老的部分职责，搜集政策制定的关键信息，协助政府落实老龄政策，并反馈政策的执行效果；老年群体名义上虽是政策的享受者，但解决问题的捷径是在等待救助的同时主动自助，维护自身的合法利益，监督政府与社会组织的工作，为政策的制定、执行建言献策。每个部门各司其职，分担指导、研究、监督、服务四大步骤。

(二)基本原则

一是公平与效率相结合原则。中国老龄政策体系的再建构必须参照公平与效率相结合的原则。评估社会发展健康与否不应仅关注 GDP 增长速度，更应评估发展的可持续性及民众获得平等对待的目标的达成情况。全覆盖、保基本固然是养老保障政策的核心，但提高工作效率的同时不应牺牲公平。公平是指相对公平，首先应尽力提高老龄弱势群体福利的水平，因为目前中国老龄工作无法做到绝对公平，历史遗留的难题不可能在养老领域独立解决，必须放在整体发展的范畴内分析；公平也是机会公平、结果公平的有机结合，如果仅给予老年人争取福祉的机会，而他们中的部分人不具备竞争的能力，优势与弱势群体间的差距会继续扩大，所以，政策中要保证一定的结果公平，采取无条件的救助、帮扶形

---

① 杜鹏、谢立黎：《以社会可持续发展战略应对人口老龄化——芬兰老龄政策的经验及启示》，载《人口学刊》，2013 年第 6 期。

式。效率是指政策的可执行度要高，不能出台了老龄政策却形同虚设，要考虑到相关部门的办事能力与当地老年人的接受程度。其次，老龄政策要着实提高老年人的生活水平，带来能看得见的好处，口头许诺是对行政资源的浪费。最后，老龄政策要顺应国家及地方发展的总形势，只有不同领域的相互配合，才能达到“1＋1＞2”的效果。

二是区别对待原则。经济发展和收入水平的不平衡使老龄政策不可避免地存在城乡有别、区域有别，老年人寿命长短和生活自理能力的强弱差别使政策不得不重视老年妇女和高龄老人的现实需求。在一视同仁的基础上也要区别对待，重点照顾老年人中的弱势群体，并将这种原则制度化。政府应鼓励各地区开展关于老龄人口生活状况的调查与研究，把握各地老龄工作的具体需求。特别是对于落后地区与弱势群体要采用特殊关照的基本政策，从国家的高度而不是地方层面寻找解决问题的良方。

三是可行性原则。已出台的政策要达到令行禁止的预期效果，需要考虑推行地区的现实承受力，所构建的政策框架体系应当和当前的经济社会发展水平以及当地文化、人文环境相吻合，不能脱离现实生活。

四是整体性原则。政策体系是一个纵向结构、横向结构兼备的有机整体，政策条例应当有严密的逻辑性和层次性①，国家与地方的老龄政策不应相互矛盾或各行其是，充分的沟通和紧密的配合也是提高可行性的条件之一。在老龄工作中“公平”理应被提到战略的高度，其次再发展相应的法律法规和政策意见，形成讲求“公平”的老龄政策体系。

老龄政策是社会建设极为关键的一个领域，它不仅是政府决策者关注的一项公共政策，更是一门有待深究的学问。经历了起步、调整和快速发展三大阶段，中国老龄政策体系建设初见成效，尤以近些年《中国老龄事业发展“十二五”规划》的出台以及《中华人民共和国老年人权益保障法》的修订为著。然而，中国老龄事业发展仍处于初级阶段，蕴含巨大改进空间，除城乡二元性、内容单一、战略视野欠缺等痼疾外，政策公平性不足是当下老龄工作亟待解决的一大难题，它切实关系到社会成果的

---

① 原新、李志宏、党俊武、孙慧峰：《中国老龄政策体系框架研究》，载《人口学刊》，2009年第6期。

分配及民众的心理感受。

中国的社会建设不应只关注经济增长速度或指标完成率，更应关注民众的满意度与幸福感，公平视角下中国老龄政策体系主要面临执行难、忽视性别公平、混淆政策理念、地方政策零散等重重挑战，因而老龄工作下一阶段的任务就是在落实已有政策的基础上深化公平理念，探索富有中国特色的老龄工作方法。参照公平与效率结合原则、区别对待原则、可行性原则及整体性原则，中国老龄政策体系的再建构需重点强调其公平性，向老年人中的弱势群体倾斜，缩小地区、城乡、阶层、性别、年龄等不同老年群体间的差异，放宽、放长政策视野，积极借鉴发达国家的有利经验。未来中国的社会经济发展将与人口老龄化问题相伴相随，在最终实现社会整体可持续发展的大目标之下，中国的老龄工作依然任重而道远。

本文发表于 2015 年第 1 期

五、生态文明建设

深化生态文明研究的理论体系与方法*

曹顺仙**

随着生态文明的研究成果不断被转化为战略国策，如何深化生态文明的学术研究成为专家学者高度重视的理论课题。有的主张“从人类文明发展的宏阔视野审视生态文明”①，有的倾向于从我国生态文明建设的现实需要出发致力于生态文明建设的文化自觉、思维方式的生态化转变和生态文明核心价值观构建的研究等②。简言之，当生态文明的研究成果迅速转化为经济、政治、文化和社会的决策成果之际，也就是学术界反思和深化生态文明研究的视域、论域和方法之时。深化生态文明研究、与时俱进地实现理论飞跃，才是应有的理论自觉。与此同时，在现实层面专家学者或普通百姓等对“环境崩溃”的生态忧虑也促使我们必须将生态文明研究推向深入。那么，该如何正确认识和研判生态面临的危机和挑战，如何化忧为乐、以科学的生态理性去深化生态文明研究，进而更好地指导人们的思想行为呢？本文主张用“三维化”的视域、论域和方法来推动生态文明理论研究的深入和实践探索的创新。

一

所谓“三维化”的思维是由与人类文明包括生态文明直接相关的自

---

* 本文系国家林业局科技司林业软科学研究项目(项目编号：2014-R10)及江苏省社科基金重大项目(项目编号：13ZD005)的阶段性成果。

** 曹顺仙，南京林业大学江苏环境与发展研究中心教授。

① 周光迅、胡倩：《从人类文明发展的宏阔视野审视生态文明》，载《自然辩证法研究》，2015年第4期。

② 刘湘溶：《我国生态文明建设应致力于“一个构建”和“六个推进”》，载《湖南师范大学社会科学学报》，2008年第4期。

然—人—社会三个维度共同构成的“三位一体”、相互联系的生态文明整体思维方式。这种思维以自然—人—社会及其相互关系作为生态文明理论和实践的逻辑起点，以真正理解以马克思主义为指导与推进中国特色社会主义生态文明建设的内在逻辑自洽为前提，旨在提升用马克思主义指导生态文明理论创新的文化自觉，创建具有中国特色的社会主义生态文明理论体系。

无论是广义的生态文明还是狭义的生态文明都不是单向度的，因为今天人们所遭遇的生态环境问题都与自然—人—社会三者及其关系的演变有着错综复杂的联系，破解生态环境问题的途径更是离不开自然—人—社会“三位一体”的辩证分析、系统思考、整体研究和协调统筹。因此，以“三维化”作为深化生态文明研究的思维方式，更有利于开阔视域，揭示生态文明的完整内涵和深刻意义；更有利于扩展论域，把握生态文明的丰富内容；更有利于创新方法，把生态文明理论研究提升到总结规律、把握趋势的水平。

二

“三维化”生态文明视域包含微观、中观、宏观和宇观四个层级。

就自然维度而言，微观视域划分为两个层级：一是个体、群落，二是种群；中观视域则以中小尺度的生态系统如河湖、湿地、沙漠、林地等为研究对象；宏观视域包括大尺度的生态系统如大地、大江大河、海洋等，以及生物圈的生态环境问题研究；宇观视域则是以宇宙自然为对象的研究，其重点在于考察和研究具有自在、开放和无限等特征的辽阔宇宙和广袤自然。

就人的维度而言，其微观视域则可划分为个人(社团)与以街道和社区居民、乡村村民为对象的两个层级；中观视域是基于省域、市域等行政区划名称来称呼或因一定共同地域文化特征而得名的群体；宏观视域则包含国民、公民、国际公民或是全球公民等；宇观视域则是指向地球人的研究。

就社会维度而言，微观视域也包括两个层级：一是家庭这个社会最基本的细胞，二是街道、社区、乡村等具有一定辖区的社会基层组织；

中观视域则可基于国家省（自治区）级行政区划或范围相当的区域、地域等展开研究；宏观视域主要是针对国家和世界范围内的国域性、全球性问题展开研究；宇观视域指向地球与其他星球的生态社会关系的研究，倾向于关注社会的未来和可持续空间战略。

上述分析表明，生态文明研究的视域应该是极其宽广而又丰富有别的，三大视域的层级之间既互相联系、相互制约、动态互动，又各具独特的研究域、研究对象、研究范围和研究局限，其内在关系的非线性、多样性、复杂性和不确定性等为学术研究提供了极其丰富而生动的样态，当然也对深化理论研究提出了严峻挑战。与此同时，“三维化”的视域分析警示我们，如果将生态文明研究局限于某个视域或某个层级，那将制约和影响生态文明理论的体系化发展。目前生态文明领域的研究现状却恰恰如此，在一个领域和一个层级浅尝辄止，处在一个无法深入的境地。事实上，生态文明研究还只是刚刚起步，其特色化、体系化建构任重道远。

三

“任何理论研究的论域都是由人们的理论视野决定的。人们的理论视野愈开阔，其论域必定愈宽广，反之亦然。”[①]生态文明研究也不例外。在理论研究之初，关注中国的具体实践、译介与借鉴多于建构创新等等，这些都符合理论产生的问题逻辑。但是，随着实践的展开，关于生态文明的理论根据、发展历程、现实问题、未来走向等对于理解生态文明都极其重要的问题，则不能被简单对待。

从“三维化”生态文明视域中，我们梳理出生态文明研究的基本论域包括：一个主题、两个基点、三大论域和四种关系领域。其目标指向在于在解决由一个主题引发的一系列问题的理论创新和实践探索中建构和形成关于生态文明的理论体系，为生态文明建设走上人与自然、人与人、人与社会的和谐且可持续发展的道路指明方向并夯实理论基础。

一个共同的时代主题即什么是生态文明，怎么建设生态文明。一方

---

① 汪信砚：《视野・论域・方法》，载《哲学研究》，2003 年第 12 期。

面，19 世纪特别是 20 世纪以来，伴随着生态环境问题在全球范围内不断恶化，环境保护、可持续发展、生态文明已成为关乎整个世界乃至地球存在发展的全球性战略问题，正日益成为东西方之间、发达国家与发展中国家之间矛盾全局的集中体现。另一方面，改革开放 30 多年来，我国经济社会的快速发展虽然带来了严峻的生态环境问题，但同时也为生态环境问题的解决奠定了不可或缺的物质和精神文化基础，为争取经济社会的转型发展并实施以生态文明理论为引领的新战略创造了条件。此外，联合国以及世界主要行为主体对绿色环保、可持续发展、低碳发展的追求也将强化生态文明建设的主导地位。因此，我们应该在更深层次、更宽视域以及更高水平上积极推进生态文明理论研究，从时代主题的高度深化对生态文明理论研究的认识，以提升生态文明研究的理论自觉。

两个基点是理论和实践。这是由人类文明的基本特质决定的。无论我们将人类文明区分为物质文明和精神文明两大文明，还是将人类文明划分为物质文明、精神文明、政治文明三个方面，又或者将人类文明划分为物质文明、精神文明、政治文明和生态文明等“四位一体”的文明①，归根到底是因为人是具有物质和精神二象性的高级动物。人的这一特性生于自然、依赖于自然，同时又通过物质和精神的生产和再生产活动反作用于自然、能动于自然，进而推进着人类文明从一个阶段向另一个阶段飞跃。生态文明作为新文明形态也离不开人类最基本的生产和再生产活动。因此，从实践到理论、理论到实践将是生态文明理论研究最基本的认识路线和思想路线，是理论本身由萌芽、发展到成熟的内在逻辑。生态文明的理论和实践分别发挥着引领和支撑人类直面和解决生态矛盾、建设生态文明的作用。

三大论域即自然科学论域、人文科学论域、社会科学论域。三大论域是由生态环境问题的特殊性决定的。众所周知，我们今天重点要治理和应对的生态环境问题是人为的、社会化的，同时又可能是跨世代和跨国际的，是涉及自然、人和社会三方面的具有复合性、复杂性和不确定性的问题，其生成机理和化解途径、方式、方法等有赖于自然科学、人

① 刘思华：《对建设社会主义生态文明论的若干回忆——兼述我的“马克思主义生态文明观”》，载《中国地质大学学报（社会科学版）》，2008 年第 4 期。

文科学和社会科学的共同介入与协同创新。因此，生态环境问题的解决和生态文明建设不仅需要三大科学系列的积极研究和论证，而且需要摈弃彼此相轻的传统观念，努力尝试并开展跨学科、跨领域的交叉研究、协同创新研究，以负责任的理论创新建构与时俱进、具有中国气派和中国特色的生态文明学科群，为生态文明理论体系的建构夯实科学基础，做出无愧于这个时代的理论贡献和科学成就。

四种关系领域是指人与自我、人与人、人与自然、人与社会四种关系领域。这既是由人类文明发展的历史逻辑决定的，也是由现实的生态环境问题的实质决定的。人类文明史实质是人类史和自然史辩证统一的历史。现实的生态危机，有人认为是人性的危机，也有人认为是科学技术的危机；有人认为是资本主义的危机，也有人认为是人类文明的危机，当然也有人认为既是科学技术的危机又是人类道德的危机、是人性危机，"生态危机实际上是人的危机、人的道德危机"①。因此，不考察其复杂的相互关系难以揭示事物本身的规律和趋势。

就四种关系领域的生态文明研究而言，分着说有一定道理，但合着说又不完全正确。因为这四大关系领域既相对独立，又互相联系、不可分割。分着说有分着说的论题、内容、方式、方法、话语体系和结论，合着说又有合着说的论题、内容、方式、方法和理论成果。但是，四大关系领域的论题无论是分着说还是合着说都是剖析生态环境问题，整体把握生态文明理论的历史演进规律、阐明生态文明的内在价值取向等不可或缺的有机组成，其理论旨趣恰恰在于只有通过各种关系的研究才能揭示生态文明理论创新和实践发展的总规律、总趋势。

所以，"三维化"生态文明思维有利于我们突破既有论域的局限，有利于真正把生态文明理论置于人类文明理论发展的世界化和民族化相统一的历史进程中考察，置于中国先进文化形成和发展的过程中理解，使中国生态文明研究的论域得以极大地扩展并到达一个更加广阔的理论新天地。

---

① 林德宏：《自然·生存方式·人的本性》，载《南京工业大学学报（社会科学版）》，2002年第1期。

四

“如果说理论研究的论域是由理论视野决定的，那么，理论研究的深度和水平，特别是理论研究的创新程度则与所使用的研究方法有着本质联系。”①实验心理学之父冯特曾说过：“自然科学史从各个方面使我们铭记在心的一个通则是：科学的发展是同研究方法的进展密切相关联的。近年来，整个自然科学的起源都来自方法学上的革命，而在取得巨大结果的地方，我们可以确信，它们都是以先前方法上的改革或者以新的方法的发现为前奏的。”②自然科学研究是这样，人文社会科学的研究也是这样。方法论的过分简单化只会阻碍理论创新的步伐。

因此，相应于生态文明的视域和论域，生态文明“三维化”研究的方法论是一种需要研究不同尺度、不同层级的生态问题以及解决生态文明建设可能遭遇的复杂性、复合性、不确定性问题的方法论体系。对此，以微观、中观、宏观和宇观“四观合一”为基本框架努力建构适合生态文明研究的方法论体系应该是生态文明理论研究走向深入并实现创新发展的重要课题。

一个主题、两个基点、三大论域和四种关系领域的研究，一方面需要在理论层面开展宇观的、宏观的研究，即综合运用整体研究、系统研究、唯物辩证法研究、历史研究、文献研究、比较研究、一体化研究、跨学科交叉研究以及复杂问题的综合模型研究等开展理论研究；另一方面在理论和实践层面开展微观和中观研究，充分发挥个案研究、社会调查等方法的优势，在深化理论联系实际的研究中探索并建构有利于生态文明建设的价值体系和方法论体系。

总之，生态文明研究的方法论体系应该是基于自然—人—社会“三维化”的，由微观、中观、宏观和宇观四个层次共同构建的方法论体系。这个方法论体系的关键在于要万法归宗，即既要体现科学求真的本质要求，又要能正确揭示生态文明发展的规律和趋势，引领人类找到协调、有序、

---

① 汪信砚：《视野·论域·方法》，载《哲学研究》，2003年第12期。

② 唐钺编：《西方心理学家文选》，北京：人民教育出版社，1983年，第1页。

健康、可持续的科学之路，为实现人、自然和社会的人道的、自然的、和谐永续的发展指明方向。值得强调的是宇观研究的重要性，因为没有宇观视域、论域和方法，我们对自然的认识和地球未来、人类未来的理解可能会趋向片面的深刻，或陷入自然“死亡论”，或走向“荒野”论的困境。如有专家论证地球生态问题时引用美国学者霍尔姆斯·罗尔斯顿的话说：“我很久以来都以为自然界的存在是理所当然的事，可这曾经非常辽阔的自然界，现在都在人类发展的浪潮中走向消亡。”[①]如果地球走向灭亡，文明何以永续？我们的研究是把人带向无望和绝望，还是去努力揭示希望常在的理论依据，以指导和推动人类维护希望常在的自我革新和实践变革，要回答这些困惑，宇观研究不可或缺。

本文发表于 2016 年第 2 期

① 周光迅、胡倩：《从人类文明发展的宏阔视野审视生态文明》，载《自然辩证法研究》，2015 年第 4 期。

“五大发展”理念下生态文明建设的思考*

黄 娟**

生态文明建设是中国特色社会主义“五位一体”总体布局的重要组成部分，美丽中国梦是中国梦的有机构成与重要基础，需要融入经济建设、政治建设、文化建设、社会建设，形成人与自然和谐发展的现代化新格局，走向社会主义生态文明新时代。基于此，本文提出在创新、协调、绿色、开放、共享“五大发展”理念下，生态文明建设应该坚持绿色创新、绿色协调、绿色发展、绿色开放、绿色共享理念，并分析探讨了五大绿色新理念在生态文明建设中的地位与作用、主要内容、问题与对策。这将对深入认识“五大发展”理念，加快推进生态文明建设，积极探索中国特色社会主义生态文明建设道路具有重要意义。

一、绿色创新：生态文明建设的第一动力

发展是解决各种问题的关键，面对经济社会发展动力不足，必须实施创新驱动发展战略。这是因为，在经济结构、技术条件没有明显改变的条件下，资源安全供给、环境质量提升、温室气体减排等约束强化，将压缩经济增长空间。[①] 建设生态文明，必须紧紧依靠绿色科技、绿色产业、绿色制度创新，走一条生态优先的绿色创新发展之路。

---

* 本文系国家社科基金项目“幸福观视角下我国生态文明建设道路反思与前瞻研究”（项目编号：13BKS048）以及2016年度大学生发展与创新教育研究中心科研开放基金项目“我国大学生生态文明主流价值观及其教育研究”（项目编号：DXS20160011）的阶段性成果。

** 黄娟，中国地质大学马克思主义学院教授。

① 习近平：《关于〈中共中央关于制定国民经济和社会发展第十三个五年规划的建议〉的说明》，北京：人民出版社，2015年，第71页。

（一）绿色科技创新是第一驱动力

随着我国原有发展动力的日益减弱，培育发展新动力成为一大现实问题。引领经济新常态必须把创新摆在核心位置，将创新作为引领经济发展的第一动力，从依靠低成本要素驱动转向创新驱动轨道，充分发挥科技创新在全面创新中的引领作用。谁牵住了科技创新这个牛鼻子，谁走好了科技创新这步先手棋，谁就能占领先机、赢得优势。[①] 2015 年，我国科技进步对经济增长贡献率超过 55%，到 2020 年建成创新型国家后将达到 60%。当前，世界范围内新一轮科技革命和产业变革蓄势待发，信息技术、生物技术、新材料技术、新能源技术广泛渗透，带动以绿色、智能、泛在为特征的群体性技术突破，成为重塑世界经济结构和竞争格局的关键。面向未来，只有走出一条人才强、科技强到产业强、经济强、国家强的发展路径，才能实现中华民族伟大复兴的中国梦。[②] 在绿色科技创新成为大国竞争新赛场的背景下，必须将绿色科技确立为创新重点与发展方向，将我国建设成为绿色科技大国乃至绿色科技强国。

（二）科技创新驱动绿色产业创新

长期以来，我国经济快速增长主要依靠传统产业支撑。时至今日，我国多数产业大而不强，处于全球价值链中低端，关键核心技术受制于人，产业绿色化与绿色产业水平较低，一些关键产业的原始创新能力与世界第二大经济体的地位不相称。绿色科技创新是产业创新与绿色产业发展的主引擎，建设生态文明必须构建绿色科技含量高的绿色产业体系，换言之，绿色科技创新要落实形成更具竞争力的绿色产业优势，构建具有国际竞争力的绿色产业技术体系。为此，要加快突破绿色农业、绿色制造业、新能源产业、节能环保产业、绿色服务业等绿色产业的核心技术，重点发展生态绿色高效的现代农业技术，促进农业提质增效和可持续发展；发展智能绿色制造技术，推动制造业向价值链高端攀升；创新安全清洁高效的现代能源技术，推进能源供给与消费革命，建设清洁低碳、安全高效的现代能源体系；促进绿色食品、绿色服装、绿色建筑、绿色交通、绿色旅游等方面科技创新，以满足人民群众日益增长的吃、

---

① 《创新点燃中国经济新引擎》，载《人民日报》，2016 年 3 月 3 日。

② 刘延东：《学习贯彻十八届五中全会精神深入实施创新驱动发展战略》，载《中国科技产业》，2015 年第 12 期。

穿、住、行、游等方面绿色生活与消费需求。只有依靠绿色科技创新，抢占绿色科技创新制高点，才能开辟新的绿色产业方向，建立起绿色产业创新体系，进而赢得绿色发展竞争的新优势。

(三)制度创新保障绿色科技创新

绿色科技创新驱动绿色产业创新，最根本的是要破除体制机制障碍，建立健全一系列相关制度。一是科技创新体制。加快绿色科技体制改革步伐，建立并完善政产学研协调发展的绿色科技创新体系，形成一批具有国际竞争力的绿色创新领军企业，推动跨领域、跨行业绿色协同创新，加快政产学研用深度融合和合作。二是科技创新能力。加强绿色基础科学研究，实现绿色原始创新、集成创新和引进消化吸收再创新融合，形成一批真正具有突破性的绿色技术创新成果。三是科技成果转化制度。绿色科技创新的目的是推动绿色经济发展，这就要求优化绿色科技成果转化渠道，重视绿色科技创新成果推广与应用，使其快速向绿色经济和绿色产业转化，实现绿色科技创新成果的经济效益。四是人才培养制度。人才是创新发展的第一资源，创新驱动的实质是人才驱动，绿色科技创新要有人才支撑。而培养大量绿色科技人才、提高全民绿色科技素质要靠绿色教育，需要现代教育面向生态文明建设，建立健全人才教育体系。只有改革现有制度、创新制度，才能为绿色科技创新支撑绿色产业发展提供重要保障。

二、绿色协调：生态文明建设的内在要求

协调是持续健康发展的内在要求，发展必须均衡而不能失衡或失调。当前，我国生态文明建设中也存在城乡不协调、区域不协调，以及物质与精神不协调等问题，严重影响了美丽中国的整体性发展。建设生态文明必须坚持城乡一体、区域协同、物质与精神并重，通过加强薄弱环节与落后领域建设，来增强美丽中国的发展后劲，走一条生态优先的绿色协调发展之路。

(一)推动城乡之间绿色协调发展

美丽中国由美丽城市与美丽乡村共同构成，建设美丽中国必须实现城乡一体化发展。大力推进城镇化是当前我国重要的战略任务，城镇化

要走集约、智能、绿色、低碳发展道路。应根据资源环境生态承载力调节城市规模，依托山水地貌优化城市形态和功能，实行绿色规划、设计、施工标准，建设绿色城市、智慧城市、森林城市、海绵城市。然而，即使将来城镇化率达到70%以上，中国还是有四五亿人在农村，因此，绝不能让农村成为荒芜的农村、留守的农村、记忆中的故园。哈佛大学莫森·莫斯塔法维教授指出：只有将城市与乡村看作一个完整的社会生态系统，才能结合方方面面，挖掘自身特点，创造出一个和谐、高效、绿色、城乡共荣的人类栖居环境。[①] 建设美丽中国，既要防止城乡二元化即城市像欧洲、农村像非洲，也要防止城乡一样化即城市不像城市、农村不像农村，关键是推进城乡一体化发展即城市是摩登的、农村是乡土的。[②] 因此，要坚持城乡环境治理并重，重点开展农村人居环境整治行动，加大美丽宜居乡村建设力度，提高农村生态文明建设水平。只有推动新型城镇化与新农村建设双轮驱动，美丽乡村与美丽城市互促共进，实现各美其美、美美与共，才能既让城市生活更加美好，也让乡村生活更加令人向往。

(二)促进不同区域绿色协调发展

我国区域发展极不协调，建设生态文明就是要缩小地区发展差距，推动区域协同共同发展。当前要深入推进西部大开发、大力推动东北地区等老工业基地振兴、促进中部地区崛起、支持东部地区率先发展，加快实施“一带一路”倡议和京津冀协同发展、长江经济带区域发展新战略。建设生态文明要求不同区域经济社会发展与资源环境能力相匹配，但目前我国不少地区经济社会发展不考虑资源环境状况，结果区域经济社会发展与资源环境承载力不协调，这就需要塑造与资源环境相匹配的区域协调发展新格局。建设生态文明是一项全局性事业，不同地区生态文明建设基础、条件、水平、要求各不相同，要推动不同区域生态文明建设协调发展，建立并完善纵横向交错覆盖的生态补偿机制，确保不同地区之间公平分配生态收益。以长江经济带建设为例，必须走生态优先的绿色发展之路，把修复长江生态环境放在首要位置，推动长江上中下游协

① 九溪翁、王龙泉：《再崛起：中国乡村农业发展道路与方向》，北京：企业管理出版社，2015年，第70页。

② 褚大建：《绿色的创新》，上海：同济大学出版社，2008年，第188-189页。

同发展、东中西部互动合作，将其建设成为我国生态文明建设的先行示范带、创新驱动带、协同发展带。

（三）坚持物质与精神绿色协调发展

建设生态文明，既要发展绿色经济，有相应的物质文明做基础；也要发展绿色文化，有一定的精神文明引领。目前，人们对发展绿色经济、绿色物质文明给予了较多关注，对发展绿色文化、绿色精神文明关注有限。绿色文化或生态文化是指人与自然相和谐的文化，是解决人与自然关系的思想、观点和理论的总和。建设生态文明必须加强绿色文化建设，重点建设生态文明的核心价值体系，包括坚持生态马克思主义指导、坚定生态文明的共同理想、弘扬生态民族与时代精神、树立与践行生态荣辱观、培育生态文明核心价值观；创作优秀生态文化作品，包括发展生态哲学社会科学、加强生态新闻舆论工作、创作更多优秀生态文艺作品、提供网络生态文化作品；发展生态文化事业，包括构建公共生态文化服务体系、发展现代生态传播体系、传承优秀生态文化传统、加快城乡生态文化一体化发展；大力发展生态文化产业，包括构建生态文化产业体系、形成生态文化产业格局、推进生态文化科技创新、扩大和引导生态文化消费等。① 绿色文化是文化创新的重要体现，是生态文明新时代的先进文化，将为生态文明建设提供思想保证、精神动力、舆论支持、文化条件。提高绿色文化与精神文明水平，推动绿色经济与绿色文化共同发展，可以有效减轻资源环境生态压力，满足人们日益增长的绿色文化精神需要。

三、绿色发展：生态文明建设的根本途径

建设生态文明的关键是要处理好绿水青山与金山银山的关系，这就要求我们节约资源，防治污染，保护生态，构建有利于资源环境的绿色生产方式与绿色生活方式，努力实现人的生产生活与自然资源环境的和谐发展，走一条生态优先的绿色生态、绿色生产、绿色生活和谐共赢的

---

① 黄娟：《生态文明与中国特色社会主义现代化》，武汉：中国地质大学出版社，2014 年，第 111-116 页。

绿色发展道路。

(一)保护绿色资源环境生态

绿色是永续发展的必要条件。当前，我国资源环境的承载力已经接近或达到上限，成为制约全面建成小康社会的重大瓶颈。全面小康，生态环境是关键。必须加大绿色生态环境建设力度，在补齐生态环境短板上取得重大进展。一是资源绿色化。针对能源、水、土地等资源约束趋紧问题，要树立节约集约循环利用的资源观，加快推进资源利用方式根本转变，实施全民节能、节水行动计划，重点抓好节能、节水、节地工作，实行能源和水资源消耗、建设用地等总量和强度双控行动，将绿色理念融入资源开发、利用、治理、配置、节约、保护等各个环节，建设节能型、节水型、节地型社会。二是环境绿色化。当前，大气、水、土壤污染问题严重影响人民生活和社会和谐，成为全面建成小康社会的突出短板。必须以提高环境质量为核心和目标，实行最严格的环境保护制度，重点抓好大气、水、土壤污染防治工作，贯彻落实国务院大气、水、土壤污染防治行动计划，打赢大气、水、空气污染防治三大战役。三是生态绿色化。针对当前各种生态问题，坚持保护优先、自然恢复为主，划定林地、湿地、沙地、物种等生态红线，扩大森林、湖泊、湿地、生物等生态空间，全面优化生态空间的规划布局，加大森林、湿地、湖泊等生态治理和修复力度。建设资源节约、环境友好、生态良好型社会，确保资源安全、环境安全、生态安全，是走生态优先的绿色发展道路的根本体现。

(二)发展绿色生产，构建绿色产业

资源环境状况与人类的生产方式、产业结构紧密相关，经济快速发展、增长方式粗放、产业结构不合理是导致我国资源环境代价过大的重要原因。当前，我国经济发展仍未摆脱高投入、高消耗、高排放的粗放模式，工业生产能效、水效与发达国家相比还有很大差距。建设生态文明需要引导传统生产方式转向绿色生产方式，推动生产活动、生产方式、产业结构绿色化，构建资源消耗低、环境污染少、生态破坏弱的绿色生产方式和绿色产业结构。推动生产方式向柔性、智能、精细转变，鼓励绿色生产、清洁生产、低碳生产，发展绿色经济、低碳经济、循环经济，让绿色发展、循环发展、低碳发展成为生产活动主旋律。绿色产业是绿色低碳经济的根本基础，要推动我国产业发展从低端转向高端，从低附加值转向高附加值，建立绿色、低碳、循环发展的产业体系。为此，要重点发展绿色农业、生态农业、有机农业等现代农业，绿色制造、节能环保、新能源、新能源汽车等绿色工业，绿色建筑、绿色交通、绿色旅游、绿色养老等绿色服务业，并不断加大这些产业的比重，使生态产业和绿色产业成为产业结构的主体，推动产业发展走生态文明发展道路。节能环保产业或绿色环保产业是生态文明建设的重要产业基础，近年来，我国节能环保产业发展迅速，成为引领我国经济新常态的新增长点，我们要尽快将节能环保产业等典型绿色产业发展成为支柱性产业。

(三)构建绿色生活方式消费模式

不同生活方式与消费模式是影响资源环境的一个重要因素。研究表明，绝大多数环境污染是由人们的不良生活习惯所造成的，因此，建设生态文明必须改变每个人的生活方式，构建节约资源保护环境的绿色生活方式和消费模式，重点鼓励人们绿色出行、绿色居住、绿色消费。要推进交通运输低碳发展，实行公共交通优先，发展新能源汽车，鼓励自行车等绿色出行。要推广绿色建筑和建材，倡导简单、绿色、低碳和环保装修。绿色消费是指以节约资源和保护环境为特征的消费行为，主要表现为崇尚勤俭节约，减少损失浪费，选择高效、环保的产品和服务，降低消费过程中的资源消耗和污染排放。[①] 目前，过度性消费、浪费性消费、奢侈性消费问题突出，绿色生活方式与绿色消费模式远未形成。应大力加强生态文明宣传教育，大力弘扬生态文明主流价值观，让绿色生活和消费成为全社会的自觉行动与良好习惯。

四、绿色开放：生态文明建设的重要条件

开放是国家繁荣发展的必由之路，开放发展是要解决发展的内外联动问题。绿色开放就是与生态文明建设相关的开放，丰富开放绿色内涵、推动“一带一路”绿色合作、承担国际生态责任，走生态优先的绿色开放

① 《关于促进绿色消费的指导意见的通知》，中华人民共和国科学技术部网站，http://www.most.gov.cn./tztg/201603/t20160309-124571.htm.

发展之路，是提高我国生态文明建设水平的必由之路。

(一)丰富对外开放的绿色内涵

绿色发展是当今世界各国的共同选择，建设生态文明应立足中国、放眼世界，树立全球性的生态绿色视野，实施互利共赢开放战略，发展开放型绿色低碳经济。推动对外贸易优化升级，培育以绿色技术、绿色标准、绿色品牌、绿色服务为核心的对外经济绿色优势；提高绿色产品在进出口产品中的比例；提高轻工、纺织等传统优势产品的绿色化水平和环保标准；壮大绿色装备制造等新的出口主导产业；大力发展绿色运输、绿色旅游、绿色文化、绿色软件和绿色信息等服务贸易；扩大能源资源、绿色技术、绿色零部件和国内有需求的绿色消费品进口。在绿色发展成为国际社会发展大趋势背景下，不仅要从外贸大国迈向外贸强国，而且更要建设绿色贸易大国与绿色贸易强国。双向投资是对外开放的高级形态，建设生态文明要求加大双向投资力度：引进绿色资本、绿色技术、绿色人才；支持企业扩大对外投资，同时高度关注资源环境保护，塑造中国企业良好形象。此外，还要完善对外援助方式，扩大防灾减灾、环境治理、野生动植物保护等节能环保相关领域的对外合作和援助。坚持绿色内需与绿色外需协调、绿色进口与绿色出口平衡、绿色引进来与绿色走出去并重、绿色引资和绿色引技绿色引智并举，将有力推进我国生态文明建设历程。

(二)推动“一带一路”建设的绿色合作

建设生态文明必须加强与国际社会的绿色合作共赢。“一带一路”建设是中国构建开放型经济新体制、实施全方位对外开放战略的重要组成部分，对丰富对外开放内涵、完善对外开放格局具有深远意义。“一带一路”建设涉及多个国家与地区，包含经济、外贸、资源、能源、环保、文化等多个领域，建设生态文明需要加强与相关国家资源能源、生态环境领域的合作共赢。就能源资源来说，“一带一路”沿线许多国家拥有丰富的能源资源，与中国能源资源合作有着良好基础。坚持互利共赢原则，推进与有关国家在能源资源勘探开发、生产、运输、加工等全产业链方面的合作，与重点国家加强上下游领域合作，扩大就地加工规模，建设一批与资源优势相结合、绿色环保的油气化工、煤化工、钾肥等境外生产基地，提高就地加工转化率和资源国的深加工能力，合作开发水能、光伏、风能、生物质能等资源，打造清洁能源合作样板。[①] 建设“一带一路”要以绿色发展理念为思想引领，将绿色环保、绿色发展理念融入“一带一路”建设中。只有推动“一带一路”建设走生态文明之路，才能化解周边国家对中国可能转移过剩产能的担忧；只有建设绿色低碳、节能环保的“一带一路”，才能在“一带一路”开放发展中赢得绿色发展先机。

(三)积极主动承担国际生态责任

建设生态文明是应对气候变化、树立负责任大国形象的重要举措，是中国“为全球生态安全作出新贡献”的庄严承诺。近年来，我国积极参与全球气候变化谈判，向《联合国气候变化框架公约》秘书处提交《强化应对气候变化行动——中国国家自主贡献》，与美国、英国、法国等国家签订了双边气候变化协定，努力构建公平合理、合作共赢的全球气候治理体系。中国主动参与了2030年可持续发展议程谈判，为制定一个公平、包容、可持续的2030年可持续发展议程做出了重要贡献。2015年9月，联合国正式通过2030年可持续发展议程。为落实该议程精神，中国政府建立了国家层面的跨部委协调机制，将其中消除极端贫困、战胜不平等和不公正、遏制气候变化三大主题与要求纳入我国“十三五”规划，同时承诺为广大发展中国家落实2030年可持续发展议程提供力所能及的支持和帮助。这些举措与行动深刻表明，中国正在承担越来越多的大国责任，在全球绿色发展方面起着重要引导作用，联合国也充分肯定了我国生态文明建设的意义。今后，我国要继续勇于承担生态责任，除了做好已有工作外，还需掌握国际绿色发展规则制定的主导权，尽可能维护和争取发展空间；积极参与在深海、极地、空天等新领域国际规则的制定。

五、绿色共享：建设生态文明的根本目的

共享发展就是要把增进人民福祉作为一切工作的出发点和落脚点，让广大人民平等参与现代化进程的同时共同分享现代化成果。近年来，资源、环境、生态领域的不公平现象、不公正问题越来越突出，绿色共

① 穆虹：《推进“一带一路”建设》，见《〈中共中央关于制定国民经济和社会发展第十三个五年规划的建议〉辅导读本》，北京：人民出版社，2015年，第220页。

享就是要解决与这些问题相关的社会公平正义问题，实现生态文明成果人人共享，这也是我国建设生态文明的根本目的。

(一)增加生态环境基本公共服务

增加公共服务供给是坚持共享发展、促进社会公平正义、增进人民福祉的重要途径。习近平多次强调：环境就是民生、青山就是美丽、蓝天也是幸福；良好生态环境是最公平的公共产品，是最普惠的民生福祉。随着经济社会发展水平的不断提高，人民群众对良好环境的需求越来越高，环境保护成为基本公共服务的重要内容，增加环境公共服务供给成为实现共享的有效方式。环境保护基本公共服务主要包括饮用水安全、污水处理、垃圾处理等基本环境民生服务；环境监测和信息发布等基本环境信息服务；污染事故预防及应急处理的基本环境安全服务等。[①] 当前环境不公平问题主要表现在：环境基本公共服务供给不足、质量不高，而且区域、城乡、人群之间环境公共服务严重失衡，东部和中部相对较好，广大农村地区相对较差，弱势群体成为环境污染承受者。绿色共享要求坚持绿色惠民，为人民生产并提供更多优质生态产品，增加生态环境基本公共服务供给，让良好生态环境成为人民生活质量的增长点。与此同时，要缩小城乡、区域、群体之间环境基本公共服务差距，实现环境保护基本公共服务全覆盖，既要让所有人共同承担生态环境风险，又要让所有人平等分享生态环境福利，确保在生态环境面前实现人人平等，让良好生态环境成为最普惠的公共产品和民生福祉。

(二)探索生态扶贫绿色脱贫模式

环保与贫困是全面建成小康社会的两大短板，必须将扶贫开发同环境保护结合起来，积极探索生态扶贫模式与绿色脱贫道路。一是绿色产业扶贫。拥有丰富自然资源与良好生态环境的地区，可以选择发展特色产业、绿色产业实现精准扶贫，重点开发市场前景广、比较优势明显、产品附加值高、带动增收能力强的生态产业，生产绿色、有机、无污染、原生态的“土特”产品，培育具有地方品牌与地理标志的绿色产品，满足人民群众日益增长的绿色产品需求。二是生态搬迁扶贫。一些生态环境

---

① 刘子刚等：《我国环境保护基本公共服务均等化问题和实现途径》，载《环境保护》，2015年第20期。

恶劣的贫困地区，要坚持群众自愿、积极稳妥的原则，以搬得出、稳得住、富得起为目标，搬迁到条件比较好的地方定居并重建家园。三是生态保护扶贫。一些贫困地区地处重点生态功能区，承担着保护全国生态环境的重要任务，对这些生态特别重要和脆弱的地区实行生态保护扶贫。政府可以加大对这些地区的财政转移支付力度，强化激励性补偿，建立横向和流域生态补偿机制；退耕还林、退牧还草、水土保持、天然林保护、防护林建设、石漠化治理、防沙治沙等重大生态工程向这些地区倾斜。生态扶贫开发需要开拓新的途径与渠道，如对在贫困地区开发水电、矿产资源占用集体土地的，可以试行给原来居民集体股权方式进行补偿，探索对贫困人口实行资产收益扶持制度等。

(三)建设生态文明的健康中国

人民健康与生态文明、健康中国与美丽中国紧密相关。当前，人民群众对健康水平的要求越来越高，但生态环境问题严重影响我国人民身心健康。大力推进生态文明建设，加快生态文明建设步伐，为广大人民提供良好的生产生活环境，是确保人民群众身心健康的重要基础。食品安全是健康中国的重要内容，健康中国离不开食品安全，而食品安全取决于生态环境安全。当前，水污染、土壤污染、空气污染严重影响食品安全，只有建设生态文明实现绿色发展才能保障食品安全，满足人民对绿色食品、有机食品、生态食品等健康食品的需求。健康中国离不开人口健康发展，而人口发展与资源环境承载力紧密相关，人口过多、质量不高、结构不合理增加资源环境负担，人口数量适当、素质较高、结构合理有助于资源环境保护。建设生态文明，就要建设一个人口均衡型、资源节约型、环境友好型社会。

本文发表于2016年第5期

京津冀区域大气污染协同治理模式构建[*]

——基于府际关系理论视角

郭施宏　齐　晔[**]

改革开放以来，随着我国城市化和工业化的不断推进，城市人口在超速增长和过度集聚的同时也带来了严重的资源环境问题，尤其是空气污染问题。当前，我国大气污染治理仍然主要采用以行政区划为基础，由中央政府和地方各级政府负责的属地治理模式。属地主义治理模式不仅不符合大气流动的自然规律，也无法充分调动各方主体治理大气污染的积极性。鉴于属地治理的弊端，国家开始逐渐重视跨域大气污染的府际联防联控。在此背景下，京津冀地区的大气污染治理由传统的属地治理向协同治理转变已是必然。这既是京津冀跨域大气污染治理的新趋势，也是新挑战。本文基于府际关系理论视角，对京津冀区域大气污染府际协同治理模式的顶层设计做了初步设想，认为京津冀区域大气污染的协同治理首先需要重构协同治理组织，在此基础上，通过伙伴关系的构建、府际利益的协调、法律法规的保障和治理信息的共享共同构建京津冀区域大气污染协同治理模式。

一、组织重构：跨域大气污染的协同共治

府际关系(Intergovernmental Relations)兴起于20世纪30年代的美国。美国学者安德森总结性地指出，府际关系是指各类和各级政府机构

---

* 本文系国家发展和改革委员会基金项目“中国低碳发展宏观战略研究项目”(项目编号：20135660439)的阶段性成果。

** 郭施宏，清华大学公共管理学院博士研究生；齐晔，清华大学公共管理学院教授。

的一系列活动，以及它们之间的相互作用。[①] 京津冀地区虽然国土面积仅占全国的2%，但却包含了错综复杂的府际关系。近年来，府际协同成为该区域发展的主旋律之一。从1976年国家计划委员会开始京津唐国土规划课题研究以来，京津冀地区的府际协同发展已有40余年的历史。40多年来，京津冀地区的府际协同在地域、内容、形式和程度上均不断发生改变，出现了“经济圈”“首都圈”“一体化”等一系列概念，这些概念和规划都离不开府际协同的主题，也反映了不同时期、不同阶段京津冀地区的发展观和协同观。由于在经济合作、空间整合、区域治理等方面存在明显的体制性和结构性障碍，京津冀地区的合作发展几度提及又几度沉寂，府际协同发展经历了一个“启动—徘徊—沉寂—重提—蹒跚—倒逼而催生复兴”的复杂演进过程[②]，整体推进进程缓慢。

目前，京津冀三地在推动区域经济社会协同发展方面尚未形成完善的合作机制。而近几年大范围爆发的大气污染，更表明三地应对环境污染问题的合作效果并不明显。这首先源于三地府际合作意识的薄弱和环境治理理念的落后。我国的政府组织模式深受韦伯官僚制的影响，属于典型的科层组织。地方政府间缺少有效的沟通与交流，各地都寄希望于通过自身的力量解决辖区内的环境问题。另外，官僚制下以GDP为主导的晋升考核机制，扩大了处于政治和经济双重竞争下的地方政府之间的竞争空间，不利于府际合作的开展。[③]

意识到跨域大气污染协同治理的必要性，国家在京津冀区域大气污染协同治理组织的建设上做出了积极的尝试。2013年，国务院成立了京津冀协同发展领导小组以及京津冀及周边地区大气污染防治协作小组。该小组由北京、天津、河北、国家发展和改革委员会、环境保护部、中国气象局等单位组成，办公室设在北京市环保局，这对于促进京津冀大气污染协同治理具有一定的促进作用。但从其组织结构和运行模式来看，

① Anderson W.: *Intergovernmental Relations in Review*, Minneapolis: University of Minnesota Press, 1960, 3.

② 程恩富、王新建：《京津冀协同发展：演进、现状与对策》，载《管理学刊》，2015年第1期。

③ 周黎安：《晋升博弈中政府官员的激励与合作——兼论我国地方保护主义和重复建设问题长期存在的原因》，载《经济研究》，2004年第6期。

该机构尚不完备且权威性不强。[1] 一方面，作为协调各方工作的重要部门“大气污染综合治理协调处”却隶属于北京市环保局，这一机构既不独立同时级别也低，大大降低了其应有的权威性；另一方面，该协作小组构造简单，成员庞大，且缺乏有效的制度安排和联动机制，不利于工作的开展。

京津冀区域大气污染协同治理组织创立是为了打破该地区在大气污染治理中“一亩三分地”的行政思维定式，从区域整体利益出发，通过协同治理让大气污染的负外部效应内部化，进而形成府际治理的合力。从发达国家大气污染治理经验看，美国的阿巴拉契亚区域委员会、跨州空气质量控制区、臭氧传输评估组等区域性的环境协同治理组织都在跨域污染治理中发挥了积极的作用。府际权力的让渡与移交是跨域协同治理组织的重要特征，即区域内参与治理的各个地方政府或政府部门将部分权力让渡于协同治理组织，并保证其不受行政干扰，使之具备独立进行区域治理的权力和能力。[2] 而京津冀及周边地区大气污染防治协作小组从组织架构和运行方式上看，距离真正意义上的由行政权力让渡形成的具有独立治理权力和能力的跨域协同治理组织还有一定的差距。因此，京津冀区域大气污染协同治理组织需要重新设计。

伙伴型的府际治理模式为京津冀大气污染协同治理提供了一种组织设计思路。伙伴型的府际治理模式可以摆脱原有纷繁复杂、权力重叠的行政关系网的束缚，针对某一具体公共问题实现有效的治理，给公共行政带来一种新的思路。京津冀三地应围绕大气污染治理主题，形成伙伴型的横向府际关系，并通过权力让渡和移交，组建京津冀大气污染协同治理组织，使治理组织独立高效地开展区域内的大气污染治理工作，以实现大气环境的协同共治和空气质量的整体提高。

具体而言，京津冀区域大气污染协同治理组织的运行模式包含了以下几个方面的内容：第一，京津冀三地围绕共同的大气污染治理主题形成不受行政等级束缚的府际伙伴关系，各政府主体间平等协商，协同共

---

① 高建、白天成：《京津冀环境治理政府协同合作研究》，载《中共天津市委党校学报》，2015 年第 2 期。

② 杨龙、彭彦强：《理解中国地方政府合作——行政管辖权让渡的视角》，载《政治学研究》，2009 年第 4 期。

治。第二，京津冀三地将大气环境治理的权力以及相关权力让渡于跨域治理组织，由其全权负责京津冀区域的大气污染治理问题并接受其治理安排。第三，京津冀区域大气污染协同治理组织独立开展区域内治理活动，负责京津冀区域内的大气污染治理的会商与决策，各地方政府间和政府部门间的协调，以及大气污染治理行动的执行等工作。京津冀三地在大气污染治理中对跨域治理组织进行意见性咨询和治理效果反馈。第四，京津冀区域大气污染协同治理组织的组织架构主要包括监督机构、咨询机构、协调机构和执行机构。咨询机构由大气监测部门、科研机构、环保组织等部门组成，负责为大气污染治理中的决策、协调和执行提供信息支持；协调机构负责协调区域内的各政府部门、社会组织、企事业单位的治理工作；执行机构负责京津冀区域内的大气污染治理联合行动；监督机构对组织中的各个部门及治理中的各个环节进行监督。

二、伙伴构建：府际治理关系的重新定位

京津冀区域大气污染协同治理模式的构建需要对京津冀三地的府际关系进行重新定位。由于京津冀区域协同治理实际上包含了包括中央政府在内的“三地四方”的复杂关系，中央政府的“错位”，京津冀三地由于政治地位的不对等和经济发展水平的差异所带来的各自定位和相互关系的偏误，以及既有的行政级差和固有的权力格局均阻碍了平等协商的伙伴型横向府际关系的建立，影响了京津冀区域大气污染治理的府际协同进程。

构建府际伙伴关系是京津冀区域大气污染协同治理重要的政策工具创新，也是摆脱京津冀三地纷繁复杂的府际行政关系的有效手段。府际伙伴关系作为一种公共政策工具，与原有的京津冀等级制的行政关系相互独立，二者呈现双轨制的运行模式。伙伴关系仅是围绕大气污染治理这一公共事务主题而展开，它并不会影响京津冀三地基于行政区划的权力组织架构。在跨域的大气污染治理背景下，京津冀三地的府际关系呈现为伙伴型，三地的府际工作方式表现为协商式。从功能上看，府际伙伴关系使京津冀三地政府跳出该地区复杂的权力关系网络，促使三地在大气污染治理上产生内源动力，谋求共同利益，以及实现治理政策制定、

实行和反馈的整体联动。从西方发达国家的发展经验看，府际伙伴关系并不会削弱原有的行政权威，反而强化了原有的权威。其主要原因在于，府际伙伴关系大多建立在纵向政府间较少发生利益冲突的公共政策领域，而在这个领域里，中央政府可以给予地方政府一定的资源保障，地方政府间的合作利益要大于竞争利益。虽然伙伴关系运行的层面主要在各地区的地方政府之间，但其最终是为了增强中央政府对地方公共事务的影响。[①]

就目前京津冀区域的大气污染形势而言，京津冀地区应具有示范精神，勇于尝试构建府际伙伴关系。三地政府在大气污染治理问题上应形成强烈共识，更新理念，诚信协作，消除长期以来经济政治上形成的固有隔阂，通过让渡给共同信服的治理机构独立的治理权力、圆桌协商会议、基于诚信与承诺的府际公约、伙伴型联合治理行动等方式发挥伙伴关系机制的独特作用。另外，中央政府的适度引导在当前的府际伙伴关系形成中具有推动作用。中央政府应为京津冀府际伙伴关系的达成创造良好的兼容环境，在政策引导、财政协调、法治保障等方面为京津冀伙伴关系的建立提供可能。

三、利益协调：利益输入和输出的府际平衡

京津冀三地的地方利益冲突是阻碍跨域大气污染协同治理的重要因素，这种地方利益的冲突由于缺乏三地横向的、常态化制度化的生态补偿机制以及地方保护主义的盛行而变得难以调和。协调好京津冀三地的利益关系是实现大气污染协同治理的关键。总的来说，京津冀大气污染协同治理的利益协调涉及四个方面的内容，分别是成本分担、生态补偿、利益分配、公共效益。

在府际利益协同的利益输入上，京津冀三地需明确大气污染治理成本的构成与特点，打破“小而全”的政府治理观念，根据地区实际情况，在平等协商的基础上减少府际协同的环保成本、行政成本和交易成本，

① 张志红：《地方政府社会管理创新中的伙伴关系研究》，载《南开学报(哲学社会科学版)》，2013年第4期。

实现治理成本的公平分担，避免相关基础设施的重复建设与资源浪费。同时，建立健全适用于大气污染治理的生态补偿机制，通过综合税费制度、财政横向转移、专项基金、资源支持、政策优惠等多种方式，不仅在资金上对相对薄弱的地区或环节进行补偿，而且要在人才、技术、政策等方面填补京津冀大气污染治理中的薄弱部分，以扩大生态补偿的覆盖面，加强生态补偿的效用。

在府际利益协同的利益输出上，处理好大气污染治理成果的利益分配和明晰良好大气环境带来的公共效益是关键所在。利益分配关系到各个地方政府参与主体的积极性和持续性，模糊不清的治理成果会引发利益分配中的府际矛盾并阻碍协同治理进程的推进。因此，大气污染治理成果必须具有明确性、可量性和实际性。建立科学的大气环境评价体系能促使大气污染治理的成果可评价、可监督和可视化，同时可以将可量化的治理成果落实到考核机制、激励机制、监督机制等方面，使大气污染治理成果体现实用性。与此同时，提升京津冀地方政府对大气污染治理公共效益的认识将有助于提高其治理决策的理性程度。

四、法律保障：防治立法和执法的联合协调

目前，我国尚未有成熟的法律法规保障跨域大气污染的联防联控，在属地治理为主的大背景下，大气污染治理存在着碎片化问题严重、治理效率低下、交叉污染与重复治理明显、地方政府大气污染治理积极性受挫等诸多问题。

因此，在国家层面修订《大气污染防治法》，改变属地治理的现状，京津冀大气污染的协同治理才能获得合法性的保障。在此之前，京津冀三地需要通过立法协调和联合执法来保障京津冀大气污染协同治理模式的推进。在立法协调方面，在国家出台和完善相应的法律法规之前，京津冀地区应根据本地区实际情况，在《宪法》和《环境保护法》的基本框架下，检视和更新本地区已有的相关法律法规，并建立和健全区域性的环境治理的法律体系。法制体系的建立不仅是对京津冀大气污染协同治理组织权威性的保障，也是对大气污染防治政策有效实施的保障。

在大气污染防治立法上需要注意两方面的问题：一是综合考虑区域

整体的生态环境与经济环境，形成与之相配套的环境影响评价、环境审计、污染物排放控制等方面的法律，避免“头痛医头，脚痛医脚”的片面立法；二是强调跨域大气污染治理中的府际协同，京津冀地区需以立法的方式破除环境治理的行政隔阂，并指导府际协同治理行为同时协调府际协同中的纠纷与困难。

在联合执法方面，京津冀三地通过大气污染协同治理组织，针对危害大气环境的行为进行联合执法，如对机动车环保违法行为、燃煤及油品质量控制、夏秋季的秸秆焚烧等进行联合执法。同时在联合执法中贯彻“三统一，一创新”原则，即统一执法主体、统一执法标准、统一执法程序以及创新执法方式。统一执法主体是指由京津冀区域大气污染协同治理组织统一派出或任命执法团队及执法人员；统一执法标准是指对于同一环境违法行为，在京津冀三地采取一致的处罚标准，避免违法行为的空间转移和集聚；统一执法程序是指在大气污染防治的行政检查和处罚中统一行动指南和权力运行步骤；创新执法方式是指提倡京津冀地区在环境执法中，综合经济、社会、文化手段，采取行政契约、行政指导、行政奖励等柔性手段和弹性手段，避免简单执法等行为。

五、信息共享：合作成本和风险的有效控制

信息的交流是一切活动开展的基础，信息交流的渠道必须为各参与主体所熟知，并尽可能成为惯例使之固定化，同时，信息传递的线路应保证直接、便捷和不中断。当前，府际信息不完全、不对称成为京津冀区域大气污染协同治理顺利开展的障碍。不完全信息下的环境协同治理不仅增加了合作成本，也增加了合作风险。从当前京津冀的大气污染治理实践来看，三地政府在治理信息的获取、处理、发布上均不协调，特别是河北，往往滞后于北京和天津。[①] 与此同时，在政绩考核机制的压力下，地方政府在大气污染治理过程中会倾向于隐瞒一些对其他地区有利或对本地区不利的信息，以保护本地区的最大利益。信息沟通机制的不

---

① 赵新峰、袁宗威：《京津冀区域政府间大气污染治理政策协调问题研究》，载《中国行政管理》，2014 年第 11 期。

完善不仅影响了地方政府之间的合作和发展，也慢慢使政府间关系出现裂痕，为府际进一步合作埋下了隐患。信息共享机制的建立与健全是京津冀大气污染协同治理的前提，也是府际合作成本和风险有效控制的保证。为此，京津冀三地的信息共享应包括以下几方面内容：

第一，实现大气污染数据的统一口径、统一处理、统一发布。首先，京津冀三地应统一规定评价和发布大气污染物的类型与方式，对大气污染数据统一数据口径和单位，促使大气污染数据在纵向上和横向上均具有可比性；其次，三地需综合处理和分析污染与治理信息，类似于美国大气环境治理的“泡泡政策”，将京津冀地区视为一个“大泡泡”来分析其内部的大气环境，三地政府均要对“大泡泡”内的生态环境负责；再次，在大气环境状况的发布上，京津冀三地应在固定渠道上发布大气污染与防治的整体状况与地区状况，实现信息发布的固定化和常态化。

第二，构建大气污染治理信息的支撑与服务平台。加强京津冀大气污染治理的电子政务建设，建立以云技术为核心的网络化信息管理平台，包括跨区域的地理信息系统、污染监测系统、信息服务系统、污染举报系统等，进而在京津冀区域内部实行大气污染信息的网格化管理，将信息平台覆盖至区域内的每个街道社区。目前，北京市的六个区和近郊区已全面建成网格化管理系统①，下一步应将这个系统运用于整个京津冀地区，并将大气污染防治作为网格化管理系统内的重要内容。

第三，建立大气污染信息的联合预警通报机制。当前，北京和其他城市的预警级别存在差异，而京津冀区域内各个城市间的标准也不统一。因此，京津冀地区首先需逐步实现预警分级标准的统一，在此基础上通过电视、微博、手机 APP、微信等传统和新媒体平台联合通报区域的大气污染信息，使政府与公众能够共同提前采取措施，以应对区域性、大范围的重污染天气。

本文发表于 2016 年第 3 期

① 杨宏山：《城市治理绩效评估的模式比较——以北京市朝阳区和美国巴尔第摩市为例》，载《国家治理》，2015 年第 15 期。

中国经济绿色低碳发展面临的问题与对策*

乔晓楠**

引　言

长期以来，由于粗放式的经济增长方式，资源能源被大量消耗，环境破坏与生态恶化形势日益严峻，进而使得环境承载力接近或者已经达到了上限，对中国经济社会的可持续发展带来严重影响。特别是发达国家在一两百年中逐渐暴露出的环境问题，在中国则以结构型、压缩型、复合型的方式集中显现。这就进一步凸显了推动中国经济绿色低碳发展的必要性与迫切性。

从世界碳排放总量来看，1850 年为 197.86 百万吨，1900 年为 1956.58 百万吨，1950 年为 5891.71 百万吨，2000 年为 24758.12 百万吨，2012 年已升至 33843.05 百万吨。①由此可见，世界碳排放总量展现出明显的加速上升趋势，进而使得全球生态危机的风险持续加剧。大量研究显示，如果放任全球气候变暖，将导致包括气候移民、粮食减产、灾害频发、瘟疫流行、生物多样性被破坏等的一系列负面影响。② 这就要求生活在“地球村”的世界各国必须做出必要的应对，进而减缓以及适应全球气候变化带来的冲击。2015 年 12 月，《联合国气候变化框架公约》

---

* 本文系国家社科基金一般项目“国际分工体系重塑与中国产业转型升级战略的政治经济学研究”(项目编号：14BJL048)和南开大学亚洲研究中心项目“巴黎协议与中日韩碳减排合作研究”(项目编号：AS1620)的阶段性成果。

** 乔晓楠，中国特色社会主义经济建设协同创新中心研究员、南开大学经济学院副教授。

① 参见 CAIT-WRI's Climate Data Explorer.

② Stern N.：*The Economics of Climate Change：The Stern Review*，Cambridge：Cambridge University Press，2007.

(UNFCCC)各缔约方一致同意通过《巴黎协议》。该协议明确各缔约国加强对气候变化威胁的全球性应对，将全球平均温度升幅与工业化时期相比控制在2摄氏度以内，并继续努力，争取把温度升幅限定在1.5摄氏度以内。2016年4月，在纽约联合国总部最终175个国家正式签署《巴黎协议》。这充分说明绿色低碳发展已经成为全球共识，而建立在《巴黎协议》基础上的全球气候变化治理体系也将成为与国际贸易体系、国际货币体系同样重要的一个全球经济治理的新维度。

对于中国而言，不仅要为推动世界经济绿色低碳发展、维护全球生态安全做出积极贡献，而且也要主动转型，变革生产方式与生活方式，适应引领新的绿色发展趋势，构筑起新的低碳竞争优势，为在新的国际经济秩序下实现“两个一百年”奋斗目标提前规划、扎实工作，进而打下坚实的基础。本文围绕对绿色发展理念的理解，结合中国在新近达成的《巴黎协议》中提出的碳减排目标，尝试运用相关的经济学理念，分析中国经济绿色低碳发展所面临的挑战与核心问题，进而提出具体的对策建议。

一、中国设定的碳减排目标及其带来的挑战

(一)中国设定的碳减排目标

长期以来，中国高度重视全球气候变化问题，一方面积极参与应对全球气候变化的国际合作，另一方面也把绿色低碳发展作为本国生态文明建设的重要内容以及经济社会发展的重大战略。中国曾于2009年哥本哈根会议(COP15)期间向国际社会宣布：“到2020年单位国内生产总值二氧化碳排放比2005年下降40%至45%，非化石能源占一次能源消费比重达到15%左右，森林面积比2005年增加4000万公顷，森林蓄积量比2005年增加13亿立方米。”为此，中国在“十二五”期间出台并积极实施《“十二五”控制温室气体排放工作方案》《“十二五”节能减排综合性工作方案》《节能减排“十二五”规划》，通过一系列行之有效的政策措施，推动本国的碳减排进程。

2014年APEC会议期间中美两国发布了《中美气候变化联合声明》，作为上一年度世界碳排放总量最大的两个国家就在巴黎气候会议

(COP21)上达成新的协议取得了共识。由于新协议的生效需要满足"双55"条件，即至少55个缔约国批约，且这些缔约国温室气体排放量占全球总排放量至少达到55%，而中美两国的排放总量约为全球总排放量的40%，所以至此《巴黎协议》的最终通过才真正具备了条件与基础。

2015年巴黎会议上，中国根据自身国情与所处的发展阶段，提出"二氧化碳排放2030年左右达到峰值并争取尽早达峰；单位国内生产总值二氧化碳排放比2005年下降60%至65%，非化石能源占一次能源消费比重达到20%左右，森林蓄积量比2005年增加45亿立方米左右"，进一步展现出大国的国际责任与担当，同时也为未来的经济发展设定了碳排放的约束条件。

(二)兑现碳减排承诺给中国经济发展带来的挑战

对于中国而言，在《巴黎协议》中提出的碳减排目标不仅极具诚意，而且极富挑战性。对此，可以从以下三个方面加以理解。

第一，中国单位二氧化碳的排放成本将持续大幅上升。如果中国按照"2030年单位国内生产总值二氧化碳排放比2005年下降63%"设定碳排放约束，并且平均安排每一年的减排压力，则到2020年、2025年以及2030年，单位二氧化碳排放的成本将分别达到38.81美元、65.60美元以及97.90美元。① 印度在针对《巴黎协议》的自主贡献中提出："2030年单位国内生产总值二氧化碳排放比2005年下降33%至35%。"如果印度也兑现自主贡献中的减排承诺，其到2020年、2025年以及2030年，单位二氧化碳排放的成本将分别为6.78美元、11.00美元以及15.94美元。对比可知，中印两国同为人口规模庞大的发展中国家，中国兑现减排承诺所面临的难度以及给本国产品增加的成本显然要比印度高得多。

第二，中国因碳减排而导致的经济损失较之于其他国家要更高。如果以2012年作为基期，测算世界上主要国家在兑现各自减排承诺的基础上到2025年累积GDP的损失，可以得到以下结果，中国损失6.51%、美国损失2.10%、日本损失4.29%、欧盟损失2.32%、加拿大损失2.21%、巴西损失1.96%、印度损失2.10%、俄罗斯损失1.00%。② 由

① 以2012年美元的不变价格计算，下同。

② 乔晓楠：《巴黎协议对世界经济影响的评估研究》，工作论文，2016年7月。此后关于能源结构与产业结构的调整模拟测算亦参考此篇论文。

此不难发现，中国虽然提出的是碳强度减排目标，但是中国为了推动减排而蒙受的经济损失却是最大的，6.51%的损失在经济新常态下大体相当于一年的GDP增幅。

第三，碳排放峰值的设定构筑起中国未来排放的天花板，并且将人均历史累积碳排放量限定在一个较低的水平。中国提出二氧化碳排放总量要到2030年左右达到峰值，这意味着从更长的时期来看，中国的碳排放总量上限将被锁定。众所周知，两次工业革命极大地推动了社会生产力的发展，而历史也一再证明工业化才是一个国家通往现代化的必经之路。无论是第一次工业革命中兴起的蒸汽动力，还是第二次工业革命中快速发展的电力和石油产业，都与化石能源消费所导致的碳排放密不可分。当前世界之所以有发达国家与发展中国家的差异，很大程度上就是因为不同国家其工业化进程的启动有先有后。那些率先完成了工业化进程的国家曾经大量消费化石能源，并在历史中累积更多的碳排放，进而使其能够成为今日的发达国家；而发展中国家则恰恰相反，滞后的工业化进程一方面制约其技术追赶与经济发展，另一方面也使其历史累积碳排放量并不高。如果进一步考虑不同国家人口数量的影响，那么通常可以使用人均历史累积碳排放量的变化来考察一个国家为应对全球气候变化所做出的贡献。根据测算，以2012年主要经济体的人口作为基准，2012年，中国、美国、欧盟以及日本的人均历史累积碳排放量以“吨二氧化碳/人”为单位，分别为111.13、1166.53、651.46以及399.84。假设各国均可兑现本国提交的自主贡献，并且依然以当前人口作为测算基础，则根据模拟可得到在2030年上述国家的人均历史累积碳排放量以“吨二氧化碳/人”为单位，将分别达到332.91、1356.62、772.79以及560.69。[①] 将2030年的情况与2012年进行对比，从中不难发现中国的人均历史累积碳排放量虽然与发达国家的差额有小幅的缩减，但是其绝对水平依然具有较大的差距。考虑到中国长期的人口变化趋势，即人口不具备短期急剧下降的可能性，因此人均历史累积碳排放量也将长期维持在与发达国家相比的较低水平上。

---

① 乔晓楠、何自力：《理解〈巴黎协议〉——一个产业变迁与碳排放的双层分析框架》，载《政治经济学评论》，2016年第3期。

二、中国经济绿色低碳发展的核心问题与主要方式

(一)中国经济绿色低碳发展的核心问题是在碳约束条件下优化碳配置

当一国加入《巴黎协议》，并在自主贡献中设定了本国的碳减排目标，也就意味着该国为本国的经济发展添加了一个关于碳排放的约束。由于当前化石能源依然在全部能源消费中居于主导地位，所以带有约束的碳排放就成为一种稀缺资源，而如何配置好有限的碳排放资源，进而实现更高水平的经济增长就构成绿色低碳发展的核心问题。

为了满足上述排放约束，理论上一种可行的方式是依然消费具有等量热能值且碳排放又符合约束条件的能源。这就要求调整不同类型能源的消费比例，即降低高碳的煤炭和石油的消费比例，同时提高低碳的天然气抑或清洁能源的消费比例。但问题在于调整不同类型能源的消费比例除了要考虑碳排放之外，还必须兼顾其成本，即经济性的考量。结合现有的技术水平以及不同类型能源的相对价格体系，显然低碳或者清洁能源的成本更为昂贵。并且，一旦《巴黎协议》实施，如果各国都转向低碳以及清洁能源的消费，又势必会因需求结构的变动而进一步拉大不同类型能源之间的相对价格。这又将加大能源消费向低碳化转型的成本压力，进而受此影响整体经济的运行也将发生一定程度的收缩。因此，更为重要的是对碳排放约束下能源消费总量的再配置。至少上述再配置的优化可以体现在供给和需求两侧。例如电力消费，一方面电费将作为生产企业的成本对供给侧产生影响，另一方面电费也是居民生活消费中的一项必要支出。如果将有限的能源消费更多地配置于供给侧将有利于降低产品的成本，但却有可能抑制最终消费需求；反之，则会提高产品成本，并扩大消费需求。当然，随着经济全球化的深入推进，各国之间的联系日益密切，上述影响还必须同国际贸易联系起来一并进行考察，进而综合评估并确定一个最有利于提高本国居民福利水平，或者最有利于本国经济增长的能源配置结构。如果从生产侧深入考察，还可以发现不同产业单位产值对应的能源消费量或高或低，并且生产过程中直接导致的碳排放也存在着差异，这又将进一步影响供给侧产业结构的调整。当然，以上分析均是在技术水平不变的前提下展开的，如果低碳技术或者

节能技术取得了重大的突破，那么也将对上述影响产生反向作用。

(二)以深化结构调整作为主要方式推动中国经济绿色低碳发展

如果以 C 表示碳排放总量、E 表示能源消费总量、Y 表示 GDP 总量、P 表示人口总量，则根据著名的 Kaya 等式可以获得如下逻辑关系，即 $C=(C/E)*(E/Y)*(Y/P)*P$。该等式说明一国的碳排放总量主要受到四个方面因素的影响：其一是 P，即人口总量的变化，显然人口越多，那么需要消耗的各种能源与产品就越多，进而可能导致的碳排放总量也就越多。其二是 Y/P，即人均 GDP，这说明在给定能源结构、产业结构以及相关技术的条件下，从人均经济发展水平来看，人均 GDP 越高则碳排放总量就越多。其三是 E/Y，即单位 GDP 能耗，该指标显然受到技术水平的影响，但更为重要的是与产业结构相关。如果高能耗的产业在经济总量中的占比非常高，则单位 GDP 能耗必然更大。其四是 C/E，即单位能源的碳排放量，该指标主要受到能源结构的影响。如果高碳能源在能源消费总量中的占比偏高，则该指标必然较大。

基于以上分析架构，可以对中国的碳排放的特点及其决定因素进行分析。这里的思路是首先针对中国自身的情况进行纵向的时间维度比较，以便发现带动中国碳排放总量提升的主要原因，然后再进一步进行横向的跨国比较，从而发现差距，并找到推动经济绿色低碳发展的突破口。

从 1990 年至 2012 年，中国的人口总数从 11.43 亿增长至 13.54 亿，增长了 18.46%；GDP 总量从 1.88 万亿元增长至 53.41 万亿元，增长了 27.41 倍；能源消费总量从 953.84 百万吨标准煤增长至 3410.94 百万吨标准煤，增长了 2.58 倍；碳排放总量从 2349.50 百万吨增长至 9312.53 百万吨，增长了 2.96 倍。[①]基于以上数据，可以进一步计算出 Y/P、E/Y 以及 C/E。1990 年和 2012 年，Y/P 分别为 1645 元和 39446 元，E/Y 分别为 5.07 吨标准煤/万元和 0.64 吨标准煤/万元，C/E 分别为 2.46 吨二氧化碳/吨标准煤和 2.73 吨二氧化碳/吨标准煤。观察以上数据可以发现，中国碳排放总量之所以持续增长，其主要原因是人口增长和经济发展，尤其是人均 GDP 的提高对于碳排放总量的拉升作用最为突出。并且，中国单位 GDP 的能耗长期来看具有明显的下降趋势，这说明节能减

---

① 参见 CAIT-WRI's Climate Data Explorer.

排、产业结构调整以及技术进步取得了积极进展，在很大程度上抑制了碳排放总量的增长。单位能源的碳排放量略有上升则意味着中国的能源结构近年来虽然有所改善，但是依然以煤炭等高碳能源为主。[①]

在进行纵向的时间维度比较之后还可以进行横向的跨国比较。首先是考察单位 GDP 的能耗。2011 年中国的单位 GDP 电耗为 1.06 千瓦小时/美元，而同期世界平均的单位 GDP 电耗则为 0.39 千瓦小时/美元。[②]这说明中国的能源利用效率较之于世界平均水平依然偏低。这种状况主要与中国的产业结构有关。伴随着中国工业化进程的深入以及在国际分工体系中扮演“世界工厂”的角色，产业结构中一些高能耗的产业部门占比偏高，从而提升了单位 GDP 的能耗水平。其次是考察能源结构与节能技术。以火电为例，2010 年中国火电电源结构中煤炭占比为 94.3%，石油占比为 0.5%，天然气占比为 2.3%。同期，日本火电的电源结构中煤炭占比为 42.6%，石油占比为 14.0%，天然气占比为 43.4%。2010 年中国火电厂发电煤耗为 312 克标准煤/千瓦小时，而日本则为 294 克标准煤/千瓦小时。这说明无论是能源结构还是节能技术，中国较之于日本等发达国家依然存在着较大的差距。

通过以上纵向与横向的比较，可以获得以下结论。第一，为了实现“两个一百年”奋斗目标，中国经济即使进入新常态，也需要保持一个中高水平的增长速度。这就意味着不可能以过度压低经济增长速度的方式来实现碳减排。第二，由于中国单位能源导致的碳排放水平较高，所以未来通过能源结构调整的方式来降低碳排放总量将具有非常大的潜力。第三，虽然中国在过去的 20 年中单位 GDP 的能耗已经有了较大幅度的下降，但是基于横向比较的情况来看，通过持续优化产业结构的方式来降低碳排放总量也还依然具有较大的空间。

---

① 乔晓楠：《我国产业转型背景下的排放权交易制度设计与碳金融创新》，天津哲学社会科学规划项目研究报告，2015 年 8 月。

② 单位中的美元为 2005 年不变价格。

三、推动中国经济绿色低碳发展的策略

(一)建立清洁低碳的现代能源体系

中国为了兑现《巴黎协议》中自主贡献的承诺，推动经济绿色低碳发展，首先需要从调整能源结构入手。目的是在确保经济增长，甚至是能源消费总量增长的前提下，满足碳排放约束条件。2012年，中国一次能源消费的结构如下：煤炭占66.03%，石油占17.51%，天然气占5.62%，核能占0.96%，水电占8.10%，可再生能源占1.79%。而同期的世界能源结构如下：煤炭占30.03%，石油占32.57%，天然气占23.71%，核能占4.44%，水电占6.80%，可再生能源占2.45%。[①] 对比上述数据，可以发现：第一，在化石能源消费中，中国的煤炭消费占比高于世界平均水平，而石油和天然气消费占比低于世界平均水平。降低煤炭消费将在推动中国的碳减排进程中发挥主要的作用，而为了替代煤炭消费应该持续增加更加低碳清洁的天然气消费。在全球金融危机之后，需要重视的一个趋势是"页岩气革命"的兴起，美国也因此成为与俄罗斯类似的天然气生产大国，并且具备了改变世界天然气供给格局的能力。所以，鉴于中国的页岩气储量，我们也应该密切关注并跟踪页岩气开采技术的进展。第二，在非化石能源消费中，中国的核能以及可再生能源消费占比要低于世界平均水平，而水电消费占比略高于世界平均水平。这说明中国的核能以及风能、太阳能等可再生能源提升潜力较大，而这些能源就碳排放而言都属于清洁能源，因而有利于碳减排目标的实现。从应对全球气候变化以及国家能源安全的角度来看，核能的利用应该摆在整体能源战略中更加重要的位置。基于测算，中国在兑现碳减排承诺的前提下，到2030年对于经济增长最优的能源消费结构为煤炭占59.49%，石油占17.38%，天然气占6.00%，非化石能源占17.14%。这一测算结果与中国提出的"非化石能源占一次能源消费比重达到20%左右"大体接近。

---

① 参见《BP世界能源统计年鉴》。

(二)建立绿色低碳的现代产业体系

除了建立绿色清洁的现代能源体系之外，建立绿色低碳的现代产业体系也是推进碳减排进程的重要组成部分。随着中国各种环境问题的出现，环境承载能力已经达到或者接近上限，未来环境成本也必然会不断提高。其中，在《巴黎协议》的影响下，碳排放成本的提高幅度就非常明显。由于不同产业在生产过程中的碳排放量存在着明显差异，进而排放成本提高将导致产业结构逐步调整。根据测算，在中国兑现碳减排承诺的条件下，以 2012 年为基期，至 2030 年，农业、采掘业、高端制造业、其他工业以及服务业的累积增幅分别为 257.67%、233.02%、266.05%、306.38%以及 309.40%。由此可见，服务业和高端制造业(包括机械设备、电气和光学设备、运输设备、化学品及化学产品)获得的增幅最大，而采掘业受到的冲击最为严重，同时其他工业受到的影响也不容忽视。对于以上模拟结果，本文做出三点补充说明：第一，虽然服务业受到的冲击最小，但是未来中国产业升级的核心依然是资本品工业化。这样的策略选择并不意味着要排斥甚至限制服务业的发展，反而是鼓励服务业，特别是生产性服务的发展，允许服务业占比提升，但是就产业层级的攀升而言，逐步缩小与德国、日本等国在高端制造业领域的差距，发展资本品工业，依然是中国未来不可逾越的一个重要发展阶段。第二，只有依靠提升技术水平，延长生产链条，发展由专有技术支撑的高端工业化生产环节才能支撑起中国经济的绿色发展，否则必将陷入“环境成本悖论”的怪圈。所谓的“环境成本悖论”是指后发国家在工业化的初期可以通过承接海外产业转移，学习技术，积累资本，进而实现全部迂回生产链条中的一部分资本品积累，并且凭借着低廉的环境成本，形成产品竞争优势获得经济增长。然而，此后如果不能对高技术生产环节实现攻关突破，则会陷入两难境地。一方面，提高环境成本将丧失产品竞争优势，进而影响经济增长与就业；另一方面，如果继续放任污染排放，本国的环境将持续恶化且变得不可承受。而解决上述悖论的关键就在于坚持走资本品工业化道路，跨越高端工业制造环节的技术壁垒。这意味着一国经济的绿色发展，重要的是要找到新的竞争优势。第三，在实现上述跨越的过程中，政府必须要发挥重要的作用。其关键是在做实环境监管的条件下硬化环境约束，让污染企业必须内化环境成本，同时注意调节不同产业部门之间的利润结构，引导资源在市场机制下流向技术创新与实体领域，避免经济泡沫与虚拟化。

(三)积极参与国际碳减排合作

早在《京都议定书》框架下，排放交易(Emission Trading，简称 ET)与清洁发展机制(Clean Development Mechanism，简称 CDM)等国际碳减排合作的制度安排就已经被提出。在随后的实践中，不仅上述机制取得了诸多进展、积累了丰富经验，而且很多国家和地区还建立起本地的碳排放交易体系。其中，中国就是 CDM 中世界上最大的卖家，同时中国目前已经在 7 个地区进行碳排放交易试点，并且将于 2017 年构建起全国范围的碳排放交易体系。近期国际上诸如双边信用机制(Joint Crediting Mechanism，简称 JCM)与产业信用机制(Sectoral Crediting Mechanism，简称 SCM)等新型交易制度也被提出，进一步创新了国际碳减排合作的机制。此次，《巴黎协议》的第六条也再次重申了自愿交易的重要作用。根据测算，如果中国参与到全球碳排放交易中，由于中国的碳排放成本低于美国、欧盟、日本等发达国家，所以中国将成为最大的配额出售国，其市场份额将占到全球总交易量的 40%～55%，并且将使得国际配额价格实现 14%的降幅。这意味着中国能够在未来的全球碳排放交易中扮演重要的角色，并且具有举足轻重的定价能力。具体而言，如果世界各国都独自推进碳减排进程，那么中国从 2012 年至 2025 年的 GDP 总量、居民消费、投资、政府消费、出口以及进口的累积变化分别为－6.51%、－13.69%、－16.47%、55.53%、－18.77%以及－17.29%。如果世界各国都参与碳排放交易，则中国的上述各项累积变化分别为－6.39%、－14.52%、－13.34%、64.00%、－25.05%以及－15.61%。对比两种情境下的模拟结果可以发现，中国作为碳排放配额的卖家参与到全球碳排放交易中，必须更多地减少能源消费，削减碳排放，进而会导致国内碳排放成本进一步提高，由此将遏制出口，但同时也能够减少进口，并促进投资与政府消费，当然还能获取出售配额所得到的收益，进而使得经济整体累积降幅更低。因此，积极参与国际碳减排合作不仅有利于改善本国经济，同时更重要的是能够获得碳排放交易市场的影响力。此外，中国的碳排放削减，除了减缓气候变化之外，对其他环境污染的治理也具有极为重要的外溢效应。例如，减少煤炭消费不仅可以减少碳排放，还可以降低二氧化硫以及悬浮颗粒物的排放。中国如果可以实现国家自主贡献中的目标，那么雾霾的污染则可以降低 42%。① 假设将上述碳减排的外溢效应一并进行考虑，可能参与国际碳减排合作的潜在收益还会更高。

本文发表于 2016 年第 6 期

① 引自国务院新闻办于 2015 年 12 月 23 日召开的“巴黎归来谈气变”中外媒体见面会。

流域生态环境整体性治理的路径探析*

——基于河长制改革的视角

黎元生　胡　熠**

整体性治理是英国学者佩里·希克斯基于对西方国家公共管理碎片化和政府责任模糊化困境进行反思而提出的全新政府治理模式。它强调以公民需求为导向，以协调、整合和责任为机制，运用信息技术对治理层级、功能和公私关系进行整合，不断推动政府管理"从分散走向集中，从部分走向整体，从破碎走向整合"①。21世纪以来，英国、澳大利亚、加拿大、荷兰、美国等国家先后运用整体性治理理念进行大规模的政府再造，旨在解决环保、金融危机、抢险救灾等诸多跨部门、跨区域甚至跨国界重大复杂而棘手的民生问题。整体政府已成为当代西方政府改革的新趋向，同时它对于深化我国流域管理体制改革和提升生态环境治理能力具有重要的实践启示。当前我国流域水资源短缺、水生态破坏和水污染加剧等水安全问题突出，虽然这与工业化中后期的经济发展阶段以及粗放型增长方式密不可分，但流域科层管理碎片化体制也是重要的制度根源。流域科层治理体制的现实困境凸显了整体性治理的实践价值。河长制改革实行纵向行政分包、区际协调、跨部门资源整合以及公众参与等措施，实质上是整体性治理在我国流域生态环保领域的探索性实践。因此，借鉴发达国家整体性治理的理论与实践，紧密结合我国现实国情，深入剖析先行试点省份河长制运行机制及其内生困境，探讨河长制改革

---

* 本文系国家社科基金项目"基于生态文明建设的流域生态服务供给机制研究"（项目编号：12BKS043）和国家社科基金项目"生态公共服务政府购买机制研究"（项目编号：15BKS051）的研究成果。

** 黎元生，福建师范大学经济学院教授；胡熠，中共福建省委党校公共管理学教研部教授。

① 竺乾威：《从公共管理到整体性治理》，载《中国行政管理》，2008年第10期。

方向，完善流域治理机制，是我国生态文明体制改革的重要内容。

一、河长制蕴含着流域整体性治理的探索性实践

新中国成立后，我国流域生态环境管理体制从无到有，几经调整和变革，逐步形成以水利、环保为主，农业、林业、国土等多部门参与的分工协作、共同治理的格局。然而，这种按照自然资源单项、单要素的职能管理格局，与流域生态环境服务整体化供给的要求形成了鲜明的矛盾，造成相关职能部门在流域水资源、水环境、水生态、水安全监管职责上边界模糊不清，不同层级政府之间以及内部职能部门在流域生态服务供给中拥有各自的地盘(turf)，即不同部门具有各自独立的职能区域和政策空间，以及该领域的裁判权。① 这种碎片化科层管理体制，导致江河流域乱占乱建、乱排乱倒、乱采砂、乱截流等诸多问题，加剧了我国流域生态环境的恶化。近年来虽然全国流域水质稳中趋好，但大江大河支流水体污染问题仍很严重。2016 年全国优质水质断面略有增多，劣Ⅴ类水质断面略有下降；但水质改善不平衡，部分水体趋于恶化。121 个国控断面持续为劣Ⅴ，主要分布在海河、黄河和长江流域。辽河、松花江等流域劣Ⅴ类水质断面比例同比有所上升。②

自 2007 年太湖蓝藻事件爆发后，江苏省无锡市开始试行河长制，随后，云南、贵州、福建等省纷纷仿效推广。2016 年 12 月，中共中央办公厅、国务院办公厅印发了《关于全面推行河长制的意见》，标志着我国河长制由地方试点探索上升为国家顶层设计。所谓河长制，是指由各级地方政府党政负责人担任该级政府管辖区域内河流湖泊的“河长”，负责水资源保护、水域岸线管理、水污染防治、水环境治理的机制体系。河长制作为一项“完善水治理体系、保障国家水安全的制度创新”，它不是对现行水资源管理体制的否定与替代，而是一种升级和补充，即在没有建立“超级机构”和取消行政边界的前提下，通过协调和整合机制实现流域

---

① David C. King：*Turf Wars*：*How Congressional Committee Claim Jurisdiction*，Chicago：University of Chicago Press，1997.

② 陈吉宁在全国人大常委会上作报告，中国网，http：//www.china.com.cn/legal/2017-04/26/content_40698400.htm.

生态环境服务的整体化供给，最大程度地回应公众的生态环境服务需求。

（一）流域治理层级的整合——行政分包治理

一个流域往往流经多个行政区，一个行政区又通常包含多个流域。目前我国河长制主要在省域行政区范围实施，形成了不同层级河流的行政分包管护机制，有效地实现了流域管理与行政区管理的有效衔接，实现区域内流域经济与生态环境协调发展。在河长制框架下，跨省区市的省级河流由省级领导担任河长，跨县（市、区）行政区的市级河流由流域所经的设区市政府领导担任河长，跨乡镇行政区的县（区、市）级河流通常由所在县（区、市）级政府领导担任河长，乡级河流分别设置乡级河段长和村级专管员。由此形成了省、市级河长—县级河长—乡级河段长—村级（居委会）专管员的四级河流管护体系，县级、乡级河流分别形成三级、二级管护体系，实行江河湖泊行政区分段包干治理和地方各级政府河流管护的"无缝覆盖"。河长制由河流水质改善领导督办制、环境保护问责制所衍生出来，是由各级党政领导兼任河长、负责辖区内河流治理的制度。由此流域水环境防治责任不再只是环境保护局局长的职责，而是由兼任河长的地方党政领导承担第一责任。为了强化河长制的落实，中央政府还将河长制落实情况纳入地方政府政绩考核体系以及中央环保督察的工作范围；同时开展省以下环保监测监察执法垂直管理改革试点，省级环保厅（局）上收环境监察职能，建立新环境监察体系，主司"督政"，解决地方保护主义对环境监测监察执法的干预等，强化地方政府官员履行环境监管职责。

（二）流域治理功能的整合——跨部门协作机制

整体性治理"并不是一组协调一致的理念和方法，最好把它看成是一个伞概念，是希望解决公共部门和公共服务中日益严重的碎片化问题以及加强协调的一系列相关措施"①。地方各级党政领导兼任河长，旨在推动他们承担"组织领导相应河湖的管理和保护工作"责任，河长办公室具体承担协调、监督、引导、督查、沟通等作用，而不是替代现有涉水职能部门的工作。各级河长通过区域水资源管理委员会或者跨部门联席会

---

① ［挪威］Tom Christensen 等著，张丽娜、袁何俊译：《后新公共管理改革——作为一种新趋势的整体政府》，载《中国行政管理》，2006 年第 9 期。

议制度，解决部门间转嫁问题与责任、政策目标与手段冲突、缺乏沟通以及服务遗漏等问题，促进科层管理的碎片化缝合。可见，目前各地实行河长制只是囿于现行科层管理体制下的工作机制创新，它更多地发挥行政权威的协调机制。同时，基于现代信息技术尤其是互联网技术的广泛运用，各地积极探索推进政府部门的信息资源共享，解决长期存在的信息孤岛现象，有效提升流域环境治理效率。例如，浙江省在全国率先开通了覆盖全省的智慧河长监控处理系统——河长制管理信息系统，解决了河长上报问题难、重点河道实时监控难、河长工作管理考核难等问题。福建省大田县政府与电信公司合作组建“大田县河长易信群”，将全县江河湖泊治理决策、执法和监察相关人员实名加入该群，形成全县跨部门信息共享、实时监控、相互监督、共同管护的格局。

（三）流域治理的公私关系整合——鼓励公众参与环境治理

环境保护涉及千家万户，与我们每个人都息息相关。每一个公民既是污染的制造者，又是污染的受害者；既是环境保护的承担者，也是环境保护的享有者。“污在水中，源在岸上，根子在人。”河湖污染总是在广阔的水陆两域空间内发生，因而需要依靠人民群众实现全流域联防、联控、联治，才能取得全局性、持续性的治理效果。目前各地围绕“一河一策”纷纷出台了鼓励公众参与的激励性政策，不仅让广大基层乡（镇）、村、居委会干部加入管理队伍，还通过发放《河长制宣传手册》、布告版进行信息公开，让公众监督各级河（段）长的任职情况；浙江、福建等地还聘请当地德高望重或富有责任心的中老年人担任河道专管员或民间河长，承担村民环境教育、劝导劝阻、巡河、晒河、清理河道垃圾、发现污染及时上报等职责；并且鼓励公众利用网络平台实行有奖举报制度，完善对涉水违法行为的管控机制，降低了政府部门的执法成本，初步形成了政府、企业和社会协同参与江河治理的良好社会氛围。

二、流域生态环境整体性治理面临的现实困境

从河长制先行试点情况看，河长制进一步强化地方党政领导治水履责的约束性，形成了明确的职责分工、组织协调、绩效评价机制，取得了江河治理的初步成绩。河长制落实比较好的地方，局部区域生态环境

都有明显改善。例如，2013 年浙江省全面实行河长制以来，实现水环境质量持续优化，倒逼产业转型升级初露曙光，长效机制日趋健全，治水理念深入人心等良好态势。① 但是，河长制作为流域生态环境整体性治理的"试验场"，各地进展很不平衡，在实践中存在着诸多现实困境。

(一)流域分包治理成本分摊不均衡

根据新《水法》规定，我国实行流域管理与区域管理相结合的水资源管理体制，但在实践中表现出重区域管理轻流域管理的缺陷。河长制没有明确中央政府在全国性大江大河上的治理责任，而是侧重于加强地方各级党政领导负责制，客观上在强化流域属地管理原则的同时，又弱化大江大河统一管理统筹协调机制，黄河、长江、松花江等跨省域大江大河干流被切割为多段管理。目前我国在七条一级流域及部分区域性河流设立了流域管理机构，大多数河流只有水文监测机构，缺乏综合性、权威性的流域管理机构，更缺乏公众参与治理决策的有效平台。从省域范围内看，虽然相关文件规定"省级河长负责指导实施跨设区市流域保护管理和水环境综合整治规划"，但各级河长往往面临着自身的能力困境，难以承担专业性强的指导工作。因此，从政府纵向关系看，地方党政领导兼任河(段)长只是增加了一份具体分管的工作，承担着更多更细的环保职责，行政职务变迁往往使得有些流域河(段)长时常更换，导致河长制在有的地方虚化为一纸空文。从政策执行成本分摊机制看，存在着权力逐级上收和责任逐级向下分摊之义，尤其是经济发展落后且环境污染严重的区域，由于历史原因造成治理任务重，加之专业人员缺乏、经费短缺和执法投入不足，乡镇河(段)长承担着艰巨的工作压力。例如，虽然《福建省全面推行河长制实施方案》规定，河道专管员补助由市县乡三级财政共同分担，但目前河道专管员只获得乡镇财政的 500 元补贴，与其劳动付出不相匹配。

(二)流域治理功能整合诸多掣肘

党政领导、部门联动是全国推行河长制的着力点，其核心是建立健全以党政领导负责制为核心的责任体系。② 然而，各级河长开展跨部门资

① 浙江省水利厅：《"五水共治"为载体全面落实河长制责任》，新华网，http://news.xinhuanet.com/politics/2016-11/30/c_129384768.htm.

② 王东等：《论河长制与流域水污染防治规划的互动关系》，载《环境保护》，2017 年第 9 期。

源整合，面临着能力有限、角色冲突和制度桎梏的困境。一是协调能力有限的困境。各级河长比较擅长于整合上级各部门下拨的资金，采取工程技术手段，解决局部河道“脏乱差”的突出问题，以提高短期环境治理绩效。但是，各级河长囿于专业知识、能力和精力的限制，往往难以形成江河治理的系统整治思维和长远规划，既无能力也不愿意长期承担江河治理的推动、指导、监督等多重责任。不少地方环境治理职责多头、真空、模糊等现象依然存在，造成“企业无赖、环保无奈”的尴尬局面。二是河长角色的多元责任冲突。[①] 各级党政领导承担着当地政治稳定、经济发展、环境保护等复杂多元的目标考核任务。河长制只是一种特殊环保问责制，是既有的环保问责制在水资源保护领域的细化规定，河长制的落实难以脱离区域经济社会协调发展的总体框架，这种角色的多元责任冲突使得河长制在不少地方难以得到很好落实。三是跨部门功能整合的制度束缚。当前我国河长制并没有触及流域水污染防治体制的根本性变革，它是在不突破现行“九龙治水”权力配置的前提下开展协商和整合机制。然而，根据相关法律规定和各级机构的“三定方案”，各部门职能和政策目标存在差异，他们虽然会服从于当地行政首长的统筹协调，但是其业务工作也要接受垂直上级部门的指导，法定职能交叉和责任边界模糊的问题难以通过河长制来解决。例如，根据法律规定，环保部门负责企业排污总量许可，水利部门负责企业入河排污口设置，行政首长也无权协调两个部门的法定职能，这就在客观上造成不少河流接纳的污水总量超过其纳污能力，区域水功能区限制纳污难以协调落实。

(三)公私合作程度低

公私合作包含政府与公众、政府与企业两个方面的伙伴合作关系。当前我国河长制仍然是属于政府单边治理机制的范畴，河长制的工作运行及绩效评价都是完全在科层体系内部运行。从流域水资源开发、利用和保护的全过程看，公共决策、绩效评价与责任追究等方面存在着公众参与的缺位，社会公众作为边缘性行动者的身份，只是在流域生态环境治理的末端环节参与监督而已。以追求利润最大化为目标导向的企业，

① 任敏：《“河长制”：一个中国政府流域治理跨部门协同的样本研究》，载《北京行政学院学报》，2015年第3期。

面对比较低的环境违法成本，他们仍具有偷排漏排的内在冲动，更不愿意与政府签订自愿性环境协议，实施公私环境伙伴治理。广大农村地区农业生产过程中化肥农药过度施放、生活垃圾随意堆积的现象仍大量存在，点多面广的农村面源污染成为流域生态环境源头治理的老大难问题。加之政府与市场、政府与社会公众的责权利模糊不清，地方政府往往承担了部分应当由农民集体承担的费用。例如，农村地区生活垃圾集中、清运等是属于村民自治解决的内容，理应是由集体村民分摊相应费用，但由于村级财政薄弱以及缺乏有效筹资方式，基层政府承担着越来越多的农村环保费用支出。

三、提升流域生态环境整体性治理能力的现实路径

流域生态环境整体性治理是一项长期复杂的系统工程，而河长制只是其中一项具体制度，它的执行效果不仅取决于该制度本身的执行成本，而且还受制于与其他制度的匹配程度。因此，要以深化河长制改革为突破口，统筹推进水利改革攻坚，构建符合整体性治理要求的现代水治理体制机制，具体应做好以下几方面的工作。

(一)明晰流域分层治理的责权利

流域统一管理是流域分层治理的基础。为帮助实现水资源综合管理的目标，1992 年都柏林水和环境国际会议进一步提出了四个指导原则，即“都柏林原则”，其中第 1 条指出：“淡水是一种有限而脆弱的资源，对于维持生命、发展和环境必不可少。”将可持续发展原则转变为具体行动，就必须实行水资源统一管理。因此，需要在强化流域统一治理基础上明确流域分层治理。包括：明确中央政府在全国性大江大河治理上的责任，通过立法对现有七大流域管理机构进行赋权扩能，赋予其高度的自治权、财权和资源调配权，专门统筹负责流域环境管理与治理工作。借鉴和推广新安江流域部省协商模式，开展对跨省江河流域生态环境治理。在省域范围内，开展按流域设置环境监管和行政执法机构试点，建立权威、专业的流域管理机构，形成以流域统一管理为基础、不同层级政府分层治理的体制机制。依托互联网技术，构建流域上下游水量水质综合监管系统、水环境综合预警系统，建立上下游联合交叉执法和突发性污染事

故的水量水质综合调度机制等，实现跨区域跨部门水质信息互通。由流域综合管理机构牵头，组织研究建立全流域调查评估指标体系和技术方法指南，全面评估和跟踪流域生态环境的现状和风险，主导编制流域生态环境保护规划。各级河长按照流域水环境功能区划、水资源管理"三条红线"控制指标体系和监控评价体系，落实辖区内江河治理的责任。

(二)推进流域生态环保机构整合

碎片化政府可细分为功能性碎片化和体制性碎片化两种类型。前者可以通过跨部门信息资源共享、沟通协调等机制创新来解决，后者则必须依赖政府组织再造才能见效，发达国家环境保护大部门制就是典范。当前我国流域生态环境治理，不仅需要全面推行排污许可等末端治理措施，而且需要采取区域生态空间管控、增加水环境容量等源头防治措施，以污染总量控制倒逼产业转型升级。因此，要树立"山水林田湖生命共同体"的系统观念，推动流域整体性治理由当前以跨部门协商为主的机制性整合向逐步以大部门制为主的体制性整合演进，将一些职能相近或交叉的涉水机构进行重组，使涉水环保部门逐步向"宽职能，少机构"方向发展。"整体性运行的目标之一就是设计能对一系列横向无缝隙结合的问题作出反应的干预或相关的能力。"①根据党的十八届三中全会"积极稳妥实施大部门制"的改革思路，在生态保护领域将现有体制划分为自然资源监管、生态保护与污染防治监管两类部门是最可行的方案。前者统一承担农、林、水等各种自然资源用途管制，承担山水林田湖统一规划、保护和修复；后者按照"源头严防、过程严管、后果严惩"的原则，承担全过程的污染防治，实现流域生态环境保护的综合化和专业化。目前各地成立生态环保综合执法部门的做法为我国流域生态环保机构整合奠定了实践基础。以福建省大田县为例，该县整合水利、国土、环保、林业、安监等部门在生态环境领域的行政处罚权，成立了县生态综合执法局，扮演"生态警察"的角色；同时建立生态环境执法司法联动机制，公检法三家分别设立生态侦察大队、生态检察室和生态审判庭，强化司法衔接、延伸执法链条，实现生态环境防治一体化。

---

① 竺乾威：《从公共管理到整体性治理》，载《中国行政管理》，2008年第10期。

（三）拓展流域治理公私合作的领域

建立覆盖流域空间全方位、防治全过程的公私合作机制，是流域生态环境整体性治理的重要内容。从区域性干流延伸至支流、湖泊、水库等水域全覆盖，包括流域水资源保护、水污染防治、水环境改善、水生态修复等各个领域，都需要建立起稳定有效的公私合作机制。依托现代信息技术，推广打造“互联网＋河长制”的社会共治模式，建立河长制智能管理平台，加强信息及时、准确公开，开放社会公众参与环境治理决策、协商和民主监督以及志愿性服务等。当然，拓展公私合作形式，不只是要在政治程序上完善社会公众参与机制，而且更重要的是在经济活动中建立政府与企业的公私合作机制。顺应政府职能转变的客观要求，积极推动流域生态环境第三方治理机制，因地制宜地采取政府和私人合资共建、合同外包或托管、建设—运营—转让（BOT）、移交—运营—移交（TOT）、捆绑或供排水“一体化”、会员制等各种公私合作模式（PPP）多种形式，不同的公私伙伴关系模式具有各自特点和适用条件。改革和完善流域生态环境治理“低价中标”机制，探索按效付费考核等机制，确保环境供给质量的提升。按照行政区域排污总量目标控制，完善企业自主排污激励约束机制，特别是要将环境违法企业列入“黑名单”，以声誉机制来约束企业经营行为。在农村地区，加快推动农药、肥料等农业投入品废弃包装物回收，积极探索将流域生态环境治理与精准扶贫开发机制有机结合起来，推动乡村环境治理，从源头上减少污染。

本文发表于 2017 年第 4 期

绿色消费模式构建及政府干预策略*

陈　凯**

近年来，我国各级政府重视推进绿色消费行为，相继出台了一些鼓励性政策。2016 年 3 月 1 日，国家发展改革委等 10 个部门联合出台并给各机关部门印发了《关于促进绿色消费的指导意见》，从消费角度提出了加快生态文明建设、推动经济社会绿色发展的要求。本文依据消费模式关键要素，构建了绿色消费模式，分析各要素之间的关系；在阐述绿色消费模式构建过程市场失灵的基础上，分析政府对于构建绿色消费模式的责任以及干预策略。

一、绿色消费与绿色发展

(一)绿色消费的内涵

绿色消费的定义存在着多种阐释，不同组织、学者各有其观点和陈述。1987 年英国学者 Elkington 和 Hailes 出版了《绿色消费者指南》一书，他们采用了否定表述的方式，通过列举，将绿色消费定义为避免使用六种特定的、对生态环境具有伤害性的类型商品，包括在生产、使用和丢弃时明显伤害环境的产品以及危害到消费者和他人健康的产品等。Peattie 采用了肯定的表述方式，指出绿色消费是可持续和负责任的消费方式，是消费者意识到环境问题之后在实现购买目的和减少环境损耗之间的有效兼顾，这是从购买视角定义绿色消费，即消费者在购买时至少

* 本文系国家社科基金项目“城市居民绿色消费态度行为差异研究”（项目编号：13CJY090）和北京市社科基金项目“北京市居民绿色出行行为影响因素研究”（项目编号：14JGB048）的阶段性成果。

** 陈凯，北京林业大学经济管理学院副教授。

一部分从环境、社会的角度考量采取购买或非购买行为。目前国际上得到更多认可的是绿色消费的"5R"原则，即节约资源、减少污染(Reduce)；绿色生活、环保选购(Revaluate)；重复使用、多次利用(Reuse)；分类回收、循环再生(Recycle)；保护自然、万物共存(Rescue)。

在国内，2001年中国消费者协会把绿色消费概括为三层含义：一是在消费内容上，倡导消费者在消费时选择未被污染或有助于公众健康的绿色食品；二是在消费过程中要注重对垃圾的处理，尽量减少对环境的污染；三是在消费观念上，引导人们在追求生活方便、舒适的同时，注重环保，节约资源和能源，实现可持续消费，不仅满足当代人的需要，还要满足子孙后代的消费需要。黄娟等学者认为绿色消费的基本内涵就是节俭消费、文明消费、适度消费和合理消费，简言之，就是节约能源资源和保护生态环境的消费。①

综上，本文将绿色消费定义为消费者在意识到环境问题之后，兼顾实现自身利益和减少环境损耗的消费行为，包括购买购置、使用管理、处理废弃三个环节，主要体现为选择环保产品和服务，降低消费过程中资源消耗和污染排放，减少废弃过程对环境的负面影响。在此定义基础上，本文对绿色消费重要性、绿色消费模式构建和政府干预策略展开分析。

(二)绿色消费是绿色发展的重要构成

经济政策、环境技术、生产系统等都对绿色发展发挥着重要作用，但是，这些作用可能由于追求体面消费、追求更多物质享受和消遣的消费抉择而遭到损害。绿色发展，即发展绿色生产与消费系统，强烈依赖于消费者的绿色消费行为。因此，引导绿色消费是我国实现绿色发展的前提。

1. 绿色消费推动绿色生产

消费对生产具有反作用，消费引导生产方式和生产结构的形成。消费与生产是一个相互作用的完整系统，绿色消费引导绿色生产。依据需求理论，当消费者偏好绿色产品时，绿色产品需求曲线向右移动，表现

① 黄娟、贺青春、高凌云：《绿色消费：我国实现绿色发展的引擎》，载《毛泽东思想研究》，2011年第4期。

为绿色产品需求的扩大，导致产品均衡价格上升，提高厂商供给意愿，从而扩大绿色产品的生产，增加绿色产品供应。需求扩大所引致的生产扩张，将促进绿色原料采购、绿色生产技术应用以及绿色产品创新，有利于绿色生产系统的建设。可见，倡导绿色消费有利于促进企业生产结构的转型升级，有助于企业通过扩大绿色生产规模、创新绿色产品种类等举措积极实施供给侧结构性改革，生产消费者真正需要的产品。

2. 绿色消费具有连带效应

消费具有连带效应，即如果消费末端减少一单位的产品消耗，就可在整个生产消费过程中减少相当数量的污染排放量并节约大量资源。[①] 绿色消费促使消费者更加关注产品生产、使用以及使用后处置过程对环境保护的影响，促使消费者在消费行为中考虑减少对环境的污染、破坏，从而有利于减少对高排放、高污染产品的购买和使用，有利于减少奢侈炫耀性消费。由此节约资源，降低生产消费过程中所产生的污染量。

发展经济是为了满足社会公众日益增长的物质文化需求，而绿色发展除了要实现经济发展的基本要求外，还可以保护生态环境、节约资源，实现永续发展。[②] 消费本就是满足社会公众物质精神文化需求的一种重要方式，而绿色消费在保留着消费属性与功用的同时还意味着对环境资源的节约与保护，与绿色发展的目的相一致。绿色消费是促进绿色发展的基础性力量，构建绿色消费模式能够为绿色发展提供持久稳定的动力支持。

二、构建绿色消费模式

消费模式指的是一定时期消费的主要特征和量的规定，是人对产品和服务的消费中所形成的自然关系的总和，主要包括消费观念、消费内容、消费方式和消费结构四个关键要素。[③] 国内关于绿色消费模式的研究很少，崔如波等认为绿色消费模式是绿色消费的内容、结构和方式的总

---

① 周宏春：《以绿色消费引领生活方式绿色化》，载《环境保护》，2015 年第 24 期。

② 王启云：《加快绿色发展需要大力发展绿色消费》，载《消费经济》，2014 年第 5 期。

③ 周叔莲：《正确处理生产和消费的关系——兼论中国式的社会主义消费模式》，载《经济问题》，1981 年第 7 期。

称，是绿色发展的必然要求[①]，但并未深入阐述绿色消费模式的构建。本文依据消费模式的定义及四个关键要素，结合绿色消费特点，对绿色消费模式进行分析与构建。

(一)绿色消费观念

消费观念(或消费意识)是直接支配和调节消费行为的观念、意识。消费是一个有目的、有意义的行为过程，消费观念对消费行为具有较强预测作用，消费观念影响消费行为。根据计划行为理论，意愿决定行为，而绿色消费态度、主观规范和知觉行为控制三个变量决定绿色消费意愿。绿色消费态度、主观规范以及知觉行为控制均属于主观意识，从属于消费观念的范畴。其中，绿色消费态度是指消费者是否赞同绿色消费行为及其赞同程度，主观规范是指消费者感知的社会压力，知觉行为控制是消费者对消费行为难度和可行性的自我感知。

构建绿色消费模式，首先要求消费者树立正确的绿色消费观。绿色消费观包括尊重自然、可持续、可循环、低污染等四个核心理念[②]，强烈的绿色消费观念会形成环保特性的自我认知，进而影响消费行为。环境心理学的研究表明，消费者的自我认知能够影响其环境保护行为的性质和程度，通过自我认知改善绿色消费知觉控制。譬如，当消费者产生“环境英雄”的自我认知时，他们会选择做出符合自我认知形象的行为，即进行绿色环保的消费，表现为消费观念对消费行为的指引。从社会整体的角度看，当大多数社会成员树立起绿色消费观念，绿色消费风尚就会占据主导地位，有利于提高绿色消费主观规范对消费者的影响，促进绿色消费。具备了绿色消费观念时，消费者在选购时会更多考虑产品的环保节能属性，并在条件允许的情况下购买绿色产品和服务，同时注重以绿色方式进行产品消费、使用后处置。

(二)绿色消费内容

消费内容，是指消费者所消费的各种消费资料和劳务。绿色消费的内容主要为绿色产品及服务，这些产品或服务在其完整的生命周期中，符合环境保护要求，对生态环境无危害或危害少、资源利用率最高、能

---

① 崔如波、王唯薇：《加快培育西部绿色消费模式》，载《探索》，2014年第4期。

② 高媛媛：《生态文明视域下的绿色消费观探析》，载《前沿》，2015年第7期。

源消耗最低。[①] 构建绿色消费模式，以绿色产品市场的发展为基础，为绿色消费提供具体消费内容。当前，我国绿色产品市场发展尚不成熟，在一定程度上限制了绿色消费的发展，其中的主要问题集中体现为以下几方面。

受限于生产技术水平，绿色产品功能属性通常不足，且绿色产品生产成本、市场定价较高，使消费者认为绿色产品与传统产品相比通常花费更高但功能性效用却较差。一项研究表明，尽管样本中50%的汽车消费者呈现了对混合动力汽车的偏好，但经过汽车动力技术、经济性与碳排放、加速性能以及安全性能的属性权衡，仅有不到12%的消费者预计会购买。持有绿色消费观念的消费者一旦真正进入购买决策程序，权衡利弊的意识被唤醒，他们可能为避免绿色产品功能属性的不利而转为购买传统产品。[②] 同时，绿色产品较高的价格与消费者有限的购买预算直接冲突，是进行绿色购买的重要障碍。国外有研究表明，消费者对产品绿色属性的偏好，并不足以让其支付高价格，通常可以接受的溢价范围在20%以内。

消费市场上绿色产品的种类有限，会造成消费者因难以找到适当的绿色产品而放弃购买，缺少绿色产品、缺少能够有效替代传统产品的绿色产品，成为绿色购买的障碍性因素。部分原因在于，绿色产品性价比不高，缺乏市场吸引力，加之技术尚不成熟，厂商的生产无法达到规模经济以降低成本，厂商与渠道商的利润均较低，造成供给不足。此外，消费者与厂商之间的信息不对称现象突出，消费者的绿色产品信息匮乏且存在认知困难，如产品质量、产品功效、原材料使用、能源效率水平以及生产过程对环境的污染情况等，消费者通常了解非常有限而又往往质疑商家所提供的信息。购买前，消费者需要寻找绿色产品属性信息和环境绩效信息，以提升对于产品的认知，而信息匮乏与认知困难会阻碍绿色消费意愿的形成，为节约认知努力，消费者就可能放弃绿色标准。大量浮夸信息也会产生类似信息匮乏的效果，因为消费者对这些信息不

① 李洪伟、王炳成、马媛：《绿色产品开发的制约因素分析》，载《生态经济》，2008年第12期。

② 陈凯、彭茜：《绿色消费态度——行为差距分析及其干预》，载《科技管理研究》，2014年第20期。

予信任。

信息不对称还会在绿色产品市场产生"柠檬效应"，即质量好的绿色产品遭到淘汰而劣等品会逐渐占领市场。由于缺乏绿色产品的相关信息，消费者为了避免受到欺骗或降低受骗代价而倾向于接受中低定价的绿色产品，回避较高定价的绿色产品。由此形成了绿色产品生产的逆向选择，市场失序倒逼高质量绿色产品厂商生产中低质量产品，不利于绿色产品市场的健康发展。因此，在绿色产品市场秩序方面，需要监管以及政策、制度的介入，打击市场中的"漂绿"现象，维护良好市场秩序，提高绿色产品质量水平，保障绿色消费的内容。

(三)绿色消费方式

消费方式是在一定社会经济条件下，消费者与消费资料的结合方式，其主要内容包括消费者以什么身份、采用什么形式、运用什么方法来消费各种资料，以满足其需要。① 消费方式是生活方式的重要内容，是将消费观念转化成为具体行动的关键步骤。消费方式既受自然条件、文化水平、民族传统、风俗习惯、社会风气等因素的影响，也受到生产力水平的影响。由于短时间内消费方式的影响因素较难发生迅猛变化，同时受消费惯性影响，消费方式具有相对稳定性。

消费方式可大体分为生存型、奢侈型和计划型三种。② 随着我国逐步进入消费型社会，拜金主义、享乐主义滋长蔓延，奢侈性消费方式的扩散范围不断扩大。这种消费方式具有明显的浪费性、奢侈性，在消费过程中消耗大量资源并产生大量的废弃物，虽然有利于在短期内促进经济的增长，但从长期来看，以破坏环境和资源为代价的经济发展是不可持续的，其对经济及环境的伤害具有累积性和爆发性，一旦达到临界值，将对绿色发展造成巨大冲击。因此，应积极引导消费方式向绿色消费方式转变。

绿色消费方式是一种计划型消费方式，是主张理性消费、适度消费的消费方式，它要求消费者提前对自己的消费行为进行合理规划，注重消费所带来的实际效用，注重消费行为所产生的环境影响。这种消费方

---

① 汤美莲：《消费经济词条》，载《消费经济》，1990 年第 2 期。

② 徐长山：《论消费方式的转变》，载《宁夏大学学报(人文社会科学版)》，2001 年第 5 期。

式既不过度节缩消费，保证经济合理健康发展，又不过度浪费，避免破坏生态环境，实现资源节约。绿色消费方式可以具体落实到衣、食、住、行四个方面，在选购环节体现为购买环保材料的衣物，购买绿色食品，购买绿色住宅、绿色家电以及新能源汽车等；在使用环节体现为选择环保洗涤方式进行衣物清洗，节约用餐，安装绿色房屋供能系统（如太阳能），使用环保材料装修，选择公共交通或骑自行车、步行以及环保驾车方式绿色出行等。绿色消费观念通过绿色消费方式落地，因此，在构建绿色消费模式时，需要大力倡导和推广绿色消费方式。有必要指出，绿色消费不仅仅是减少和转换消费，也包括对特定人群消费的“聪明增加”，即将生存型消费方式升级为绿色消费方式。生存型消费方式是建立在满足个体生存需要基础上的消费，存在于生产力极不发达、经济水平低的地区。

（四）绿色消费结构

消费结构是指人们在消费过程中所消费的各种消费资料和劳务的构成及其比例关系，也是构成消费模式的重要部分。[①] 基于此定义，绿色消费结构就是指人们在消费过程中所消费的绿色产品及服务的构成及其比例关系。在绿色消费观念的引导下，消费者中对绿色产品和服务的消费比重应该逐渐增加，并随着绿色消费内容的不断丰富、绿色消费方式的日益普及，在可预见的未来，绿色产品消费甚至会在消费结构中占据主导地位，同时浪费性、炫耀性消费将会不断减少。消费结构能够反映绿色消费在消费总量中占比的变化趋势，是衡量绿色消费模式构建效果的重要指标，也是绿色消费模式构建成功的重要标志。

（五）绿色消费模式四要素之间的相互关系

在深入分析绿色消费模式关键要素的基础上，本文认为各要素之间存在如下关系：绿色消费观念是绿色消费的前提和动力，绿色消费内容是开展绿色消费的物质基础，绿色消费方式是将消费观念转化成为消费行为的具体路径，绿色消费结构则是判别绿色消费模式构建效果的指标和标志。消费者树立绿色消费观念后，将倾向于选购绿色产品及服务，并通过理性、适度的消费方式进行绿色消费，进而用于购买绿色产品及

---

① 曾晓玲：《当代中国消费结构变迁的动力机制》，载《科学·经济·社会》，2013年第2期。

服务的支出在消费者的消费总支出中所占比重上升，奢侈浪费的消费比重下降，绿色消费结构呈现积极变化，绿色消费甚至会在消费结构中占据主导地位，从而能够有力地推动绿色发展。

三、政府对绿色消费模式构建的干预策略

绿色消费具有明显的正外部性，即绿色消费行为人对他人或公共的环境利益有溢出效应，他人不必支付任何费用就可以无偿地享受福利。由此，会使消费者面临在环保利益与自身利益之间进行取舍的两难选择。在绿色消费和传统消费行为之间难以抉择，导致绿色消费模式构建过程中存在市场失灵现象。而在市场失灵的领域，政府必须介入，发挥宏观调控的作用，通过经济、行政、法律等手段规范、引导生态环境的保护，解决绿色发展和生态问题。① 因此，政府有责任推动绿色消费模式的形成，并需要采取相应的干预策略。

(一)培育绿色消费的社会风气

消费者常常会通过使用产品和品牌来构建和表达自我。在消费者通过绿色消费进行自我构建时，其所获得的短期利益和自身利益也较大，短期利益、自身利益与长远利益、社会利益的矛盾之间的冲突得以缓解，将进一步增加消费者绿色消费的偏好和可能。这种自我构建的前提条件正是社会整体风气崇尚绿色消费，消费者会顺应社会崇尚的风气，发现自我构建的方向，激发自我构建的动力。

在社会上培育绿色消费风气有“提倡”和“反对”两种方式，即“既有倡导，又有反对”。倡导绿色消费观念，加大绿色消费观念教育力度，扩大绿色消费观念教育范围；反对一切严重违背绿色消费和可持续发展观的观念和行为，积极开展反对破坏环境、反对浪费资源的社会性活动。为此，政府应该加大对环境保护教育的投入力度，深入开展全民绿色教育，着力培育消费中的“人本主义”理念，培育绿色消费观念。深入开展全社会反对浪费行动，开展反过度包装行动，开展反食品浪费行动，开展反过度消费行动。通过开展此类活动，潜移默化地影响消费者的消费观，

---

① 叶海涛：《生态环境问题何以成为一个政治问题》，载《马克思主义与现实》，2015年第5期。

营造倡导践行绿色消费、反对奢侈浪费的社会风气。

(二)鼓励创新、规范认证标准以提升绿色产品质量

消费者绿色消费的强弱往往受到经济因素和信息因素的影响。即使消费者已经树立了绿色消费观念，倘若市场上缺乏质量优良的绿色产品和服务，预期成本与利益权衡超出顾客容忍区，则难以说服消费者进行绿色消费。为此，政府应鼓励、支持、引导企业进行绿色材料、绿色生产技术创新，给予适当的支持和补贴，以降低绿色产品的生产成本，降低绿色产品价格，提高绿色产品的质量。从短期看，政府补贴政策会在绿色产品生产、扩散方面扮演关键角色，但这种干预策略成本是昂贵的，效果是短暂的；从长期看，就要求企业研发人员开发出更好的绿色产品，加强产品的功能属性，要求厂家提高生产效率，降低产品的生产成本。

信息刺激可以通过增加绿色消费知识、呈现他人行为，或者提供绿色消费行为反馈信息等来激励绿色消费行为。目前我国在绿色产品及服务的认证方面仍存在明显不足，绿色产品认证体系尚未形成。消费者对绿色产品及服务了解不足，对绿色产品认证标志不熟悉也不完全信任，难以判断购买的产品是否属于绿色产品，难以获得在绿色消费方面的肯定和自我认同。面对这种情况，政府必须与行业协会等相关机构协作，在绿色产品认证方面建立健全统一、完善的标准体系，消除绿色产品市场上认证标志混乱的现象，确保消费者能买到真正的绿色产品，增强消费者对自己绿色消费行为的自我认同感。同时，企业应该将绿色产品能带来的收益量化、可见化地呈现给消费者，使其能清楚地感知绿色产品为其带来的收益，增强信息刺激。

(三)推进政府绿色采购发挥表率作用

有研究指出，整合使用社会营销、沟通、社会学习(特别是树立典型榜样)和行为分析可以构成行为变革的有效构架。社会规范作为消费行为的主要心理归因之一，政府机构表率、榜样形象等社会规范将对消费行为施加重要影响，尤其是高情境社会中群体压力及政府表率对个体消费行为的影响特别显著。

从宏观经济的角度来看，政府采购在国民经济中扮演重要角色，在组织市场购买中甚至占据主导地位，政府的采购取向和采购产品类别对相关产业的发展具有重要的导向作用。中国属于高情境社会，公务人员消费行为模式对社会大众的购买行为也有重要示范作用。因此，在构建绿色消费模式的过程中，政府积极推进绿色采购，鼓励公务人员采取绿色消费方式，对社会公众消费行为具有榜样性影响。事实上，《关于促进绿色消费的指导意见》已经提出要求，强调政府部门要完善绿色采购制度，全面推进公共机构的绿色消费，推进绿色办公。

(四)为绿色消费模式提供长效保证机制

责任的分散会削弱亲社会行为，绿色消费是一种典型的责任分散的行为，需要很多人共同努力才能实现环境的改善和社会的可持续发展。因此，要通过建立既普适又明确的长效机制保证增强每个人的责任意识，弥补责任分散给绿色消费带来的消极结果。消费模式具有惯性，将传统消费模式转变为绿色消费模式需要一个较为长期的过程，构建绿色消费模式不能一蹴而就，因此，需要政府建立长效保证机制，以保证绿色消费行为能持续、健康地发展，逐步形成成熟、稳定的绿色消费模式。

绿色消费的正外部性，加之他人行为的不确定性，使消费者在消费过程中往往会选择使自身利益最大化的消费行为，即放弃绿色消费，同时可能享受他人绿色消费带来的良好生态环境。当每个消费者都形成这种消费逻辑后，将阻碍绿色消费的发展，为绿色发展带来负面影响。政府为解决绿色消费中的“搭便车”和“公地悲剧”问题可采取相应的税收政策，完善促进绿色消费的税目设计，同时扩大污染环境、消耗资源的征税范围，促进企业自愿承担环保责任的原则实行有差别的税率。

为此，要从法律法规、经济政策、行政管理三方面建立健全绿色消费长效机制。法律方面的内容包括：健全绿色消费相关的法律法规；保障绿色消费的消费者合法权益不受侵害，使消费者能够放心消费。经济政策方面的内容包括：完善经济政策，加强金融扶持；方便绿色产品生产企业进行生产、销售和融资，助力绿色生产发展，从生产的角度促进绿色消费长久发展。行政管理方面的内容包括：加强行政管理建设，提高行政队伍素质和能力；加强作风建设，坚决杜绝贪污腐败、杜绝奢侈浪费的生活方式。

(五)精准扶贫推动绿色消费

习近平出席2015减贫与发展高层论坛时发表主旨演讲，他强调“未来5年，我们将使中国现有标准下7000多万贫困人口全部脱贫”①。脱贫，不仅关系到人民的生活，也对绿色消费和绿色发展具有重要意义。如前文所述，绿色消费不仅仅是减少和转换消费，也包括对特定人群消费的“聪明增加”。根据马斯洛需求层次理论，贫困群体和低收入群体以满足生存需要和安全需要的消费为主，强烈偏好价格低廉的产品，无法顾及产品的环保属性。针对这一部分群体，政府应该加大精准扶贫力度，集中力量消灭贫困，通过扶持发展、转移支付等方式，提高这部分群体的收入，提高其消费水平和消费质量，为开展绿色消费提供经济基础，将生存型消费方式逐步升级为绿色消费方式。

总之，绿色发展关系到每个社会成员、每代人的福祉，关系到国家、社会的可持续发展，关系到人类和地球的未来。绿色消费是促进绿色发展的基础性力量，因此，构建绿色消费模式是实现绿色消费的必然要求。绿色消费模式包括绿色消费观念、绿色消费内容、绿色消费方式以及绿色消费结构四要素。由于绿色消费模式构建中存在市场失灵，政府需要采取相应干预策略，认真贯彻落实《关于促进绿色消费的指导意见》，包括培育绿色消费的社会风气、提升绿色产品质量、发挥表率作用、提供长效保证机制以及精准扶贫等，以推进绿色消费模式的构建及推广，由此进一步推动绿色发展，助力生态文明建设。

本文发表于2016年第3期

---

① 《习近平出席2015减贫与发展高层论坛并发表主旨演讲》，载《人民日报》，2015年10月17日。

后 记

中国特色社会主义是改革开放以来党的全部理论和实践的主题，全党必须高举中国特色社会主义伟大旗帜，牢固树立中国特色社会主义道路自信、理论自信、制度自信、文化自信，确保党和国家事业始终沿着正确方向胜利前进。《中国特色社会主义研究》杂志源于1979年的《科学社会主义研究》，1995年改现名。伴随着改革开放的步伐，杂志始终坚持以研究和宣传中国特色社会主义的理论与实践作为宗旨和己任，紧紧围绕历史与时代的主题，不断推进中国特色社会主义理论研究与实践经验的总结升华。

2008年杂志曾编辑出版了《中国特色社会主义研究文选》三卷本，受到了社科工作者与广大青年学生的广泛好评。近年来，中国特色社会主义道路、理论体系、制度内涵等问题，成为理论界与学术界的研究重点和热点。2013年杂志组织专家学者对2010～2011年在我刊上发表的240多篇论文进行公开评选，评出优秀理论文章20篇，并结集编辑出版了《中国特色社会主义研究文选(2010—2011)》，从理论、历史和现实三个方面反映了中国特色社会主义研究的新成果和新进展。2015年杂志又编辑出版了《坚守我们的核心价值体系和核心价值观——中国特色社会主义研究文选(2012—2015)》，从“中国精神与中国价值”“社会主义核心价值观的内涵与践行”“社会主义核心价值观的对外传播”“社会主义核心价值体系研究”，从宏观到微观，再到传播与体系建构这四个方面加强理论研究阐释。

党的十八大着眼于全面建成小康社会、实现社会主义现代化和中华民族伟大复兴，对推进中国特色社会主义事业做出经济建设、政治建设、文化建设、社会建设、生态文明建设“五位一体”的总体布局。实现各方面的宏伟目标任务，迫切需要总的方略、抓手。以习近平同志为核心的党中央毫不动摇坚持和发展中国特色社会主义，勇于实践、善于创新，进一步深化对共产党执政规律、社会主义建设规律、人类社会发展规律的认识，形成了一系列治国理政新理念、新思想、新战略。从接过“全面建成小康社会”的历史使命，到党的十八届三中全会部署“全面深化改革”，党的十八届四中全会要求“全面依法治国”，党的群众路线教育实践活动总结大会宣告“全面从严治党”，一个重大战略布局有条不紊铺展开来。杂志围绕统筹“五位一体”总体布局与协调推进“四个全面”战略布局研究方面精心策划选题，特邀名家撰文，推出一批有价值、有分量、有影响的理论研究成果，深刻解读十八大以来党在经济建设、政治建设、文化建设、社会建设、生态文明建设以及全面从严治党等方面所发生的历史性变革及现实启示。本书特从杂志发表过的论文中遴选优秀论文结集而成。入选论文以主题分成几个不同版块，排名不分先后。结集时我们对用字和注释体例进行了必要的统一，但由于客观原因，有无法统一的，仍依其旧。

时值新中国成立70周年之际，在北京市社科联、北京市社科规划办党组书记张淼的指导下，编辑部策划编辑了《伟大事业的总体布局——中国特色社会主义研究文选(2012—2017)》。杂志副主编李翠玲，编辑赵英臣、陆焱、李瑞山、陈艳华、周青和美编闫双月参与了本书的编辑校对工作。首都师范大学出版社为本书的编辑出版付出了辛勤汗水。在此一并向他们表示诚挚的谢意。

欢迎广大读者、作者继续关注并支持《中国特色社会主义研究》杂志，踊跃投稿、荐稿，提出意见和建议。让我们一起共建共享“学术共同体”。

《中国特色社会主义研究》杂志编辑部

2019年7月